Kaliningrad-Königsberg

Ein Reise-Lesebuch

Herausgegeben von Alla Strunz und Gunnar Strunz

Trescher Lesebuch

1. Auflage 2009

Trescher Verlag
Reinhardtstr. 9
10117 Berlin
www.trescher-verlag.de

ISBN 978-3-89794-140-3

Layout/Gesamtgestaltung: Bernd Chill
Umschlag-Grafik: Bernd Chill
Lektorat: Hinnerk Dreppenstedt

Gedruckt auf chlorfrei gebleichtem Papier.
Printed in Germany.

Inhalt

Vorwort der Herausgeber

Die vorliegende Sammlung von Texten über Königsberg-Kaliningrad aus sechs Jahrhunderten ist gleichsam eine literarische Chronik, Spiegel einer ungewöhnlich stürmischen Stadtgeschichte.

Neben bekannteren Berichten und Schilderungen aus der und über die Stadt, wie sie sich in den Werken von Agnes Miegel, Wilhelm Matull, Hans Graf von Lehndorff oder Käthe Kollwitz finden, wurde bewußt auch weniger Verbreitetes aufgenommen. Die Erlebnisberichte russischer Gesandter aus dem 17. und 18. Jahrhundert sowie kleinere Prosastücke beispielsweise aus dem Werk Hermann Sudermanns oder die gemütvollen Plaudereien Hans Hellmut Kirsts stehen hierfür. Sie wurden wegen ihrer literarischen Qualität in diese Anthologie aufgenommen, weil sie exemplarisch für ihre Zeit stehen und zudem das Bild der Stadt und ihrer Bewohner, ihrer Kultur und Traditionen auf jeweils ganz eigene Weise bereichern. In diesem Sinn weisen auch die ausgewählten autobiographischen Texte über die jeweilige Person des Verfassers hinaus. Überhaupt erfolgte die Auswahl mit dem Ziel, den Lesern in einer ansprechenden Mischung sowohl weniger Geläufiges – dabei aber nicht weniger Interessantes – vorzustellen als auch ›klassischen‹ Stimmen Gehör zu verleihen. Manche der hier versammelten Autoren sind in Königsberg-Kaliningrad geboren und aufgewachsen oder verbrachten einen großen Teil ihres Lebens dort, andere erlebten die Stadt als Gast oder auf der Durchreise. Gemein ist ihnen, daß sie von der Stadt, ihrer Geschichte und Vielschichtigkeit beeindruckt waren.

Die Herausgeber haben versucht, so weit als möglich alle Epochen der Stadtgeschichte von der Gründung bis in die unmittelbare Gegenwart und auch möglichst viele literarische Genres zu berücksichtigen. So steht hier Lyrik neben Reisebericht, Erinnerungen neben beschreibenden Texten und auch Phantastischem. Naturgemäß stammen die meisten der greifbaren Texte über die Stadt aus deren Blütezeit etwa zwischen 1850 und 1945. Im Vergleich dazu liegen uns aus den Epochen vor dem 19. Jahrhundert weitaus weniger schriftliche Zeugnisse vor. Aus diesem Grunde, und um vor allen die Provinzstadt Königsberg in ihren vielen Facetten aus der Sicht verschiedenster Betrachter darzustellen, wurde in das Kapitel ›Von der Kaiserzeit bis zum Kriegsende‹ eine besonders große Zahl von Texten und Textausschnitten aufgenommen. Die epochale Zäsur der Stadtgeschichte 1945/46 ist aus ähnlichem Grund mit zahlreichen Beispielen dargestellt. Die Texte spiegeln stets eine bestimmte Epoche der Stadtgeschichte, und daher sind manche von ihnen nicht gemäß ihrer Entstehungszeit, sondern in ihren zeitlichen Kontext eingeordnet.

Es war den Herausgebern ein besonderes Anliegen, diese Chronik der Stadt am Pregel nicht mit dem Jahr 1945 enden zu lassen. So wurde bewußt den Darstellungen breiter Raum eingeräumt, die nach dem Untergang des alten Königsberg im neuen Kaliningrad entstanden sind – Impressionen und Schilderungen der neuen Bewohner sowohl kurz nach ihrer Ankunft 1945/46 wie auch aus den sechzig Jahren danach.

Dabei ist auffällig, daß den Neusiedlern sehr schnell bewußt wurde, daß sie die 700jährige Geschichte der Stadt nicht umgehen konnten, sich allerdings dieser Geschichte aus sowjet-ideologischen Gründen zunächst nur zaghaft nähern konnten. Die Zeit nach 1991 ließ dann aber das Bewußtsein um das alte Königsberg auch bei den neuen Kaliningradern voll aufblühen. Auffallend ist das Ringen um die besondere eigene Identität; Kaliningrader zu sein ist für die heute dort lebenden Russen etwas Besonderes.

Ergänzt werden diese Reflexionen durch einige Texte deutscher Herkunft, die in der unmittelbaren Nachkriegszeit entstanden und die Sehnsucht nach der damals unerreichbaren und verlorenen Heimat manifestieren. Diese Sehnsucht darf dann aber 1991 endlich in den ersten Begegnungen mit der Stadt aufgehen, die vier Jahrzehnte lang verschlossen geblieben war. Erstaunen, Erschütterung, Trauer prägen die meisten dieser ersten Berührungen. Doch setzt dann um die Jahrtausendwende etwas ein, das man womöglich als Normalität bezeichnen darf. Junge Leute, Studenten, Wissenschaftler aus dem Westen entdekken die Stadt am Pregel in ihrer seltsamen Exklavensituation, nähern sich ihr vorbehaltlos und begegnen auch ihrer Geschichte neu.

Die Ordnung in dem vorliegenden Buch ist chronologisch. Grundsätzlich wurden die originalen Schreibweisen – dazu zählen auch Auslassungen und Kursivsetzungen – beibehalten und damit leichte Abweichungen in Rechtschreibung und Zeichensetzung in Kauf genommen. Offensichtliche Fehler sind stillschweigend korrigiert, Auslassungen der Herausgeber sind mit eckigen Klammern […] ausgewiesen.

Das vorliegende Buch will einen Beitrag leisten, um deutschen Lesern die Stadt mit ihrer dramatischen Geschichte und ihrer Vielfalt näherzubringen.

Alla Strunz und Gunnar Strunz, Berlin, im Frühjahr 2009

Hörst Du mich?

WLADIMIR GILMANOV

Ein Geheimnis der Mauer

In einem Bericht über das Wahrzeichen des alten Königsbergs – das Schloss, verfasst von dem gebürtigen Königsberger Anton Betzner, wird von dem akustischen Geheimnis der sog. Flüstermauer erzählt, das viele Jungen der Ostseite des Schlosses gegenüber erprobten. An jedem Ende des Quaderbogens hinter dem Bronzestandbild Friedrichs I. sprach einer von ihnen leise gegen die Mauer: Hörst Du mich? – Ja, ich höre dich. Sie freuten sich königlich, dass ihre Worte am anderen Ende – fast 100 Meter! – deutlich vernehmbar ankamen. Es war das Geheimnis der Ostmauer des alten Schlosses. Das Schloss und die Mauer sind nicht mehr existent, das Geheimnis bleibt aber erhalten. Es ist aber so, dass dieses ›Hörst Du mich? – Ja, ich höre dich‹ nicht 100 Meter voneinander trennen, sondern mindestens 750 Jahre. Und welches Hörvermögen muss man haben, um diese Stimme von früher, dieses Angeredetsein wahrzunehmen, diesen Aufruf an uns, der imstande wäre, in uns nicht nur ein formales, sondern ein geistiges Gedächtnis für die Vergangenheit dieser Stadt auferstehen zu lassen. Ihre Geschichte kommt wie ein kompaktes Modell des Weltszenariums vor, angefangen mit ihrer Erschaffung im Winter 1255 und abgeschlossen mit dem Jüngsten Gericht im April 1945. Welches Hörvermögen muss man haben, um zu verstehen, dass der Fall der Zitadelle der deutschen Wehrmacht – der Festung Königsberg – gar nicht mit dem Untergang der weltoffenen Kulturmetropole von Weltbedeutung – der Stadt Königsberg gleichzusetzen ist. Dieses Königsberg von früher ist zu einem Gespenst im modernen Kaliningrad geworden, das schon längst nach einem Dialog mit dem letzteren sucht, damit »die silberne Schnur nicht entfernt wird und die goldene Schale nicht zerschlagen wird und der Krug am Quell nicht zerbrochen wird und das Schöpfrad für die Zisterne nicht zerschlagen worden ist.« (Prediger 12:6).

Dieses Hörvermögen kann nur geistiger Natur sein und ist berufen, die wichtigste Voraussetzung für das korrekte Verstehen in uns wirksam zu machen, die Voraussetzung, mit der einer der großen Söhne dieser Stadt, der Philosoph Kant, gerechnet hat: diese ist das sittliche

Gedächtnis. Ohne dieses Gedächtnis ist es kaum zu erhoffen, dass wir die Stimme dieser 750 Jahre vernehmen, denn ohne dieses würde sich die 750-jährige Geschichte dieser Stadt zu einem Friedhof für die realen Lebensfragen verwandeln, zum ›Ewigen Frieden‹ inmitten der prunkvollen Stummheit der alten Gräber, die von Zeit zu Zeit von Archäologen oder Schatzsuchern aufgemacht werden.

Wie schwer ist es aber! Wie schwer ist es, die Stimme dieses Königsberg/Kaliningrad zu hören und zu verstehen! Wie schwer ist es, diese einmalige Insel mit ihrer wechselreichen Geschichte in der ganzen Dramaturgie der Geburt, des Lebens, der Apokalypse und der Neugeburt in das Herz aufzunehmen. In dieser Dramaturgie ist alles zu einem festen Knoten der äußerst schmerzvollen und schweren Probleme verwickelt. Manchmal erscheint dieser Knoten unlösbar angesichts der tragischen Prägung der europäischen Geschichte im XX. Jahrhundert. Diese Geschichte ist gekennzeichnet durch militärpolitische Destruktivität mit allen denkbaren Formen der gegenseitigen Entfremdung zwischen den Ländern, die vom Wahnsinn der menschenfremden, perversen Ideologien erfasst waren. Der große Denker Martin Buber, der sich nie vom Gefühl der Katastrophe des Menschentums im XX. Jahrhundert befreien konnte, schrie anno 1953 auf: Wie kann man leben in einer Welt, in der es Auschwitz gibt. In die Liste gehören aber auch das belagerte Leningrad und das weißrussische Chatyn, der Gulag und Hiroschima, Dresden und Coventry. Infolge des Zweiten Weltkrieges stürzten über die Menschheit mit endzeitlicher Wucht apokalyptische Leidwellen, in deren Wirbelströmen über 27 Millionen von Menschen der früheren Sowjetunion sowie Millionen und Millionen von Opfern der anderen Nationen untergingen.

Im XX. Jahrhundert hat die tragische Spannung der menschlichen Geschichte eine unvorstellbare Höhe erreicht und zum Gipfelpunkt der anthropologischen Katastrophe geführt. Das äußert sich in der Abschwächung der Immunität gegen destruktive Ideologien, in der Entfremdung vom wahren Menschsein, von der Natur und der Geschichte, in der Transformation des Daseins von der höchsten Gabe zum utilitaristischen Mittel der technokratischen Instrumentalität, in der Verwandlung der Geschichte zu einer Versuchsstrecke für selbstmörderische Modelle der bewussten oder unbewussten Ohnmacht der menschlichen Aktivität. Die Erfahrungen der Geschichte zeigen vor, dass sie nicht nur für die fortschrittlichen Veränderungen, sondern auch für den grausamsten Regress offen ist. Hoffentlich sind aber die Lehren der Geschichte gar nicht sinnlos für die menschliche Höhlenfahrt der Selbsterkenntnis und die Menschen schaffen es, an ihre ›Grammatik des Lebens oder Überlebens‹ zu gelangen. Eine dieser Lehren ist das Schicksal von Königsberg/Kaliningrad.

Mythos Königsberg

Im Jahr 1795, vor 210 Jahren, verfasste Kant seinen weltbekannten Friedenstraktat ›Zum Ewigen Frieden‹, der an philosophischer Tiefe, politischem Realismus und historischem Optimismus bis heute noch allen anderen Friedensentwürfen und zwischenstaatlichen Harmonisierungsideen überlegen ist. Die tragische Paradoxie besteht aber darin, dass der allerbeste Friedensentwurf in der Stadt verfasst worden war, die selber zum Geisel und Opfer der Kriegsgeschichte wurde. In dieser Stadt sind alle historischen und anthropologischen Widersprüche äußerst zugespitzt. Hier verflochten sich auf mystische Weise Reales und Irreales und waren schließlich kaum unterscheidbar, hier war alles auf Unendlichkeit gestimmt. Hier stießen das vertriebene Königsberg und das eingewanderte Kaliningrad aufeinander zusammen. Die Geschichte dieser Stadt war von Anbeginn von einem gewaltigen Mythos durchweht, der sie bewegt und beeinflusst, der ihre qualvolle Suche nach der eigenen Stellung und Selbstheit bedingt. Dieser Mythos scheint aus unergründlichen Tiefen aufzusteigen. Zu ihm gehört alles, was gegenwärtig und lebendig da ist, aber natürlich auch das, was der Vergangenheit, sogar ferner Vorzeit zuzurechnen ist. Inmitten der vorzeitlichen Landschaft dieses Mythos erhebt sich die heilige Eiche der heidnischen Pruzzen, unter deren Krone ihre Götter – Perkunos, Potrimpos und Pikollos – wohnten, umgeben von ihren priesterlichen Dienern, dem Kriwe Kriwajto und den Waidelotten. Der heilige Eichenbaum der trotzigen und freiheitsliebenden Pruzzen konnte nicht dem Beil des christlichen Ermländischen Bischofs Anselmus standhalten, der ihn umhieb und dadurch symbolhaft eine neue Seite in der Königsberger Sage aufschlug – die des Deutschen Ordensstaates. Das weitere Schicksal dieses Mythos gestaltete sich zu den Zeiten der Könige und Herzöge, deren Standbilder bis heute in der oberen Nische des Königstors zu sehen sind. Der lebendige und dramatische Hintergrund dieses Mythos war immer der einer ›Grenzsituation‹, sei es die zwischen West und Ost, zwischen Christentum und Heidentum, zwischen Gefühl und Verstand, letztendlich zwischen Gott und Mensch. Gerade in dem Spannungsbogen dieser ›Grenzsituation‹ gestaltet sich das Drama des westchristlichen Rittertums mit seinem Defizit an der Liebe zum Nächsten und später das Drama des autozentrischen Humanismus der Reformation zu der Zeit des Herzogs Albrecht. Durch Antinomie geprägt ist die Königsberger Aufklärungsepoche mit ihren zwei polaren Sternen, die das weitere Welt- und Menschenbild auf verschiedene Weise beleuchtet haben – einerseits, Kant mit seinem Apriorismus der autonomen kritischen Vernunft, anderseits, J. G. Hamann mit seiner Idee der radikalen Aufklärung der theozentrischen Vernunft im Licht der göttlichen Offenbarung. Es ist aber so, dass sogar die siegreiche Philosophie Kants von einer latenten Tragik durchdrungen ist, denn sie hat es geschafft, die Welt in Richtung ›reine Vernunft‹ zu verändern, nicht aber in Richtung ›praktische Vernunft‹, was jedoch die Grundidee seiner Lehre ausmacht. Die ›Grenzsituation‹ ist dominant im Leben und Werk des in Königsberg geborenen Romantikers E. T. A. Hoffmann, in dessen Weltbild die bürgerliche Alltagswelt und die Sphäre sich gegenseitig durchdringen. Im Vorgefühl der grausamen Krise des Menschentums im XX. Jahrhundert schöpft die Königsbergerin Käthe Kollwitz, in deren Werk das schmerzvolle Schicksal ihres Volkes, das zum des nationalsozialistischen Satanismus gefallen ist, vorweggenommen wurde.

Das Geheimnis dieser grundlegenden ›Grenzsituation‹ wirkt auch heute provokativ für alle gesellschaftlichen Bewusstseinsformen – von der religiösen bis zur politischen – und lässt die Tatsache erkennen, dass dieses Phänomen Königsberg/Kaliningrad sich kaum zurechtfindet in der Vielfalt der Denkmodelle und Wahrheiten, die für den modernen Zeitgeist dienstbar sind. Ein ergreifender und bedenkenswerter Abglanz dieses Geheimnisses ist der Grundbegriff der Kantischen Philosophie ›Ding an sich‹. Das Geheimnis des Königsberger Mythos ist mit hohen Energien der litauischen, polnischen und russischen Nachbarschaft beladen. Aus diesem Grund ist es angemessener, Kopernikus als einen preußisch-polnischen Astronomen und Donelaitis als einen preußisch-litauischen Dichter zu bezeichnen. Das Geheimnis wurde noch rätselhafter, nachdem das frühere Nordostpreußen an die Russische Föderation angeschlossen und nach dem Zusammenbruch der UdSSR zu einem Brocken des zerfallenen Reiches verwandelt worden war, zu einer Enklave, zu einer Insel, deren Einwohner infolge der historischen Dramaturgie sich von Angesicht zu Angesicht der Notwendigkeit stellten, die schweren Sinne des regionalen Mythos zu entziffern. Für die Lösung dieser Aufgabe ist ein besonderes Verstehens- bzw. Erinnerungsvermögen erforderlich, dessen Grundsatz in der Liebe besteht. Nach dem Wort des bekannten russischen Philosophen Wladimir Solowjov ist der Sinn der Liebe in »der Begründung und Rettung der Individualität vermittels der Aufopferung des Egoismus«, sei es der persönliche, der national-politische oder der kulturell-religiöse Egoismus. Um sich zu finden, muss man sich überwinden, denn es gibt und kann nicht ein bloßes Kaliningrad geben ohne ›ewige Rückkehr‹ des früheren Königsbergs, so wie es nicht mehr das frühere Königsberg ohne das neue Kaliningrad geben kann. In diesem Zusammenhang ist es so wichtig, den geistigen und sittlichen Mut für eine neue Qualität des Denkens zu finden. Im Herzen dieser Denkkultur kann nur das sittliche Gedächtnis sein, in dessen Licht die Geschichte von meinem individuellen Bewusstsein als meine eigene Biographie erkannt und von meinem Gefühlsvermögen erlebt wird. Dieses Gedächtnis ist eine notwendige Voraussetzung für die geistige Selbstbestimmung und für das sinnvolle Leben in der Kultur.

In diesem Zusammenhang kommt das Geheimnis Königsberg/Kaliningrad als das meiner eigenen Identität im Sinne des historischen Wesens vor, als das jedes einzelnen Individuums in seiner einmaligen, aber analogischen Gleichmäßigkeit mit der Welt und der Geschichte: Der Mensch ist berufen, die Geschichte in sich und sich in der Geschichte zu erkennen, dem Königsberger Denker J. G. Hamann ähnlich, der in der Bibelgeschichte die innere Geschichte seiner Seele erkannt hat. Wenn der Mensch des sittlichen Gedächtnisses verlustig geht, wird er seines Lebens in der Kultur, seiner geistigen Identität beraubt. Letztendlich entzieht er sich der Möglichkeit der Selbsterkenntnis, was zur Entindividualisierung des Menschen führen kann und die Gefahr seiner Verwandlung zu einem blinden, manipulierbaren Wesen beinhaltet.

Die Denk- und Verstehenskultur auf der Grundlage des sittlichen Gedächtnisses überwindet nicht nur das In-Sich-Selbst-Verfangensein jedes einzelnen Menschen in seiner Egozentrik, sondern auch die Überheblichkeit des eng orientierten Nationalpatriotismus, der öfters die anderen Kulturen in ihrer Eigenartigkeit abwertet. Die Kunst des Lebens; mehr als dies – des Überlebens, bedarf einer neuen Qualität der Weltauffassung, die den Menschen zum Weltbürger, zum Patrioten des ganzen Universums machen könnte. Diese Denkkultur stimmt mit den höchsten Idealen der russischen Geistesgeschichte überein, z. B. mit dem Ideal des Geschichtsbewusstseins F. M. Dostojevskijs. In seiner weltbekannten Puschkin-Rede in Moskau 1880 betonte er: So auch hat das russische Volk die Reformen Peter des Großen nicht nur aus dem rein utilitaristischen Grunde aufgenommen, sondern auch beinahe zugleich im Vorgefühl eines weiteren, unvergleichbar höheren Ziels. Auf einmal wandten wir uns der eigentlichen lebenswichtigen Vereinigung im innigsten Streben nach der Einheit aller Menschen zu. Nicht feindlich, sondern freundschaftlich nahmen wir in unsere Seele Genies anderer Nationen auf. Eine der bedeutendsten Ideen der russischen Kultur – die als Einheit mit Gott verstandene höchste Synthese des Lebens – erscheint übereinstimmend mit den Grundideen des Kantischen Traktats ›Zum Ewigen Frieden‹. Kants Traum von dem Weltbürgerrecht und dem Völkerbund entspricht dem Gedanken Dostojevskijs über die Notwendigkeit, »so eine bürgerliche Formel des gemeinsamen Lebens zu finden, die in vollem Ruhm diese sittliche Kostbarkeit für die ganze Menschheit sichtbar machen könnte«. Gerade diese sittliche Kostbarkeit ist ein Abglanz des verklärenden Lichtes im Erinnerungs- und Denkvermögen jedes Menschen, der einen Beweis über seine Gleichmäßigkeit mit der gesamten und der ganzen Geschichte erbringt.

Die Hauptstadt des Ewigen Friedens

Direkt oder indirekt sind sich die meisten Menschen der Tatsache bewusst, dass Königsberg/Kaliningrad eine ganz besondere Stellung auf der kulturell-politischen Landschaft Europas einnimmt. Die destruktive Logik des XX. Jahrhunderts hat diese Region auf verhängnisvolle Weise zu einem tragischen Sinnbild der militärpolitischen Sünden des letzten Krieges gemacht. Von hier aus wurde 1941 der große Angriff der deutschen Wehrmacht gegen die Sowjetunion begonnen. Die niederschmetternden Vergeltungswellen stürzten sich über dieses Land am Kriegsende. Das Böse wurde mit dem Bösen vergolten: die andere Logik hat es nicht gegeben. Königsberg war im Feuerball der Brandbomben der englischen Luftstreitkräfte verglüht, seine Einwohner erlebten das Inferno der Eroberung und später der Vertreibung. Seit 1945 wurde das neue Kapitel der Geschichte dieser Stadt aufgemacht, betitelt mit den russischen Buchstaben. Und die mit dem Realitätsgefühl behafteten Menschen verstehen gut, dass dieses Land für immer ein Teil Russlands bleibt: Hier wurden die neuen Generationen der russischen Bürger geboren, für die ›der bestirnte Himmel‹ Kants zum Dach des eigenen Geburtshauses geworden ist. ›Das moralische Gesetz‹ Kants lässt aber nicht in Ruhe und erinnert immer wieder daran, dass das Jahr 1945 gar nicht die ›Stunde Null‹ am historischen Zifferblatt dieser Stadt ist und dass wohl nachts noch viele ›Gretchens und Fritzchens‹ Tränen vergießen und im Schlaf die Storche auf alten Ordenskirchen träumen.

Die Wechselfälle der letzten Jahre verwandelten diese Region zu einer geopolitischen Insel Russlands in der Umgebung der EU-Länder und verursachten die Zuspitzung der Frage: Hat der Anschluss dieses Landes an Russland nur den Sinn der Vergeltung für die von Deutschland im National-Sozialismus begangenen Verbrechen, oder deutet sein Schicksal eine beachtenswerte Chance der Befreiung von der mit Hass erfüllten Vergangenheit an, eine faszinierende Möglichkeit der allumfassenden Versöhnung, eine atemberaubende Perspektive der politischen und ökonomischen Konföderation zwischen Ost und West in dieser Region? Das auf dem sittlichen Gedächtnis basierende Denken zeigt vor, dass im Schicksal dieses Landes verhängnisvoll und gleichfalls wohltuend sich zwei Logiken der europäischen Geschichte kreuzen – die Logik der Vergangenheit und die der Zukunft. Königsberg/Kaliningrad erweist sich in diesem Zusammenhang als ein wahres Unikum in Europa, in gewissem Sinn ein Prüfstein, eine geopolitische Meta-Aufgabe, an deren Lösung neue Verfahren der künftigen

Lebenslogik erprobt werden könnten. Die Region wurde zu einem Wegekreuz, auf dem sich die in die Zukunft führenden Wege mehrerer Länder kreuzen – die von Litauen, Lettland, Polen, Weißrussland, Skandinavien, Deutschland und Russland. Was Deutsche und Russen anbetrifft, so sind die beiden Völker – selbst die Vorsehung hat es bestimmt – berufen, ihre Schicksale in Königsberg/Kaliningrad zu vereinigen, auf der Grundlage der Vergebung, des Vertrauens und der Verantwortung. Und das hat nichts mit der sog. Regermanisierung zu tun. Die deutsch-russische Zusammenarbeit beinhaltet eine Idee des neuen Modells der Gerechtigkeit nicht nur im Interesse der beiden Staaten, sondern ganz Europas. Die praktische Verwirklichung dieser Idee entspricht dem Hauptanliegen der europäischen Integration. Europa erweitert sich nach dem Osten, was keineswegs die Freiheit oder die Nationalwürde der beteiligten Völker beeinträchtigt. Im ›Ewigen Frieden‹ hat Kant diese Logik der europäischen Zukunftsentwicklung vorweggenommen: Der einzige rechtliche Zustand, mit der Freiheit der Staaten vereinbar, ist ein föderativer Verein, der die Entfernung des Krieges zur Absicht hat. Nur in so einem föderalen Verein ist die Zusammenstimmung der Politik mit der Moral möglich, und alle Staatsklugheit hat zur rechtlichen Basis die Stiftung des Vereins im größtmöglichen Umfange.

Königsberg/Kaliningrad könnte zu einem unikalen Modell des Zusammenseins und der Zusammenarbeit verschiedener Nationen und ihrer Kulturen werden. So ein Modell wäre ein Leitfaden auf dem Weg zu einer besonderen Form der slawisch-baltisch-europäischen Konföderation mit Mittelpunkt in der Stadt, die vor 750 Jahren geboren und wo vor 210 Jahren der Traktat ›Zum Ewigen Frieden‹ verfasst wurde. Wer weiß, vielleicht liegt das Geheimnis des Königsberger Mythos gerade darin, dass Vorsehung und Geschichte dieses Königsberg/Kaliningrad als Hauptstadt des ›Ewigen Friedens‹ gewählt haben.

VON DEN ANFÄNGEN BIS ZUR GRÜNDUNG DES KÖNIGREICHS PREUSSEN

Die Gründung der Stadt
FRITZ GAUSE

Die Eroberung Preußens entsprang weder der Kampfeslust raubgieriger Ritter noch der Beutegier gewinnsüchtiger Kaufleute, sondern wurde ausgeführt von den besten Kräften abendländischen Gemeinschaftsbewußtseins. Ritter aus fast allen Ländern Europas, auch aus Polen, nahmen an den Kreuzzügen teil, zu denen die Kirche aufrief. Auch um die Jahreswende 1254/55 sammelte sich ein Kreuzheer um den Hochmeister Poppo von Osterna in Elbing. Es war derselbe Poppo, der als Landmeister gegen die Ansprüche der Lübecker aufgestanden war. Die vornehmsten Kreuzfahrer waren der Böhmenkönig Ottokar und sein Schwager, der Markgraf Otto von Brandenburg. Ottokar, mütterlicherseits ein Enkel Friedrich Barbarossas, väterlicherseits ein Abkömmling der alten tschechischen Königsfamilie der Przemysliden, befand sich damals auf der Höhe seiner Macht und hat vermutlich mit seiner Teilnahme an der Spitze eines großen böhmischen Aufgebots auch politische Pläne verfolgt, jedenfalls den Grund gelegt für ein freundschaftliches Verhältnis zwischen Böhmen und dem Ordensstaat, das bis zu den Hussitenkriegen angedauert hat. Wahrscheinlich hatte ihn der Hochmeister, der im Herbst 1254 in Böhmen gewesen war, persönlich für diese Kreuzfahrt gewonnen. Otto III. aus dem Geschlecht der Askanier hatte sich als Städtegründer in seinem Lande bewährt; er hatte Berlin das Stadtrecht gegeben. Ottokars Stellung im Kreuzheer hatte solches Gewicht, daß der Hochmeister ihm, abweichend vom sonstigen Brauch, auf Bitten des Papstes die Führung des Kriegszuges überließe. Zu den Ordensherren gehörte Burchard von Hornhausen, der als Komtur für die an der Pregelmündung zu gründende Burg vorgesehen war.

Im Januar ritten die Kreuzfahrer von Elbing nach Balga und von dort über das Eis des Haffs nach dem Samland, das sie in wenigen Tagen durchstreiften, wobei sie, den damaligen Bräuchen des Heidenkampfes entsprechend, die Dörfer verbrannten und die Menschen erschlugen oder zu Zwangstaufen zusammentrieben. Sie fanden keinen ernsthaften Widerstand. Viele Samen mögen sich vor der Übermacht in den Wäldern versteckt, andere das Land vorübergehend verlassen haben. Zweifellos gab es aber unter ihnen auch Anhänger der neuen Herren und des neuen Glaubens, wie die oben erwähnten Neophyten beweisen und die vielen preußischen Freien, die wir später als Witinge im Dienste des Ordens finden. In wenigen Tagen konnte das Samland als unterworfen gelten. Schon am 17. Januar war Ottokar wieder in Elbing, am 6. Februar in Troppau.

Den Rückweg nahmen die Kreuzfahrer nicht wieder über das Haff, sondern sie überquerten den unteren Pregel. Der Orden pflegte ganz planmäßig jedes eroberte Gebiet durch die Anlage einer Burg gegen Aufstände und Einfälle zu sichern. So auch hier. Aus den jahrelangen Verhandlungen um die Gründung einer Stadt an der Pregelmündung wußte der Hochmeister sicher, welche Stelle dafür in Frage kam, und lenkte das Kreuzheer dorthin. Als sie erst dort waren, bedurfte es keiner langen Überlegung. Der König und der Hochmeister erkannten sofort, daß die Pregelhöhen, insbesondere der Berg Tuwangste, sich für eine Burg geradezu anboten. Eine Burg an dieser Stelle deckte den Übergang über den Fluß, beherrschte wichtige Handelswege zu Wasser und zu Lande und sicherte den Pregelhafen, an dem eine Stadt gegründet werden sollte. Noch in demselben Jahre erbauten die Ritter mit Hilfe treuer Prußen die erste Holz-Erde-Burg an der Stelle der prußischen Fliehburg auf der Südostecke des Tuwangste. Vielleicht hatte dort schon das *castrum Pregore* der getauften Prußen von 1246 gelegen. In einer Urkunde vom 29. Juni 1256 wird erstmals das *castrum de Coningsberg in Zambia* erwähnt.

Der Vorgang der Burggründung wird im einzelnen von den Quellen verschieden dargestellt. Die zeitgenössischen Annales Ottokariani, also eine böhmische Quelle, behaupten, daß Ottokar und Otto viele Prußen getauft und dann Land und Leute den Ordensrittern übergeben hätten, nachdem sie von den Prußen Geiseln genommen hätten. Eine spätere böhmische Chronik erzählt, daß Ottokar Burg und Stadt gegründet und dort sogar eine Kathedralkirche erbaut habe. Wie er die Burg nach seinem Namen, so habe er die Kirche nach dem heiligen Adalbert, dem Märtyrer und Schutzpatron Böhmens, benannt. Peter von Dusburg berichtet, daß die Ritter nach dem Abzug des Böhmenkönigs die Burg erbaut und ihm zu Ehren Königsberg benannt hätten. Diese Darstellung kommt wohl der Wahrheit am nächsten. Alle Quellen bringen den Namen von Burg und Stadt mit Ottokar in Verbindung, keine berichtet etwas anderes.

Man hat trotzdem geprüft, ob der Name nicht anders abzuleiten sei, etwa von der syrischen Ordensfeste Mont Royal oder von der Stadt Königsberg in der Neumark. Der Orden benannte gern Örtlichkeiten in Preußen nach solchen des Heiligen Landes, um die Tradition des Kampfes gegen die Ungläubigen auch in dieser Beziehung von Palästina nach Preußen zu verpflanzen. Auch die Übertragung von Städtenamen war nicht ungewöhnlich, und da Königsberg in der Neumark zum Herrschaftsbereich des Markgrafen Otto gehörte, wäre es nicht von der Hand zu weisen, daß Otto, der etwas später auch Brandenburg am Haff gründete und nach Brandenburg in der Mark benannte, Taufpate bei der Benennung von Königsberg gewesen sei. Aus den Quellen sind diese Vermutungen nicht zu belegen. Es ist aber nicht ausgeschlossen, daß der Orden, der für sein diplomatisches Geschick bekannt war, mit der Wahl des Namens Königsberg allen drei Interessen Rechnung trug, den Wünschen seiner beiden vornehmsten Kreuzfahrer und der eigenen Gewohnheit.

Wonach Königsberg auch benannt worden sein mag, das eine ist sicher: mit der Gründung der Burg ist ein neuer Anfang gemacht worden. Der Zusammenhang zwischen der Prußen- und der Ordensburg ist rein topographischer Natur. Weder politisch noch kulturell ist Königsberg aus einer vordeutschen Wurzel erwachsen. Die Geschichte Königsbergs beginnt in dem Augenblick, da deutsche Ritter im Auftrage von Kaiser und Papst, Reich und Kirche hier einen Vorposten des Abendlandes errichteten.

Die Stadt Königsberg hat stets Ottokar als ihren Namenspatron verehrt. Sie hat den thronenden gekrönten Mann mit Szepter und Reichsapfel, den das älteste Komturssiegel von 1262 zeigt, und den geharnischten gekrönten Ritter mit dem Lilienszepter, der das älteste erhaltene Siegel der Altstadt von 1360 schmückte, stets und wohl mit Recht für Darstellungen Ottokars gehalten. Sie hat auch eine Kirche und eine Straße nach ihm benannt, und das Standbild am Königstor, 1852 von dem Bildhauer Stürmer geschaffen, dürfte das einzige Denkmal dieses Königs auf deutschem Boden gewesen sein. Für das Verhältnis der Völker zueinander in der Zeit, als Ostmitteleuropa sein europäisch-abendländisches Gesicht erhielt, ist es charakteristisch, daß der Namenspatron Königsbergs, der mächtigste deutsche Reichsfürst seiner Zeit, von Vatersseite ein Tscheche war.

Die älteste Burg, das *castrum antiquum*, wurde an der Stelle der prußischen Fliehburg auf der Südostseite des Tuwangste erbaut. Ausgrabungen haben eine Schicht Wallbergerde aus der Vorordenszeit an dieser Stelle ergeben. Später wurde dort die Vorburg errichtet, die lange als Kaserne diente und an deren Stelle 1926 das neue Reichsbankgebäude trat. Sie war gewiß nur provisorisch, da der Orden vermutlich damals schon geplant hatte, die Hauptburg auf der größeren und etwas höher gelegenen Südwestecke des Tuwangste zu errichten. Ein am Grunde 5 Meter breiter Erdwall mit einem starken Plankenzaun aus gespaltenen Baumstämmen, auf dessen Höhe wohl ein Wehrgang entlanglief, umzog den Burgplatz. Er folgte dem Rande des Abhangs und dort, wo der Bergvorsprung mit dem Plateau zusammenging, einem Graben, der von Abhang zu Abhang gezogen wurde und der ganzen Anlage den Charakter einer Abschnittsburg gab. Auf der verhältnismäßig kleinen, durch die Holzerdemauer gesicherten Fläche erhoben sich die Gebäude der Burg im Block- oder Fachwerkbau. Der Weg zur Burg führte vom Pregel durch die Schlucht des Katzbachs aufwärts, an dem die Ordensmühle und ein Wachhaus lagen. Westlich der Burg lag die zunächst sehr kleine Vorburg, die die Wirtschaftsgebäude enthielt, die zur Unterhaltung der Burg und ihrer Besatzung notwendig waren.

Die Ritter waren sehr geschickt und erfahren im Wasserbau. So stauten sie den Katzbach durch einen Damm, der schon 1257 erwähnt ist. Auf ihm wurde später die Französische Straße erbaut. Durch den Stausee oberhalb dieses Dammes, den Mühlen- oder Schloßteich, gewannen sie eine Sicherung ihrer Burg auf der am meisten gefährdeten Nordseite und zugleich einen Wasservorrat für den Betrieb der Burgmühle. In demselben Jahre 1257 lagen auch bereits Steine zum Bau der Hauptburg bereit. Bauholz gab es reichlich an Ort und Stelle, Ziegel und Kalk wurden vermutlich auf dem Wasserwege herangeschafft. Schon 1260 war diese Hauptburg, wenn auch noch nicht vollendet, so doch in verteidigungsfähigem Zustand; denn sie hat die Belagerung durch die aufständischen Prußen überstanden. Dagegen fiel diesem Aufstand die älteste Stadt Königsberg zum Opfer.

Die erste Stadtanlage, die bald nach 1255 entstand und schon 1262 zerstört wurde, hat der Geschichtsforschung vier Fragen hinterlassen: 1. Welchen Rechtscharakter hatte sie? 2. Wer bewohnte sie? 3. Wo lag sie? 4. Welcher Zusammenhang bestand zwischen ihr und der 1286 mit einer Handfeste bewidmeten Altstadt Königsberg?

Von dem Dr. Osiander

ANONYM

In der ehemaligen Altstädtischen Kirche zu Königsberg befand sich unweit des Altars der Grabstein des Doktors der Theologie Andreas Osiander aus Nürnberg, welcher zu Königsberg am 17. Octobris 1552 verstorben ist. Derselbe war ein gar namhafter Prediger und Lehrer; aber in jenen Zeiten war viel Haß und Zwietracht unter den Pfaffen, und so erwuchs auch dem Osiander vielerlei Streit und Nachrede unter den anders denkenden Gottesgelehrten. Derohalben hörte man, obgleich er bei großer Versammlung des Volks und in Gegenwart des Herzogs Albrecht und dessen ganzen Hofstaats begraben wurde, doch einige Tage nach seinem Begräbnisse, der Teufel habe ihm den Hals umgedreht und seinen Körper ganz zerrissen. Daher der Herzog durch solches Gerücht bewogen ward, den Leichnam durch das Altstädtische Gericht besichtigen zu lassen, um die Verbreiter des Gerüchtes Lügen zu strafen. Aber als der Sarg geöffnet wurde, fand man die Leiche Osianders nicht darin, dagegen den Leichnam eines anderen Menschen, welcher im Leben Nickel Balthasar geheißen; darüber entsetzten sich alle. Aber den Stein deckte man wieder über die Gruft.

Ein Reisebericht aus dem 16. Jahrhundert

SAMUEL KIECHEL

Den 9. früe von da hinweg, kamen disen Morgen bey gutter Zeit gen Königsberg, ein groß aber wenig befestigt Statt. Ist solche in drey unterschidliche Theil oder Statt abesondert. Alß die eine wirdt genannt die Alte Statt, die andere der Kneihof, die dritt Löbenit. Hat in der einen sonderen Rhat und besondern Halßgericht.

Zu Königsberg ist zu sehendes Marggrafen Schloss, welches gross unnd weit begriffen, von altem Gebäu. Daselbsten jetziger Zeit Georg Friedrich von Anspach Hoff helt. Neben andern wurde ein gross Gebäuw in gemelten Schloss angefangen, so albereits ziemblich hoch aufgebawet. Soll unden uff der Erden, das ist zu gleichem Boden, ein Zeughauß, in der Mitten eine Kirchen, unnd ob der Kirchen ein Dantz Saal werden. Solches Gebäuw ist zum andern mahl eingefallen, vielleicht daß es nicht in ein Corpus will begriffen sein.

Eß hat ein Wasser hart an der Statt, welches auch etlich mahl durch die Statt läuft, die Bregel genanndt. Kombt auß Littaw. Auff welchem Fluß auch viel korn dahingebracht wirdt. Jedoch der Statt Dantzig wegen der Kornhandlung am wenigsten zu vergleichen. Können sich die Schiff gar in die Statt legen, waß nicht große Schiff sein, können da laden. Kombt dis Wasser wenig Meil von der Statt in die Ostsee.

Um gemelte Gegend uff etlich Meil Weegs lengst der Ostsee findet man den Beerenstein, welchen wir Augstein nennen. Den wirft das Meer an das Gestade oder Ufer. Solches kombt dem Marggrafen zu. Darauß jährlich groß Geldt erlöst wirdt. Dann er hin und wider geführt und dessen viel in die Türkhei kombt. So ist es bei Leibstraf verbothen, dass ausserhalb der verordneten Leuthen, Niemandt, aufheben noch denselben samblen mag. Ich lag zur Herberg zur Gulden Cron, welches ein unlustig Haußhalten, garstig unnd unrein gekocht worden, davon ich einen Unwillen bekam. In der Thom Kirchen ist zu sehen das Epithaphium Marggrafen Albrecht Löbl. Gedächtnuß, wie auch des jetzigen Herrn Marggrafen Georg Friedrich, beede stattlich und zierlich.

Von der großen Wurst

WILHELM MATULL

In einer Zeit, die freilich schon lange verklungen ist, spielten die Handwerker und ihre Zusammenschlüsse eine bedeutende Rolle im Alltagsleben einer Stadt. Eines der ältesten Königsberger Gewerke stellten die Fleischer dar. Noch bis in die jüngste Gegenwart konnte man an Hand von Straßennamen feststellen, wie unentbehrlich die Fleischer waren; es gab eine Alte Fleischerwiese, eine Ferkelgasse, die Schnürlingstraße hieß einst Fleischerdamm, ferner gab es Fleischergasse, Fleischergraben und Fleischermarkt. Uralt war die Fleischbänkenstraße. Schon um 1570 wurde eine der Königsberger Brücken ›Kuttel Prueb‹ genannt, aus der zu unseren Zeiten die Köttelbrücke geworden war. Im Löbenicht existierte eine Schlachthofgasse. Auf dem Haberberg gab es sowohl einen Pferdemarkt als auch einen Viehmarkt. Altbekannt waren jedem Königsberger der Roßgärter Markt mit dem anschließenden Vorder- und Hinterroßgarten. Aus der Stadtgeschichte kennen wir eine Schweinebrücke, ein Schweinshöfchen, und manches später Schwanengraben titulierte Bächlein hieß ursprünglich Schweinegraben.

Kein Wunder also, daß von dem ehrenwerten Handwerk der Fleischer oft die Rede war. In die Historie eingegangen ist ihr Umzug im Jahre 1601, bei dem 103 Fleischergesellen eine riesige Wurst unter Trompetengeschmetter durch die Straßen der Stadt schleppten. Sie soll aus 81 Schweineschinken gefertigt und über 1000 Ellen (1 Elle = 69 Zentimeter), also rund 700 Meter lang gewesen sein und nahezu 9 Zentner gewogen haben.

Für die Königsberger Bürger, erst recht für die Kinder, muß das ein Spaß besonderer Art gewesen sein, zumal sich die Wurst während des Umzugs verkleinerte. Am Schluß wurden 130 Ellen dem Landesherrn und den herzoglichen Hofleuten verehrt, in den zu dieser Zeit noch selbständigen Städten Altstadt, Kneiphof und Löbenicht wurde für die Ratsherren manch tüchtiges Stück abgesäbelt. Schließlich endete der Umzug in der Herberge der Los- und Feinbäcker, die sich mit dem Rest zu fröhlichem Umtrunk mit den Fleischern vereinten.

Von dem Umzug mit der Riesenwurst sind mancherlei historische Zeichnungen erhalten, selbst in den Kinderbüchern des vorigen Jahrhunderts findet man diese Begebenheit illustriert. Allerdings wird man skeptisch, wenn man den baulichen Hintergrund einzuordnen versucht. Er ist nämlich kaum auf Königsberg bezogen, denn es gab solche Aufzüge der Gewerke in streng geregelten traditionellen Formen in fast allen größeren Städten.

Den Los- und Feinbäckern hatte die große Wurst, zumal bei einem gehörigen Schluck Bier, so gut gemundet. daß sie sich dafür revanchieren wollten. So veranstalteten am Tag der Heiligen Drei Könige die Königsberger Bäcker einen Umzug, bei dem 8 große Stritzel (damals schrieb man auch Striezel) mit getragen wurden. Der größte war 5 Ellen lang. Ihnen folgten aus Pfefferkuchenteig geknetete und dann vergoldete Löwenköpfe, Kronen, Sterne und das Zunftwappen. Auch bei diesem Umzug erhielten Landesherrschaft und Räte ihre Gaben. Den Beschluß bildete eine Feier in der Fleischerherberge, bei der einmal 40 Tonnen Bier geleert worden sein sollen.

Viel gäbe es noch über Vorschriften und Gebräuche dieser Gewerke zu berichten. Die Gewichte mußten ›abgeäugt‹ (geeicht) und mit dem Stadtwappen gestempelt sein. Cassen- und Winkelschlächtern, die in den Haushaltungen als Hausschlachter auftraten, sah man scharf auf die Finger; Garköche und Höker wurden sogar befehdet. Am unbeliebtesten waren ›Matrosen mit Schweinsköpfen‹. Damit waren die Schiffsköche gemeint; in einer zeitgenössischen Anordnung heißt es dazu: »Den lübschen Booß-Knechten soll auch mit ihren Schweinsköpfen, Schinken, Bratwürsten das Gassieren (Verkauf auf den Gassen) bei Verlust der Ware verboten sein, sondern mögen wohl alter Gewohnheit nach auf ihren Schiffen am Bollwerk feilhalten und verkaufen.«

Die Pest in Königsberg

Im Jahr 1602 raffte die Pest in Königsberg 18000 Menschen, und darunter so wohl verschiedne akademische Schullehrer als manche studierende Jünglinge weg. Ein gleiches geschah 1620; da unter 15000, die in Königsberg aufgerieben wurden, acht Lehrer der Universität und eben so viele der drei großen Schulen, nebst nicht wenigen akademischen Bürgern ihr Leben einbüßten, und die übrigen fast alle sich zerstreuten. Fünf Jahre darauf brach die Seuche wieder aus, brachte im ganzen Lande an 100000 Menschen und darunter 60 Prediger ins Grab, wie denn bloß bei den an den polnischen Grenzen liegenden Kirchen mehr als 20 derselben ein Raub des Todes geworden sind. Bei den königsbergischen drei Schulen hatten Lehrer und Schüler sich gänzlich zerstreut; weshalb sie den ganzen Sommer hindurch geschlossen blieben.

G. C. PISANSKI

Die verpesteten Häuser sollten zugenagelt, verpfählt, die Lebenden sollten nicht herausgelassen oder nach den ›Heiden‹ gewiesen werden. Das Essen ist ihnen vor die Fenster zu setzen oder in die ›Heide‹ zu bringen. Die Fischer sollen mit Gewalt vom Strande getrieben werden. Die Jahrmärkte sollen eingestellt, große Zusammenkünfte auf Gemeindegärten, bei Hochzeiten nicht gestattet werden. Niemand solle nach Danzig fahren, am Pregel, Sackheim, Kupferteich sollen Wachen in Böten ausgestellt werden, damit zu Wasser ohne Paß niemand nach der Stadt komme, die Thore sind stark zu besetzen, die Straßen rein zu halten, die Barbirer, die eine verstorbene Frau kuriert, sollen mit keinen andern Leuten Gemeinschaft halten, die Häuser der Infizierten sollen zugenagelt werden, denn nachdem einer in einem Hause auf dem Sackheim verstorben, die übrigen 11 in den Wald gelaufen, wären alle 11 gestorben.
FLÖGEL, Stadtchronist

Gott der Herr hat in den grassirenden Sterbensläufften etliche starke Bäume und junge Pflanzen abgehauen, etzliche fürnehme Professores, Präceptores, Studiosos und Schülerchen hinweggenommen und in eine bessere Schul versetzt, wie auch die lieben Musas erbärmlich zerstreuet. Viel herrliche und gar nützliche Leut in Kirchen, Schulen und Policeywesen hat der Pestilenzianische Würgengel mit großem Schaden hinweggerichtet und die edlen Musas dissipiret.
D. JOHANNES BEHM, 1621

Bericht über einen Besuch in Königsberg
GRIGORIJ K. BOGDANOV

Am 9. Februar traf ich in Memel ein; in Memel konnte ich kein Gefährt für die Weiterfahrt mieten, denn alle Wege waren kaum befahrbar, verschlammt und unter Wasser. An selbem Tag kam ein Obrist des Kurfürsten Preußens zum russischen Boten. Der Bote sprach zu ihm: der Obrist soll ihn ohne Verzögerung auf Weiterreise nach Korolewz entlassen und Gefährte geben lassen. Der Obrist erwiderte: er habe kein Pferdefuhrwerk; zu Lande zu fahren sei aber sowieso unmöglich, denn alle Flüsse seien ausgetreten und es gebe keine Fähren. Er würde den Boten aber zu Wasser mit Schiffen von Memel bis Korolewz unter Begleitungfahren lassen; auf dem Seewege brauche man einen oder anderthalb Tag bis Korolewz [damaliger russischer Name für Königsberg, Anm der Herausgeber]. Das Wetter auf der See, wo wir hinfahren sollen, sei jetzt gut.

An selbem Tag, etwa zwei Stunden vor Dämmerung, machten wir uns auf den Seeweg mit zwei Schiffen und legten bis zur Nacht etwa dreißig Werst zurück. Am nächsten Tag ergab sich ein scheußliches Wetter; wir waren gezwungen, Ruderer zu mieten und mit großer Mühe und Not gegen Wind bis Korolewz zu rudern.

Am 12. Februar erreichten wir Korolewz. Etwa zwei Werst vor der Stadt erwarteten uns zwei Personen vom Hof des Kurfürsten von Brandenburg und des Fürsten Preußens. Sie sprachen zum Gesandten: Kurfürst von Brandenburg und Fürst Preußens Friedrich Wilhelm ließe Dich, den Gesandten, zur Erweisung der Ehre Seiner Majestät, dem Großen Zaren Russlands, empfangen und mit der von Ihm geschickten Karosse in die Stadt bringen. Die Behausung für den Gesandten sei in Korolewz schon bereit. Der Gesandte sprach: da Kurfürst von Brandenburg und Fürst Preußens Friedrich Wilhelm Seiner Majestät, dem Großen Zaren, die Ehre erweist und mich ehrenvoll empfangen ließe, mir Gutes antue, so richte ich das alles nach meiner Rückkehr Seiner Majestät, dem Großen Zaren aus, dass Er Seinerseits dem Kurfürsten eine Zarengnade gewähren wird. Mit der Karosse fuhren wir mit den Empfängern zusammen in die Stadt ein und der Gesandte wurde bis zu seinem Standort begleitet.

Berichterstattung der Großen Gesandtschaft 1697

PETER DER GROSSE

Am 10. Mai entließen die Großen und Vollmächtigen Gesandten viele Dienstboten und Diener mit dem ganzen Pack zu Wasser nach Korolewz über das Haff Schaaken bis zum Ort Schaaken, sechs Meilen von Korolewz entfernt. Sie selber machten sich an selbem Tag auf den Weg zu Lande mit kurfürstlichen Gefährten und Verpflegung …

Am 18. Mai, als die Großen und Vollmächtigen Gesandten auf der Reise im Ort Waldau lagerten, kamen zu dem Standort der kurfürstliche Landrat Wallrat, Graf Kalnein und hießen sie im Namen seines allerdurchlauchtigsten Kurfürsten willkommen, wobei sie auch erklärten, die Großen Gesandten erwarte heute in Königsberg ein ehrenvoller Empfang. Für die Botschaft ließen die Großen und Vollmächtigen Gesandten ihren Dank an seinen allerdurchlauchtigsten Kurfürsten übergeben und erklärten sich bereit, nach Königsberg zu fahren. Nach reichlicher Bewirtung entließ man die Boten.

Kurz darauf, am frühen Nachmittag begaben sich die Großen und Vollmächtigen Gesandten vom Standort nach Königsberg; in der Nähe des Treffpunktes ließen sie sich gemäß dem Brauch der Gesandtschaft ankleiden. Etwa eine Meile vor Königsberg wurden die Großen und Vollmächtigen Gesandten von dem Herrn General Kriegs-Commissarius und dem Zeremoniemeister Besser erwartet. Sie stiegen aus der Kutsche aus, traten an die Großen und Vollmächtigen Gesandten heran und sagten in ihrer Empfangsrede: Der allerdurchlauchtigste Kurfürst ließ sie die Großen Gesandten Seiner Majestät des Zaren Russlands treffen und herzlich willkommen heißen. Für die Anreise der Gesandtschaft in die Stadt seien Karossen hergeschickt …

Der Karosse der Gesandten folgten berittene Hofdiener und andere Begleiter; Edelleute und andere Personen vom Hofe fuhren mit Kutschen vorne. Als die Prozession zu der Innenstadt kam, schoss man dreimal mit allen Kanonen von den Stadtmauern zur Begrüßung. Vor dem Tor des Stadtwalls, weiter im Stadtinneren etwa fünfzig Saschen [damaliges Längemaß] vom Tor und auch am Tor der Stadtmauer standen beiderseitig Infanterieregimenter mit Fahnen und Befehlshabern vorne. Dazwischen, an den Straßen entlang bis zu den Häusern für die Gesandtschaft stand einfaches Fußvolk mit Büchsen; unter jeder Fahne – Trommelschlag und Flötenspiel …

Die Einzug der Gesandtschaft wurde überall – sowohl außerhalb der Stadt, als auch hinter dem Wall und der Stadtmauer – von Mengen der Menschen beider Geschlechter mit großem Interesse beobachtet. Hofleute, Kavaliere, Diener und andere hatten neue blausamete Kleider, mit Gold brodiret, an. Etwa dreißig bewaffnete Soldaten und ihre Befehlshaber standen tags und nachts Wache vor den Häusern der Gesandtschaft.

Krönung in Königsberg

JOHANN VON BESSER

Nach allen den großen und herrlichen Solennitäten [Feierlichkeiten], die an dem churbrandenburgischen Hofe bishero vorgegangen, folget nun eine ganz neue und an diesem Hof noch nie gesehene Ceremonie: nehmlich die Krönung seines allerdurchlauchtigsten Ober-Hauptes, welches den Achzehnden Januarii des verwichenen Siebenzehnhundertundersten Jahres zum Könige von Preußen gesalbet worden. Friderich, unter den bisherigen Churfürsten seines Hauses dieses Namens der Dritte, und in der Ordnung der Zwölffte, unter den Königen aber sowohl dem Namen als auch der Ordnung nach der allererste, ist zur Annehmung der Krone den Siebenzehnden Dezember tausend Siebenhundert nach Preußen aufgebrochen. Der gantze Hof, die Königin, der Kronprintz, die beyden Königlichen jüngern Herren Gebrüder nebst den drei Compagnien der Gardes du Corps und den hundert Schweitzern, begleiteten Seine Majestät auf dieser Reise; wegen ihres zu großen Gefolges in vier unterschiedene Hauffen vertheilet; alle zusammen aber sich an Mannschaft so stark befanden: daß Sie außer ihren eigenen und den Königlichen Pferden noch bis auf Dreißig Tausend Vorspannpferde gebrauchten, und also nicht anders denn wie vier unterschiedene Kriegesheere daher zogen. [...] Der König und die Königin mit Ihrer Suite, aus zwei bis dreihundert Carossen und Rüstwagen bestehend, liefen die Post; und ungeachtet Ihre Majestäten wegen eingefallenen Dauwetters und der Ungewißheit, über die Weichsel zu kommen, einen Tag in Ratzeburg stille liegen, nachgehends Ihren Weg verändern und durch Dantzig gehen müssen: So hatte dennoch keines von beyden gehindert, daß Sie nicht in den gesetzten zwölff Tagen die achtzig teutsche Meilweges von Berlin bis Königsberg vollendet hätten [...] Die erste Publication geschah im Schloßplatze, die andere vor dem Schloß auf der Burg-Freiheit und die drey übrigen geschahen vor den Rath-Häusern der dreyen Städte Altstadt, Kneiphof, Löbenicht. [...] Unter dem Geläut der Glocken und dem Gethöne des groben Geschützes sah man sie kurtz darauf in folgender Ordnung: Erstlich zog ein Tropp Dragoner, hernach ein doppeltes Chor von zwey Paar Heerpauken und vier und zwantzig Trompetern, darauf der erste Herold und hinter ihm drey andere Herolde in gleichen blausameten Wapenröcken nach Römischer Art und mit Gold brodiret, mit weißen Federn und schwarzen Samet-Hütten auf dem Haubte. Darauf ritten die beyden Ober-Marschälcke, der Herr Graf von Lotturn und der Preußische Ober-Marschalck, Herr Graf von Wallenrodt, darauf der Hof-Ceremonien-Meister, der von Besser, der Hofmarschalk und der Oberschenke, darauf eine große Menge von Hof-Cavalliren und Kriegs-Officirern, hinter diesen wiederumb ein Tropp von Dragonern. Der erste Herold las die Publication von einem gedruckten Zedel, in diesen Worten abgefaßt: »Demnach es durch die allweise Vorsehung Gottes dahin gedyhen, daß dieses bishergewesene Souveraine Herzogthum Preußen zu einem Königreich aufgerichtet, und desselben Souverain der allerdurchlauchtigste großmächtigste Fürst und Herr, Herr Friderich, König in Preußen geworden: so wird solches hiemit männiglichen kundgetan, publicieret und ausgeruffen: Lang lebe Friderich, unser allergnädigster König! Lang lebe Sophie Charlotte, unsere allergnädigste Königin!« Alle Umstehenden beantworteten mit Schwenkung der Hütte und einem oft wiederholten vivat den Wunsch des Heroldes [...] und entstund durch deren Einstimmung ein so lautes und allgemeines Freudengetümmel: daß es von Gassen zu Gassen, ja von einer Stadt zur andern erschallte, und die Ankommenden vom Lande zu ihrer Verwunderung mit darunter verwickelt wurden.

Ihre Majestäten setzten auf den Achtzehnten Januarii den Krönungs-Tag an. Den Sonntag zuvor erbaht man auf allen Kanzeln den Göttlichen Beystand zu der bevorstehenden Krönung, und Montags vor derselben, den siebzehnden, stifteten Se. Majestät den neuen Ritter-Orden vom Schwartzen oder den Preußischen Adler. [...]

Se. Majestät ließen sich von dem Herrn Ober-Cämmerer ankleiden, und in Dero Schlaf-Gemach den Königlichen Ornat anlegen; in dem Audientz-Saal aber satzten Sie sich die Krone mit Ihren eigenen Händen auf das Haupt, und nahmen auch selbst den Königlichen Zepter zu Sich, wie es die Independentz Ihres Reiches von Ihr erforderte.

Darauf gingen Seine Majestät auch der Königin die Kron aufzusetzen, Ihre eigene Krone auf dem Haupt und den Zepter in der Hand habend, und in Begleitung des gantzen Hofes, wie auch aller Insignien Königlicher Hoheit: als wovon eben Se. Majestät, durch Krönung der Königin, eines der allervornehmsten Rechte vollziehen und ausüben wollten.

Der Herr Hof- und Tribunals-Rath Pauli, Präsident des preußischen Hof-Hals-Gerichts, hat solches nicht uneben ausgedrücket, wenn er im Namen seines Collegii nicht sowohl der Königin zur Krone als vielmehr der Krone zur Königin Glück wünschete.

Inzwischen wurden die beyden Himmel, für König und Königin, so lang auf dem Platze von zwantzig jungen Grafen und Edelleuten gehalten.

Gegen zehn Uhr ward durch eine auf dem Schloß- Thurm ausgesteckte Fahne das Zeichen zum Geläute gegeben; worauf alle Glocken zu Schloß und in der Stadt zu läuten anfingen, und der erste Herold die versammelte Corpora, in der von Sr. Majestät selbst anbefohlenen Ordnung, ablesen mußte; in welcher auch alle zur Kirche gingen.

In der Kirche begaben Sich Ihre Majestäten auf Ihre Throne.

Das Lied: Es woll uns GOtt genädig seyn, ward abgesungen, bey dessen Schlusse der Herr Consecrator nach der Sacristey ging: der Herr Aßistent vor dem Altar, mit dem Angesicht gegen Ihre Majestäten sich kehrend, das Gebeth verrichtete.

Auf das Gebeth ward noch gesungen: Allein GOtt in der Höh sey Ehr, und darauf von dem Herrn Consecrator eine kurtze Predigt über die Worte gehalten: Wer mich ehret, den will ich auch ehren.

Der Herr Ober-Cammerer rückte sodann Seiner Majestät die Perüque ein wenig in die Höhe, die Stirne zur Salbung frey zu machen, und der Herr Consecrator, der dem Herrn Assistenten das Salb-Öl samt dem Teller zu halten überlieferte, nahm die Ampulle vorn Teller, goß sich daraus etwas auf die zwey vordersten Finger seiner Rechten, und salbete Seine Majestät in Form eines Circkels oder Krone; erstlich auf dero Stirn, und hernach auf dem Puls der beyden Hände mit solchen Worten:

Eure Königliche Majestät empfahen und nehmen auf / diese Salbung / als ein göttliches Wahrzeichen / dadurch GOTT ehemals durch seine Priester und Propheten denen Königen Seines Volcks bezeugen lassen: daß Er selbst / der höchste GOTT / sie zu Königen gemacht / eingesetzet und verordnet hat; und der HErr unser GOTT / salbe hierbey auch selbsten mit dem Heiligen Geiste Eure Königliche Majestät! daß Sie als ein Gesalbter des HERRN / mit munterem / tapferem und willigem Hertzen dies Ihr Volck und Königreich beherrschen und regieren / auch bey allem Königlichem Wohlergehen viele Jahr und Zeiten dem Raht und dem Willen Ihres GOTTES dienen! durch unsern HErrn JEsum Christum! Amen!

Ausklang

FLÖGEL

Abends große Stadtillumination der Häuser und Thürme mit Verzierung von Dannenbömen, Citronen, Orangen. Der König hört noch den ›in tiefstdemuthigem Gehorsam zu Füßen gelegten Freuden-Zuruft‹ der Dichterin Gertraut Mollerin an.

Um neun Uhr fuhr er mit sehr großer Suite durch die jubelnde Stadt, wobei die reitenden Pagen weiße Wachsfackeln trugen. Die Goldkarosse des Königs von acht Isabellen gezogen, Räder, Deichsel, Sielen, alles verguldet. Alles licht auf den Straßen, aber so tiefer Schnee, daß man wie in Muschkebade ging.

Am 19. Januar: Auslegung der Reichskleinodien in der Tafelstube, großes Gedränge, die Wachen hatten Ordre, auch nicht dem Geringsten böse Miene zu machen. Audienz, Handkuß, zwölf Reden.

20. Januar: Bärenhetze im Hetzgarten vor dem Hofe. Zu Tode gebracht wurden: 14 Wölfe, 1 Auer, 3 Bären, 1 Eber; dauerte anderthalb Stunden.

23. Januar: Einweihung der deutsch-reformierten Burgkirche unter Prediger Bursenius. Die Studenten bringen ein Ständchen und werden prächtig traktiret.

24. Januar: Dinée beim Grafen Döhnhoff. 25. Januar: Großer Redeakt der Universität.

26. Januar: Feuerwerk neben dem Friedländer Thore, das der König aus Dr. Zatzken Garten ansah. Dielenbuden hatte der König für Gäste

errichtet. Um 5 Uhr ließ der König das Feuerwerk anzünden mit Inschriften und Insignien auf den König, die Königin und den Kronprinzen. Die feuchte Luft hatte das Feuerwerk verdorben. Ein Feuerwerker wurde bei Losbrennung eines Mörsers tötlich blessirt.

Am Sonntage darauf wohnt der König der Predigt des Bischofs von Sanden bei, »die Herrlichkeit des Königs besteht in der Vielheit des Volks«.

4. März bestätigt der König die von Holzkämmerer Gehr begründete Schule; später, vom Sackheim nach der Collegien-Gasse verlegt, erhielt sie den Namen: Collegium Fridericianum.

6. und 7. März: Abschieds-Audienz.

8. März: Abreise des Königs unter Geläute aller Glocken, Kanonendonner, Musik. Drei Ehrenpforten waren errichtet, die höchste am Mühlentore mit der Inschrift: »Als Kurfürst zog er ein, als König zog er aus.«

Der König ritt bis an das Brandenburger Thor, kam in der Carosse stille ins Schloß zurück und fuhr am 9. Martii in aller Stille über Pillau, Danzig nach Berlin, weilen der Weichsel bei Marienwerder nicht mehr wollte getrauet werden. Der Troß ging in den folgenden Tagen ab. Die Huldigungsfeierlichkeiten in Königsberg hatten 6 Millionen Thaler gekostet.

KÖNIGSBERG IM 18. UND 19. JAHRHUNDERT

Pregelbrücken und höhere Mathematik

PETER KAKIES

Anfangs des 18. Jahrhunderts führten in Königsberg sieben Brükken über den Pregel: Hohe Brücke, Honig-Brücke, Holz-Brücke, Schmiede-Brücke, Krämer-Brücke, Grüne Brücke und Köttel-Brükke. Sie verbanden die bei den vom Pregel umflossenen Inseln Kneiphof und Lomse miteinander und mit den beiden Flußufern.

Ein zum Knobeln aufgelegter Spaziergänger muß es wohl gewesen sein, der eines Tages versuchte, alle sieben Brücken hintereinander zu überqueren, ohne dabei aber eine zweimal zu benutzen. Es gelang ihm nicht, wie er es auch anstellte. So hat er dann seinen Freunden bei einem steifen Glas Grog dieselbe Aufgabe gestellt, und es dauerte nicht lange, bis viele Königsberger, teils mit Bleistift und Papier, teils per pedes, nach einem die Bedingungen erfüllenden Weg suchten. Doch niemand fand ihn; andererseits konnte aber auch niemand nachweisen, daß die Lösung der Aufgabe unmöglich ist.

Von diesen Versuchen, alle sieben Brücken hintereinander, aber jede nur einmal, zu überschreiten, hörte auch der große Mathematiker Leonhard Euler, der damals in Petersburg lebte und der später (1742) von Friedrich dem Großen an die Berliner Akademie berufen wurde. Euler interessierte sich für dieses Problem, und er untersuchte es systematisch. Sein damals entwickelter Gedankengang ist merkwürdig. Zunächst einmal: Das Problem wird übersichtlicher, wenn man die beiden Flußseiten und die Inseln durch Kreise und die Brücken durch Linien ersetzt.

Die Aufgabe besteht nun darin, von einem beliebigen Kreis ausgehend in einem Zuge alle Linien genau einmal zu durchlaufen; dabei dürfen die Kreise beliebig durchquert werden. Zur Gedächtnisstütze kennzeichnet man dabei diejenige Linie, die man durchlaufen hat, indem man sie ausstreicht. Wenn man auf der Wanderung längs einer Linie in einen Kreis gelangt und diesen auf einer anderen Linie wieder verläßt, so muß man zwei in diesen Kreis mündende Linien ausstreichen: die, auf der man kommt, und die, auf der man geht.

Gleich, ob man nun ein-, zwei- oder dreimal durch einen Kreis wandert und dabei zwei, vier oder sechs Linien ausstreicht, stets scheidet eine gerade Anzahl von Linien aus. Nur bei dem einen Kreis, in dem man die Wanderung beginnt, und bei dem anderen Kreis, in dem man sie beendet, wird bei Beginn der Wanderung und bei ihrem Ende eine einzelne Linie allein ausgestrichen; werden diese Kreise noch ein- oder zweimal während der Wanderung durchquert, so scheiden bei ihnen also drei oder fünf Linien aus. Bei diesen beiden Kreisen allein kann man also eine ungerade Anzahl in sie mündender Linien ausstreichen, während man bei allen anderen Kreisen stets nur eine gerade Anzahl von Linien ausstreichen kann.

In der ›Königsberger Aufgabe‹ gehen aber,wie man leicht nachzählt, von allen vier Kreisen eine ungerade Anzahl von Linien aus. – Diese Aufgabe also ist unlösbar. Euler veröffentlichte seine Untersuchung im Jahre 1736 und legte damit den Grundstein zu einem bereits von Leibniz geahnten neuen Gebiet der Mathematik, der Topologie, die Anordnungsbeziehungen geometrischer Gebilde untersucht und von der man hofft, daß sie zur Klärung der Grundlagenfragen der Mathematik überhaupt beitragen wird. Eine Entwicklung, die unsere Königsberger Spaziergänger bestimmt nicht geahnt haben.

Zu den sieben alten Brücken sind später noch die Reichsbahnbrücke, die Eisenbahnbrücke und die Kaiser-Brücke hinzugekommen. Die ersten beiden verbinden die Flußseiten Bund C, die dritte die Flußseite B mit der Insel D.

Wer versucht es nun, einen Spaziergang zu machen? Aber wiederum: jede der zehn Brücken darf nur einmal überquert werden! Diese Aufgabe ist lösbar; den Spaziergang allerdings können wir heute nur noch in Gedanken machen.

Aus meinen Lebenserinnerungen

ANDREJ T. BOLOTOV

Der Pregel fließt durch die Stadt, und es gereicht ihr zu großem Vorteil, dass sie gerade an der Stelle angelegt ist, wo der Fluss sich in einige Arme gabelt und einige große Inseln hat entstehen lassen.

[…] Die in der Stadt befundenen Inseln sind mit verschiedenen Bauten besetzt. Unter ihnen ist eine inmitten der Innenstadt gelegene runde Insel einer besonderen Bemerkung würdig; denn sie ist dicht mit hohen Steinbauten bebaut. Sie machen den allerbesten Stadtteil aus. […]

Als der berühmteste unter allen in Königsberg gelegenen Bauten gilt wohl die sog. Burg bzw. das Schloss der früheren Herzöge Preußens. Das riesengroße und trotz seines Alters prächtige Bauwerk ist auf dem höchsten Hügel inmitten der Stadt errichtet. Es ist viereckig, sehr hoch und hat in seinem Inneren einen geräumigen vierseitigen Platz. Dieses Prachtwerk verleiht der Stadt einen besonderen Reiz. […]

Zu den bekanntesten öffentlichen Bauten kann man erstens ihre Kathedrale oder Domkirche zählen, die zwar alt und im gotischen Geschmack mit einer sehr hohen Spitze gebaut ist, in ihrem Inneren aber sehr wertvolle Orgeln hat, welche bestimmt einige Dutzende Tausend kosten und sehenswert sind. Zweitens ist es das oberste Rathaus, ein ziemlich großes und antändiges Gebäude ganz dicht am Zentralplatz. […] Drittens befindet sich in der Nähe desselben Platzes das sog. Stadthaus. […]

Viel bekannter und besser unter den Stadtteilen ist aber der Kneiphof. Er liegt auf einer Insel, ist von Wasser umgeben und wird von der Altstadt nur durch einen schmalen Pregelarm getrennt. Bebaut ist dieser Stadtteil mit lauter Steinbauten, die Straßen sind sehr eng, aber etwas geradliniger als in der Altstadt. Da hier die reichsten Kaufleute wohnen, gibt es auf dem Kneiphof eine Menge guter Häuser.

Man kann ziemlich bequem durch die Stadt fahren und laufen, denn alle Straßen sind mit Feldsteinen gepflastert und dieses Pflaster wird immer in gutem Zustand gehalten.

Nachts, insbesondere im Herbst und im Winter, werden alle Straßen mit Laternen beleuchtet. Ein verdrießliches Ungeschick in den engen Straßen der Stadt ist es, dass nachts allerlei Unrat und Müll aus den Häusern auf die öffentlichen Straße herausgeschmissen wird.

Könige aus Preußen

HANS HELLMUT KIRST

Handle so, daß die Maxime deines Willens jederzeit zugleich als Prinzip einer allgemeinen Gesetzgebung gelten kann.
Immanuel Kant

Diese Worte sind in Königsberg geschrieben worden. Und wohl auch nur dort, versichern nicht wenige, hätten sie geschrieben werden können. Denn nirgendwo sonst seien in dieser nachmittelalterlichen Welt die Luft klarer, die Gedanken reiner und die Menschen selbstloser gewesen.

Dieses Königsberg hatte das seltene Glück gehabt, einige Jahrhunderte lang nicht unmittelbar in den Wetterzonen der Weltpolitik zu liegen. Am Rande des großen Schlachtens blieb ihm die unmittelbare Teilnahme an kriegerischen Ereignissen erspart. Das muß als einzigartiger Vorteil bezeichnet werden.

Der Dreißigjährige Krieg etwa – der Beginn von Europas beklagenswerter Selbstverstümmelung – fand zumeist weit außerhalb Ostpreußens statt. Und wenn sich auch, nur wenig später, die ›Stände‹ der Stadt Königsberg verdächtig eigenwillig benahmen, so zögerten sie doch nicht, dem Großen Kurfürsten 1663, nahezu ergeben vereint, im Schloßhof zu huldigen. Allerdings nicht gerade überschwenglich – das hätte auch nicht dem Wesen der Ostpreußen entsprochen – mehr vorsorglich. Um sich ihre Ruhe zu sichern.

Am 18. Januar 1701 durfte dann dieses Königsberg eine Krönungszeremonie von geradezu französischen Ausmaßen erleben – ein großes, selbst heute noch unvergessenes Fest. Denn ein Friedrich – ein Sohn des Großen Kurfürsten – setzte sich und seiner Frau im Königsberger Schloß die Krone auf. Wurde hier zu Friedrich I., König in Preußen.

Und es hatte sich um keinen willkürlichen Zufall gehandelt – vielmehr war alles aufs genaueste überlegt worden. Denn König Friedrich war sozusagen gebürtiger Ostpreuße. Er ist im Schloß von Königsberg zur Welt gekommen. Seine angebliche Wiege, ebenso wie seinen nachweisbaren Thronsessel, habe ich noch mit eigenen Augen zu sehen bekommen.

Das war kein Privileg, daran konnte sich jeder erbauen, den sein Weg jemals nach Königsberg führte. Aus der einstigen Burg war inzwischen ein ›Schloß‹ geworden – mit Schloßhof, Seitenflügel, Ergänzungsbauten. Ein Wall darum – allein der Ausblick von dort war eine Reise wert. Doch nicht etwa, daß dann Königsberg dem Betrachter ›zu Füßen‹ gelegen hätte; es lag ihm vielmehr gegenüber. Unser sanftgewelltes Land erlaubte nun einmal keine Hochsitzburgen, von denen aus Herrscher auf ihre Untertanen herabblicken konnten.

Sonderlich beeindruckend oder gar imposant jedenfalls war nichts in diesem ›Schloß‹. Denn in Königsberg mußte der König von Preußen auf höchst engem Raum leben. Er entfernte sich dann auch bald aus dieser ihm wohl karg erscheinenden Stadt – und zwar für immer.

Aber auch Friedrich I. – der sehr eigenwillige Sohn des ersten Preußenkönigs, der wirksam primitivste Praktiker des Soldatentums, zutreffend ›der Soldatenkönig‹ genannt – verweilte stets nur kurz in ›seinem‹ Königsberg. Hier hatte er, noch als Kronprinz, die Verheerungen der Pest in den Jahren 1708 bis 1710 kennengelernt. Er reagierte darauf auf seine Weise – er sorgte beharrlich für Nachschub.

Dieser ›Soldatenkönig‹ brachte sogenannte ›Kolonisten‹ ins ostpreußische Land – besonders Salzburger; aber auch gleichfalls ›aus religiösen Gründen‹ flüchtende Franzosen. Ferner schob er aus seinem Preußen nach dem sehr fernen Osten alles ab, was ihn irgendwie zu stören schien – damals fragwürdige politische Elemente, auf Bewährung entlassene Sträflinge, renitente Beamte.

Ein überaus merkwürdiges Gebräu aus angeblich fehlgeleiteten Überzeugungen und mißbrauchten Gesinnungen haben die Ostpreußen diesem Monarchen zu verdanken – sicherlich ganz gegen seinen Willen. Fortan ist dann dieses Land auch zu einem einzigartigen Freiplatz für denkende Außenseiter geworden. Hier konnten, vergleichsweise ungehindert, die seltsamsten geistigen Blüten treiben.

Zwei sandsteinerne, vielleicht auch bronzene Denkmäler – eins in Königsberg, das andere in Gumbinnen – zeugten von dieses Königs Ruhm. Doch so, wie dieser Ruhm schließlich in Erscheinung trat, hat ihn Friedrich Wilhelm kaum gewollt noch erahnt.

Denn dieses abseitige Ostpreußen hatte niemals wirklich richtig Gelegenheit gehabt, sich den preußisch-deutschen Gegebenheiten mit vorbehaltloser Zustimmung anzupassen. Es wurde später einfach überrannt und in die Weltgeschichte hineingepreßt – so behaupten heute nicht wenige. Gewollt haben sie es wirklich nie. Doch dafür sorgte dann nicht nur Kaiser Wilhelm II., sondern auch, später und wesentlich gründlicher, ein gewisser Adolf Hitler, Führer und Reichskanzler. Der eine zog den Krieg bis mitten in Ostpreußen hinein, der andere ruhte nicht eher, bis das totale Chaos dieses Land überschwemmt hatte – und es auslöschte. Wie eine nur noch mühsam flackernde Kerze.

Nichts, auch im entferntesten nicht, ist mit dem zu vergleichen, was in den Jahrhunderten vorher mit dieser Stadt und diesem Land geschehen war: So wurde etwa Königsberg zwischen 1758 und 1762 von russischen Truppen besetzt. Im sehr fernen Mitteleuropa fand gerade ein Krieg statt, der später als der ›Siebenjährige Krieg‹ registriert wurde.

Doch die Offiziere der besetzenden Russen benahmen sich, so kann man nachlesen, ›gesittet‹. Weder Plünderungen noch Vergewaltigungen fanden statt; und sollten sie tatsächlich stattgefunden haben, so sind sie zumindest nicht registriert worden. Vielmehr hieß es übereinstimmend: die Herren fühlen sich hier offensichtlich wohl.

Unbestreitbare Tatsache ist, daß in Königsberg etliche dieser russischen Offiziere an der dortigen Universität, der ›Albertina‹, studiert haben. Und zwar Mathematik und Fortifikation. Das bei einem gewissen Magister Kant.

Der Sohn eines Sattlermeisters

HANS HELLMUT KIRST

Stadt, meine Stadt, mit den steigenden Straßen, wasserdurchflutet, seewindumsungen [...]
Walter Scheffler

Diese ›Albertina‹ hatte also der einstige Hochmeister des Deutschen Ritterordens, der spätere Herzog, der aus einer kinderreichen Ansbacher Familie stammende Albrecht begründet. Martin Luther war der geistige Vater dieser Universität, Melanchthon scheint ihr praktischer

Geburtshelfer gewesen zu sein. Denn: erster Rektor, Vorstand oder Präsident – wie immer man will – dieser ›Albertina‹ wurde ein gewisser Sabinus. Ein überaus verdienstvoller Mann, was übereinstimmend bezeugt wird. Möglich jedoch, daß sein entscheidendes Verdienst dies gewesen ist: er war ein Schwiegersohn Melanchthons.

Derartiges pflegte ansonsten nicht gerade zu den ostpreußischen Alltagspraktiken zu gehören. Die Menschen unseres Landes waren viel zu redlich – oft sogar sehr stille, aber überaus intensive Verfechter einer unbeirrbaren Gerechtigkeit. Kaum ein Lehrer bei uns, der nicht seinen Sohn mit der gleichen Unparteilichkeit prügelte wie seine anderen Schüler. Die Sage geht sogar von einem Gendarmen, der nicht zögerte, seine eigene Mutter der Giftmörderei zu überführen und zu verhaften. Unredliche Nachkommen wurden ohne weiteres enterbt.

Galt bereits ein preußischer Beamter – noch in den zwanziger Jahren, bis Anfang der dreißiger – für selbstlos, korrekt und fleißig, so waren die ostpreußischen Beamten die fleißige, selbstlose Korrekheit in Person. Ein Berufsstand von seltener Makellosigkeit – völlig unbestechlich; nicht durch Freundschaft, Verwandtschaft, Liebe, Geld oder Wohlwollen aus den Angeln zu heben. Soviel Tugend vermochte natürlich auch zu leicht komisch wirkenden Vorgängen zu führen: Einer unserer Straßenbaumeister vergab nie einen Auftrag an die Firma seines Schwagers, obgleich die preiswerter und auch leistungsfähiger gewesen wäre als andere. Ein Polizeibeamter trieb seinen Bruder zur Verzweiflung, in dessen Haus er wohnte – es war ein Gasthaus; und nirgendwo mußte die Polizeistunde so korrekt eingehalten werden wie dort. Und ein neu gewählter Bürgermeister entließ, als allererste Amtshandlung, den verläßlichen, kenntnisreichen und langjährigen Gemeindeschreiber; denn er war mit ihm entfernt verwandt.

»Das alles«, versicherte unser philosophisch veranlagter Dorfgeistlicher, »haben wir unserem Kant zu verdanken.«

Dieser Kant – ein Professor – ist in Ostpreußen tatsächlich so etwas wie eine populäre Persönlichkeit gewesen. Jeder kannte zumindest seinen Namen. Und sogar im Masurenkalender konnte man Zitate von ihm nachlesen. Seine Bücher allerdings waren kaum irgendwo anzutreffen – »das Kerlchen schreibt reichlich kraus«, hieß es von ihm.

Doch dieser Kant war und blieb dennoch stets ›Ostpreußens großer Sohn‹; und kaum jemand im Lande, der nicht bereitwillig stolz auf ihn gewesen wäre. »Der hat so gedacht, wie wir denken!« Davon waren nicht wenige überzeugt.

Melanchthons Schwiegersohn, Sabinus, hatte nicht ahnen können, was einmal aus seiner Universität werden sollte. Sie begann als ›Hort der Humanität‹ und wurde im 17. Jahrhundert ›zu einem blühenden Vorfeld der Aufklärung‹. Das entsprach vermutlich nicht ganz dem Wunsch und Willen ihres Begründers und Geldgebers und seiner Nachfolger. Doch gegenüber der sanften, überaus zähen, völlig unbeirrbaren Beharrlichkeit eines Königsberger Sattlersohns namens Kant waren sie machtlos.

Natürlich hatten die damaligen Universitätsgewaltigen diesen Immanuel Kant nicht etwa mit offenen Armen aufgenommen. Schließlich wollte der nicht nur Prophet in seinem eigenen, engeren Vaterlande werden, sondern sogar in seiner Heimatstadt. Denn Kant ist am 22. April 1724 in Königsberg geboren worden. Und hier studierte er auch. Hier starb er. Ähnlich wie Sokrates hatte auch Kant seine engere Heimat niemals verlassen.

1751 bewarb er sich erstmals bei seiner Albertina um eine außerordentliche Professur – er wurde abgelehnt. Inzwischen jedoch hatte sich im ganzen geistigen Deutschland herumgesprochen, daß in Königsberg ein kleiner, zierlicher Mann existierte, dem große, zwingende Gedankengänge gegeben waren. Oder eben: er existierte dort nicht, er vegetierte – denn er wurde als untergeordneter, schlecht bezahlter Schloßbibliothekar beschäftigt. Kant erhielt schließlich einen Ruf an die Universität von Erlangen, auch einen an die von Jena – er blieb jedoch in Königsberg und wartete ab.

Erst 1770, also mit fast zwanzigjähriger Verspätung, erhielt er endlich – die ersehnte Professur. Er lehrte an ›seiner Albertina‹ Logik und Metaphysik; und er leitete, sehr behutsam, doch überaus beharrlich, seine Revolution des Denkens ein. 1781 erschien seine ›Kritik der reinen Vernunft‹, 1795 seine zwar nur kleine, doch bedeutsame Schrift ›Zum ewigen Frieden‹.

Kant bekam Schwierigkeiten – aber die konnten, aus unserer heutigen Sicht, kaum ehrender gedacht werden. Doch sie waren, damals, wahrlich nicht ungefährlich. Denn der König von Preußen persönlich nahm Anstoß – er warnte davor, derartige Anschauungen, die ihm fragwürdig vorkamen, weiterhin »zu verteidigen oder zu lehren«.

Das war reichlich massiv und blieb nicht die einzige Warnung. Doch Berlin war weit, und Königsberg hatte bereits herausgefunden, daß dieser Kant der Stadt mehr Ruhm und Ansehen verschaffte als etliche hundert Pfeffersäcke und Verwaltungsbeamte; den König eingeschlossen. Das Denkwürdige geschah: die Universität nahm sich »die Freiheit«, ihrem Professor, jenem Kant, »die Fortsetzung seiner Vorlesungen über die Religion innerhalb der Grenzen der bloßen Vernunft zu erlauben und zu empfehlen«. Heute noch gibt es gar nicht wenige, die stolz auf diese, damals nicht ungefährliche Entscheidung sind – ich gehöre zu ihnen.

Die Schriften ›unseres‹ Kant sind übrigens durchaus ›lesbar‹ – entgegen allen Vorurteilen, die sich gegen sie angesammelt haben und auch heute noch nicht ausgeräumt sind. Und doch kommt es nur darauf an, bei der Lektüre seiner Werke ein wenig Geduld zu entwickeln – man muß sich an ihn, an seine intensive, vielschichtige, doch stets um letzte Klarheit bemühte Denkweise gewöhnen. Wie etwa ein Norddeutscher an die Sprache eines Ludwig Thoma – die ersten zwanzig oder dreißig Seiten davon mögen einem ›Zugereisten‹ quälende Konzentration abfordern, der stattliche Rest aber ist reiner Genuß.

Kant jedenfalls durfte sich alsbald eines weltweiten, also mindestens mitteleuropäischen Ruhms erfreuen – das blieb auf die Dauer selbst den Königsberger Bürgern nicht völlig verborgen. Er wurde dort alsbald ›unser Professor‹. Sie scheinen ihn sogar herzlich geliebt zu haben; zumindest erfreuten sie sich bereitwillig an seinen Eigenheiten – es waren die ihren. Da war einmal seine Bescheidenheit. Er lebte wie ein einfacher, braver Bürger. Hinzu kam sein ausgeprägter Hang zur Pünktlichkeit. Nach seinen Spaziergängen, so hieß es, konnten die Einwohner der Stadt ihre Uhren stellen. Und viel beachtet wurde sein Sinn für selbstverständliche Gerechtigkeit, auch in unwesentlich erscheinenden Alltagsvorgängen.

Da war zum Beispiel die überaus volkstümlich gewordene Geschichte mit dem Hahn auf dem Nachbarsgrundstück. Der pflegte bei jeder sich bietenden Gelegenheit lautstark zu krähen und störte so des

Professors Gedankengänge. Der nun fühlte sich versucht, das Leben dieses Hahnes zu fordern, um endlich seine Ruhe zu haben. Doch er forderte – nach längerem Nachdenken – dieses Hahnes Leben nicht. Denn, so führte er aus: jedem Geschöpf muß seine Daseinsberechtigung zugestanden werden! Damit entzückte er seine Landsleute – für nicht wenige von ihnen waren Tiere wichtige Weggefährten.

Denn wie dieser Kant, so sind tatsächlich nicht wenige Ostpreußen gewesen. Sie besaßen einen Hang zur gutausgeglichenen, bürgerlichen Ordnung und ein sehr ausgeprägtes Verhältnis zum Tier, das zu ihrem Leben gehörte. Und die Gerechtigkeit ging ihnen über alles – und sogar; wenn es denn sein mußte, über ihr Dasein. Leider vermochten dann auch sie nicht ausreichend genug zu erkennen, daß doch wohl zwischen einem Kant und einem Hitler erhebliche Unterschiede bestanden.

Als Immanuel Kant, nahezu achtzig]ahre alt, am 12. Februar 1804 starb, läuteten alle Glocken seiner Stadt. Und die Bevölkerung von Königsberg gab ihm das letzte Geleit – ›die Straßen waren von trauernden Menschen überfüllt‹, hieß es in einem zeitgenössischen Bericht.

Immanuel Kant wurde im Dom beigesetzt – dort ruht er auch heute noch. Zumindest er hat sein Königsberg überlebt. Für alle Zeiten, wie es scheint – wenigstens doch so lange noch, wie es eine Geschichte des abendländischen Geistes geben wird. Besucher im jetzigen Kaliningrad haben frische Blumen auf seinem Grab gesehen.

Kostprobe der Ewigkeit

LOTHAR P. MANHOLD

Juni in Königsberg 1793.

Im Haus am Burggraben, das dem Professor Kant gehört, verläuft schon seit Jahren ein Tag wie der andere. Morgens um dreiviertel fünf kommt Lampe, der Diener des Professors, aus seiner Dachkammer. Er poltert die Treppe hinunter ins erste Stockwerk; Lampe trägt weiße Livree mit roten Aufschlägen. Der Professor wünscht keine andere Farbe an Lampe als Weiß und Rot; eigensinnig besteht er darauf.

Vor der Tür der Schlafstube bleibt Lampe einen Augenblick stehen. Dann faßt er den Drücker und macht die Tür mit einem Ruck auf. Er stapft in die finstere Stube und nimmt neben dem Bett des Professors militärische Haltung an. Wie ein Soldat, der Meldung macht, ruft Lampe: »Es ist Zeit!«

Der Schläfer rührt sich nicht. Noch einmal, diesmal aber lauter, wiederholt Lampe seinen Weckruf. Der Professor richtet sich auf. Er schiebt die Wolldecke weg, in die er sich abends kunstvoll eingerollt hat, und hebt die mageren Beine aus dem Bett. Lampe schiebt ihm die Pantoffel hin und verschwindet.

Es ist ein schöner Morgen. Die Welt funkelt im Licht. Doch die Fensterladen der Schlafstube bleiben geschlossen. Seit Jahren sind sie nicht geöffnet worden. Der Professor hat es verboten, Licht hereinzulassen. Er verabscheut Wanzen. Er glaubt beobachtet zu haben, daß dieses widerliche Ungeziefer das Sonnenlicht braucht, um sich zu vermehren. Das ist der Grund, weshalb kein Sonnenstrahl in die Schlafstube dringen darf.

Auf dem anderen Flügel des Stockwerkes liegt das Studierzimmer. Hier richtet Lampe den Frühstückstisch. Die Fenster gehen nach Osten und lassen die Morgensonne herein. Um fünf tritt der Professor über die Schwelle. Sein schmales, kleines Gesicht ist frisch gerötet. Die Augen blicken klar. Der alte Herr trägt einen Hausrock. Er hat eine Wollmütze auf dem Kopf, und über der Mütze sitzt ein schäbiges, dreieckiges Hütchen.

Kant steuert auf den Teetisch zu. Lampe hält den Stuhl bereit. Der Professor setzt sich, greift nach der Kanne, füllt die Tasse und trinkt von dem dünnen Aufguß. Morgens ißt er keinen Bissen. Dafür genehmigt er sich eine Pfeife. Lampe hilft ihm, die Pfeife in Gang zu bringen. Nur diese eine Pfeife gestattet sich der Professor am Tag, das ist eine Maxime, die er niemals übertritt – er will kein Sklave des Tabakrauchens werden. Für das Schnupfen hat der alte Herr allerdings keine Maxime aufgestellt. Er nimmt eine Prise, so oft es ihn danach verlangt. Nur während der Vorlesung bleibt er abstinent. Aber es kostet ihn Überwindung. Mißmutig hebt er die Augenbrauen, wenn jemand im Auditorium die Tabaksdose zieht und mit der Fingerspitze ein Häufchen Tabakstaub an die Nase führt. Der Anblick erregt den Appetit des Professors, daß er unweigerlich den Faden des Vortrags verliert …

Lampe hat die Studierstube wieder verlassen. Sein Herr pafft mit unglaublicher Schnelligkeit. Er legt die leergebrannte Pfeife fort und füllt sich noch eine Tasse Tee nach. Er tut es mechanisch und gedankenlos. Er ist abgelenkt, er überlegt den Aufbau seiner Vorlesung, die um sieben beginnt. Auf einen Zettel kritzelt er Stichworte hin, die ihm notwendig erscheinen. Mehr als Stichworte braucht er nicht, wenn er am Katheder steht.

Von Zeit zu Zeit sieht er nach der Wetterfahne des Kirchturms. Oder er steht auf und prüft Thermometer, Barometer und Hygrometer. Der Professor nimmt das Wetter sehr ernst, er studiert es täglich. Seine Gesundheit, sein Wohlbefinden hängen davon ab … überhaupt sollten die Menschen mehr auf das Wetter achtgeben, sie würden sich besser dabei befinden …

Kurz vor sieben beendet Kant die Meditation. Er geht in die Schlafstube und zieht sich um. Schnallenschuhe, Perücke. Aber er legt nicht gerade den besten Rock an. Fürs Kolleg sind die älteren Sachen gut genug.

Es ist sieben. Langsam steigt Kant die Treppe zum Erdgeschoß hinunter. Dort ist der Hörsaal, in dem die Studenten ihn schon erwarten. Der Professor legt seinen Merkzettel auf das Pult, und die Vorlesung beginnt. Seine Stimme ist angenehm und gut verständlich. Er spricht lebhaft. Die Sätze wirken nicht so verwirrend und einschläfernd wie sein Geschriebenes, auch wenn er in äußersten Abstraktionen redet. Draußen krähen Hähne, gackern Hühner, singen Vögel. Verloren dringen die ländlichen Laute in das Bewußtsein der Hörer. Ihre Mienen sind gespannt, sie machen Notizen, legen die Stirn in Falten und geraten allmählich in Schweiß. Aber es ist Poesie in dieser harten Morgenarbeit.

Zwei Stunden vergehen wie im Fluge. Um neun ist das Kolleg zu Ende. Aufatmend treten die Studenten in den Frühling hinaus. Wie schön ist die Welt! Wie erfreulich das Einfache, Sichtbare, Faßliche! Wie schwer ist dagegen das Denken … man braucht ein Leitseil, um sich daran zu halten … nun, im nächsten Semester wird es schon besser gehen als jetzt … wie gut, daß man einen so berühmten Mann zum Lehrer hat.

Die Schar der Studenten hat sich verlaufen. Kant ist wieder in seine Wohnung. zurückgekehrt. Er zieht sich um, er macht es sich bequem mit Schlafrock und Pantoffeln. Dann geht er in die Bibliothek, mustert ein paar Bücher und nimmt einen Band in das Studierzimmer mit. Gesang dringt herein … ah, die Gefangenen singen wieder mal … es stört ihn, aber es ist nichts dagegen zu machen. Er hat sich darüber beschwert, doch er sieht ein, daß man den Menschen nicht den Mund verpichen kann. Bevor sich der Professor an die Schreibarbeit macht, gibt er Lampe ein paar notwendige Anweisungen. Er nennt ein paar Namen und sagt: »Geh Er zu diesen Herren – ich lasse sie heute zu Tisch bitten. Wenn Er das getan hat, geh Er zum Buchhändler und hol Er die Hartungsche Zeitung ab.«

Lampe wiederholt den Auftrag, aber er sagt Hartmannsche Zeitung. Uh! Der Professor rümpft die Nase und schüttelt angewidert den Kopf. »Aber Lampe … «, sagt er tadelnd, »es heißt doch Hartungsche Zeitung. Will Er das denn nie begreifen?«

Lampe sagt stur: »Ich sagte doch Hartmannsche Zeitung.«

Kant zieht die Luft durch die Zähne. »Hat Er keine Ohren am Kopf? Paß Er gefälligst auf! Schlaf Er nicht mit offenen Augen! Wiederhole Er: Har – tung - sche Zeitung.«

»Hartungsche Zeitung.«

»Endlich! Hoffentlich behält Er das jetzt. Nun geh Er. Noch eins: Sollten im Garten genug Rosen aufgeblüht sein, so schneide Er Sträuße für die Gäste.«

Lampe geht. Der Professor macht sich an die Arbeit. »Hartmannsche Zeitung …« murmelt er vor sich hin. »Der Kerl begreift es nicht.« Kant schreibt. Ab und zu nimmt er eine Prise. Wenn er das Taschentuch nötig hat, steht er auf. Das Taschentuch liegt auf einem Stuhl am andern Ende der Studierstube. Dort muß es liegen, das ist Prinzip. Der Professor hat sich unter der Arbeit ein wenig Bewegung verordnet. Das Taschentuch auf dem Stuhl verhilft ihm dazu.

Die Sonne steigt höher. Die Welt ist voller Frühlingsglanz, doch der Schreiber merkt nichts davon. Um dreiviertel eins legt er die Feder weg und zieht sich um. Diesmal legt er seinen besten Rock an, der Gäste wegen. Lampe kommt: »Hochedler Herr Professor – die Bestecke!«

Kant folgt Lampe ins Speisezimmer. Es ist ein ziemlich kahler Raum mit weißgetünchten Wänden. Einziger Schmuck ist ein Spiegel. Kant schließt die Anrichte auf und gibt die notwendigen Bestekke heraus. Man wird heute zu fünfen essen. Mehr als sechs Bestecke besitzt der Professor nicht, für einen Philosophen ist es gerade genug, er braucht nicht mehr. Aber er hütet das Silberzeug wie einen Schatz. Lampe legt Löffel, Messer und Gabeln auf. Bei vier Tellern liegt ein Sträußchen Rosen. Rosen für den Kriminalrat, für den Bankdirektor, den Oberstadtinspektor und den Pfarrer. Lampe schnüffelt an einem Strauß. Sein Gesicht verklärt sich. Er hält seinem Herrn die Blumen hin. Der schüttelt den Kopf – er macht sich nichts aus Blumenduft.

Die Haustür geht. Männerschritte und Stimmen dringen herauf. Die Gäste –! Sie sprechen mit der alten Köchin, und dann kommen sie nach oben. Kant erwartet sie im Studierzimmer. Kurze Begrüßung ... und schon ist man im Gespräch ... aber nicht tiefsinnig, sondern scherzweise und mit Lachen ... bis Lampe mit Leichenbittermiene kommt und sein Sprüchlein hersagt: »Hochedler Herr Professor, es kann gegessen werden!«

Zuerst gibt es Kalbssuppe mit Haarnudeln. Der Professor schneidet eine Semmel hinein, um die Suppe bündiger zu machen. Als zweiter Gang wird Fisch aufgetragen. Der Professor ißt ihn mit viel Senf. Danach gibt es Rindersauerbraten. Zum Nachtisch: Butter und englischen Käse. Neben jedem Gedeck steht eine Viertelliterflasche mit Wein. Die Herren essen langsam und trinken bedächtig. Es wird viel gesprochen ... sie unterhalten sich über dies und das ... nur über Philosophie wird nicht geredet.

Im Vorbeigehen legt Lampe seinem Herrn von Zeit zu Zeit den verrutschten Haarbeutel in die Mitte des Rückens. Verlorene Liebesmüh! Da der Professor ein bißchen verwachsen ist, fällt der Haarbeutel immer nach links hinüber. Den ehemaligen preußischen Soldaten Lampe stört das ... das verdammte Ding soll endlich in der Mitte liegenbleiben ... sein Herr lacht darüber.

Um vier Uhr wird die Tafel aufgehoben. Die Gäste sind ein bißchen schläfrig geworden. Sie nehmen ihre Rosensträuße, sie verabschieden sich und verlassen zufrieden das Haus. Kant nimmt Stock und Hut und macht einen Spaziergang. Er geht sehr langsam, weil er auf keinen Fall in Schweiß geraten will. Bisher hat es der alte Herr noch immer vermieden zu schwitzen. Aber heut ist die Hitze groß, die Sonne sticht. Vermutlich wird es gegen Abend oder in der Nacht ein Gewitter geben. Der Professor bleibt öfter im Schatten stehen und tut, als erwarte er jemand. Er wartet, weil er auf keinen Fall gegen seine Vernunftregel verstoßen will. So kommt er diesmal nicht recht zum Nachdenken, er muß viel zu sehr aufpassen, daß er nicht in Schweiß gerät. Aber er schafft es und ist zufrieden. Nach anderthalb Stunden ist er wieder zu Hause.

Im Flur begegnet er seiner alten Köchin. Sie kommt mit Gemüse aus dem Garten, den der Professor seit Jahren nicht betreten hat. Dabei brauchte er nur zur Hintertür hinauszugehen. Doch der Professor macht sich nichts aus seinem Garten, er hat Wichtigeres zu tun, als nach den Schoten zu sehen. »Ich will Ihr gleich den Speisezettel für morgen ansagen«, ruft der alte Herr. Nun, morgen wird es ungefähr dasselbe geben wie heute, nur statt der Haarnudeln in der Suppe Reis, und als Fischgericht, wenn möglich, Kabeljau.

Gut, das wäre auch erledigt! Jetzt hat der Professor Muße bis zehn. Er setzt sich in das Studierzimmer und liest die Hartungsche Zeitung. »Hartmannsche Zeitung, sagt der Kerl«, murmelt er vor sich hin und schüttelt den Kopf. Ach, dieser Lampe! Aber er ist wenigstens ehrlich. Als der Professor die Zeitung durchstudiert hat, greift er nach einer Reisebeschreibung. Er liest gern in Reisebeschreibungen und vergißt darüber den alten Lampe. Er steht auf und sieht nach dem Barometer … es fällt …

Ganz still ist es in dem kleinen Haus. Auch in den Gärten ist es still geworden – es ist eine gespannte, erwartungsvolle, ängstliche Stille. Der Himmel bezieht sich, und gegen zehn beginnt es zu wetterleuchten.

Punkt zehn legt sich der Professor zu Bett. Kunstvoll rollt er sich in seine Wolldecke ein. Der alte Herr überdenkt sein Tagewerk … er schöpft ein paarmal tief Atem und schläft friedlich ein.

Um dreiviertel fünf wird Lampe am Bett stehen und ihn wecken. Der nächste Tag wird nicht anders aussehen als der vergangene … gleichmäßig spinnt der alte Herr den Lebensfaden ab: Ist es Entsagung? Ist es Genuß? Es scheint, als ob er dieses Gleichmaß als eine Kostprobe der Ewigkeit empfindet.

Königsberg am Pregelflusse

IMMANUEL KANT

Eine große Stadt, der Mittelpunkt eines Reiches, in welchem sich die Landeskollegien desselben befinden, die eine Universität zur Kultur der Wissenschaften und dabei noch die Lage zum Seehandel hat, welche durch Flüsse aus dem Innern des Landes sowohl mit angrenzenden als auch entlegenen Ländern von verschiedenen Sprachen und Sitten einen Verkehr begünstigt – eine solche Stadt, wie etwa Königsberg am Pregelflusse, kann schon für einen schicklichen Platz zur Erweiterung sowohl der Menschenkenntnis als auch der Weltkenntnis genommen werden, wo diese, auch ohne zu reisen, erworben werden kann.

Brief an die Mutter

DENIS I. FONVISIN

Am dreißigsten trafen wir in Königsberg ein. Ich habe die Stadt besichtigt, die ich seit meiner Geburt schon zum vierten Mal besuche. Obwohl ich nie viel übrig für sie hatte, kam sie mir diesmal noch düsterer vor. Die Straßen sind eng, die Häuser hoch und voller Deutschen mit arschinbreiten Fratzen. Besonders ekelhaft finde ich aber eine ihrer Sitten: abends um acht Uhr setzt man sich zum Abendbrot und zur selben Zeit fährt man den Kot aus der Stadt. Diese Sitte gibt eine klare Vorstellung sowohl vom Geruch, als auch vom Geschmack der Königsberger Einwohner. Am einunddreißigsten um neun Uhr morgens verließen wir – Gott sei Dank! – Königsberg. [...]

Das Unterwegs nach Königsberg

oder

Ein Königsberger Fuhrmann vom alten Schlage

Eine Rokoko-Philosophie contra Eisenbahnen und moderne Lebensarten

Kinderpoesie in Königsbergs Szenerie

BOGUMIL GOLTZ

Es war im Frühjahr 1808, als ich im Anschluß und unter der Pflege einer meinen Eltern sehr befreundeten Familie, die sich nach Königsberg übersiedelte, in diese gute Stadt einzog. Wir hatten mit Sack und Pack nach altem und langsamem Reisebrauch an die neun Tage unterwegs zugebracht, und zwar jeden Tag von fünf Uhr morgens bis zu Sonnenuntergang, denn ein Königsberger Frachtfuhrmann war unser Spediteur und Kondukteur. Seine Passagiere, wiewohl er freundlich und gut mit ihnen verkehrte, waren ihm in Bezug auf sein Fuhrwerk doch nicht viel mehr als ebenso viele Frachtstücke, seine gewaltigen Pferde ihm aber lieber als seine eigne Leibesbequemlichkeit und als die ganze Welt. Darum galt aber auch ein jegliches von den Tieren für ein Prachtexemplar. Das Stangenpferd war ein kolossaler Hengst, den sein Herr von einem Thüringer Fuhrmann für hundert Dukaten erhandelt hatte, ein Goldfuchs, der auch wie Gold glänzte und einen Maulkorb trug, weil er um sich biß wie ein böser Hund; daß er dazu auch ausschlug, verstand sich von selbst, und wiewohl das viel Unheil anrichtete, so kitzelte es doch den Stolz des alten Fuhrmanns, so ein Roß zu besitzen. Es war darum auch der Liebling seines Herrn, und dieser fütterte den schlimmen Fuchs bei jeder Mahlzeit mit einer Schnitte Brot aus der Hand, indem er gelegentlich versicherte: »Seine drei Jungen zusammengenommen hätten ihm noch nicht so viel Freude gemacht wie der Thüringer Hengst auf dieser ersten Tour, und ein mächtigeres Stangenpferd für einen Fuhrmann gäbe es nicht auf der ganzen Welt.« Die andern Pferde waren übrigens nicht viel kleiner und alle kastendick, weil sie nie aus dem Schritt kamen und keinen Augenblick aus der nie ermüdenden Obhut ihres Herrn. Als ich daher späterhin im lateinischen Gedike zuerst das Sprichwort lernte: ›Des Herrn Auge macht die Pferde fett‹, so war ich der einzige Junge in ganz Sexta, der den tiefen Sinn dieser kuriösen Kombination von Augen und Pferdefleisch begriff. Ein anderes Sprichwort von ähnlich kühnem Witz verstand ich so glücklich nicht. Ein Kesselflicker sagte nämlich zu unserer Dienstmagd, als er den geflickten Kessel wieder zurückstellte: »Nu, mein liebes Kind, hab ich das meinige getan, tu Sie das ihrige, nehme Sie ein Viertelpfund Menschenknochen, das putzt blanker wie ein Zentner Ziegelmehl.« Das Frauenzimmer sah den Ratgeber verdutzt an, und ich hab Jahre lang gegrübelt, warum denn ein Menschenknochen besser blank machen soll als Ziegel oder Sand.

Als ich jene Reise machte, da war das Leben in Ostpreußen von der Bildung des neuen Jahrhunderts erst auf der Oberfläche berührt. Die Grundfesten des achtzehnten Jahrhunderts lagen alle noch fix und fest, und man wußte im praktischen Leben und Verkehr von keiner andern Idee als von einer vagen oder fixen, deren jede zugleich für eine hirnverrückte galt. Ich war dazumal freilich zu kindlich und zu jung, um über Ideen zu spintisieren; aber in der Erinnerung wird mirs klar, wie es dazumal in der Welt stand und ging.

Unsere Fahrt konnte für eine Symbolik und Allegorie der damaligen Sitte und Lebensart gelten. Immer langsam voran und weder rechts noch links von der bekannten Straße gewichen, das galt als die äußerliche Ordnung und schwerfällige Disziplin; innerhalb derselben aber waren Herz und Phantasie desto geschäftiger und überall frei. Heute ist das umgekehrt. Der Mechanismus der Bildung ist vollkommen ausgearbeitet, die Schablonen schieben sich von selbst unter, und die Seele kommt den fertigen Formen nirgend nach. Sonst überwucherte das Leben die weitläufigen und einfachen Spalierwerke der Schule und Konvenienz wie Weinranken oder Liguster; im jüngsten Welthumor aber gibt es so viel Vexierschläge und Vexierlöcher, daß Witz und Seele nicht mit sich eins werden können, zu welchem Loch hinein oder heraus gemaust werden soll.

Was war das für eine einfältige Zeit gegen heute! Unser Fuhrmann glaubte an sein Vaterunser, an das Essen und Trinken, das er im Magen, an das Geld, das er im Beutel hatte, und an seinen Fuchs. Seine Pferde zogen in Kummeten jedes über einen halben Zentner im Gewicht, und der Mann selbst zog in dem schweren Joch und Kummet seines *ora et labora* um so leichter, als das Rüstzeug ins Gewicht fiel.

Die Eisenbahnen hatten uns dazumal noch keineswegs die Reisegeduld verdorben, und somit wußten wir in Seelen- und Gemütsruhe zu verarbeiten, was uns so gemütlich langsam in Raum und Zeit unterbreitet ward. Ich denke überhaupt, man muß volle Zeit haben, zu leben, somit auch Zeit genug, um zu reisen, und die ganze berühmte Schnelligkeit dieser Zeit wird auf die Letzt eine Schnellerei und Prellerei und die eitle Renommage eines Zeitgeistes gewesen sein, der, ohne rechten Schwerpunkt und ohne Gemüt, wie er war, nirgend zur Ruhe kam. Es ist eine leidige Wichtigtuerei mit dieser Ersparnis an Zeit. Die Leute beschleunigen ihre Geschäfte, sie stimulieren und extrahieren ihre Lebensarten und haben, wenn Gott den Schaden besieht, mehr lange Weile und weniger Zeit als je! Eisenbahnen sind unsrer überall schnellfahrenden Zeit an ihrem Wagen das fünfte Rad. Die Leute haben so schon Unruh und Überfüllung und müssen durch einen solchergestalt hin- und hergeschnellten Verkehr vollends um alles Sitzleder und um den Rest von Gemüt und Charaktereigentümlichkeit geprellt werden. Für die Masse aber ist nur Tiefe in der Einseitigkeit, Glückseligkeit nur in eingelebter und festgehaltener Form. Viel Neuigkeiten, viel Ideen zu assimilieren, hat das Volk weder Zeit noch Beruf. Die alten Leute gingen überall langsam zuwege und erreichten ihren Zweck mit mehr Komfort; denn dieser Komfort steckt noch mehr in der Seelenruhe als in der Äußerlichkeit und in der Hast. Auch wir Reisenden gen Königsberg erblickten endlich unser Ziel.

Eine Meile vor der Stadt machten wir vor einem Kruge halt, um uns und die Tiere zu restaurieren. Das lang ersehnte Ziel unserer Reise lag mit seinen Baulichkeiten und Erbaulichkeiten, zunächst aber mit seinen Kirchtürmen, vor uns in einer Ausdehnung, die sonst nur Städte haben von einer doppelt so großen Einwohnerzahl. Königsberg ist weitläufig und auf Bergen gebaut und schließt Gewässer, Brücken, Wiesen, Bollwerke, Dämme, Gärten, Kirchhöfe, gewaltige Speichermassen, Schiffbau- und Ausladungsräume, große Gehöfte, freie Straßenplätze, wüste Baustellen, Acker- und Hütungsland, kurz, die köstlichsten Kontraste und all solche Szenerieen und Bestandteile in sich, die wenigstens für meine Imagination zur Poesie, zur Freiheit und Liebenswürdigkeit eines Ortes gehören und ihn unendlich segensreicher für Kinder, unendlich genugtuender und studienreicher für poetische gleichwie für denkende Menschen machen als ein Dutzend schnurgerade Hauptstraßen und monoton geschmackvoll dekorierte Häuserkolosse, die absolut physiognomielos und ohne allen historischen Ton in demselben Bodenniveau wie eine Wachtparade aufmarschiert stehn. Wenigstens sind sie keine Entschädigung für die freien und romantischen Elemente eines Land- und Schifferlebens an einem Orte wie Königsberg, zu welchem die natürliche Mahnung und der anfrischende Hauch der Ostsee herüberweht, zu dessen Toren ein Landleben hereingerückt ist, von welchem die Vorstädte den Ton und die Physiognomie ganz offner und stiller Landstädte gewonnen haben. Man muß das alles gesehn und in Kinderjahren etwas Ähnliches erlebt haben, um mein Entzücken zu begreifen, als ich auf solchen Schauplatz gebracht ward. Ich war wie berauscht, durch keine Zwangsmittel im Vollgenuß und Verkehr mit all diesen Elementen sonderlich beschränkt, und sonach wie im Paradies.

Vorderhand bot unser ehrlicher Fuhrmann, der auf dem untern Haberberg wohnte, uns gastfreundlich den Aufenthalt in seinem eignen Hause; sodann zogen meine Pflegeeltern nicht weit davon in eine Wohnung neben der Einfahrt zum Schwarzen Roß, einem Gasthof für die Landbewohner und Fuhrleute, der seit einem halben Jahrhundert weder Schild noch Lebensart verändert oder renoviert hat, sowenig wie ganz Königsberg, trotz der politischen Organs, das in der jüngsten Zeit dort ausgesprossen ist, man weiß eigentlich nicht wie und woher! Das Genie liegt aber in alten Residenzen, wie in unbeachteten Individuen, oft bis zur Schwabenmündigkeit brach, wo es dann seine Decke zersprengt, wie Springquellen, die ein Erdreich und einen Ort überschwemmen, bevor noch Polizei und Wasserbaukunst um Erlaubnis gefragt worden sind.

Ein Brief aus Königsberg

CARL VON CLAUSEWITZ

Den 25. April 1808

Gestern stand ich auf der Brücke, welche den Hafen von Königsberg schließt und im Angesichte von unzähligen Mastbäumen in das wahre Handelsviertel, in den Sitz des Reichtums von Königsberg, über den stattlichen Pregel hinführt – gedankenvoll in die Wellen blickend. Da erweckten mich mit einem Male die mannigfaltigen Erscheinungen der äußeren Welt, und der leicht aufgeschlossene Sinn erstaunte über die Menge und Verschiedenheit der Dinge, die wirkungslos an dem trägen Ohr vorübergegangen waren. Es war im reichsten, lebendigsten Teile von Königsberg, an einem Sonntag, da der Abend zum erstenmal eine sanfte Sommerluft duftete. Alles war in Bewegung, Wagen rollten über die Brücke mit geschmückten Frauen zum

Glanze der Feste; Kaufleute gingen vorüber im lebhaften Gespräch über den Reichtum, den sie den ungewissen Wellen anvertraut. Ein sorgenvoller Staatsmann fährt durch die Menge hin, unbewußt des Gewühls, was ihn umgibt, selbst unbewußt des Ordensschmuckes, der von seinem Kleide glänzend in die Augen der Menge strahlt. Ein armes Weib sitzt auf der Brücke und trägt in einförmigem Gesange ihre Klage an das zerstreute Ohr der vorübergehenden Menge. Eine einzelne Flöte senkt vom hohen Erker herab ihr zufriedenes Lied in die Wellen – als allgemeinere Stimme dringt der schmetternde Ruf der Posaune vom Schloßturm herab an das Ohr von ganz Königsberg –, ich weiß nicht, ob jemand imstande ist, sich aus diesen Zügen ein Bild zusammenzustellen; aber wem diese ungleichartigen Dinge zugleich die Sinne treffen, in dessen Gemüt werden sie sich bald zu einem wunderbaren Eindruck verschmelzen.

Napoleon in der Stadt 1812

Aus dem ›Taschenbuch von Königsberg‹, 1829

Am 12. Juni kam der unersättliche Eroberer selbst nach Königsberg, und sah in den folgenden Tagen aus den Fenstern des Schlosses die unabsehbaren Züge seiner Krieger und Feuerschlünde nach Rußland ziehen. Der Mameluck Rustan stand dabei gewöhnlich hinter ihm. In dumpfer Stille zogen die unglücklichen Opfer seiner Kriegslust an dem Schlosse vorbei, ihrem Untergang in Rußland entgegen.

Am 13. Juni vormittags musterte er im innern Schloßhofe die daselbst aufgestellten Truppen. Am 14. Juni vormittags hielt er eine Heerschau über die angekommenen Truppen auf dem großen Exerzierplatz am Lauthschen Walde.

Am 15. Juni gegen Abend besah er den Bau der französischen Feldbäckerei vor dem Friedländer Thor. Am 16ten früh um 2 Uhr reisete er nach Wehlau und Gumbinnen ab.

Die französischen Divisions-Generale, Graf von Hogendorp und nach ihm der Graf von Loison, waren in diesem Jahr Gouverneure in Königsberg. Kein preußischer Soldat war in der Stadt, alle Wachen von Franzosen besetzt.

Am Ende des Novembers trafen schon flüchtige Rücktransporte von der großen Armee in Königsberg ein und die Andeutungen von der Annäherung ihres Trauerzuges wurden immer deutlicher. Am 19. Dezember kam der König von Neapel in Königsberg an, kurz vor ihm waren der Prinz von Neufchatel (Berthier), der Graf Daru und der Marschall Ney hier angelangt.

Königsberg war für die meisten, selbst die höhern Offiziere, der erste Erholungsort, wo sie seit mehreren Wochen warme Speise und wärmere Bekleidung, die Kranken ein Bett erhielten und einige Ruhe genossen. Mit Mitleid kamen die gutherzigen Bewohner Königsbergs ihnen entgegen, sie sahen wie billig in ihnen nicht Feinde, sondern hilfsbedürftige Menschen.

Der König von Neapel sah das Ende seiner Landsleute größtenteils aus den Fenstern des Schlosses mit an. Es schien ihn aber wenig zu rühren. Im theatralisch-türkischen Kostüm paradierte er täglich durch die Straßen, von einer großen Anzahl Straßenjungen, die in solchem Aufzug nicht einen König, sondern einen fremden Kunstreiter zu sehen glaubten, mit großem Geschrei nachgefolgt.

Aus den ›Reiseskizzen‹

FJODOR V. ROSTOPTSCHIN

In der Entfernung von zwei Stationen vor Königsberg ist das Land gepflegter geworden. Hier ist es dicht besiedelt, sehr reich und schön. Überall sind Bauernhöfe, wunderbare Felder und Lindenhaine zu sehen. In Königsberg gibt es alles, was für eine blühende Großstadt nötig ist. Hier sind 60000 Einwohner, ein Hafen, ein Fluss, auf dem die Schiffe bis zu den Verkaufsstellen kommen. Der größte Teil der Geschäfte ist in den Vororten. Die Häuser sind hoch und von alter Bauart. Vor den Häusern wachsen schöne Linden. Sie schenken bei der Hitze wohltuende Frische. In einem der Vororte gibt es einen wunderbaren Ort zum Spazieren. Es sind aber wenige Spazierende zu sehen. Es scheint, dass die Einwohner Spaziergänge und frische Luft gar nicht gern haben, denn die Luft in der Stadt ist durch enge Straßen, sowie schmutziges und feuchtes Pflaster verseucht. Das

Pflaster in Königsberg ist am hässlichsten. Die Frauen sind schön und geschmackvoll angekleidet, sogar die der Unterschicht. Besonders ordentlich führt man die Kinder aus und es gibt viele sehr schöne Kinder überall. Da man hier schon seit zehn Jahren gegen Pocken impft, sind keine pockennarbigen Gesichter zu sehen. Die Männer ahmen fremde Kleidermoden nach: Offiziere die Russen, die anderen die Engländer. Ich habe einen großen Wandel in der Bekleidung des Bauernvolks bemerkt: Die Dreispitze sind nicht mehr zu sehen. Equipagen sind feine Kutschen und Kremser. Sie haben acht Sitzplätze und werden für die Reisen außerhalb der Stadt benutzt.

Königsberg im Leben Richard Wagners

ERWIN KROLL

Anton Hübsch war in den Jahren 1834 bis 42 Königsbergs tüchtiger Theaterleiter, und zu seiner Zeit kam Richard Wagner in die Pregelstadt. Er hat sein Königsberger Jahr später zwar als ein ›verlorenes‹ bezeichnet, aber dieses Jahr (Anfang Juli 1836 bis 1. Juni 1837) war für das Reifen des Menschen wie des Künstlers Wagner nicht ohne Bedeutung. Wagner hatte Neujahr 1836 als blutjunger Magdeburger Musikdirektor seine Oper ›Das Liebesverbot‹ vollendet und erlebte Ende März, als das Ensemble seines vom finanziellen Zusammenbruch bedrohten Theaters schon auseinanderzulaufen begann, eine mißglückte Aufführung dieses Werkes. Damals war er bereits der ›tragischen Liebhaberin‹ dieses Ensembles verfallen, der bildschönen Schauspielerin Minna Planer, die nun nach Königsberg verpflichtet wurde. Auf ihr Betreiben versprach man Wagner für später die Musikdirektorstelle. Der stürmische Liebhaber überschüttete Minna von Berlin aus, wo er sich Mai und Juni über vom Direktor des Königstädter Theaters durch leere Versprechungen hinhalten ließ, mit glühenden Liebesbriefen, in welchen er um Erhörung bettelte, und folgte, von Gläubigern bedrängt, der einer dauernden Bindung Widerstrebenden Anfang Juli 1836 nach Königsberg.

Die lange Reise durch die ›Wüste‹ Brandenburgs bedrückte ihn, und vollends entmutigt war er, als er (laut eigener Schilderung) »in einer, am Theater nahe gelegenen Vorstadt von ärmlichstem Anschein in einer dorfähnlichen Gasse das schlechte Haus aufsuchte, in welchem Minna Unterkunft genommen hatte«. (Es trug später die Nummer Hintertragheim 28.) Hier standen noch andere Häuschen, in welchen Mitglieder des Theaters wohnten, denen die Stille und der Gartenreichtum dieser Gegend willkommen war. Im »preußischen Sibirien« – so schrieb er in einem Briefe an Robert Schumann – hatte Wagner kein Glück. Seine Hoffnungen auf die Musikdirektorstelle bei der Oper erfüllten sich nicht. Der bisherige Musikdirektor, Eduard Sobolewskis Nachfolger Louis Schuberth, war zwar nach Riga verpflichtet, aber der Neubau des dortigen Theaters verzögerte sich. Schuberth blieb in Königsberg, wo ihn überdies zarte Bande mit Henriette Grosser, der Koloratursängerin des Ensembles, verknüpften, Wagner aber mußte sich mit den Arbeiten eines Hilfskapellmeisters begnügen. Zu seinen beruflichen Enttäuschungen kamen wirtschaftliche Nöte, die durch sein leichtsinniges Leben in Magdeburg verursacht waren. Bekennt er später doch selbst: »Meine zu schnell ergriffene Selbständigkeit hatte mich zu Torheiten aller Art verleitet, Geldnot und Schulden quälten mich von allen Seiten.«

Als das Königsberger Ensemble während der zweiten Augustwoche 1836 Gastspiele in Memel gab, schloß er sich an. Die bei schlechtem Wetter unternommene Segelfahrt durchs Kurische Haff hat er später als eine der »melancholischsten« Reisen seines Lebens bezeichnet. Während man an Rossitten vorbeifuhr, wurde er an E. T. A. Hoffmanns dort spielende Erzählung ›Das Majorat‹ erinnert. Auch in Memel hatte er Pech. Denn Schuberth ließ ihn nicht ans Dirigentenpult. Wagner hatte sich Anfang August an den ihm von Leipzig her bekannten Heinrich Dorn gewandt, der damals städtischer Musikdirektor in Riga war und ihm über die dortigen Opernverhältnisse nach Memel »Poste restante« berichten sollte. Dorns Antwort war aber nicht geeignet, ihn zu ermutigen. So klammerte er sich, nach Königsberg zurückgekehrt, immer fester an Minna, und es gelang ihm, die Unglückselige zur Eheschließung zu bewegen.

Am Sonnabend, dem 19. November 1836, brachte die Hartungsche Zeitung (damals noch Königlich Preußische Staats-, Kriegs- und Friedenszeitung) unter ihren ›Theateranzeigen‹ die Mitteilung, daß am Mittwoch, dem 23. November, zum Hochzeitsbenefiz für Fräulein Minna Planer ›Die Stumme von Portici‹ von Auber zur Aufführung gelangen würde. Am Montag, dem 21. November, findet man im selben Blatte eine Vorbesprechung dieser Oper, in der gesagt wird, daß sie von Minnas Bräutigam Richard Wagner in Szene gesetzt und bei der Aufführung dirigiert werden würde. Über diese Aufführung findet sich in den Königsberger Zeitungen kein Bericht. Man nahm Wagner offensichtlich noch nicht für voll … Am Vortage der Hochzeit fand sich das Paar zu einem Antrittsbesuche bei dem Tragheimer Pfarrer Johann Friedrich Haspel ein, mußte im offenen Hausflur ungebührlich lange warten und geriet dabei in eine häßliche Zankerei, die erst das Erscheinen des Geistlichen beendete. Von diesem meinte Wagner später bissig, er sei Anhänger »der früheren Muckerei« gewesen, die Königsberg so unsicher gemacht hätte. Zur Trauung, die am 24. November 1836 mittags in der Tragheimer Kirche stattfand, waren keine Familienangehörigen erschienen, sondern nur Künstler des Stadttheaters, darunter der Wagner ergebene Tenorist Friedrich Schmidt. Es war »eine weihelose Versammlung im theatralischen Putze«. Der Bräutigam, gekleidet in einen »dunkelblauen Frack mit goldenen Knöpfen« hörte die Trauungsrede des Pfarrers mit ungläubigem Staunen an, während ihn zugleich ein Bangen über den Zwiespalt seines Wesens und Lebens überkam. Fühlte er doch dunkel, daß diese Heirat ein »Doppelfrevel gegen alle Vernunft« war. Abends aber, als man in der neuen Wohnung (Steindamm 110, Ecke Monken- später Heinrichstraße) war, ging es lustig zu. Die üppig bewirteten Gäste, darunter auch der um Wagner emsig besorgte Kaufmann Abraham Möller, erhielten jeder ein mit Fransen verziertes Taschentuch aus rosa Damast, in welches ein langes, dem Paare huldigendes Hochzeitscarmen eingedruckt war.

Der Ernst des Lebens stellte sich gleich am nächsten Morgen ein, als Wagner vor Gericht erscheinen mußte, um sich mit seinen Magdeburger Gläubigern auseinanderzusetzen. Hatte er, der Dreiundzwanzigjährige, sich auf dem Standesamt als ein Jahr älter ausgegeben, um der in Preußen vorgeschriebenen Mündigkeitsgrenze zu genügen, so erschien er jetzt als Minderjähriger, da nach sächsischem Recht verhandelt wurde, für das als Mündigkeitsgrenze 21 Jahre vorgeschrieben waren. Kleine Lügen, große Lügen! Auch Minna ist hier zu nennen.

Daß sie, die vier Jahre älter als Wagner war, sich vor dem Standesamt vier Jahre jünger machte, ist verzeihlich. Bedenklicher schon, daß die kleine Natalie, die sie in Königsberg bei sich hatte und bis zuletzt als ihre jüngere Schwester ausgab, in Wirklichkeit ihre Tochter war. In Dresden war Minna nämlich einem adligen Verführer, dem sächsischen Gardehauptmann Rudolf von Einsiedel, zum Opfer gefallen, der sich um sein Kind nicht kümmerte. Sie hatte sich dann als Schauspielerin tapfer durchs Leben geschlagen, hatte gehungert, um von ihrer schmalen Gage ihrem in Leipzig studierenden Bruder abgeben zu können, und wahrte in ihrem Beruf, ohne Spielverderberin zu sein, immer Anstand und Würde. Das schloß freilich nicht aus, daß sie im Bestreben, als Schauspielerin zu glänzen, Männern, von deren Einfluß sie sich etwas versprach, gelegentlich mehr entgegenkam, als es dem maßlos eifersüchtigen Wagner lieb war. Dieser mußte bald einsehen, daß zwischen ihm und Minna künstlerische Gemeinsamkeiten kaum bestanden, aber er schätzte nicht nur Minnas Ordnungssinn, Sauberkeit und sonstige hausfrauliche Tugenden, es müssen zwischen den beiden viele Jahre hindurch auch starke erotische Bindungen bestanden haben, bis dann (nach der Begegnung mit Mathilde Wesendonck) Wagners Liebe sich zum Mitleid wandelte, zur Fürsorge für eine Frau, die ihn nicht verstand, nicht verstehen konnte, und so den Becher unverschuldeten, aber auch verschuldeten Leides bis zur Neige leeren mußte. In seiner autobiographischen Schrift ›Mein Leben‹, die er Cosima diktierte, hat Wagner Minna nicht voll Gerechtigkeit widerfahren lassen. Seine Briefe an sie wissen es anders. Über die Königsberger Monate des Paares besitzen wir einen erschütternden (in der ›Sammlung Burrell‹ enthaltenen) Bericht Nataliens, in dem es u. a. heißt:

»In aller Frühe stand sie auf, um ihre Wirtschaft zu besorgen, dann um 8 oder 1/2 9 Uhr eilte sie zur Probe ins Theater, wo sie in diesem sehr strengen Winter erst um 12 oder 1 Uhr ganz erstarrt von dem eiskalten, ungeheizten großen Theater zurückkam und schnell noch das Mittagessen zubereitete. Gleich nach dem Essen setzte sie sich hin, ihre Garderobe für die Abendvorstellung zusammenzunähen und vorzurichten, wobei sie immer eine neue Rolle mit auswendig lernte und wo ihr oft vor fliegender Eile und Besorgnis, ja mit ihrer Garderobe pünktlich fertig zu werden, die Hände gezittert haben … Dabei durfte sie nicht wagen, sich mit ihrer Arbeit ans Fenster zu setzen – wegen Richards unsinniger Eifersucht. Nun schnell die fertiggestellte Garderobe einpacken und ins Theater zur Vorstellung eilen. Ich ging stets mit, um ihr beim Ankleiden und … Umziehen behilflich zu sein … Vor Kälte zitternd kam sie nach Hause, denn das große Theater konnte nicht geheizt werden, wo sie in weissen, dünnen Atlasschuhen, in bloßem Hals und bloßen Armen, wie es die Rollen mit sich brachten, Sommer spielen mußte, während das Publikum, in dicke Pelze und Fußsäcke eingehüllt, im Zuschauerraum sass. Auf dem Heimweg schon, wenn sie recht oft hervorgerufen und applaudiert worden war, fing Richard aus unsinniger Eifersucht zu skandalieren, zu toben und zu lärmen an, die ganze Nacht hindurch, und Minna in der rohesten Weise zu behandeln. Hatte er sich endlich müde getobt, so setzte sich Minna, die bittersten Tränen vergiessend, hin, um zu versuchen, noch für die Probe des anderen Vormittags an einer neuen Rolle zu lernen. Doch nur zu oft kam es vor, dass sie stundenlang in Krämpfen dalag über Richards rohe Behandlung … Freilich lag er dann, wenn er es recht toll und roh getrieben …, vor ihr auf den Knien und weinte und bettelte um Verzeihung wie ein Kind. Doch währte der Friede… nur ein paar Stunden; dann ging diese rohe, entwürdigende Behandlung … von neuem los.«

Unter solchen Umständen fand der junge Ehemann kaum Muße zum Komponieren. Auch die Künstlerkneipe in der Krugstraße lockte ihn nicht sonderlich, und als L. Schuberth im April 1837 Königsberg verließ und sein Rivale endlich ans Dirigentenpult kam, stand das Königsberger Theater wieder einmal vor dem Zusammenbruch. Ein mißgünstiges, durch Schuberth aufgehetztes Ensemble lähmte zudem Wagners Eifer. Er hat später erzählt, daß er in dem ›verlorenen‹ Königsberger Jahr nur die Orchesterouvertüre ›Rule Britannia‹ komponiert habe. Das ist nicht wörtlich zu nehmen. Denn er schuf u. a. auch eine (aus Vorspiel, Marsch und Priesterchor bestehende) Musik zu dem ›romantisch-historischen‹ Schauspiel ›Die letzte Heidenverschwörung in Preußen‹ oder ›Der deutsche Ritterorden in Königsberg‹. Verfasser dieses Stückes, in welchem Wagners Frau die junge heidnische Preußin Marga spielte, war der in Königsberg beliebte Schauspieler I. Singer. Zur (einzigen) Aufführung seines Werkes kam es am 17. Februar 1837.

Wir wissen ferner von Orchesterkonzerten, die Wagner damals dirigierte. Eines von diesen fand am 11. Februar 1837 im Kneiphöfischen Junkerhofe statt und wurde von der Pianistin Robena Anna Leislaw veranstaltet. In einem anderen brachte er u. a. seine Ouvertüre ›Rule Britannia‹ zu Gehör. Damals trug er sich mit dem Gedanken, diesem blechgepanzerten Werke noch eine ›Napoleon‹-Ouvertüre folgen zu lassen. Mit Eduard Sobolewski scheint er freundschaftlich verkehrt zu haben. Denn er erwähnt in einem Briefe, daß dieser ihm die fis-Moll-Sonate Robert Schumanns vorspielen wolle. Sobolewski war es auch, der 1837 in Schumanns ›Neuer Zeitschrift für Musik‹ über Wagners Königsberger Konzerte berichtete. Dieser hätte die Werke »mit Anstand« dirigiert und dabei nicht »mit beiden Armen gerudert« wie Schuberth, sondern einen Arm in die Seite gesetzt. Bezeichnend dann die weitere Bemerkung Sobolewskis: Wagner müsse sich erst »durch ein Chaos von Leidenschaften durcharbeiten«.

Auch schriftstellerische Arbeiten Wagners aus seiner Königsberger Zeit sind zu nennen. Den Entwurf eines Operntextes nach einem Roman ›Die hohe Braut‹ von Heinrich König sandte er an Scribe nach Paris, der diesen Text zu einem eigenen Libretto formen und ihm, Wagner, die Komposition übertragen sollte. Nach einer Erzählung aus ›Tausend und eine Nacht‹ stellte er sich den Text zu einer zweiaktigen komischen Oper zusammen und betitelte sie ›Männerlist ist größer als Frauenlist‹ oder ›Die glückliche Bärenfamilie‹. In Riga begann er mit der Komposition, gab sie aber bald auf, da er keine Musik ›à la Adam‹ schreiben wollte. In einer Abhandlung über ›Dramatischen Gesang‹ setzte er sich für eine gründliche Stimmbildung der Bühnensänger ein. Zu einer Aufführung von Bellinis Oper ›Norma‹, die am 8. März 1837 in Königsberg stattfand, verfaßte er eine Einführung. Mit dem Königsberger August Lewald, der in Stuttgart die Monatsschrift ›Europa‹ herausgab, machte er sich brieflich bekannt und sandte ihm zwei Kompositionen.

Die Aufregungen in ihrer jungen Ehe trieben Minna alsbald zu einem verzweifelten Schritt. Als Wagner am 31. Mai 1837 nach anstrengenden Opernproben in seiner Wohnung erschien, fand er diese leer. Minna und Natalie waren geflohen, begleitet zunächst, wie sich herausstellte, von Minnas Anbeter, dem reichen Kaufmann Dietrich.

Wagner, völlig verzweifelt, reiste den beiden Hals über Kopf nach und ließ sich von seinem Gönner Abraham Möller begleiten. Aus Mangel an Geldmitteln mußten die beiden Verfolger aber in Elbing umkehren. Wagners wieder von Möller finanzierte endgültige Abreise aus Königsberg erfolgte am 3. Juni 1837 und mußte in aller Heimlichkeit vor sich gehen, da ihn alte und neue Gläubiger bedrohten. Er hatte auch seine neue Wohnungseinrichtung noch nicht bezahlt. Die Königsberger Fama will wissen, daß die Gläubiger seinen Taktstock, das einzige, was er damals zurückgelassen hatte, zum Rossgärter Tor hinaustrugen und unter dem an der Cranzer Chaussee stehenden Galgen verbrannten …

[…]

Wie sich Wagner in Riga nach zunächst willkommener Arbeit mit seinem Direktor Karl von Holtei und auch mit seinem Duzfreunde Heinrich Dorn zerstritt, soll hier nicht erzählt werden. Erwähnt sei aber, daß er auch aus dieser Stadt, um seinen Gläubigern zu entgehen, schließlich bei Nacht und Nebel entweichen mußte. Seine abenteuerliche, nicht gefahrlose Flucht, bei der wieder Freund Möller Schicksal spielte, der das von einem riesigen Neufundländer begleitete, der Pässe entbehrende Ehepaar nachts über die von Wachtposten besetzte russische Grenze schmuggelte, hat Wagner in seinen Lebenserinnerungen anschaulich erzählt. Der Weg nach Paris, wo das Paar erst am 17. September 1839 eintraf, führte aber vorsichtshalber nicht über Königsberg.

Wagner sah diese ihm so verhängnisvoll gewordene Stadt nur von Arnau aus, wo man sich, völlig erschöpft, in einem Gasthofe erholte. Zwischen Arnau und Pillau aber widerfuhr dem Paare und dem Begleiter Möller ein schweres Mißgeschick. Der jämmerliche Wagen, dem sie sich nachts anvertrauten, wurde von einem ungeschickten Kutscher so schlecht gelenkt, daß Wagner in die Jauchegrube eines elenden Bauernhofes fiel, was ihm, dem für Parfüme Schwärmenden, sicherlich höchst zuwider war. Möller wurde beim Sturze verletzt, und den schlimmsten Schaden trug Minna davon, die, wie Natalie erzählt, »des höchsten Glückes einer jungen Frau, des begonnenen Mutterglückes, verlustig ging“.

Wagners Seefahrt verlief stürmischer als 1769 die seines Geistesahns Johann Gottfried Herder, der sich gleichfalls von Riga aus, wo er nach der Meinung seines Freundes und Gönners Hartknoch »gar zu groß zu leben gewöhnt war«, nach Westen wandte. Auf dem Meere sammelte der junge Komponist Eindrücke, die später in seiner Oper ›Der fliegende Holländer‹ künstlerisch Gestalt gewinnen sollten. So ist ein ostpreußischer Fischertanz für den Matrosentanz in dieser Oper Vorbild geworden.

[...]

Nach mehr als zwei Jahrzehnten ist Wagner im Frühjahr 1863 auf dem Wege nach Rußland, wo er Konzerte zu dirigieren hatte, noch einmal durch Königsberg gekommen. Er blieb dort nur einen halben Tag und eine Nacht, die er, »von einer Wiederaufsuchung der für mich so verhängnisvollen Lokalitäten dieses Ortes keineswegs angezogen«, still in dem Zimmer eines Gasthauses verbrachte, um dessen Lage er sich nicht kümmerte. Aber das Thema ›Wagner und Königsberg‹ sollte für ihn schließlich doch versöhnlich ausklingen. Zwei Tage vor seinem Tode, am 11. Februar 1883, schrieb er seinen letzten Brief. Dieser ist an Angelo Neumann gerichtet, den Leiter eines wandernden Wagner-Theaters, der in den Tagen vom 9. bis 13. September 1882 mit seiner hervorragenden Truppe den ›Ring‹ am Königsberger Stadttheater erfolgreich aufgeführt und dem Komponisten von den Eindrücken berichtet hatte, die er auf seinen Kunstfahrten durch Europa erhalten. Wagner antwortete dankend und lobte am Schluß seines Briefes »das vortreffliche Benehmen Königsbergs«, wo Neumann »Gutes gewirkt« hätte. Der Meister hatte seinen Frieden mit der Stadt seiner jungen Leiden geschlossen ...

Schlittenfahrt auf dem Pregel

KARL ROSENKRANZ

Ist der Winter ein guter, so bietet sich ein großer Genuß. Der Pregel friert dann zu; der Schnee fällt schuhhoch und macht gute Schlittenbahn; die Sonne aber scheint so hell und freudig, und der Rauch quillt aus den Schornsteinen so gerade und kraftvoll in den hellblauen Himmel; die Tritte der Menschen und Thiere knirren so vernehmlich auf dem festen Schneeboden; die Raben und Krähen schreien so munter, daß man ganz aufgeräumt wird. Zuweilen hält dies ›klare‹

Winterwetter acht bis neun Wochen, nur von einzelnen Sturm- und Schneetagen unterbrochen, an. Dann ist für die Königsberger die Fahrt auf dem Pregel eine Hauptlust.

Zwar läuft man auch Schlittschuh, aber doch nicht so viel und nicht so schön, als im nordwestlichen Deutschland. Dagegen stehen unten am Kai, da, wo die Fähre zu gehen pflegt, hunderte von Schlitten, mit Pferden bespannt. Von hier fährt man gewöhnlich nach Holstein, Kaffe zu trinken. Der ganze Strom erklingt dann von den Hufen der Pferde, die mit Pfeiles schnelle getrieben werden, es einander zuvor zu thun, von dem Geläut der Schellen und dem Geknall der Peitschen.

Neben den Fahrenden schiebt sich die Masse der schaulustigen Spaziergänger hin und her, die gewöhnlich bis zur Kosse, einem Kaffehause an dem nach Holstein führenden Damm, wallfahrten. Der Anblick der vielen hin und her eilenden Schlitten, der flinken Spaziergänger in ihren dunkeln Mänteln und Pelzen auf dem weißen Grunde, von dem sich die Gestalten höchst malerisch abheben, hat viel Eigenthümliches. Dazu kommen große Frachtwagen, die von Pillau und landeinwärts von andern Orten kommen und gehen. Ein Frost von acht bis zehn Grad ist uns das angenehmste Winterwetter.

Königsberger Provinzialismen

KARL ROSENKRANZ

Die Universalität, die ich als den einen Grundzug im Charakter Königsbergs angegeben habe, verleugnet sich auch in seiner Sprache nicht. Die Bestandteile der Bevölkerung sind so gemischt, daß notwendig auch die Sprache die Mannigfaltigkeit derselben widerspiegeln muß. Ich werde auf besondere Eigentümlichkeiten aufmerksam machen.

Idiotismen

Jeder Fremde, der nach Königsberg kommt, hat hier, wie überall, einige Wörter in sein Lexikon einzutragen, die ihm bis dato völlig unbekannt waren. Der Ursprung dieser Idiotismen mag teils altpreußisch und litauisch sein; manches aber dürfte sich auch als Verstümmelung, als

Entstellung lateinischer Wörter erklären, die durch den Ritterorden und die Kirche hier in Umlauf gesetzt wurden. Als Beispiele der ersteren Art nenne ich den Ausdruck Marjell für Dirne, Mädchen überhaupt, Dupps für den Allerwertesten [...]; Schmand für Sahne, Glumse für dicke Milch, welche käset; als ein Beispiel der zweiten Kumst für Kohl, nämlich Weißkohl, welches Wort in der ganzen Provinz Ost- und Westpreußen gebräuchlich ist. In Danzig gibt es sogar einen eigenen Kumstmarkt. Dies Wort wird enträtselt durch das lateinische compositum, das in alten Rechnungen oft als Compost erscheint, woraus die plattdeutsche Mundart in der Zusammenziehung Kumst gemacht hat. [...] In der Aussprache herrscht die Neigung, das e vor einem Konsonanten zu Anfang der Wörter als a zu sprechen, z.B. aßen für essen, Masser für Messer, Taller für Teller usf. zu sagen.

Präpositionen
Sehr auffallend ist für den, der aus Deutschland nach Königsberg kommt, der eigentümliche Gebrauch der Präpositionen In und Bei. In wird nämlich bei Wirtshausschilden gebraucht, wo man sonst zu sagt, z.B. Im Triumphbogen, in der guten Hoffnung, im Engelkrug. In Deutschland sagt man Zum Engelkrug usf. Sollte sich hierin etwas Phlegmatisches, Seßhaftes ausdrücken? Sollte der Deutsche mehr das Ziel gegenwärtig haben, dem er zustrebt, der Preuße mehr das Angekommensein, das Ruhen im erreichten Ziel? – Bei aber wird gesagt, wo in Deutschland mehr das Von üblich ist, z. B. Buchbinderei bei Wolf. In dem Von schimmert mehr die Abhängigkeit der Sache von der Person durch, in dem Bei erscheint der Zusammenhang von Sache und Person äußerlicher.

Lieblingswendungen
Jedes Gemeinwesen erzeugt aus seinem innersten Gesamtgemüt gewisse Wörter und Redensarten, in denen es seinen epischen Vorrat hat, worin alle vom Höchsten bis zum Niedrigsten sich bewegen, worin die Angeln der Unterhaltung befestigt sind. Dahin gehört für Königsberg zunächst der Gebrauch der Interjektion: Na. Ferner gehört dahin der Zug, die Substantive zu Diminutiven zu machen. Man hört nichts als von Hauschen, Stubchen, Korbchen, Bootchen, Brodchen

usf. reden, ja die Verkleinerungstendenz geht so weit, daß aus dem Was ein Waschen, Du sogar ein Duchen, Duke, gemacht wird, welch letzteres, unter Liebenden mit zärtlichem Akzent gesprochen, sich in der Tat vortrefflich ausnimmt. Diese Diminuntivform rührt unstreitig aus dem Plattdeutschen her, das früherhin hier fast ganz allgemein gesprochen worden. Im Plattdeutschen ist diese Form teils eine gewisse Naivität, teils eine Verstärkung der Endsilbe. Wenn man sagt: Huus, so klingt das eintönig, sagt man: Huuske, so liegt darin ein eigener lieblich komischer Zug, der allerdings nur demjenigen recht fühlbar sein dürfte, der Plattdeutsch versteht. [...] Daß Plattdeutsch in der Tat das Prinzip dieser Diminutivbildungen ist, geht auch daraus hervor, daß man Hauschen, nicht Häuschen, Brodchen, nicht Brödchen; Korbchen, nicht Körbchen usw. sagt.

VON DER KAISERZEIT BIS ZUM KRIEGSENDE

Kindheit in Königsberg

KÄTHE KOLLWITZ

Ich bin als fünftes Kind der Eltern geboren. Wir lebten damals auf dem Weidendamm Nr. 9 in Königsberg. Ich erinnere mich dunkel an eine Stube, in der ich tuschte, deutlich aber besinne ich mich auf Höfe und Gärten. Durch einen kleinen Vorgarten kamen wir auf einen großen Hof, der bis zum Pregel reichte. Dort hielten die flachen Ziegelkähne, und die Ziegel wurden auf dem Hof abgeladen und geschichtet, so daß Hohlräume blieben, in denen wir Kind und Mutter spielten. Links an den Hof schloß sich ein ebenfalls bis zum Pregel reichender Garten. Er hatte einen über das Wasser hinausgebauten runden Pavillon. Einmal, weiß ich, sang meine damals noch so junge Tante Lina wunderschön, aber traurig in diesem Pavillon. Rechts an den Hof, durch niedrige Gebäude getrennt, nur an einer Stelle offen, schloß sich ein anderer Hof. An diesen knüpfen sich lebhafte und starke Erinnerungen. Unten am Pregel war ein Floß zum Wäschespülen. Da wurde einmal ein totes Mädchen angespült und mit dem Armen-Leichenwagen abgeholt, einem schauderhaften Leichenwagen und Sarg.

Dann wohnten da Ratkes, mit denen wir spielten, der Max, die Lene, die Lise. Sie waren alle älter als ich, vor allem spielten Konrad und Julie mit ihnen, ich wurde gerade noch so mitgeschleppt. Die Ratkeschen Kinder hatten ihre Mutter verloren. Der Vater war Kaufmann und hie und da betrunken. Einmal war ich mit den Mädchen oben in ihrer Wohnung und sah den angetrunkenen Vater, wie er taumelte (entweder habe ich damals darüber sprechen hören oder im späteren Erinnern daran habe ich verstanden, was mit ihm los war in den letzten Jahren unseres Dortseins, wie ich wußte, was das war ›betrunken‹).

In den niederen langgestreckten Gebäuden, die die beiden Höfe trennten, wohnte ein Gipsgießer. Da stand ich oft und sah zu, wie er formte. Ich rieche noch die feuchte Gipsluft da unten. Bis zu meinem neunten Jahre wohnten wir auf dem Weidendamm. Immer haben wir Kinder mit Sehnsucht daran zurückgedacht. Es gab unendliche Spielgelegenheiten und viele Abenteuer auf den Höfen.

Das Bild der Eltern aus jener Zeit ist mir nur dunkel. Der Vater war wohl sehr viel in der Arbeit. Wahrscheinlich hatten wir schon damals den Baukasten, den Vater hatte machen lassen. Es waren große, solide Klötze, und wir bauten viel damit. Von seinen gezeichneten Bauplänen in seiner Arbeitsstube fielen lange Streifen Papier ab. Die bekamen wir zum Bezeichnen. Konrads Phantasie ließ darauf immer Verfolgungen von Schlittenfahrern durch Wölfe oder ähnliches erstehen. Der Vater ließ all dies nicht unbemerkt. Er hob sich bald manche Streifen auf, die wir bekritzelt hatten.

Auf die Mutter besinne ich mich aus jener Zeit gar nicht. Sie war da, und das war gut. In ihrer Luft wuchsen wir Kinder auf. Die Mutter hatte zwei Kinder vor Konrad verloren. Es gibt ein Bild von ihr mit dem ersten Kind, das nach meinem Großvater Julius genannt war, auf dem Schoß. Es war das ›Erstlings-Kind, das heil'ge‹. Das Kind verlor sie und das zweite danach. Wer das Bild ansieht, erkennt, daß sie als Rupps Tochter nie fassungslos im Schmerz gewesen ist. Aber das schwere Leid ihrer frühen Mutterzeit, dem sie sich nie hemmungslos hingegeben hat, hat wohl bewirkt, daß sie etwas von der Entferntheit der Madonna an sich gehabt hat. Vertraute, Kameradin, Genossin ist unsere Mutter uns nie gewesen. Aber wir liebten sie. Nie war der Respekt, den wir vor den Eltern hatten, so groß, daß er der Liebe Abbruch tat.

Ein paar Minuten vom Weidendamm war dann der alte Pauperhausplatz. Nr. 5 wohnten die Großeltern. Was wir mit dem Wegziehen vom Weidendamm verloren haben, begriffen wir erst später ganz. Vorläufig freuten wir uns. Wir zogen jetzt nach der Königstraße in eines der schönsten neuen vom Vater gebauten Häuser. Im unteren Stock wohnten wir und daneben mein Onkel Julius Rupp, der sich damals verheiratet und als Arzt niedergelassen hatte.

[…]

Höhepunkt des Jahres waren die Sommerferien in Rauschen. Seit meinem neunten Jahr waren wir alle Sommer dort. Die Eltern machten einmal eine Reise durch das Samland und kamen nach dem Fischerort Rauschen, eine halbe Stunde von der See entfernt. Es waren vor kurzem mehrere Männer des Orts von einem großen Sturm auf See ertrunken. Die Witwe eines solchen, eine Frau Schlick, fanden die Eltern teilnahmslos vor sich hinbrütend auf der Schwelle ihres Hauses sitzen. Dies Haus hatte eine Lage, die die Eltern entzückte. Sie mieteten es erst und kauften es dann der Frau Schlick ab, so aber, daß diese mit ihren beiden Töchtern weiter im Haus wohnte. Der Vater nahm nun ein paar Veränderungen an dem Haus vor, aber es behielt ganz den Charakter des Bauernhauses. Die Fahrt nach Rauschen dauerte fünf Stunden. Eisenbahn gab es nicht, wir fuhren mit einer Journaliere, das war ein großer, mit vier oder fünf Sitzreihen versehener bedeckter Wagen. Die hinteren Sitzreihen waren herausgehoben, und es kam da herein, was man für viele Wochen brauchte: Bettsäcke, Wäsche, Körbe, Bücherkisten, Weinkisten. Welche Wonne, wenn erst die Journaliere vor dem Hause stand, alles aufgeladen war, Mutter, Mädchen, wir Kinder (der Vater kam meist nach) auf den Vordersitzen verstaut waren, der Kutscher sich auf seinen vorderen Extrasitz schwang, die drei, manchmal vier Pferde anzogen, und es losging durch die engen Königsberger Straßen, durch das hallende Tragheimer Tor und dann quer durch das ganze Samland. Erst kurz vor Sassau konnte man zum erstenmal die See sehen. Da standen wir alle auf Zehenspitzen und schrien: Die See, die See! Die See ist mir niemals und nirgends mehr, auch nicht die Ligurische See, auch nicht die Nordsee, das gewesen, was die samländische See war. Diese unaussprechliche Erhabenheit der Sonnenuntergänge von der hohen Küste aus! Dies Ergriffensein, wenn man zum ersten Mal sie wieder nah sah, den Seeberg runterrannte, Schuh und Strümpfe auszog und die Füße wieder das Gefühl des kühlen Seesands hatten. Dieser metallische Schall der Wellen!

Die schwärmerische Seeliebe wuchs, je mehr man in die empfindsamen Jahre hineinkam. Aber damals war Rauschen ein unbekannter Ort, nur aufgesucht von Naturschwärmern, da war man noch allein bei Sonnenuntergang, war die Küste unbebaut. Dies Kinderparadies ist gründlichst verloren.

Die Mutter blieb mit uns Mädchen bis in den September draußen, weil wir an keine Schule gebunden waren. Konrad durfte sich Freunde für längere Zeit mit rausbringen, wir hatten manchmal die Lisbeth Kollwitz draußen. Hier kann ich rasch noch von der Schule sprechen, die mir keine Freude machte.

Großeltern, auch Eltern waren gegen die öffentlichen Schulen, so hatten wir Mädchen in kleinerem Zirkel Unterricht. Mit Julie und besonders Lise ist das wohl gut geglückt, zu meiner Zeit fanel sich ein

Zirkel zusammen, in dem wir Kinder nicht gut lernten. Die Leiterin war eine lungenkranke Dame, die Lehrerinnen waren, scheint mir, ohne Qualitäten. Nur den Literaturunterricht hatte ich gern und Geschichte. Im Rechnen war ich dumm und in den meisten anderen Fächern wohl auch mehr unintelligent als intelligent. In Rauschen unterrichtete ein Weilchen der Vater mich und Lise in Mathematik, die Lise begriff über Erwarten gut, ich über Erwarten schlecht.

Wofür ich den Eltern immer sehr dankbar gewesen bin, das ist, daß sie Lise und mich stundenlang nachmittags in der Stadt herumstreifen ließen. Auch hier wieder großzügiges Vertrauen und keine Nachspürerei. Nur wünschten die Eltern, daß wir nicht auf Königsgarten promenierten. Königsgarten entsprach etwa der Tauentzienstraße. Wir durften ihn nur Überqueren, wenn der Weg so führte. Wir legten ihn meist so. Wir waren auf unsere Weise sehr eitle Dinger, ließen das Halstuch herauswehen und putzten uns zurecht, waren oft albrig und sehr kindisch. Das war der Teil des Wegs, der über Königsgarten führte. Dann aber wurde es besser. Erst kauften wir Kirschen oder was es gab, und dann ging das los, was wir Bummeln nannten.

Wann ich zum ersten Mal in die Freie Gemeinde kam, weiß ich nicht. Der geistige Inhalt der Religionsstunde sowohl wie vor allem der Sonntagspredigt wurde wohl in der Religionsstunde von Rupp [Julius Rupp, Großvater von Käthe Kollwitz, Anm. der Herausgeber] durchgesprochen, er wünschte dann aber in der nächsten Stunde wenigstens etwas daraus, am besten einen Überblick des Ganzen, von uns wiedergegeben. Das war mir sehr schwer. Solange ich folgen konnte, war es mir auch möglich, wiederzugeben, aber das Folgen eine volle Stunde hindurch war sehr schwer, selbst dem Konrad. Nach einem Vortrag erzählte der Großvater, wie Konrads Gesicht vor ihm aufleuchtete, als er sagte: »Zum Schlusse … «

Nach dem Sonntagsvortrag versammelten sich einige Gemeindemitglieder, und die Kinder und Schwiegerkinder Rupp mit den älteren Enkeln bei den Großeltern im alten Pauperhausplatzhaus: Der Großvater, der zuerst zum Ausruhen in seiner Stube war, kam dann zu uns herüber in die Wohnstube. Wenn er durch die kleine weißgestrichene Tür hereinkam, kam er mir groß und ehrfurchterweckend vor. Wir alle standen auf und begrüßten ihn. Ob er groß war, weiß ich nicht, jedenfalls erschien er mir so. Groß, schmal, ganz in Schwarz bis zum Kinn, die Brille leicht bläulich gefärbt, das blinde Auge durch ein matteres Glas gedeckt. Sehr schön waren Großvaters Hände, meiner Mutter Hände erinnern an sie, sie waren groß und ausdrucksvoll geformt. An dem einen breiten Fenster, das die Stube hatte, standen zwei alte Lehnstühle einander gegenüber, da saßen die Großeltern, das ganze Fenster war im Halbbogen umschlossen von Efeu. Hier wurde meist noch über den Vortrag, aber auch über Politik und sonst Interessierendes gesprochen. Hier war die Atmosphäre, die, nicht mehr ganz geistig, für mich gemütlicher war. In der dunklen Wandecke rechts vom großen Fenster, hinter Großvaters Stuhl stand ein Tisch mit einer großen Mappe mit Kupferstichen, an der schmaleren Seitenwand links hinter Großmutters Stuhl war ein kleines Wandbrett mit Büchern. Da holten wir uns die Grimmschen Hausmärchen heraus. Meist aber saßen ich und Lise an der Bildermappe. Wir verhielten uns mucksstill, hörten halb dem Gespräch zu, waren mehr bei den Bildern. In der Stube hing noch Großvaters Bild aus den Mannesjahren, von Gräfe gemalt. Wenn meine Erinnerung richtig ist, war es ein sehr gutes Bild.

Aus dieser Nach-Vortragsstunde in der warmen, hellen Großelternstube ist mir der Großeltern Bild unendlich freundlich, gütig und geistig in Erinnerung geblieben, dann aus den festlichen Sonntagnachmittagszusammenkünften bei uns zu Hause und aus der Weihnachtsfeier am ersten Feiertag. Darüber muß ich noch besonders sprechen. In den Vorträgen jedoch und auch in den Religionsstunden war der Großvater mir nur ehrfurchtgebietend. Wenn wir, seine Enkel, in die Religionsstunde kamen, waren wir für ihn nicht die Enkel, sondern Gemeindekinder, genau so nah, genau so fern wie die übrigen. Schon das machte mich scheu. Nicht die geringste Scheu aber hatte der Konrad vor ihm. Wenn der Großvater bei uns war und im größeren Kreise Allgemeines besprochen wurde, der Großvater stets der verehrte und respektierte Mittelpunkt jedes Gesprächs war, setzte der Konrad sich auf seinem Fußbänkchen dicht an Großvaters Füße und fragte unbefangen mitten herein. Er machte sich auch gar nichts daraus, in der Religionsstunde zu spät zu kommen und dann, während er hinten an der Stubenwand seinen Überzieher von den Armen schlenkerte, schon von da aus zu antworten, während der Großvater vorn an jemand eine Frage stellte.

Konrad war aber nicht im geringsten frech, nur naiv und zutraulich und für alles Geistige so interessiert, daß er in Rupps geistiger Atmosphäre gedieh und alle Poren öffnete. Er hat von uns Kindern die stärkste Einwirkung durch Rupp erfahren. Später hatte ihn der Großvater oft bei sich, half ihm nach in Latein und Griechisch, sprach mit ihm Gelesenes durch, wies ihn hin auf das, was er lesen sollte. Besonders manches kurze Wort ist in Konrad haften geblieben. Der Großvater war immer bereit, ihm zu geben, immer gütig und mitteilsam, und auch seinen kurzen Humor lernte er kennen. Konrad war schon Student, als der Großvater starb, er ist also in seinen empfänglichsten, richtunggebendsten Jahren noch von ihm beeinflußt. Ich war siebzehn Jahre, als der Großvater starb. Rupp ging fast ausschließlich auf das Matthäus-Evangelium zurück. Die Wunder erklärte er nicht rationalistisch, sondern er überging sie. Der Auszug der vier Evangelien, den die Kinder der Freien Gemeinde besaßen, war gewissermaßen die reine Morallehre, wie Rupp sie durch Jesus der Welt offenbart glaubte. Das Matthäus-Evangelium lernten wir gründlich kennen und die wichtigsten Aussprüche lernten wir auswendig.

Diese Religionsstunden waren sehr gehaltvoll, die geistig entwikkelten Kinder hatten außerordentlich viel davon. Die Eltern der Kinder (ein Beiwohnen war erlaubt) ebenfalls. Ich habe später bedauert, nicht reif genug gewesen zu sein zu diesem Unterricht. Gewiß verdanke ich ihm viel, doch fühlte ich mich erleichtert, als mein Vater an Großvaters Stelle die Religionsstunde übernahm. Der Vater paßte sich mehr dem Durchschnitt der Kinder an und lehrte mehr eine schlichte Ethik. Vom Vater bin ich dann auch eingesegnet. Die Großmutter war neben dem Großvater klein, wie alle ihre Geschwister Schiller. Sie trug eine Haube mit blaßlila Bändern. Ihr Gesicht war gut und freundlich. Ihr Temperament war ein ganz anderes als Großvaters. Der Großvater stand über den Dingen und dem, was der Tag brachte. Die Großmutter mitten drin.

Das älteste Ruppsche Kind war unsere Mutter, in Gestalt, geistiger Haltung, Temperamentsveranlagung dem Großvater ähnlich. Sie heiratete mit 23 Jahren den um zwölf Jahre älteren Vater. Zwischen Großvater und Vater ist immer herzliche Freundschaft gewesen. Da die jüngsten Rupps, Julius und Lina, heranwachsende Kinder waren, als der Vater in die Familie Rupp trat, ist unser Vater wohl genau so beteiligt gewesen an deren Erziehung wie der Großvater, der, von Arbeit überlastet, dankbar war, vom jüngeren Freund sich im Erziehungswerk helfen zu lassen.

Als Student in Königsberg

HERMANN SUDERMANN

Nicht minder gefährlich […] war der andauernde Suff. Es gab Virtuosen des Trinkens, die von sich erzählten, daß sie an einem Abend eine Achteltonne zu sich zu nehmen imstande seien. Und mancher holte sich Siechtum fürs Leben. Ich habe es beim besten Willen nur auf achtzehn Seidel gebracht und mich so gut zu trainieren verstanden, daß ich im zweiten Semester nie mehr die Besinnung verlor. Der spaßhaften Zwischenfälle gab es genug. Auf eine Morgenfrühe besinne ich mich, in der ich schwergeladen heimkehrend die Last der Bettdecke so drückend empfand, daß ich kaum noch zu atmen vermochte. Bis ein helles Gelächter mich weckte, um mir den wahren Sachverhalt zu entschleiern: Ich saß, den Schlüssel noch in der Hand, auf der zur Haustür führenden Schwelle und mir im Schoße mein Stubenknochen genau so betrunken wie ich, während eine Korona von Frühaufstehern uns jubelnd umstand. Als besonderer Genuß nach so durchsumpfter Nacht war der Besuch der Fleckbude im Schwange: ein tristes Lokal, wo man für etliche Groschen einen Teller voll heißer Kaldaunen erhielt, die mit Pfeffer überschüttet wurden und deren sandiger Bodensatz noch lange zwischen den Zähnen mahlte. War man nicht in Couleur, so schloß sich daran bisweilen eine gediegene Holzerei, die aber strengstens verboten war, wenn die Ehre des Bandes ein anständiges Benehmen verlangte. War Stimmung da, in einem ›Puff‹ zu stranden, so wurde das Band in die Tasche gesteckt und die Mütze mit der frei werdenden Klemmnadel am Überzieherfutter befestigt, so daß sie bestenfalls unbemerkt bleiben konnte. Aber die Mädels, soweit sie keine Neulinge waren, kannten uns alle schon vom Nachmittagsbummel her, und wenn wir, unserer Schlauheit froh, barhäuptig eintraten, kam es vor, daß sie militärisch grüßend uns mit dem Rufe empfingen: »Littuania sei's Panier!« Eine Phrase, die sie von den Wingolfiten oder sonst einer Blase aufgeschnappt haben mochten. Auch im übrigen erfreuten sich die Beziehungen zum weiblichen Geschlechte einer auf das Fleischliche gerichteten erfrischenden Natürlichkeit, womit nicht etwa behauptet werden soll, daß nicht dieser oder jener, daß nicht vielleicht die Mehrzahl eine stille und heilige Liebe im Herzen getragen hätte. Für diesen Zweig des Empfindungslebens waren die ›Couleurschwestern‹ da, die als Vertraute unserer Seelennöte und als Pflegerinnen unseres Katzenjammers eine heilsame Rolle spielten. Aber ein solches Flimmerwerk barg sich naturgemäß in schämigen Schweigen. Was an Wünschen und Neigungen gemeinhin laut wurde, läßt sich am besten in der schönen Strophe zusammenfassen, die während der ›Fidulität‹ als Chorgesang oftmals zum Himmel stieg:

»Es gingen einst zwei Damen Spazieren auf Königsgarten, die eine wurde gleich geliebt, die andre mußte warten.«

Wenn diese Damen zufällig einer minder erhabenen Gattung der Damenhaftigkeit, den sogenannten ›Wallrutschern‹, angehörten, so ergaben sich nur zu häufig Verwicklungen, die in das Gebiet der Heilkunde hinüberspielten und die vor Beginn der offiziellen Kneipe bei Braunbier und Selter ihre feuchtfröhliche Verkündigung erfuhren.

Junge Ärzte gab es genug in unseren Reihen. Man ging zu ihnen, sein kleines Malheur zu klagen, und wurde kuriert. Oder auch nicht. Daß ich mich solchen Gefahren gegenüber dauernd mit der Sehnsucht nach dem sogenannten ›Höheren‹ trug, wird man begreiflich finden, aber es ergab sich nur wenig Gelegenheit, ihr nachzuleben. Soll ich von den beiden jungen Witwen erzählen, die meine heiße Liebe so heiß erwiderten, daß keine die andere auch nur für einen Augenblick mit mir allein ließ, woraus sich als einziges Resultat ergab, daß wir zu dreien einander stundenlang gegenübersaßen und uns andauernd Kalbsaugen machten? Oder von dem Delikateßfräulein, das einer jeden Schäferstunde dadurch die entsprechende Weihe zu geben versuchte, daß sie beim Eintreten ein halbes Pfund von dem feineren Aufschnitt stolz und verschämt auf den Tisch des Hauses niederlegte? Oder von jeder barmherzigen Schwester, die mich durchaus zum Heil bekehren wollte und die schließlich an die Luft gesetzt werden mußte, weil sie als Heilbringerin unersättlich war?

Kindheitserinnerungen

AGNES MIEGEL

Noch heute sehe ich als ein großes Glück an, daß der Kneiphof, die alte Dominsel meiner Vaterstadt Königsberg, auf der ich geboren bin, in meinen frühen Kinderjahren noch ganz seinen alten, seit Jahrhunderten kaum veränderten Charakter bewahrte. Zwar war das ›Grüne Tor‹ vor der gleichnamigen Brücke zu den breiten Straßen der ›Vorstadt‹ schon abgetragen und die zierliche alte Börse im Pregel vor dem Junkerhof dem großen grauen Renaissancebau drüben gewichen. Aber in den schmalen Giebelgassen, die noch die alten Namen trugen, lebte die farbige Welt meiner Vorfahren, fromm und arbeitsam, bescheiden und lebensfroh und unbekümmert weltlich und tat sich vor mir auf, schöner und farbiger als jedes Bilderbuch. Und abends, wenn Markt und Fischmarkt, Läden und Lädchen dunkel und verstummt lagen, Segelkähne und Dampfer schliefen, schlief man selbst in den schmalen alten Häusern so ruhig zwischen den beiden Pregelarmen, wie es selbst die andern Bürger in Löbenicht und Altstadt kaum konnten, – obwohl ihnen ihre roten Backsteintore deutlich versicherten, wie sicher sie hinter Wällen und Wallgräben wohnten, neben dem Militär noch beschützt von den großen Friedhöfen hinter den Glacis!

Daß diese lebendige Welt meiner Kindertage sich allmählich veränderte, stiller und auch oft wenig erfreulich wurde, merkte ich kaum, – und als ich es verspürte, ahnte ich noch nicht, daß ich nach vielen Jahrzehnten sie noch einmal, ihr schwesterlich ähnlich, wiederfinden würde. Nicht in Elbing und Danzig oder Lübeck – sondern im damals noch von keinem Krieg berührten alten Amsterdam!

Aber noch lebte ich im alten Kneiphof und hörte nur halbverstanden, wenn die Großen sich erzählten, daß wieder jemand fortgezogen wäre. – Der Goldstrom der Gründerjahre, unter dem Berlin – das neue Berlin – aufschoß, ebbte hier, im immer noch armen Preußen, aus. Jenseits von Schloß und Universität wuchsen die neuen Straßen aus den Fließwiesen. Wer in der Konjunktur dieser Zeit zu Geld kam oder schon mehr hatte, als die puritanische Lebensführung vermuten ließ, – der zog nun in die Wohnung in einem der hohen Mietshäuser des Tragheims, mit Erker am viel zu großen Vorderzimmer und einem düstern Berliner Zimmer, das aus verlogner Renaissancepracht zu dem verschämten Anhängsel von Wirtschafts-, Schlaf- und Kinderzimmer führte. Aber unter den tüchtigen ›Mädchen‹ jener bürgerlichen Zeit gab es noch Köchinnen und Kindermädchen, die allen Versuchungen des Sogs von Berlin widerstanden und ›ihrer‹ Familie treu blieben, bis sie schon mit der dritten Generation Glück und Enkel – und oft auch Verarmung – teilten. Es gab noch einen Stamm solider alter Bürgerfamilien, die sich nicht von Speicher und Erbhaus trennten, sondern geruhsam abwarteten, bis eine noch spätere Zeit – als man auf den Wällen spazierenging! – hinter den zu Parks umgewandelten Glacis an neuen Straßen ihnen Gelegenheit gab, alte Ahnenträume von einem eignen, geräumigen Haus in großem Obst- und Blumengarten zu verwirklichen!

Aber das lag noch in so weiter Ferne, daß auch keine Hellseherin gewagt hätte, es vorauszusagen. Vorläufig verschwand mehr und mehr alles freundliche Grün aus der alten Stadt. Die alten Bleich- und Hängegärten wurden bebaut, – man spürte die sommerliche Hitze des ostpreußischen Sommers in den schmalen Straßen –, durch die noch die Angst vor der Cholera geisterte. – Denn wir hatten eine der letzten Epidemien erlebt, von deren Schrecklichkeit man nur flüsterte, wie von Gespenstergeschichten. –

Aber dann kam die Pferdebahn! Bestaunt und mit Jubel begrüßt von dieser fortschrittsgläubigen Generation. Damit wurden in den Vororten, ›im dritten Rayon‹ (der Festung), wie man damals noch sagte, die ›Hufen‹ nähergerückt und die altmodisch gewordenen Landhäuser, die Königsbergs damals noch reiche Kaufleute vor den napoleonischen Kriegen dort besaßen, sanken langsam, mit Ausnahme ›Luisenwahls‹, des ehemaligen ›Busoldtschen‹ Gartens, zu Kaffeewirtschaften und später zu Tanzlokalen herab.

Dafür blühten allerlei rasch aufgeführte, kleine Häuser und Holzvillen als ›Sommerfrischen‹ aus lieblos bebauten Gärten zu Seiten der Pferdebahn, deren kremserartige Anhängewagen munter vorbeiklingelten, wo die weiblichen Sommergäste hinter den rotgepaspelten Leinengardinen ihrer luftigen ›Zelte‹ am Gartenzaun um die Kaffeekanne saßen und von dem Strickzeug oder der Häkelarbeit auf ihre Kleinen blickten, die da in einem sehr engen ›Hof‹ spielten und sich zankten.

Dort verbrachte ich unter einem verstaubten Fliederbusch, an einem winzigen Grandhaufen, kuchenbackend den trübseligsten Sommer und wartete auf den Papa, den doch endlich eine der Pferdebahnen bringen mußte. Meine Mutter war schwer krank, unsere gute Minna hatte zum erstenmal keine Zeit für mich, – und so weiß ich noch heute, wie glücklich ich war, uns wieder in der geliebten Wohnung in dem alten doppelgiebeligen Barockhaus der Magistergasse zu finden.

Es waren die langen harten Winter der achtziger Jahre, aber auch kleine Kinder wurden – ebenso dick vermummt wie die Großen – hinausgeschickt und trabten tapfer an der Hand des Kindermädchens zwischen den hohen weißen Schneewällen auf dem schmalen, aschebestreuten Fußsteig mit. Die eisige, reine Luft trug den Klang der Schlittenglocken her, aber alles war leiser als sonst, und erst, wenn die Palmruten und kleine Buchssträußchen mit ein paar verfrornen Schneeglöckchen auf den Bänkchen der Marktfrauen uns sagten, daß Ostern nahe wäre, wurde es milder. Aber der scharfe Ostwind pfiff bis in den Mai, und die Linden am Dom, die vor der Reichsbank und die alte Linde am Vorbau unsres Hauses auf der Pregelseite, wollten noch lange nicht ausgrünen.

Dafür lernte ich in diesem und den nächsten Wintern meine Vaterstadt auch jenseits des Pregels ebenso gründlich kennen, wie meinen Kneiphof. Nicht nur schloßbergaufwärts, um mit andern Kindern und Kindermädchen an der Flüstergrotte, die das Denkmal des ersten Königs umgab, zu warten, bis von der Französischen Straße her die schrillen Pfeifen und Trommeln der ›Knüppelmusik‹ klangen und das immer gleich fesselnde Schauspiel der Ablösung der Schloßwache nahte. – Mir schien es nur ein festlicher Auftakt zu den erahnten Wegen zu meinen Tanten, – sehr viel älteren Geschwistern meines Vaters, die für mich den besten Ersatz für Großmütter bedeuteten.

Da die Älteste die ›Stelle‹ ihrer Großmutter im Stift der reformierten Gemeinde hatte, das in der Königstraße an der Ecke Ziegelstraße lag, die Jüngere aber erbberechtigt zu einer kleinen Altfrauchen-Wohnung im ›Altstädtischen Stift‹ an der Neuroßgärter Kirche war, – so lernte ich diese beiden Gegenden der Oberstadt recht gut kennen. Die Königstraße fand ich, vom Roßgärter Markt an, sehr langweilig. Aber Tante Linas Fenster besaß einen hohen ›Tritt‹, von dem man die beste Aussicht auf seltene Paraden und umso häufiger Begräbnisse hatte. Da wir beide uns aber sehr gut waren, heuchelte ich Interesse, war aber dankbar, wenn Bratäpfel aus dem lila Kachelofen oder ein ›reformierter Tee‹, – der nur nach Zucker und Zimt schmeckte, aber aus einer herrlichen, alten, goldfunkelnden Tasse gereicht wurde –, meine Aufmerksamkeit wieder belebten.

Sehr viel schöner fand ich es bei der andern Tante. Das langgestreckte Stift, zu dem man durch die Totengasse – die damals noch nicht nach dem Chirurgen Wagner hieß – gelangte (über die Drummstraße mit den roten Kliniken und die ›Lange Reihe‹ mit den gelben, an einer letzten strohumwickelten Pumpe vorbei) – dies langgestreckte niedrige, schon vor Alter tief in die Erde gesunkene Stift mit seinen Stallgebäuden und seinem großen Grasgarten, war noch ganz ein Stückchen Alt-Niederland. Dazu lag es an dem großen grünen Platz vor der alten, dörflichen Kirche, und die großen, immer rauschenden Italiener-Pappeln schienen klein neben dem schönsten unsrer schönsten Kirchtürme! Noch heute fühle ich das fast schmerzliche Entzücken, wenn ich die drei Stufen hinabstieg, von der verschneiten Schwelle hinab in den eiskalten, schmalen Flur, den Schnee von den pelzverbrämten hohen Gummischuhen stapfte und auf die niedrige weiße Tür des Wohnzimmers zuging. Dahinter warteten Wärme und süßer Cyclamenduft, warteten vertrauter Urväterhausrat und die Bilder der Urgroßeltern, die mich ruhig und liebevoll aus den gleichen hellblauen Augen ansahen, wie das geliebte Gesicht unterm schwarzen Spitzenhäubchen.

Vergessen war alle Müdigkeit des langen Wegs – denn damals mußten Stadtkinder weite Wege machen –, und der weiteste, der Heimweg, stand noch bevor. Aber vielleicht gab es Tauwetter oder Eisregen oder Sturm, und ich durfte nachts über im Stift bleiben und von meinem weißen Daunennest in der großen Kommodenschublade den Schlag der Kirchturmuhr hören und die Schritte der Vorübergehenden hinter den Fensterläden. Aber auch dieser ostpreußische Winter ging zu Ende, der letzte schmutzig-graue Schnee schmolz, die letzte Eisscholle trieb an der Grünen Brücke haffwärts, und schon im Mai wurde es heiß wie im Hochsommer. Und auf einmal waren wir nicht mehr im Kneiphof, sondern weit draußen, weiter noch als auf den Hufen, in einem grauen Holzhaus im Grünen, wo man von der kleinen Veranda über einen sandigen Weg und kümmerlichen Rasenplatz nach dem Kiefernwald blickte, wo um eine Wurzelburg viele Kinder spielten. Das war ›Luisenthal‹, wie ich aus den Reden der Großen heraushörte. Es gab keinen Sandhaufen mehr, ich durfte schon mit den größeren Kindern richtige Singespiele spielen, – aber auch der ›Fürst von Thoren‹ machte mich nicht fröhlicher. In dieser seltsamen Sommerwelt, die nur etwas größer und grüner war, als die jenes trüben Hufensommers, fehlte mir etwas. Etwas, was ich nicht benennen konnte und doch vermißte. Nur ein paar glückliche Erlebnisse blieben in meiner Erinnerung: die Süße und der Duft der ersten Erdbeeren, der überirdische Wohlgeschmack der wilden Waldhimbeeren in einer verwachsenen, kleinen Schlucht des Kiefernwäldchens, – in die ich vor dem lauten Getriebe von überall essenden Tagesgästen flüchtete –, der betäubende Würzeduft der Krauseminze in einem kleinen feuchten Wiesengraben, hinter den wäschedurchflatterten Gärten der grauen Sommerhäuser. Und die herrliche Buntheit einer Brombeerhecke, als einmal fremde, freundliche Kindermädchen mich (und meinen Milchbecher) mit ihrer großen Kükenschar zur Beerenlese mitnahmen. Alle Angst vor Schlangen in dem Nesselgewirr vor dem dornigen Gerank schwand dahin vor dem Scharlachrot der glänzenden, spitzen Hagebutten überm verblühenden gelben Rainfarn, vor diesen grünlichen, rötlichen, braunglänzenden und blaubereiften schwarzen Beeren zwischen dem verfärbten Rosenlaub, unter dem strahlenden, goldnen Septemberhimmel! Aber das war ein einziger Tag in einem langen Sommer, in dem ich länger auf den Papa warten mußte als auf den Hufen. Erst am Sonnabend brachte ihn und ein paar andere Väter eine Droschke aus der Stadt, – und immer wieder hoffte ich im stillen, daß der alte Droschkenkutscher in dem blauen Pelerinenmantel uns zurückfahren würde. Aber der Vater liebte es, den Heimweg am Sonntag zu Fuß zu machen. Ihm, der als Burgschüler mit seinen Freunden jede helle Johannisnacht durchwandert hatte, um den Sonnenaufgang auf dem Galtgarben zu erwarten, schien dieser Abendweg in die alte Stadt nur ein richtiger Sonntagsspaziergang.

Bis auf den Kirchenberg in Juditten durften wir ihn begleiten. Und dort, auf dem kleinen Steig über dem steilen Uferrand des Hohlwegs, wo zur Rechten aus dem grünen Grund und noch grüneren Laubwipfeln der abseits stehende, spitze Turm der alten Ordenskirche sah, erwartete uns als Trost beim Abschied eine von uns allen geliebte, jedesmal neu bewunderte, alte Silberpappel. Eine einzige, weitgebreitete, immer wie Schwingen bewegte Herrlichkeit von weißsamtnem, schön wie Ahornblätter geformtem Laub. Unten, um den rissigen Stamm, wehten reizende kleine Silberbäumchen mit ihren bepelzten Häuptern, blühten blaßrosa kleine Skabiosen, und der Blick ging weit, weit in das grüne Land. Grillen schwirrten, Bienen summten noch, – und dort sehe ich jetzt noch im Traum meine Eltern stehn. – Ich ahnte da noch nicht, daß in der Stadt eine schlimme Überraschung auf mich wartete. Auf einmal fand ich mich nicht mehr in der Magistergasse, sondern in einem fremden Haus, in einer fremden Straße jenseits der Grünen Brücke. Es war mein Gitterbett, es war mein kleiner, alter Birkentisch, es war mein Schrank mit dem Glasspindchen. Es waren alle vertrauten Möbel meiner Eltern, aber Minna setzte unsern alten Teekessel auf einen fremden Herd und die blankgeputzten Messingkessel der Großmutter auf den Herdmantel mit den von ihr kunstvoll geschnittenen Papierspitzen. über dem braunen Ripssofa tickte unser alter Regulator, – alles war altbekannt und doch fremd geworden im fremden Raum. Und statt Pregel und Kähnen und ihrem quirlenden Leben sah ich aus meinem Fenster in einen düsteren, verbauten Hof.

Vom ersten Augenblick an erfüllte mich in dieser Wohnung ein hilfloses, dumpfes Entsetzen, das nicht allein durch die mir unbegreifliche Veränderung kam. Wir waren in dieser Wohnung von einem Unstern verfolgt, der erst von uns wich, als wir nach Jahren von dort fortzogen in die große helle Wohnung am (ehemaligen) Jahrmarktsplatz, in der wir dann – auch vom ersten Tag an – unsre glücklichsten Jahre verlebten.

Aber das lag noch in weiter Zukunft. Der Frühling kam spät, und hier war kein Spaziergang so unterhaltsam, wie im Kneiphof. Die Speicher der Sattlergasse waren hoch und düster, die Rollwagen rasselten unter groben Zurufen säckebeladen vorbei, – und nach der andern Seite unsrer Straße, auf dem Brückchen über den Zuggraben, gab es höchstens die Arbeiterinnen der Zigarrenfabrik in ihren weißen Hauben zu sehn. Der Blick auf ein Mansardenfenster gegenüber, wo ein Wachtelhündchen und ein gescheckte Kätzchen zwischen zwei blühenden Balsaminentöpfchen aus der gleichen Schüssel schleckten, um sich dann nebeneinander an einer sonnenwarmen Dachrinne zum Mittagsschläfchen auszustrecken, – war doch nur ein kleiner Trost.

Aber dann kam der wunderbare Frühlingstag, an dem meine Eltern, von einem wanderfrohen Freundespaar überredet, sich zu einem Ausflug nach Löwenhagen entschlossen. In jenen Jahren gab es noch keine ›Cranzer-Bahn‹. Jahrelang noch zogen nur sehr wohlhabende Familien in die eignen ›Villen‹ nach Cranz oder in das als vornehmer geltende Neuhäuser, und im August begann der Exodus der Professoren- und Richterfamilien nach dem kinderfreundlichen Neukuhren. Noch ahnte niemand den Aufschwung der Ostseebäder, wenn sie erst ohne umständliche Fahrt mit der ›Journaliere‹ erreicht werden würden. So entschloß sich die ›Ostbahn‹, dem Naturhunger der immer noch in ihren engen Wällen lebenden Königsberger entgegenzukommen und führte die ›Extrazüge‹ mit verbilligten Ausflugskarten ein. Ludwigsort, das durch seinen lichten Kiefernwald als besonders heilsam für Lungenkranke galt, Hoppenbruch mit der Ruine Balga und nach der östlichen Seite zu Löwenhagen gewannen so einen bescheidenen Ruhm auch als Sommerfrischen, der erst erblich, als die Cranzer- und dann noch mehr die Samlandbahn Ausflügler und Badegäste in rascheren Zügen an den Strand trugen.

Von jener ersten Bahnfahrt, die ich schlaftrunken, benommen von Hitze und Menschen, schwindlig vom Auf- und Abtanzen der Telegraphenstangen vorm Abteilfenster, zwischen dem Vater und Mohrchen verbrachte, bleibt mir nur die Erinnerung, wie herrlich dann die reine, nach Gras duftende Luft war, als wir endlich auf dem sonnigen Platz vor dem roten Stationsgebäude standen, über den die Mitreisenden zu den Kaffeetischen in den parkartigen Anlagen stürzten. Denn damals bekam man an den Stationen und in den Förstereien einen ausgezeichneten Kaffee mit selbstgebacknem Kuchen, und für die Kinder gabs frische Milch in runden Weißbiergläsern.

Aber die Eltern zogen mich an diesem muntern Getriebe vorbei auf die Chaussee zum Dorf. Wie jeder neue Weg schien er mir endlos, – aber sofort so schön, daß ich Durst und Müdigkeit vergaß. Rechts und links dehnten sich große Feldschläge mit junger Saat, mit wehenden Halmen, oder große Wiesenkoppeln, – und diese hellgrüne Weite wurde von dunkleren Waldstreifen eingehegt. Die jungen Bäume neben uns gaben noch keinen Schatten, sie rauschten aber leise im sanften Wind, Lerchen sangen, um ein grüneingehegtes kleines Gehöft am Weg schrillten Schwalben. Wir wanderten auf den spitzen Kirchturm zu, der über grünen Wipfeln, über weißblühenden Bäumen winkte und dem wir endlich näher kamen. Von der kleinen Böschung überm Chausseegraben konnte ich das silberne Blinken eines großen Teichs sehen und das fast schwarzdunkle Erlengebüsch darum, sah ich den weißgrauen Landweg, der an ihm vorüber steil hinab zu den strohgedeckten, weißen Bauernhäusern führte, die da aus ihren blühenden Obstgärten sahen. Wir aber gingen geradeaus und vor mir tat sich das alte große Dorf auf, mit Schule und Schulmeistergarten zur Linken und dem Pfarrhaus mit grünumrankter Veranda zur Rechten, gegenüber der alten, weißgekalkten Ordenskirche, die da mit ihrem Friedhof, von einer schindelgedeckten, langgezognen Mauer umwallt, hoch auf ihrem Hügel über einer grasigen Schlucht lag, an deren Hängen zwischen den Wildrosenbüschen schwarzbuntes Jungvieh weidete.

Dann kam, hinter den dichten Hecken eines sehr städtischen Hauses, der Krug, vor dem ein Brauner am Bauerwägelchen bedächtig mit dem Huf aufs Pflaster klopfte, es kam eine kurze Rast an den silbergrauen Holztischen unter blühenden Apfelbäumen in dem steil zum Bachgrund abfallenden Wirtsgarten. Das Freundesehepaar wanderte weiter und verließ uns vor einem grauen Holzhaus, das etwas höher über der Dorfstraße stand, und wo der Vater in einer knospenden Fliederlaube, in der ein Fink sang, lange mit einem alten grauen Mann verhandelte. Mohrchen war mit ihm hinaufgegangen, aber die Mama und ich saßen auf dem Holztreppchen, müde vom Weg und einig in stiller Beglücktheit. Eine Glucke mit ihren Kleinen kam aus dem offenen Gattertor des Gehöfts drüben, das die Tafel mit dem preußischen Adler, die neben der uralten Linde stand, als das Schulzengehöft auswies. Die Kirschbäume hinter dem grauen Staketenzaun waren schon verblüht, aber vor der Bank unter der Vorlaube des Nachbargrundstücks, wo ein altes Ehepaar sich sonnte, blühten schon tränende Herzen und samtiger Goldlack. Ein Fohlen lief vor den Scheunen herum, der gelbe Hofhund kläffte, Hähne krähten, – dann war es wieder still bis auf den Finkenschlag und das nie aussetzende Summen der Bienen im Garten hinter uns.

Noch ehe der Vater uns heraufrief, erhitzt von dem langen Verhandeln mit dem grauen Alten, der nun mit einem großen Schlüssel die Tür des grauen Holzhauses öffnete, wußten wir, daß wir hier einziehen würden. Und mit der grauen Tür, dem schmalen Flur, aus dem es nach Staub, Sonne und Harz roch, und in den Mohrchen als erster leise kläffend rannte, – tat sich für uns die Pforte zu unsern glücklichsten Sommertagen auf, in denen ich, das stadtgeborene Kind, wie in einem nie endenden, herrlichen Spiel hineinwuchs in die Welt meiner Vorväter, die älter war, als die geliebte Welt meiner städtischen Ahnen, und so unerschöpflich reich, daß sie bis heute, bis in mein hohes Alter, noch in jeder Einzelheit in mir lebt, und mich mit der stillen Seligkeit jenes ersten Maitages erfüllt.

Das Königsberger Schloß

WALTER GROSSE

»– – Eng geschachtelter Gassen Gewirr,
Von Brücke zu Brücke buntesten Lebens Geschwirr,
Drüben am Schloß, ungefüg, hochgetürmt,
Eine graue Glucke, die ihre Küchlein schirmt.«

So kennzeichnet unsere ostpreußische Dichterin Agnes Miegel die Lage des Königsberger Schlosses mitten im Herzen der Stadt. Wenige Großstädte gab es wohl in unserem deutschen Vaterlande, die einen so wuchtigen und beherrschenden Mittelpunkt aufzuweisen hatten, wie ihn der sechs Jahrhunderte alte ehrwürdige Bau mit seinem mächtigen, rotleuchtenden Turm darstellte. Freilich hatte das gewaltige, altersgraue Bauwerk nichts oder nur wenig von der oft so spielerisch-gefälligen Beschwingtheit der Schloßarchitekten im deutschen Süden und Westen – einfach und ernst, zweckbetont und schirmend ragte es weithin über all das Dächergewirr, ein Ausdruck schützender Macht und klaren Ordnungswillens. Eigentlich ein eigenartiges Bauwerk mit seinem Gemisch von Stilen, den Bauwillen der Jahrhunderte widerspiegelnd – und doch wieder ein einheitliches Ganzes von geschlossener Kraft, eine zu Stein gewordene Geschichte Ostpreußens!

Wie so viele unserer ostpreußischen Ordensburgen war auch die Burg am Pregel angelegt auf der Stätte einer alten prussischen Wehranlage, die sich an einer Stelle der Uferhöhen erhob, wo sich mehrere uralte Handelswege kreuzten. Jene Befestigung auf dem Twangste genannten Hügel lag an der Stelle, wo sich der Neubau der Reichsbank als Nachfolgerin der alten Kürassierkaserne erhob. Nach der Eroberung des Samlandes begann der Orden mit dem Bau seiner Burganlage. Es war von vornherein eine recht bedeutende Planung: ein großes Rechteck, vorerst zum Teil noch mit Erdwällen und viel Holz, allmählich aber immer mehr zum Steinbau verstärkt. Kaum war die Anlage fertig, so hatte sie auch schon die erste Belagerung während des großen Prussenaufstandes zu bestehen.

Einige Jahrzehnte später wurde die immer weiter verstärkte und ausgebaute Burg der Sitz des Ordensmarschalls, also gewissermaßen der weit nach Osten vorgeschobene militärische Mittelpunkt des Ordens, während die große Zentrale in der Marienburg verblieb, bis im Jahre 1457 im Drange unerhörter Notzeit auch der Hochmeister nach dem Verlust seiner Residenz seinen Sitz im Königsberger Schlosse nahm.

Der Ordensstaat wandelte sich um in ein weltliches Herzogtum, und so wurde aus der Ordensburg ein Herzogsschloß. Der Wehrcharakter wurde aufgegeben, gegen die immer mehr aufkommenden Feuerwaffen boten ja auch die Mauern längst nicht mehr den einstigen Schutz. So entstand dann ein Wehrschloß mit Räumen für allerlei Ämter. Es war besonders der nach dem Altstädtischen Markt zu gelegene Teil, der umgebaut wurde, und zwar in der sehr einfachen, beinahe jedes Ornaments entbehrenden Weise, die die Finanzlage noch gerade gestattete. Neue Baupläne tauchten auf, als der Kurfürst von Brandenburg zum ›König von Preußen‹ wurde. Dem prachtliebenden Sinn des neuen Königs entsprechend, der einst im Schloß zu Königsberg das Licht der Welt erblickt hatte, sollte aus dem etwas düsteren Bau eine königliche Residenz mit barocker Großzügigkeit werden, mit hohen Räumen und reich gegliederten Triumphtoren. Der sehr begabte preußische Landesbaumeister Ludwig Schultheiß von Unfried, dem Ostpreußen manchen geschmackvollen Bau verdankt, wurde mit der Leitung betraut, aber fertig wurde nur die nach dem Schloßberg zu gelegene Ecke. Unter dem sparsamen Friedrich Wilhelm I. wurde der

Bau abgebrochen; die preußischen Könige zogen es vor, bei Besuchen im ›Königshaus‹ in der Königstraße, der späteren Kunstakademie, zu wohnen, anstatt in den damals noch zugigen, wenig gemütlichen Räumen des Schlosses. Erst im Spätherbst 1806 herrschte hier wieder neues Leben, als die preußische Königsfamilie auf ihrer Flucht Aufenthalt nahm, wobei es bezeichnend ist, daß die nötigen Möbel von wohlhabenden Königsberger Kaufleuten zusammengeborgt werden mußten. In diese Jahre fällt auch die Umwandlung alter Kornspeicher in die Räume des Oberlandesgerichts im Nordflügel, nach der Straße ›Am Schloß‹ zu. In den sechziger Jahren des vorigen Jahrhunderts wurde schließlich durch Stüler, den Erbauer der Universität, der Schloßturm umgebaut. Er verlor seine ›welsche Haube‹, wurde höher hinaufgeführt und erhielt sein gotisches Gepräge. Wenn er im neuen Gewande nach Farbe und Baustil nicht ganz den übrigen Baulichkeiten entsprach, so fügte er sich doch imposant und charakteristisch dem Gesamtbild ein und wurde zum eindrucksvollen Wahrzeichen Königsbergs. Im neunzehnten Jahrhundert war das Schloß in steigendem Maße Behördenhaus geworden. Nach 1900 und vor allem nach 1918 erhielt es eine geistige Aufgabe, die seiner geschichtlichen Bedeutung weit besser entsprach: es wurde zur historischen Erinnerungsstätte für Ostpreußens Geschichte von den Uranfängen bis zur neuesten Zeit. In wahrhaft reicher Fülle war in seinen Mauern alles vereinigt: Vorgeschichte, Ordensräume mit den alten Ordensarchiven, Säle und Wohnräume aus der Herzogs- und Königszeit, reiche Sammlungen aus den Gebieten der Kunst und des heimatlichen Kunstgewerbes. In den letzten Jahren entstand dann noch in dem gewaltigen Moskowitersaal mit seinen Ausmaßen von zweiundachtzig mal achtzehn Metern die~ ›Ostpreußische Ruhmeshalle‹ mit ihren einzigartigen Erinnerungen an die Kriegs- und Notzeiten unserer Heimat. Und wer sich müde gesehen hatte an all den Kunstschätzen und sich etwas sammeln wollte von dem Ansturm all der geschichtlichen Erinnerungen, der mochte wohl seine Schritte hinunterlenken in das altberühmte ›Blutgericht‹ im tiefen Keller unter den alten Ordensräumen. Es war nicht gar so alt wie man annahm und hatte auch gar nichts zu tun mit Folterkammern, die es in Ostpreußen nie gegeben hat. Es war vielmehr ein ›Kind der Romantik‹ und erst 1827 als Weinkneipe eröffnet. Aber wer kann die vielen frohen Zusammenkünfte zählen, die vielen Feiern, die Frühschoppen und Doktorschmäuse, wie überhaupt alle die von Heiterkeit und Ernst durchwehten Stunden, von denen die vom Alter geschwärzten Wände zu berichten wußten.

Nur wenige Schritte vom Blutgericht entfernt lagen die beiden Eingangstreppen zur Schloßkirche, die von jeher als Krönungskirche der preußischen Könige eine Sonderstellung einnahm. Sonderlich war auch ihre Lage in dem großen Komplex des Schlosses in einem Flügel, der ursprünglich die verschiedensten Bestimmungen in sich vereinigte: ganz unten gewaltige Keller mit den Weinfässern des Blutgerichts, darüber die Räume des einstigen Zeughauses, dann die Kirche, über ihr der Moskowitersaal und schließlich unter dem Dach die Kornböden.

Nicht zu den ältesten Bauteilen gehörte die Schloßkirche; zusammen mit dem Moskowitersaal war sie erst im Jahre 1593 fertig geworden; der damalige Regent hatte dem Schloß noch das geben wollen, was ihm bis dahin fehlte: Kirche und Repräsentationsraum. Die Kirche, in der zwei Gemeinden ihre Gottesdienste abhielten, die Militär- und Zivilgemeinde, war nicht besonders groß, aber sie wirkte doch ungemein anheimelnd in ihrem durchaus nicht höfisch-überladenen, schlichten Glanz in Weiß und Gold und mit ihrem feinen Barockaltar in der Mitte der Langseite. Ein eigenartiger Hauch von geschichtlicher Größe wehte durch den Raum – keiner hat sich ihm entziehen können. Emporen und Säulen waren geschmückt mit Hunderten von Wappen der preußischen Ritter des Ordens vom Schwarzen Adler, der zu Königsberg am Tage der ersten Königskrönung gegründet war, zusammen mit dem großen Waisenhaus am Sackheimer Tor. War einer der Ritter dieses Ordens gestorben, so wurde sein Wappenschild in der Schloßkirche aufgehängt, und dadurch kam hier eine ganz einmalige Galerie preußischer Geschichte zusammen.

Es hieße alle Höhen und Tiefen der Jahrhunderte durchwandern, wollte man alle Ereignisse schildern, die das Schloß erlebt hat. Und so wollen wir sie nur ganz kurz streifen: Belagerungen in der Ordenszeit, die fürstliche Hofhaltung der Herzöge und Regenten, die prunkvollen Tage der Königskrönung, Besetzung durch die Russen im Siebenjährigen Kriege, der Aufenthalt der Königin Luise und ihrer Kinder, Napoleons Quartier vor Beginn seines russischen Feldzuges, die Krönungsfeier Wilhelns I. und schließlich die Besetzung durch die Matrosen im Jahre 1918 und ihre gewaltsame Vertreibung. Dazu noch die vielen kleinen Begebenheiten, meist militärischen Charakters, wie Zapfenstreiche, Fahnenverleihungen, Gedenkfeiern – aber auch viele andere Versammlungen, sogar Freilichttheater mit dem historischen Hintergrund. Immer war es ein Mittelpunkt Königsberger Lebens. Auf den letzten Bildern aus Ostpreußen sieht man das Schloß ausgebrannt und in Trümmern, den Schloßturm noch stehend, aber zur Hälfte aufgerissen. Unlängst soll er wegen der Einsturzgefahr gänzlich gesprengt worden sein.

Deus fortissima turris! Der stärkste Turm ist Gott! So lautete eine Inschrift aus Herzog Albrechts Zeit an einem der wehrhaften Schloßtore. Aber Gott ist nicht nur das stärkste Bollwerk, er spricht stets das letzte Wort, auch in der Geschichte der Länder und Völker!

Ausflüge

WALTER SCHEFFLER

Zuweilen fällt zwischen den stadtgefangenen Arbeitenden wie Seufzer nach irgendeiner Erlösung oder auch nur Erfrischung das Wort ›Natur‹. Was es bedeutet, wissen nur noch wenige. Die große Spinne Stadt hat die Kinder der freien, grünen Fluren vor den Wällen an sich gelockt, hat sie gefangen und mit ihrem Atem betäubt.

Und doch ist gerade Königsberg in eine Landschaft hineingebaut, die mit ihrer Urfrische, mit ihren sanftleuchtenden Ebenen, mit Hügeln, Schluchten und Teichen und dann weiter mit der herben Schönheit ihrer Meeresküste dem Müden Verjüngung, dem Schauenden Köstliches an Eindrücken zu geben vermag. Aber das wissen nur die Wohlhabenden der Stadt und genießen es in ihren Ferientagen. Die Ärmeren haben weder Ferien noch Geld dazu, und wem von ihnen mal eine weitere Fahrt aufs Land oder an die See gelingt, der zehrt von solchem Naturerlebnis jahrelang. Und gerade diese Armen tragen oft viel Sehnsucht nach Grün im Herzen. Ihre Eltern sind Bewohner des freien Landes gewesen, Kleinbauern, Eigenkätner, Landarbeiter.

Acht rote backsteinerne Tore mit Türmen und Zinnen erlauben den Stadtgefangenen gelegentlichen Ausbruch ins grüne Land. An schönen Sonntagen bewegt sich eine endlose Schlange buntgeputzter Königsberger durch die dunklen Torlöcher und geht spazieren, verkrümelt sich ins Grün. Ein Pferdebähnlein trudelt, dichtbesetzt mit Bequemeren, durch das Tor. Aber weder Pferdebahn noch Fußgänger kommen weit. Das Steindammer- und das Königstor sind die beliebtesten Durchlässe, weil dicht davor Biergärten mit Musik und Gelegenheit zum Kaffeebrühen liegen. Hier landen die meisten der Ausschwärmenden. Soweit sind die Landkinder bereits heruntergekommen, daß ihnen das Sitzen in diesen verstaubten Gärten mit hungernden Bäumen als festtäglicher Naturgenuß genügt. Freilich wandern viele von ihnen auch deshalb nicht weiter, weil sie von ihren sechs Werktagen gar zu müde sind. Und zum Fahren ward dennoch nicht genug verdient. Halb neidisch, halb verträumt schauen sie den Equipagen und Journalieren nach, die Glücklichere über die Hufen hinaustragen in die sommerfrische Samlandflur. Und dort fährt die Cranzer Bahn andere an den Strand. – Man muß sich hier mit dem Kaffeegarten ›Sprechan‹ begnügen, bis am späten Abend das Tor zur Stadt einen wieder einschluckt. So sachte entfremdet ihrer Blut- und Herzheimat, versteinen die Seelen dieser ehemaligen Landkinder selber, erblinden, ertauben für Licht und Lebensstimme der Natur.

Der kleine, blasse Walter von der Laak hat in der Schule mancherlei von der Natur gehört, aber auch die ihm liebste Stunde ›Naturkunde‹ gab ihm mit ihrer anschauungsarmen Systemlehre kaum ein mattes Ahnen. Nun sitzt er oft an seinem hochgelegenen Stubenfenster im Hinterhause, sieht hinab in das Blühen der ihm verschlossenen Gärten tief unten, sieht über die Dächer fernerer Häuser hinweg in den blauen Westhimmel und empfindet ein wehes Sehnen, das, was das Wort Natur ihn ahnen läßt, näher kennenzulernen, zu erleben. Fernher, vom Veilchenberge vor dem Tor, klingen die Trompetensignale der dort übenden Soldaten eintönig wie endlos wiederholte Klagen in die Stadt hinein. Walter jedoch träumt, die Waldhornlieder der Eichendorffgedichte zu hören, die er in der Schule lernte. Sie rufen ihn unaufhörlich in grüne, grüne waldheimliche Welten irgendwo. – Er aber darf nicht hin.

Oder er stand an der Grünen Brücke und sah gen Westen den Pregel hinunter, wo der Himmel weiter und freier sich dehnte, und die großen Schiffe hinausfuhren in lichte Fernen. Dort ginge es hinaus zur großen See, hatte man ihm gesagt. Walter war schon mehr als zwölf Jahre alt und hatte das nahe Meer immer noch nicht gesehen. Auch die anderen Jungen im Hinterhause waren nie hinausgekommen. Walters Eltern waren mal vor langen Jahren mit billiger Gelegenheit am Strande gewesen und erzählten ungewiß von einem sehr großen Wasser mit hohen Wellen. Sie bewahrten auch etwas Seesand auf in einer Pappschachtel, goldgelbe und rötliche Bernsteinbrocken lagen darin und kleine, kalkig weiße Muschelschälchen. Es muß ungeheuerlich und lieblich zugleich sein an der See, dachte Walter, aber er bekam keine klare Vorstellung von der Sache.

War der Sonntagnachmittag im Sommer schön, dann begann in Stube 17 ein gewaltiges Rüsten. Die Schneiderfamilie wollte durchs Tor spazieren gehn! Mutter Auguste hatte den zierlich geflochtenen kleinen Kober bald mit Butterbroten und billigen Kuchen gefüllt, die goldumrandete Milchglasbrosche ans Alpakakleid gesteckt und wollte schon ihre schwarze Umnahme mit dem Posamentenbesatz um die Schultern legen, da saß Vater Gottlieb, von vergeblichem Bemühen erschöpft, immer noch vor dem Spiegel und ließ sich von seiner geschickteren Tochter Hannchen ›das verrückte Ding‹, den steifgeplätteten Halskragen, anknöpfen, roten Gesichts auf die Mode schimpfend, die einen freien Mann am lieben Sonntag zu solcher Selbstpeinigung zwang. Und dann ward, immer noch in bebender Erregung, das Kostbarste, die Haarkette mit dem echten Goldbeschlag und der silbernen Uhr an der Weste verhakt -, man konnte endlich losscheiweln. Aber man gehörte zu den anderen Werktagsmüden und wagte sich selten weit vor. Gemächlich, schwatzend ging es im Zuge der anderen Spaziergänger die Laak hinunter oder den Steindamm empor, durchs Tor, durch das schöne, parkartige Glacis nach ›Neue Bleiche‹, nach ›Birkenhäuschen‹ oder nach den lauteren Hufengärten hinaus. An schönbenamsten ›Etablissements‹ mit Gratiskonzert war hier kein Mangel. Im ›Flora‹ gastierten die unwiderstehlichen ›Leipziger Sänger‹, wer tanzen wollte mit Aussicht auf engeren Anschluß, kehrte tatenmutig in ›Villa Fridericia‹ ein, auch ›Heiratskontor‹ genannt. Und überall natürlich Kaffeebrühen! So machten sich denn auch die Hinterhäusler von der Laak bald in einem dieser Hufengärten seßhaft, bestellten ihren Brühkaffee und knabberten stillglücklich an ihren mitgebrachten Dreipfennigskuchen. Vater Gottlieb leistete sich ein Glas Bier, man saß stundenlang und lauschte dem Gratiskonzert in wohliger Entspannung, die umsitzenden Schicksalsgenossen ein wenig bespitzelnd.

Das alles ward für Walter unausstehlich langweilig. Irgendwo hinter den bestaubten Bäumen und Sträuchern dieser Kaffeegärten mußte doch wohl frisches grünes Land liegen mit Blumen und Bächen, wie es die Gedichte und Lieder, die man las und sang, einem so lockend vormalten. Ihm ward übel von den Kaffee-, Bier- und Zigarrendüften, er rutschte unruhig auf seinem Stuhle herum und sah den Vater wartend an. Der mochte wohl ähnliche Gefühle haben, er erbarmte sich seines Sohnes und forderte ihn auf, mit ihm ein Weilchen herumzuspazieren.

Doch schon nach wenig Schritten sah sich Walter betrogen. Der Vater hatte einen Bekannten getroffen, sich mit ihm abseits unter einen Baum gestellt und war bald in ein erregtes Gebratsche über Fach- und Wirtschaftsfragen geraten. Die Debattierenden fuchtelten und waren bemüht, das Gratiskonzert zu überschreien. Walter sah sich aus dem Regen in die Traufe gekommen, zupfte seinen Vater am Ärmel und bat: »Papa, darf ich allein? – –« »Na, denn geh'«, gestattete der Vater, »aber bleib' nicht allzu lange fort!« Walter begann nun allein im Garten herumzustöbern in der Absicht, unbemerkt einen Durchbruch ins Freie zu gewinnen.

Da war er unversehens mit seinem Schulfreunde Paul zusammengeraten, und dieser hatte ihn verführt, über den Zaun hinweg ein gut Stück in die weitere Umgebung zu streifen. Sie kamen an ein Kornfeld, stillgolden unter weitem Sommernachmittagsblau. Beseligende Schauer der Freiheit und der Erdenschöne berauschten des Knaben Sinne, sein beglücktes Herz vergaß Vater und Mutter im öden Kaffeegarten – weiter, nur weiter ins sommerschöne Land! Die blauen Blumen wollte Walter haben, die da so lockend aus der Dämmerung des Halmwaldes hervoräugten.

Unbekümmert trat er einen vorsichtigen Schritt ins Halmfeld hinein und pflückte, pflückte. – Da stand plötzlich ein großer Schatten hinter ihm, und als er sich erschrocken umblickte, sah er sich einem riesigen, bärbeißigen Manne gegenüber, der schwang einen Knüppel in der Hand, packte Walter rauh beim Arm und brüllte: »Dich haben wir!« Der Angegriffene sah noch, wie Freund Paul, sein Verführer, lange Beine machte, dann ward er hart aus den Halmen auf den Weg gerissen und abgeführt.

Im ersten Schreck hatte er gedacht, er sei einem Räuber in die Hände gefallen, einer Sünde war er sich nicht bewußt. Doch bald kam ihm die Ahnung, daß er mit seinem Blumenpflücken jedenfalls etwas Verbotenes begangen habe. Sein im Schreck erstarrter Mund löste sich, sein Auge hob sich schüchtern zu des finsteren Mannes Antlitz. »Ich wußte nicht, daß ich hier keine Blumen pflücken darf«, entschuldigte er sich bei seinem Häscher.

»Solch große Jungens müssen wissen, daß sie nicht ins Getreide gehn dürfen. Du wirst dich jetzt vorm Gendarm zu verantworten haben«, grollte der Feldhüter und faßte Walters dünnen Arm nur fester.

Nun begann sich der Gefangene sehr zu schämen. Man war auf den belebten Hauptweg gekommen, viele Sonntagsspaziergänger begegneten den beiden und sahen erstaunt auf den kleinen, blassen Arrestanten mit dem Kornblumensträußchen in der Hand. Und nun nahte man sich dem Garten, in dem die Eltern ahnungslos ihr Sonntagsnachmittagsglück genossen, während hier ihr hoffnungsvoller Sohn als Gesetzesfrevler fortgeschleppt ward. Walter raffte all seine Schlauheit zusammen und bat: »Lassen Sie mich doch wenigstens von meinen Eltern Abschied nehmen, sie sitzen hier im Garten.« Dies Wort aus Kindermund schien dem harten Manne das Herz zu rühren. Er hielt nach ein paar Schritten inne, gab seinem Häftling einen kleinen Mutzkopf und brüllte: »Mach', daß du fortkommst, dummer Jung'!«

Walter taumelte gegen den Gartenzaun und suchte eiligst die Pforte. Dort sah er sich um und sah den Feldhüter um eine Wegbiegung verschwinden. Er war also frei und nicht nur beurlaubt zum Abschiednehmen! Noch nie hatte Walter die Freiheit innerhalb seiner Zäune so beglückend empfunden! Sacht ging er zu seinen Eltern am Tisch und tat, als sei nichts geschehen. Er fürchtete, von ihnen noch ängstlicher als bisher behütet zu werden, wenn er ihnen sein Abenteuer erzähle. Freiheit, auch unter Gefahren, war immer noch besser.

Das grüne, ferne Draußen lockte doch gar zu sehr. An einem schönen Sonntagnachmittag sprang Vater Gottlieb vom Ruhestuhl und ging, etwas gequält, an den Kleiderschrank. »Der Jung' läßt mir keine Ruh. Ich werd' mit ihm denn schon nach Juditten gehen«, erklärte er Mutter Auguste den jähen Aufbruch.

Und Vater und Sohn spazierten durch den Julitag gen Westen dem Juditter Wäldchen zu. Nicht über die starre Chaussee, obwohl sie den Weg kürzte. Sie wanderten den krummen, abwechslungsreichen Landweg über das Hammertal, über ungepflasterte Erde, durch weichen Sand, wo noch Dorfschmieden, Backhäuschen, alte Landhütten und Ententümpel zu erleben waren, wo man noch nach Belieben vom Wege abspringen und sich auf einer beblümten Wiese wälzen konnte. Da lernte sich Walter seines Vaters erst recht zu freuen, der hier im Grünen seine Arbeitsmüdigkeit, seine Alltagsnöte und seine fünfzig Jahre ganz vergaß und kindselig singend und scherzend neben seinem Jungen hinmarschierte. »Nu bin ich wieder wie zu Haus!" rief er in die blaue Luft und erzählte seinem Sohne von der eigenen Kindheit auf dem Lande, in Wald und Feld. Er schlug seinem Sprossen sogar einen kleinen Wettlauf vor, und Walter mußte sich tüchtig zusammennehmen, um wenigstens gleichzeitig mit seinem alten Herrn das vorgesteckte Ziel zu erreichen. Dann wieder wies der Vater mit seinem Spazierstöckchen in den blauen Himmel und lauschte glücklichen Auges einem Lerchenlied. So ward nach einer Stunde Wegs Juditten erreicht, Vater und Sohn schritten andächtig-froh unter den alten Föhren und Kiefern, atmeten tief den würzigen Waldduft in die staubgewohnten Lungen, und der Ältere sprach: »Junge, das tut gut!«

»Siehst du, Papa! War's nicht fein von mir, daß ich dich rausriß?« meinte der Sohn mit Siegerlächeln.

»Junge, du weißt noch nicht, wie man müd' gemacht wird in der elenden Stadt, wie man dabei all dies Schöne hier vergißt –«, entschuldigte sich der Papa.

Doch als sie dann gegen Abend per Schub heimkehrten in ihr graues Hinterhaus auf der Laak, da standen Mutter Auguste und Schwester Hannchen vor Schrecken starr und dann händeringend, jammernd vor ihrem Sohn und Bruder. Denn er war unkenntlich geworden vor den Augen seiner Lieben. Blaurot und dick verschwollen war die rechte

Hälfte seines Angesichtes, und er selbst konnte kaum noch aus den Augen heraussehen. – Berauscht vom ungewohnten Zauber der Natur, war er dort im Walde einen Abhang hinunter und dabei blindlings mit dem Kopfe gegen einen Baum gelaufen. Mit demselben Kopfe, auf den der nun toderschrockene Vater soviel stolze Zukunftshoffnungen setzte!

Kühlende Umschläge und ein langer, tiefer Schlaf heilten den Verunglückten auch von dieser schmerzhaften Berührung mit der Natur und von der kleinen Gehirnerschütterung, die er sich dabei zugezogen hatte. Dann trat Vater Gottlieb vor seinen Sohn, dessen Antlitz jetzt in allen Regenbogenfarben leuchtete, und sprach: »Da siehst du, Junge, wohin das führt, wenn du mir keine Ruh' läßt und immer weit raus willst. Du bist zu ungeschickt für solche weiten Sprünge. Bleib darum schon hübsch zu Haus, sonst holst dir noch Schlimmeres!« Und Walter neigte sein vielfarbig Haupt und mußte, wenn auch mit unwillig stöhnendem Herzen, seinem Vater recht geben. Immer noch hatte er Unglück und Beschämung erlitten, wenn er über die engen Hinterhausgrenzen hinausgestrebt. Die Natur schien ihm, der sich doch so sehr nach ihr sehnte, nicht wohlgesinnt.

Königsberg (Dom)

AGNES MIEGEL

Lobgesang der Brüder, – ich führe Dich an,
Ich der Dom zu Königsberg, der greise Ordensmann.
Ludger von Braunschweig mich zum Deutschherrn schlug
Als Ludwig von Bayern des Reiches Krone trug.
Fährmann des höchsten Herrn, lieg ich im Pregelsumpf,
Wehrgang und Halle wuchten auf moorgeborgnem Eichenstumpf,
Demütige Beter, sanken zum Grund Mauern und Bogentor,
Wie Speichergiebel ungefüg, ragt purpurne Abendfront empor.
Es trägt auf dem gedrungnen Hals mein roter Turm den spitzen Hut.
Der Weisheit Sitz, des Kaufherrn Haus, der Innung Bank – ich barg sie gut!

Wie Waben in der Beute wuchs rings um mich die Inselstadt,
Noch schallt in mein Geläute uralt-vertraut ihr breites Platt.
Noch wie zu Winrichs Tagen die Möwe kreischt, der Westwind
stöhnt,
Wenn sacht beim Mittagsschlagen vorbei der Ostlandflieger
dröhnt.
Eisbrecher knirscht und Dampfer heult und Brückenflügel
knarren auf.
Die still in meinem Chore ruhn – die schreckt es nicht mehr
auf.
Es betteten bei dem Meister dort sich brüderlich zu bleiernem
Schlaf
Marschälle und Komture. Unter dem prunkenden Epitaph
Legte dort Preußens Herzogstab, wie einst den weißen Mantel
ab,
Albrecht der Brandenburger und stieg in meine Gruft hinab.
Goldfunkelnd trennt die Altarwand den Raum wo Tod und Le-
ben wohnt.
Weltball und Zepter in der Hand, Gottvater, der gekrönte,
thront.
Er sieht der bunten Bogen Pracht, Wappen und Schnitzwerk am
Gestühl,
Den flammenden Baum in heiliger Nacht und froher Menschen
Festgewühl.
Er sieht am breiten Orgelbug die Genien mit dem Koggen-
schild,
Sieht wie der Freude Puttenflug um singende Silberrohre quillt.
Sieht meine Kinder unbewußt bei ihrem Klang zu Ihm ge-
wandt,
Wie Taufkind an der Mutterbrust, wie Braut an ihres Liebsten
Hand.
Und hört mein Herz in ihrem Sang und ihrs aus meiner Glok-
ken Mund
Und fühlt mein Herz so schwer und bang, verzagt bis in den
tiefsten Grund – –
Da haucht´s wie Flammen vom Altar:

»Du greiser und getreuer Knecht,
Der jung mit diesem Lande war, – mein festes Haus, beschirm es recht!
So lang zur Ostsee Schiffe gehen, wirf Fischer, Deine Netze aus!
So lang die Fachwerkspeicher stehn, streu du das Wort des Glaubens aus!
Die reine Lehr, das Gotteswort, – verkündige es, Du, des Samlands Hirt,
So lang Dein Volk den Wunderhort des edlen Bernsteins heben wird!«

Stille Winkel und Plätze

WILHELM MATULL

Jeder Königsberger hat seine Straße und seinen Stadtteil gekannt und geliebt und wird ihn in seinem Gedächtnis behalten, aber über dieses persönliche Erleben erhebt sich außer den wuchtigen Akkorden von Schloß und Dom auch mancher leise Klang. Geheimnisvoll taucht mitunter eine Bank oder ein Weg, ein verträumter Winkel oder ein entlegener Platz aus der Vergangenheit herauf, und wir sind wieder zu Hause.

Mitten im Lärm und Getriebe der Großstadt gab es in unserer Vaterstadt noch Stellen, wo die Zeit stille zu stehen schien, unser Herz leiser schlug und wir uns der Traulichkeit solcher Idyllen hingeben konnten. Irgendwo öffnete sich eine Gartenpforte und gab den Blick frei auf Feuerlilien, Türkenbund und Rittersporn, auf alte Bäume mit mächtigen Wipfeln.

Zu einer solchen Oase im Großstadtmeer gelangte man, wenn man seine Schritte vom Roßgärter Markt zum Bergplatz lenkte, der im Volksmund die viel treffendere Bezeichnung ›Schiefer Berg‹ führte. An seiner Einmündung hatten sich einst Kloster und Kirche zum Heiligen Kreuz erhoben, davor stand eine windschiefe Braunbierschenke angelehnt, der ›Lorbeerkranz‹ genannt. Jetzt ragte hier der stattliche Bau der alten ›Klopsakademie‹ empor, wie die ›Ostpreußische

Mädchengewerbeschule‹ tituliert wurde. Als sie auf die Hufen in die Beethovenstraße verlegt worden war, nannte der Volksmund den modernen Glasbau ›Mädchenaquarium‹.

Auf der gegenüberliegenden Seite führte das schmale Kollegiengäßchen zu einem Hause, das im Jahre 1632 von dem Landhofmeister Andreas von Kreytzen erbaut worden war und dann zwei Jahrhunderte hindurch bis 1892 dem Friedrichtskollegium als Domizil diente, ehe es der Oberrealschule auf der Burg zugewiesen wurde.

Berühmte Namen aus dem Königsberger Geistesleben knüpfen sich an diesen Ort. Immanuel Kant hat hier von 1732 bis 1740 die Schulbank gedrückt, Johann Gottfried Herder wirkte 1763/64 als Lehrer, und in den zwanziger Jahren unseres Jahrhunderts hat Ernst Wiechert die gleiche Tätigkeit ausgeübt.

Uns aber zieht es zum Burgkirchenplatz.

Wir überqueren die Kasernenstraße, die einmal eine Dragonerkaserne beherbergt hat, und stehen nun vor einem Torbogen. Zu seiner rechten Seite wird er stilgerecht von dem dazugehörigen Haus flankiert, auf der linken ist einer jener nichtssagenden Neubauten aus der Gründerära hochgeschossen. Nun durchschreiten wir ein dreitoriges Barockportal, werfen einen Blick auf die darüber thronenden Rokoko-Statuetten der Gerechtigkeit, Barmherzigkeit und Liebe und haben die Burgkirche vor uns.

In seinem Grund- und Aufriß war dieses auf dem Gelände des alten Geköchsgartens 1690–1696 errichtete Gotteshaus für das deutsch-reformierte Bekenntnis eine getreuliche Nachbildung der ›Nieuwe Kerk‹ im Haag, sein Turm sollte einem Amsterdamer Vorbild nachgeschaffen werden. Aber Geldnöte ließen den Turm nicht hoch genug wachsen, und so bekam das ganze Bauwerk eigenartige Proportionen, freilich dadurch auch seinen besonderen Reiz.

Dieser Burgkirchenplatz war eines der idyllischen Plätzchen Königsbergs. Die Kirche mit ihren edlen Maßen, die umstehenden altertümlichen Gebäude mit Ausgängen zum Schloßteich hin, gewundene Kellergänge, barocke Treppenwinkel und verwunschene Höfe, ein paar weißhaarige Anwohner, die noch dem vorigen Jahrhundert anzugehören schienen, alles das war wie ein Traum von Vergangenheit und doch zugleich Wirklichkeit.

Während vor der Torpforte auf schmalem Raum der Großstadtverkehr vorüberhastete, wurde hier noch die Vision einer Geborgenheit gehütet, die längst der Zeitentwicklung zum Opfer gefallen war.

Um diese Stätte hat die spukhafte Erscheinung E. T. A. Hoffmanns gegeistert. Hierhin hatte sich in den letzten Jahrzehnten des 19. Jahrhunderts der Dichter und Richter Ernst Wichert geflüchtet; in der Stille des Burgkirchenplatzes entstanden seine Novellen und Lustspiele. Ein Gedenkstein an der südöstlichen Schloßteichpromenade erinnerte seit 1931 an diesen liebenswürdigen Poeten, den bald der Ruhm des anderen Ernst Wiechert in den Schatten treten ließ. Von den ungezählten dramatischen Werken des ›Königsberger Lustspieldichters‹, der Aufführungen an der Wiener Burg und in ersten Berliner Theatern erreicht hat, ist nichts mehr lebendig geblieben. Von seinen vielen Romanen und Novellen hat mancher von uns aus Kindertagen ›Heinrich von Plauen‹, ›Der Große Kurfürst‹ oder seine ›Litauischen Geschichten‹ in Erinnerung behalten. Auch lohnt es sich, seinen ›Lebensausweis‹ unter dem Titel ›Richter und Dichter‹ nachzulesen, der nicht nur originelle Schilderungen der ostpreußischen Landschaft, sondern auch manche charakteristischen Episoden aus Königsberg enthält.

In meinen Schülertagen besaß diese Stadtgegend noch einen anderen Anziehungspunkt: das Haus der Brockensammlung. Nur aus einem Erdgeschoß und einer Mansarde bestehend, mit einem tiefgehenden Dach, unter dessen Ziegeln man bequem mit den Händen nach Spatzennestern suchen konnte, von einer alten Linde überschattet, war dieses rührend hinfällige Gebäude allbekannt. In diesem altersschwachen Häuschen wurde nämlich an Büchern und Schwarten zusammengetragen, was bei Wohnungsumzügen im Wege war. Für ein paar Dittchen, die der Wohltätigkeit zugute kamen, konnte man in Herrlichkeiten aller Art wühlen. Ein wurmstichiges, über 200 Jahre altes Gesangbuch aus dem Kanterschen Verlag war einmal meine Ausbeute, meistens galt der Fischzug jedoch den sogenannten ›Pliten‹. Hierbei handelte es sich um durch die Benutzung von Generationen zwar reichlich unansehnlich gewordene Schulbücher, die aber Erläuterungen, Hinweise und vor allem Übersetzungen ihrer fremdsprachlichen Texte durch ihre Vorbenutzer enthielten, die begreiflicherweise für uns von großem Wert waren. Nur durfte man sich bei ihrem Erwerb nicht von den

Lehrern erwischen lassen, denen diese beliebte Einkaufsquelle allzugut bekannt war.

Verweht und verrauscht sind alle diese Erinnerungen; die mitleidlose Hand des Krieges hat auch sie gnadenlos ausgelöscht. Nur in Georg Reickes Roman ›Das grüne Huhn‹ lebt diese Welt um den Burgkirchenplatz weiter.

Von der Märchenwelt des Burgkirchenplatzes geht es zur Kreislerstraße und damit in die Nachbarschaft des Geburtshauses E. T. A. Hoffmanns oder aber den Schiefen Berg hinauf zur Burow-Säule. Ihr gegenüber hatte der damals stadtbekannte Dr. Burow gewohnt, der nicht nur ein bedeutender Chirurg, sondern auch für die Augenheilkunde so interessiert war, daß er ein eigenes Modell für den in Königsberg durch Helmholtz entdeckten Augenspiegel konstruiert hatte. Er war weit über die Grenzen der Provinz hinaus bekannt und sehr volkstümlich, nicht nur wegen seines großen Könnens, sondern auch wegen seiner warmen Menschlichkeit. Die Dankbarkeit unzähliger leidender Menschen, die sogar aus Rußland zu ihm kamen, fand ihren Ausdruck in der von Hundrieser geschaffenen aus Eisen gegossenen Büste, die übrigens ein Burow-Enkel auf einem Hamburger Glockenfriedhof entdeckt und heute noch in Verwahrung hat. Das Burow'sche Haus ging bald nach seinem frühen Tode in den Besitz der benachbarten Verlagsbuchdrukkerei Rautenberg über, die dort außer einem großen Wohnhaus ein neuzeitliches Druckereigebäude errichtete. Diese zu Beginn des 19. Jahrhunderts in Mohrungen begründete Buchdruckerei hatte nämlich seit den siebziger Jahren ihren Sitz am Bergplatz in dem ehemals von Podewils'schen Fräuleinstift, einem alten Adelsgebäude, und sich bis in unsere Tage zu einem der bekanntesten und leistungsfähigsten graphischen Betriebe entwickelt. Die meisten amtlichen Verkündungsblätter sowie fast alle Formulare wurden dort hergestellt und auch auf Lager gehalten. Dickleibige Berichte des Ostpreußischen Provinzial-Landtages aus den siebziger Jahren zeigen heute noch, was damals schon und ohne die erst später erfundene Setzmaschine in unserer Vaterstadt geleistet wurde. Bei Rautenberg sind auch in 19 Bänden die ›Bau- und Kunstdenkmäler der Provinz Ostpreußen‹ von Boetticher hergestellt sowie zahlreiche Schul- und Geschichtsbücher verlegt worden. Diese Tradition wird heute von einem Urenkel des Gründers in Leer (Ostfriesland) fortgesetzt und ostpreußisches Schrifttum besonders gepflegt.

Es ist kaum bekannt, daß der Schiefe Berg einst ein wunderschöner mit Blumen geschmückter Platz war, auf dem man zunächst das später auf dem Paradeplatz befindliche Denkmal Friedrich Wilhelm II. aufstellen wollte; zu unserer Zeit säumte ihn ein Kinderspielplatz auf dem alljährlich um die Weihnachtszeit Tannenbäume verkauft wurden. Ein anderer früherer Adelssitz begrenzte diesen wohl allen Königsbergern bekannten Bergplatz nach Süden, nämlich das Dohna'sche Palais; zuletzt war es die Wohnstätte des allgemein hochgeachteten Justizrats Carl Siehr, des langjährigen Präsidenten der Königsberger Anwaltskammer.

Nun schieden sich die Geister. Bücherliebhaber wanderten zur Französischen Straße weiter, die als Damm den Schloßteich vom Mühlengrund trennte und vorwiegend den französischen Refugiés als Heim und Werkstatt für ihr Gewerbe als Handschuh- und Perückenmacher, als Seidenbandwirker und Posamentierer, als Schneider und Hutmacher diente. Dort hatten auch Antiquariate wie Beyers Buchhandlung in langen, zum Teil unterirdischen Gängen ihre Reichtümer aufgestapelt. Freunde des Gaumens aber lenkten ihre Schritte in die Tuchmacherstraße und weiter zur Löbenichtschen Langgasse.

Gesichter hochbetagter Königsberger erstrahlen in schmunzelndem Widerschein, wenn sie an die vielen Lokale und ihre bierseligen Erinnerungen in diesen Winkeln denken.

Unser Landsmann Lovis Corinth hat hier seinen Jugendrausch ausgetobt und in seiner Selbstbiographie ›Erinnerungen‹ an diese biedermeierlich wirkende Stadtgegend aufgezeichnet: »Überall, wo es einen guten Tropfen gab, war ich mit meinen Freunden wohl gelitten und recht beliebt.« So endete »ein angebrochener Nachmittag«, nachdem man schon »die Schlorren voll« hatte, in der »Gambrinushalle« in der Tuchmacherstraße.

»Dieses Lokal«, erzählt Lovis Corinth, »genoß einen guten Ruf unter den zweifelhaften Gastwirtschaften Königsbergs. Tingeltangel blühte dort in schönster Art. Natürlich gehörten wir zu den besten Stammgästen des Wirtes. Der Wirt verbeugte sich stets devot vor uns.

Deshalb schien es uns leicht, auch in dem heutigen Zustand den Abend recht amüsant dort verbringen zu können.

Wie erstaunt aber waren wir, als der Kassierer kurzerhand den Schalter an der Kasse herunterschlug und uns anranzte: »Betrunkenen ist der Eintritt verboten!« Vorerst konnten wir es nicht fassen; da der dicke Wirt ganz in der Nähe war, so lief ich schnell zu ihm, um mich zu beklagen. Der Wirt brummte nur was von »dummen besoffenen Jungens« in den Bart, und das empörte mich so sehr, daß ich gegen seinen Bauch ansprang. Allmählich wurde dieser Streit zum regelrechten Aufruhr.«

Das Ende vom Lied war, daß alle Beteiligten unter polizeilicher Bedeckung und einem Volksauflauf den Gang nach ›Junkerstraße Nr. 8‹ antreten mußten. Hier sollte Lovis Corinths Erlebnis enden. »Unter Hallo zerrten mich alle in ein kleines Zimmer, wo friedlich eine Petroleumlampe auf dem Tisch brannte. Sie beschien einen weißen Kachelofen. Mit diesem sollte ich bald Bekanntschaft machen. Irgend jemand stieß mich mit dem Kopf in aller Wucht gegen die porzellanenen Kacheln. Ich war betäubt und sah Männer ihre Augen voll Haß auf mich richten und hörte wilde Flüche gegen mich ausstoßen. Von hinten wurde ich festgehalten, und gesichert, stießen alle Verhöhnungen gegen mich aus: ›Kick doch moal, wie hei glupt!‹ In der Ernüchterung eines grauen Morgens sah das Abenteuer schlimm genug aus; der Polizeibericht meldete: »einen hatten sie in einen Finger gebissen, dem Schutzmann das Schienbein zerschlagen, einem Schließer den Ohrlappen abgerissen, den Soldaten ihre ganze Uniform kaputt gemacht.«

Der Löbenicht mit seinen uralten Winkeln und verwitterten Gemäuern, mit einem Gewirr von krummen Gassen und engen Stiegen, mit verschwiegenen Lokalen und gespenstischen Ausblicken war so recht ein Stück stehengebliebene Stadtgeschichte.

Wer jemals in der Tuchmacherstraße gestanden hat, wo einst Webstühle munter geklappert haben, wer den Stadthof mit seiner Spitzwegidyllik gekannt hat, wer die berganstrebende schiefe Oberbergstraße zur ›Kirche von St. Barbara auf dem Berge‹ hinaufgeklettert ist, wer rings um das ehemalige Löbenichtsche Rathaus, das nunmehr der ›Hartungschen Zeitung‹ und dem ›Königsberger Tageblatt‹ diente, zur Bulatengasse und Klosterstraße gepilgert ist, glaubte sich um Jahrhunderte zurückversetzt.

An der Grenze zum Löbenicht, im Hause Französische Straße 25, hat der Dichter E. T. A. Hoffmann das Licht der Welt erblickt. Zwischen Holzbrücke und Neuem Markt stand einst das Geburtshaus des Philosophen Johann Georg Hamann. In der Löbenichtschen Langgasse Nr. 11 hat Heinrich von Kleist um seinen Dichterruhm gerungen. In diesem Stadtteil eröffnete Johann Jacob Kanter seinen Verlag und seinen Bücherladen und schuf damit Königsberg im übrigen Deutschland einen achtbaren Ruf. Erlauchte Gäste wie Kant und Hippel sind durch diese Gegend gewandelt, und noch in unseren Tagen hat hier mancher Musensohn und Feuerkopf aus anderen Gefilden des Reiches seine Visitenkarte abgegeben.

Wieviel Namen stehen in der Erinnerung an diesen Löbenicht auf! Im Löbenichtschen Realgymnasium die Direktoren Geheimrat Wittrien, ›Ottchen‹ Kehlert und Hundertmarck, sowie Professor Heincke, in der Löbenichtschen Kirche die sprachgewaltigen Kanzelprediger Konsistorialrat Richter, Pfarrer Hundsdörffer und Pfarrer Linck, der allzufrüh verstorbene, nicht nur als Dirigent, sondern auch als Komponist bedeutende Organist Fritz Gehlhaar, der allseitig bekannte Buchdruckereibesitzer Rautenberg, das Buchhändleroriginal Herrmann vom Anger, Werner Lufft als jüngster Reichstagsabgeordneter und die lange Kette der Redakteure wie Listowsky und Emil Walter, Dr. Hertzberg, Emil Krause, Dr. Leo und Dr. Ludwig Goldstein, Auspitzer und Mittelstädt, Dömpke, Röckner, Erwin Kroll, E. K. Fischer, Pfeiffer-Belli, Grigat und Karl Herbert Kühn. Von der Löbenichtschen Kirche hat der Berliner Oberdomprediger Professor Dr. Bruno Doehring seinen Weg genommen.

War man auf solchem erinnerungsreichen Spaziergang endlich am Münchenhofplatz und quer durch die Lutherstraße am Pregel angelangt, bot sich noch ein letztes anziehendes Bild: die am Bollwerk löschenden Schiffe der Reederei Meyhöfer, die Dampfboote und Motorschiffe nach Tapiau und Wehlau, Gilge und Nemonien, Tilsit und Ragnit und dicht unterhalb der Brücke die Ausflugsdampfer nach Jungferndorf und Arnau. An den hier ankernden Apfelkähnen konnte man sich für geringes Entgelt ein ›Bootchen‹ mieten und nach Jerusalem oder Palmburg rudern.

Von dem ganzen Löbenicht waren nach der Entsetzensnacht vom 30. August 1944 und den Sterbenstagen im April 1945 drei Häuser stehengeblieben. Zwischen Umfassungsmauern und Schuttbergen suchte der aufrechte Prediger des Löbenicht, der jetzt in Hamburg wirkende Pfarrer Hugo Linck, nach Spuren eines menschlichen Seins.

Dann versinkt auch dieses Bild in der Zeitlichkeit, und nur in der Erinnerung klingt der Glockenschlag vom Turm der Löbenichtschen Kirche weiter, leben Menschen und Dinge über die Zeit in die Ewigkeit hinein.

Aus diesen stillen Winkeln führt uns ein anderer Weg nach dem Münzplatz, wo sich bis 1802 die Münze erhob, die nicht nur Preußen, sondern auch Polen und Litauen mit klingendem Rund versorgte. Um das Jahr 1896 war diese dicht bebaute Stätte freigelegt und 1904 städtebaulich würdig gestaltet worden, so daß man einen prächtigen Umblick auf Schloß und Schloßteich tun konnte. Wir aber streben weiter zur Junkerstraße.

Diese Junkerstraße barg nicht nur das Polizeipräsidium, sondern früher noch zahlreiche andere Dienstgebäude der Landesherrschaft wie ›Kanzlerei‹ und ›Landhofmeisterei‹, ›Ballhaus‹ und ›Hetzgarten‹. Auch sie blickte auf eine jahrhundertelange Vergangenheit zurück, war die Junkerstraße doch einstmals ein uralter Verbindungsweg zwischen litauischer und samländischer Landstraße gewesen. Als um die Burg herum sich Überräte, Handwerker und sonstige Bedienstete ansiedelten, gewann sie an Bedeutung, vor allem ihres ›Ritterkruges‹ und des ›Junkerkrügleins‹ wegen, wo man in unbeobachteter Abseitigkeit getrost ›einen heben‹ konnte, ohne gleich im Schloß ins Gerede zu kommen. Auf dem westlichen Teil dieser alten Junkergasse erhob sich seit 1797 das Hauptpostamt. In dem Hause Poststraße Nr. 13 hat der Dichter E. T. A. Hoffmann seine Jugendjahre verbracht, und zwei Häuser weiter befand sich die Wohnung seines Freundes von Hippel. Verschwunden ist erst in unseren Tagen die Geburtsstätte des Dichters Zacharias Werner, das letzte Renaissancewohnhaus Königsbergs, und 1913 die dreihundert jährige Hagensche Hofapotheke, ein stilvoller Barockbau an der Ecke Junker- und Theaterstraße.

Übrigens gab es in unserer Stadt an verschiedenen Stellen Junkergärten. Hier versammelten sich die Großbürger, Kaufleute und Mälzenbräuer, die seit dem 15. Jahrhundert auch Junker tituliert wurden, zu ihren Vergnügungen. Ein solcher Junkergarten der Altstadt hat sich an der Stelle befunden, wo sich an der Ausmündung der Altstädtischen Langgasse später das Altstädtische Gymnasium erhob. In der Junkerstraße befand sich auch die Altstädtische Kirche, deren Entwurf von keinem Geringeren als Schinkel stammte. Leider war der zur Verfügung stehende Platz so schmal, daß der 1838–1845 errichtete Bau im Innern an einer beengten Überfülle litt und auch äußerlich nicht recht zur Wirkung kam. In dieser Junkerstraße hat Nicolovius die erste Kunsthandlung Königsbergs eingerichtet und sein Haus zu einem geistigen Mittelpunkt der Stadt gemacht. In unseren Tagen war die Junkerstraße Promenier- und Geschäftsstraße geworden. Wir haben unsere Stoffe und Kleider bei Sommerfeld, Goldstein und Lachmanski, der heute von London aus Königsberg ein rührendes Gedenken bewahrt, eingekauft, Handschuhe bei Friedländer erworben, die Auslagen der Spielwarenhandlung Weiß bestaunt, ostpreußisches Gold in der Bernsteinmanufaktur oder Goldgeschmeide und Schmuck beim Juwelier Aron, der als talentierter Schauspieler oft Gastrollen im Neuen Schauspielhaus gab, bewundert und Königsberger Marzipan bei Gehlhaar probiert.

Von der Junkerstraße, oder um im Wortlaut alter Akten zu sprechen, ›von der newen Gasse, wo man aus der Junkergasse nach dem polnischen Kirchhofe geht‹, erstreckt sich das Glanzstück aller Königsberger Plätze: der Paradeplatz. Seine Geschichte läßt sich schon aus dem Wechsel der Namensgebung ablesen. Ursprünglich hieß er Herzoglicher Garten, avancierte dann im Lauf der Jahrhunderte zum Fürstlichen und sogar zum Königlichen Garten, diente als Baum-, Hetz- und Lustgarten, bis er schließlich als Paradegarten militärischen Zwecken zugeführt wurde.

Erst das 19. Jahrhundert hat dem Königsgarten, wie er im Volksmund hieß, zu neuer Bedeutung verholfen. Eine Garnisonkirche war schon im Entstehen und bis über die Fenster hinaus gediehen, als man den Bau des moorigen Untergrundes wegen wieder aufgeben mußte. Hier erstand 1806/09, gerade im Tiefpunkt der preußischen Geschichte, das Stadttheater.

Die Hauptsehenswürdigkeit des Paradeplatzes war unzweifelhaft die 1856 bis 1862 erbaute Universität, ein Gemisch von norddeutscher

Renaissance mit oberitalienischen Baumotiven. Ursprünglich wollte man den Wandelgang zu bei den Seiten des Haupteingangs rechts und links um den Königsgarten herumführen. Leider ist der schöne Plan nicht zur Ausführung gelangt.

Mitten vor der Universität erhob sich in den Grünanlagen das Denkmal Friedrich Wilhelms III. von Kiß. Für uns war es eine Quelle steten Ärgers, weil wir in Schulaufsätzen seine Figuren und Reliefs deuten mußten. Daß man diesem Postament auch andere Eindrücke abgewinnen konnte, bekunden die frühesten Kindheitserinnerungen von Lovis Corinth:

»Meine Mutter fragte sich zurecht nach Königsgarten, wo das Denkmal Friedrich Wilhelms III: stand. Hier auf weitem Platz mit Anlagen sahen wir auf einem hohen, blankpolierten Steinwürfel einen eisernen Mann auf einem wunderschönen Pferde reiten. Das Pferd – für weiter hatte ich keinen Sinn – war genau wie auf dem Bilde, welches mir die einäuige Emilie gezeigt hatte. Das Pferd hatte ebenso ein Vorderbein aufgehoben, ich sah auch, daß es ein Hengst war.

Wir beide gingen ehrfürchtig herum und betrachteten dann die übrigen Figuren, welche dort am Untersatz angebracht waren. Vier weibliche allegorische Figuren standen an den Ecken des Sockels von je zwei nackten Kindern umgeben. Wir dachten bei dem Anstaunen der nackten Kinder beinahe dasselbe. Meine Mutter sah sich nach allen Seiten vorsichtig um, und als sie sicher war, daß niemand sie hören konnte, flüsterte sie mir ganz leise ins Ohr: »Kick, Lue, de Jung heft ook son kleene Hoan, wie Du!'«

Der Paradeplatz hatte noch zwei andere Standbilder: still und bescheiden, wie er gelebt hatte, stand etwas abseits in Erz Immanuel Kant, von der Meisterhand Christian Rauchs geschaffen, und vor dem Theatergebäude hatte das von Stanislaus Cauer geformte Schillerdenkmal Platz gefunden. Es war 1909 zu Schillers 150. Geburtstag enthüllt worden und verdankte sein Entstehen der Tatkraft des Professors Max Hecht vom Kneiphöfschen Gymnasium, der fortan den Ehrentitel ›Schillerhecht‹ führte.

Jedem von uns ist dieser bis in die 30er Jahre unseres Jahrhunderts noch kastanienumsäumte Paradeplatz in besonders lieber Erinnerung.

Immer wieder ranken sich unsere Gedanken zu jenen Tagen, als man die Eingangspforte der Universität zum ersten Male unter sichtlichem Kraftaufwand öffnete, in der Königshalle bei festlichem Mahle saß, bei Gräfe und Unzer in Bücherschätzen wühlte oder im Café Bauer bei munterem Gespräch lange über Mitternacht hinaus plauderte.

Beim nächtlichen Heimgang rauschten wohl die alten Bäume, es verstummte der sonst so gesprächige Mund, und geheimnisvoll stiegen jene Bilder herauf, die für uns immer zu den traulichsten Erinnerungen an Königsberg gehören werden, auch wenn inzwischen die Universität zur Ruine und der Paradeplatz ein wüster Schutthaufen geworden sind.

Eine andere Zierde unserer Vaterstadt war der Schloßteich.

In unseren Tagen waren seine beiden Ufer von hübschen Wegen begleitet. Vom Münzplatz führten beliebte Promenadengänge zum Überteich. Vor dem Zweiten Weltkrieg war der Durchgang bis zu den Kaskaden am Überteich vollendet und dort, wo einstmals im Börsengarten, in dem schon seit 1830 Konzerte stattgefunden hatten, um die Jahrhundertwende Kapellmeister Krantz mit den 43ern konzertiert hatte, wo in den Logengärten der Dreikronenloge, der Loge zum Totenkopf und Phönix und der Immanuelloge manches Sommerfest gefeiert worden war, glitt nun der Blick des vorüberwandelnden Spaziergängers auf das Parkhotel und die anschließenden alten Gärten.

Seit 1753 gab es einen hölzernen Fußgängersteig über den Schloßteich zwischen Weißgerber- und Schloßteichstraße. Als man 1869 zu Ehren des anwesenden Königs Wilhelm I. ein Gartenfest mit Schloßteichbeleuchtung und Feuerwerk gab, stauten sich so viele Menschen auf der engen Brücke, daß ihr Geländer brach und 32 Personen den Tod fanden.

Wer einmal die Nacht zum 1. Mai an diesem Schloßteich miterlebt hat, wenn die Studenten, aber auch viele andere Königsberger, den Anbruch des Frühlings mit lampiongeschmückten Booten, Liedern und einem warmen Maitrank feierten, glaubte sich beinahe in eine italienische Nacht hineinversetzt, so froh beschwingt konnten die sonst so verstandesnüchternen Königsberger sein. Laut schallte ›Der Mai ist gekommen‹ über das Wasser, und noch lange schwang die Erinnerung an diese Nacht in die harte Pflichtenwelt des Alltags hinein.

Aber auch, wenn ein richtiger Winter den Schloßteich unter einer Eisdecke erstarren ließ, herrschte dort munteres Treiben. Auf der dem Schloß zugekehrten Hälfte hatte sich der ›Club der Schlittschuhläufer‹ eingerichtet, während auf der anderen Seite der ›Dittchenclub‹ sein Reich hatte. Beide Flächen waren immer voll besetzt, zumal wenn es ein ›Eiskonzert‹ gab und die Wrangelkürassiere mit munteren Weisen aufwarteten. Auf der Schloßteichbrücke stauten sich dann oft die Vorübergehenden und sahen eine Weile den Pirouetten der Eiskünstler zu. War aber das Eis auf dem Schloßteich noch nicht dick genug, so vergnügte man sich auf der Plantage.

Weiß überhaupt noch jemand, daß mit diesem Schloßteich ein seltsames Privileg verbunden war? Nach alten Bestimmungen aus der Gründerzeit der Universität hatten die Magister der freien Künste hier das Recht des Fischfangs für den eigenen Bedarf, und ab und zu hielt ein frischgebackener Doktorand diese alte Sitte zum Spaß staunender Neugieriger aufrecht, damit sie nicht völlig dem Vergessen anheimfiel.

Das alles ist nicht mehr. Fassungslos starrte ich in den letzten Augusttagen des Jahres 1944 von der Schloßteichstraße auf die im Bombenhagel niedergebrannten Stümpfe der Schloßteichbrücke. Dort hatte man vor der Bücherstube Haffke, vor der Kunsthandlung Teichert oder vor der Musikalienhandlung Jüterbock gestanden, von der Terrasse der Konditorei Schwermer auf Schloßteich und Burgkirche geschaut und freundlich zu den Mauern des Schlosses hinübergewinkt.

Außer diesen stillen Winkeln und Plätzen konnte Königsberg mit Stolz auf eine Vielzahl anderer Grünkeile, auf Parkflächen und baumbestandene Erholungsstätten hinweisen. Unter der Ära der Oberbürgermeister Körte und Lohmeyer war dank der Initiative der Gartenbaudirektoren Paul Kunckel und Ernst Schneider ein großzügiges Auflockerungsprogramm für die einst von Festungswällen abgeschnürte Stadt in Angriff genommen und so meisterhaft durchgeführt worden, daß sich Königsberg mit Recht den Ruhm einer ›Großstadt im Grünen‹ erwarb.

Aus alten Wallanlagen und Glacis, unter Einbeziehung der Mauerreste von Festungsbastionen und Stadttoren, war in harmonischer Verbindung von Gartenarchitektur und Kulturpflege ein überaus reizvolles Landschaftsbild entstanden. Zwischen Holländer Baum und Sternwarte hatte man den früheren Volksgarten zu einer anmutigen Erholungsstätte erweitert, zwischen Nordbahnhof und Wrangelturm wanderten wir durch alten Baumbestand an Wallgraben und Messebauten entlang, dann öffnete sich der Blick auf den Überteich und seine lieblich umgrünten Ufer. Wohl die anziehendste Partie des ehemaligen Festungsbezirks war zwischen Roßgärten und Königstor anzutreffen. Da gab es Lagerwiesen, Spielecken inmitten hoher Mauern und Walldurchgänge. Selbst die offene Gegend um das Sackheimer Tor mit ihren früher versumpften Kupferteichen hatte durch Anlegen eines Schwimmstadions und verschiedener Sportplätze ein nun wohltuendes Bild gewonnen.

Aber das ist noch längst nicht alles: vom inneren Grüngürtel und den zu Grünanlagen umgewandelten Festungswällen führte ein ganzes Netz von Grünstreifen in die Vororte und die nähere Umgebung der Stadt. So mancher von uns ist vom Herzstück der Stadt über die Schloßteichpromenade und die Kaskaden zum Überteich und von dort aus an der Stadtgärtnerei vorbei zum Max-Aschmann-Park gewandert. Allein schon dieser Park mit seinen zweihundert Morgen Umfang, die durch Wäldchen, Lichtungen, Gehölze und Haine, Badeteiche und Wege aufgelockert waren, stellte ein begehrtes Ausflugsziel dar.

Wo ist man im Laufe der Jahre nicht sonst noch hingepilgert? Etwa zum Rosengarten nach Maraunenhof, oder in westlicher Richtung zum Veilchenberg, durch die Parklandschaft des Hufenfreigrabens über Ratshof zum Hammerteich, durch die malerische Fürstenschlucht zum Landgraben? Und überall waren Kleingartenanlagen – über zehntausend Schrebergärten wies Königsberg auf – in die landschaftliche Gesamtplanung sinnvoll einbezogen worden. Unsere Stadtgärtnerei mit ihren vielseitigen Pflanzensammlungen für Schule und Gartenbau, ihren umfangreichen dendrologischen Abteilungen, den lehrreichen Mustergärten für Gemüse, Heil- und Gewürzkräuter war eine Augenweide, die helles Entzücken hervorrief. Auch der Botanische Garten der Universität zählte dazu.

Schließlich gehören auch Königsbergs Friedhöfe in ihrer weihevollen garten architektonischen Gestaltung in den Kreis dieser Betrachtung. Sowohl der Ehrenfriedhof für berühmte Universitätslehrer in der Nähe der Sternwarte, dann die alten Friedhöfe vor den Toren der Stadt, darunter besonders die Soldatenfriedhöfe vor dem Sackheimer und Königstor, als auch der städtische Gemeindefriedhof mitsamt dem Krematorium zählten in ihrem stillen Frieden und in ihrer erhabenen Würde zu den gärtnerischen Schönheiten unserer Vaterstadt. Besonders ergreifend war ihr Anblick am Totensonntag, wenn ein Pilgerzug von Leidtragenden und Trauernden zu ihnen hinausstrebte.

Das alles und noch viel mehr war einst Königsberg in seinem Zauber und Glanz, in seinen großen und kleinen Freuden und in der ach so teuren Erinnerung an seine lauschigen Plätze und Winkel! Können wir nicht stolz darauf sein, daß Flugzeugführer, die ein weites Stückchen Welt überflogen hatten, einmal unser Königsberg als ›die Stadt mit dem schönsten Luftbild Europas‹ gerühmt haben? Preisen wir uns glücklich, daß unsere Augen diese Herrlichkeiten gesehen haben und sie darum unvergeßlich im Gedächtnis behalten werden!

Gefilte Fisch

MAX FÜRST

Königsberg war eine Grenzstadt, doch sagt der geographische Ort wenig über ihre Mentalität aus. Offen nach dem weiten Osten, und ohne eine natürliche Grenze, war Ostpreußen eine Insel und während wir nach Norden und Osten die Nähe der Grenze eher als einen Vorteil ansahen, war die Grenze nach Süden, nach Polen, doch immer ein Ärgernis. Nach Danzig, nach dem ›Reich‹, mußte man durch Polen, und man spürte so deutlich die Nadelspitzen, wenn die Pässe kontrolliert wurden, oder wenn man, wie es später geschah, in einem plombierten Zug durch den Korridor fuhr. Selbst wir, die wir die Berechtigung der Grenzziehung nach 1918 anerkannten, konnten uns schwer damit abfinden. Vorurteile, durch lange Jahre in der Schule eingepaukt, wirken immer noch nach gegen alle vernünftigen Überlegungen. Dabei war Ostpreußen in meiner Erinnerung ein großes Land. Man stieß sich nicht an den Grenzen. Wenn die Welt heute enger zusammengerückt ist durch den modernen Verkehr, so war unser Land noch weit, und was Strategen als Mangel empfanden, war für uns ein beglückendes

Gefühl, die Weite nach Osten, der Wind, die Wasser, die Vögel und gelegentlich auch die Menschen, die die Grenzen nicht achtend aus der unendlichen Ebene zu uns kamen.

Wenn ich heute darüber nachdenke, finde ich es beschämend, wie wenig wir von Polen Notiz nahmen. Da wir hauptsächlich die westlich, meist französisch orientierte Oberschicht sahen, blieben uns polnische Bauern und Arbeiter fast unbekannt. Wir glaubten, Polen verrate den großen Osten: Die Herrschaft Pilsudskis und seiner Obristen, der starke Nationalismus, die Intoleranz gegen die Minoritäten, auch gegen die Juden, schließlich die ständigen Auseinandersetzungen des Adels durch die Jahrhunderte und bis in die unmittelbare Gegenwart. Die geschlossene Grenze verhinderte auch bessere Information. Näher standen uns dagegen die Ostseeländer, Litauen, Lettland, Estland und Finnland. Sie waren uns ja wenigstens zum Teil offen. Jede Wanderung über die Kurische Nehrung war mit einer Grenzüberschreitung verbunden. Mit einem ›Bädervisum‹ konnten wir bei Pillkoppen die Grenze überschreiten, waren im Ausland und waren doch in Deutschland, denn es hatte sich nichts geändert außer den Uniformen der wenigen Polizisten. Wir vaterlandslosen Gesellen, wie wir damals so oft beschimpft wurden, waren natürlich froh, dem Vaterland, dem wir ja laut Geburtsschein zugeordnet waren, für ein paar Tage entronnen zu sein.

[...]

Als ich schrieb, Königsberg sei eine Grenzstadt, wollte ich ganz andere Dinge erklären, zu meinen eigenen Grenzen kommen, mich abgrenzen. Statt dessen habe ich beinahe auf jeder Seite über Grenzüberschreitungen geschrieben, über die Lust, außerhalb der Grenzen zu sein und die Grenzen hinter sich zu lassen. Die Grenzüberschreitungen, die wir lieben, und die Grenzen, in die wir gebannt sind: meine Grenzen. Dabei bedürfte es komplizierter Untersuchungen, wie sich etwas, was ich bei mir zu übersehen glaube, bei meinem Nächsten abspielt, geschweige denn bei einem, der zwei Jahrzehnte später geboren ist als ich. Diese Grenzen sollten das Thema meiner Überlegungen werden. Geboren als Deutscher, als Jude, als Bürger und als Ostpreuße. Man kann von Ostpreußen fortgehen, man konnte, wenn man Glück hatte, von Deutschland rechtzeitig fortgehen, man kann sich weit von der materiellen Grundlage eines Bürgers entfernen, man kann verleugnen, daß man Jude ist, man kann auch alles andere verleugnen und das Jüdische in den Mittelpunkt seines Lebens stellen. Man hat einige Freiheit für Grenzüberschreitungen. Gott sei Dank ist man nicht festgenagelt in dem Kreis, in den man hineingeboren ist. Es kann sogar tödlich sein, in diesen Gegebenheiten zu verharren. Sobald die in der Familie überlieferten und praktizierten Meinungen nicht mehr bindend sind, beginnt die nächste Umwelt wirksam zu werden. Bei meinen Eltern war die Zuordnung des Judentums zur deutschen Staatsbürgerschaft ein Dogma. Als wir begannen, weiter zu bohren, bekamen wir gereizte Antworten. Man war deutsch, das war eine Tatsache, man sprach deutsch, man zahlte Steuern, man wählte, man nahm Anteil an der Politik, man hatte in der Familie meiner Mutter über mehrere Generationen deutsche Schulen besucht; von der Familie meines Vaters weiß ich kaum etwas, eigentlich nur, daß mein Vater im Altstädtischen Gymnasium zur Schule gegangen war. Es war ja auch eine Tatsache, daß man mit dem ›Wohl und Wehe‹ seiner Mitbürger verbunden war (ein Standard-Argument meines Vaters). Religion ist Privatsache, man war so jüdisch wie andere protestantisch, katholisch, sektiererisch. Wir waren duldsam anderen Religionen gegenüber, und die anderen sollten es auch sein. Das waren Glaubenssätze, die man nicht diskutierte, ohne auf die schiefe Ebene zu kommen. Wo käme man hin, wenn man das nicht mehr anerkannte. Ja, wo kam man hin? Ganz so heil, wie es uns Kindern schien, war die ›heile Welt‹ meiner Eltern aber auch nicht.

Ich glaube nicht, daß es für Juden auch in Deutschland je die heile Welt wirklich gegeben hat. Das kam schon in der Bewegungsbeschränkung zum Ausdruck, die mein Vater sich auferlegte und die er von uns verlangte. ›Nicht auffallen‹, sich möglichst wenig von den anderen unterscheiden, und Juden waren füreinander haftbar. Wenn ein Jude sich schlecht benahm, kompromittierte er die ganze Gemeinschaft. Das ist immer so bei Minoritäten. Geschieht etwas, etwa ein Verbrechen, so ist es, wenn der Täter ein Deutscher war, ein Herr Müller, war es ein Jude, waren es die Juden, die Zigeuner, die Homosexuellen, heute sind es die Gastarbeiter. Bei meinem Vater war es der Dreyfuß-Prozeß 1894, der ihn aus seinen Träumen von der Gleichheit mit den Deutschen aufschreckte. Dreyfuß war dann plötzlich nicht ein französischer

Offizier, sondern ein Jude, und als sich schließlich herausstellte, daß es der deutsche Geheimdienst war, der das angezettelt hatte, waren es eben Patrioten, die durch einen Juden kompromittiert wurden. Man konnte es drehen, wie man wollte, die Juden waren schuldig. Dann, viel schlimmer, gab es in Ungarn und in Polen Ritualmordprozesse, eine ganz unsinnige Anschuldigung, wenn man weiß, wie streng Juden der Genuß von Blut verboten ist. Juden wurden verhaftet und vor Gericht gestellt, weil sie angeblich ein Christenkind geschlachtet und das Blut in Mazzen verbacken hatten. Und obwohl sie dann vor Gericht endlich freigesprochen wurden, war das Gerücht vom Christenblut trinkenden Juden schon ins Volk gedrungen und immer wieder von antisemitischen Schriften und Flugblättern aufgenommen worden. Es genügte ein kleiner Trick, um das endgültige Ergebnis, den Freispruch, die Absurdität des Vorwurfs in Frage zu stellen. Doch immer wieder tauchten Ritualmordanschuldigungen auf, sobald ein Mord ungeklärt blieb, so 1900 in Konitz, im früheren Westpreußen, wo meine Schwiegermutter, damals gerade elf Jahre alt, lebte. Diese Anschuldigung vergiftete das Verhältnis zu den Mitbürgern. Der alten Dame war es noch frisch im Gedächtnis, daß sie von einem gleichaltrigen Mädchen auf der Straße angerempelt wurde: »Die Juden schlachten Christenkinder, und Dein Vater auch.« Die Folge war, daß die Kinder nicht mehr abends auf der Straße spielen durften. Solche und ähnliche Erlebnisse wird auch mein Vater gehabt haben. Hinzu kamen noch die Pogrome in Rußland am Ende des 19. Jahrhunderts, und schließlich durften Juden selbst mit deutschem Paß nur mit einer Spezialerlaubnis ins zaristische Rußland einreisen. Die erste große Fluchtwelle der Juden nach Amerika begann, und gleichzeitig kam der Gedanke auf, einen Judenstaat zu gründen, wo man ohne Anfeindung leben können würde. Die Unterstützung dieser Idee bei den emanzipierten Juden in Österreich, Deutschland, Frankreich, England war rein karitativ und mit dem Hintergedanken, die ostjüdische Flutwelle von Westeuropa abzulenken, weil sie den mühsam erreichten Status der Juden in diesen Staaten zu gefährden drohte.

Dabei war auch die Gleichberechtigung und Sicherheit der Juden in Deutschland nur eine dünne Decke, unter der es doch erheblich kalt sein mußte. Zu Hause wurde über diese Dinge selten gesprochen.

Vielleicht erzählte mein Vater einiges aus seiner eigenen Erfahrung bei der Pessachtafel, wenn von den Verfolgungen die Rede war, denen die Juden bei ihrer langen Wanderung ausgesetzt waren.

Die Erfahrungen der vorhergehenden Generation sind für die folgenden schon Geschichte. Abstrakt und nicht mehr erlebt. All das lag für uns so weit zurück wie Hexenprozesse im Mittelalter und wir ahnten noch nicht, daß auch Hexenprozesse Gegenwart waren. Wir wußten mehr, was die Juden mit den Deutschen verband; wir wußten vom gemeinsamen Freiheitskampf, von gemeinsamer Wirtschaft, gemeinsamer Schule und Literatur. Was kümmerte uns, daß die Rechte der Juden als Staatsbürger erst 50 Jahre alt waren. Juden hatte es schon seit mehr als tausend Jahren in Deutschland gegeben, und nicht nur Juden hatten in Deutschland mindere Rechte gehabt, auch die Arbeiter waren erst nach 1918 halbwegs als mündig anerkannt. Die Leiden der Juden in ihrer langen Geschichte, die Geschichte der Juden nach ihrer Auswanderung aus Palästina, wurde uns nur als Leidensgeschichte gelehrt, aber man hatte überlebt, was man von anderen Völkern nicht sagen konnte. Sie hatten überlebt trotz ihrer Ausnahmestellung und wegen ihrer Ausnahmestellung. Geschichtsunterricht verhärtet ungemein. Überall wird ausgerottet von Kriegen und von Seuchen, wer nicht ausgerottet wird, stirbt auch so. Immer sind es andere Menschen, die 50 Jahre später Geschichte machen unter denselben Namen wie ihre Eltern oder unter anderen. Wir lernen es in der Schule als Beispiel: Wenn es nicht geglückt ist, versinkt es in Vergessenheit oder in ein Reservoir, das in irgendeiner Sternstunde eines Volkes doch wieder ausgeschöpft werden kann.

[…]

Anfang der zwanziger Jahre traten die zionistischen Gruppen in Königsberg stark an die Öffentlichkeit. Es kam zu gemeinsamen Versammlungen und heftigen Auseinandersetzungen, die uns oft in Verlegenheit brachten, aber auch zu klärenden Überlegungen zwangen. Wenn wir uns zu einem jüdischen Jugendbund zusammengeschlossen hatten, der sich nicht auf die Religionsgemeinschaft gründete, schien es logisch, daß wir dem jüdischen Volk angehörten und folglich Zionisten sein mußten. Uns wiederum lag nichts ferner als das. Die Probleme der deutschen Jugendbewegung, des Sozialismus, der deutschen Kultur lagen uns näher, aber wir mußten bald einsehen, daß der Zionismus nicht so leicht von der Hand zu weisen war wie für unsere Eltern. Wir spürten eine selbstverständliche Solidarität mit den Juden, die aus vielen zwingenden Gründen nach Deutschland gekommen waren. In Königsberg studierten viele litauische Studenten, die sowohl in der sozialistischen als auch in der zionistischen Bewegung aktiv waren, mit ihnen fühlten wir uns am meisten verwandt. Sie waren aufgeschlossen und skeptisch. Diesen Ruf haben auch ihre jiddischen Geschichten und Witze. Durch sie lernte ich zionistischen Sozialismus kennen, der mich beeindruckte, aber nicht überzeugte. Nochmals zurückdenkend, wurde das ganze Judenproblem ganz gegen unseren Willen an uns herangetragen. Natürlich war der von den Zionisten propagierte Neuanfang in Palästina für uns sehr verlokkend. Der Pioniergeist entsprach der Idee der Jugendbewegung. Aber gleichzeitig schien die Koppelung von Religion und Nationalismus im ›Heiligen Land‹ absurd. Wir waren viel zu sehr mit den Problemen in Deutschland, in der Sowjetunion, in Europa beschäftigt, als daß wir auf den Gedanken kommen konnten, in irgendeiner Ecke einen neuen Nationalstaat zu gründen. Die Schwierigkeiten mit den Arabern kündigten sich bereits an, und überhaupt wollten wir ja gerade dafür arbeiten, den Nationalismus einzudämmen. Wie konnten wir unter solchen Umständen eine neue Nation gründen? Hinzu kam, daß der Antisemitismus mit der allgemeinen Reaktion gekoppelt war. Die als Juden beschimpften Rosa Luxemburg, Karl Liebknecht und Trotzki waren Freiheitskämpfer, die eine Welt schaffen wollten, in der die Frage der Abstammung belanglos werden sollte.

Wir waren stolz darauf, daß so viele Juden sich an diesem Freiheitskampf beteiligten. Natürlich betrachteten wir auch diesen Stolz mit Mißtrauen, denn sie waren eben nur ein kleiner Teil der Männer und Frauen, die sich für eine Umformung der Welt einsetzten. Wir konnten uns diesen Diskussionen nicht entziehen, denn es waren ja Menschen, die uns nahestanden, aber sie hatten eben die falsche Konsequenz aus der Lage der Juden in der Welt gezogen.

Wenn wir uns nach heißen Debatten spät trennten, sagten uns die Freunde vom zionistischen Wanderbund: »Auf Wiedersehen an der Pumpe in Ejn-Charoth.« Ja, dachten wir damals, wir können uns ja auch einmal in Ejn-Charoth treffen. – Es war ein Dorf, das gegründet worden war. Sonst aber war für uns Palästina ferner als der Südpol.

Königsberg

PAULA STEINER

Es ist in deutschen Landen kaum eine Stadt zu finden, in der Vergangenheit, Gegenwart und Zukunft so dicht beieinander wohnen, so unlöslich miteinander verflochten scheinen, wie in der alten Kantstadt Königsberg – sagen die Sachverständigen.

Wenn der ortsfremde Wanderer die steilen Stufen des 80 Meter hohen Schloßturmes erklommen hat, wird er in luftiger Höhe an eine altehrwürdige Sitte gemahnt, deren Anfänge sich nach alten Chroniken bis in die Zeit vor dem Regierungsantritt des Großen Kurfürsten nachweisen lassen: Jeden Morgen um die elfte Stunde setzen vier Posaunenbläser ihre Instrumente in Tätigkeit, und es ertönt der Choral ›Ach bleib mit deiner Gnade‹ in die arbeitsdurchfluteten Straßen. Und wenn es Abend werden will, klingt auf die zur Rüste gehende Stadt das Lied ›Nun ruhen alle Wälder‹ weihevoll hernieder. An jedem Tage wiederholt sich diese Feierlichkeit, für die, neben anderen Aufgaben, ein Stadtmusikus eigens in den Dienst und den Etat eingestellt worden ist.

Bei einer Rundschau vom Turme breitet sich den Blicken die eigenartige und vielleicht einzigartige Bauanordnung der alten Krönungsfeste und führt zu der anschaulichen Erkenntnis, daß sie ehedem aus drei Städten bestand: Altstadt, Kneiphof und Löbenicht, Gebietsteilen, die erst im Jahre 1724 zu einer Verwaltungseinheit verschmolzen wurden. Sie leben im traditionellen Denken des Königsbergers noch heute fort und sind in einer Reihe von Straßennamen der Nachwelt überliefert und erhalten.

Die Geschichte der Stadt ist mehr als irgend eine andere den Wechselfällen des Schicksals unterworfen gewesen. Auf einer alten Heidenschanze nahe der Pregelmündung bauten die Deutschen Ordensritter im Jahre 1255 eine Burg, die sie zu Ehren des Böhmenkönigs Ottokar, der ihnen im Kampfe gegen die heidnischen Pruzzen zu Hilfe geeilt war, den Namen Königsberg gaben. Sie waren eingekreist von einer Schar fremder Völker, gegen die sie Christentum und deutsche Kultur zu verteidigen hatten, und es mutet fast wie eine Rückkehr in die tiefste Vergangenheit an, wenn die heutigen Bewohner – unter den notwendigen Abstrichen – Parallelen ziehen zwischen dem Einst und dem Jetzt.

Im Schutze der Burg siedelten sich Bauern und Bürger an, machten den Boden urbar und verwuchsen mit ihm. Die erste Niederlassung wurde bei einem Aufstand – 53 Jahre dauerte das Ringen mit den Pruzzen – ein Opfer der Kriegsflammen. Aber keineswegs entmutigt durch den Verlust ihrer Heimstätte gingen die jungen Königsberger frisch ans Werk, um aus den Trümmern ein Neues erstehen zu lassen. Aus allen Teilen Deutschlands strebten Menschenscharen dem Osten zu und festigten die Möglichkeiten der Seßhaftigkeit durch fleißiges Wirken. Drei dieser Siedlungen am Pregel wurden durch den Orden als Städte rechtlich anerkannt, die Altstadt im Jahre 1286, der Löbenicht im Jahre 1300 und der Kneiphof im Jahre 1327. Freilich, so erzählt die Überlieferung, waren die Beziehungen der drei nicht immer von dem Geiste der Freundschaft und Zusammengehörigkeit getragen, vielmehr läßt sich das lustige Urteil des Dichters Gustav Wied über die Ehe sehr wohl auf sie anwenden: »Sie lieben sich sehr, sie können sich nur – – – nicht leiden.«

Das Jahr 1309 trug neue Ehren in seinem Schoß und bedingte einen neuerlichen Aufstieg. Der Sitz der Hochmeister des Deutschen Ritterordens, der im letzten Jahrzehnt des 12. Jahrhunderts zu Accon im Morgenlande gegründet worden war, wurde von Venedig nach Marienburg verlegt und Königsberg zum Sitz des Ordens-Marschalls bestimmt. Nach dem Verlust Marienburgs wurde Königsberg im Jahre 1457 der Sitz der Hochmeister und somit Zentralpunkt des wirtschaftlichen und kulturellen Lebens des Ordensstaates.

Jahre zogen ins Land. Man schrieb 1512, als Albrecht, Markgraf von Brandenburg, den Hochmeistersitz erstieg. Während seiner Regierung drang die Welle der Reformation unaufhaltsam vor und machte vor dem Osten nicht halt. Auch der Hochmeister bekannte sich zu der neuen Lehre, legte sein Ordenskleid ab, um das geistliche Gewand mit dem Herzogsmantel zu vertauschen und den Ordensstaat in ein westliches Herzogtum zu wandeln. Mit dem wirtschaftlichen Aufschwung verband sich der geistige. Durch die Gründung der Albertus-Universität im Jahre 1544 wurde ein Forschungsmittelpunkt geschaffen, der wirksam und bleibend unterstützt wurde durch die wertvollen Büchersammlungen des Ordens und des Herzogs.

Und wieder durchlebte der Osten das schwere Auf und Ab seines Daseins. Pest-Epidemien rafften Menschen erbarmungslos dahin, Feuersbrünste legten ihre Wohnstätten in Asche, aber mit der Zähigkeit des Ostmärkers überwanden sie Menschenverluste, richteten sie ihre Bauten wieder auf.

Nach der Vereinigung Preußens mit dem Kurhause Brandenburg (1618) blieb Königsberg nicht mehr die Residenz des Landesherrn, doch spielt es immer wieder eine entscheidende Rolle in wichtigen Geschichtsepochen Deutschlands. Aber auch die schönen Künste spinnen immer wieder ihre Fäden von Ost nach West. Um die Mitte des 17. Jahrhunderts entfloß der Feder des Dichters Simon Dach manche Schöpfung, die noch heute dem eisernen Bestand der Schullesebücher und dem unzerstörbaren Stamm echt deutscher Volkslieder eingefügt ist, so das wundersame ›Lied der Freundschaft‹ mit den Eingangsversen

Der Mensch hat nichts so eigen,
so wohl steht ihm nichts an,
als daß er Treu erzeigen,
und Freundschaft halten kann,

oder das innige Liebesgelöbnis an ›Aennchen von Tharau‹, das nicht nur dem Ostpreußen, sondern auch jedem Deutschen als unvergeßlich reiner Klang im Herzen lebt.

Schnell rollt das Rad der Zeit. Wieder wurden die Blicke ganz Preußens nach Osten gezwungen, als im Jahre 1701 Friedrich I. sich in der Schloßkirche die Krone aufs Haupt setzte. Ein Zeitabschnitt sank ins Grab, eine neue Zeitwende dämmerte herauf. In diese Epoche fiel die Geburt Immanuel Kants, des größten Sohnes der Stadt, der, hochgeehrt, selten verstanden und fast immer mangelhaft zitiert, durch sein Wesen und wissenschaftliches Wirken einen Gegenpol zu Weimar darstellte und weltumspannende Geltung gewann. Seinem Werk verdankt Königsberg noch heute die ehrende Titulatur als ›Stadt der reinen Vernunft‹, eine Bezeichnung, die sie mit Fassung und skeptisch-anmutiger Würde trägt. Dem Ernst der Wissenschaft gesellte sich die dichterische Erfindungswelt E. T. A. Hoffmanns in jenen Tagen zu.

Vom geistigen Gipfel herab in tiefste Leid-Niederungen führt die Zeit des Siebenjährigen Krieges, in dessen Verlauf die Russen Ostpreußen überfluteten und Königsberg nicht schonten. Vier volle Jahre war die Stadt in ihrer Gewalt. Im Banne weit schwererer Sorgen noch lag Königsberg unter der napoleonischen Herrschaft. Nach der Schlacht von Friedland hielten die Franzosen ihren Einzug in die alten Festungsmauern Königsbergs und forderten, nachdem sie von der Kriegssitte der Requisition überreichen Gebrauch gemacht hatten, eine Kontribution von 20 Millionen Franken. Zwar wurde diese schier untragbare Summe später auf 12 Millionen gesenkt, aber bis zur Wende des 20. Jahrhunderts schleppte Königsberg die schwere Schuldenlast auf schmerzgewohnten Schultern. Und es mutet bei rückschauender Betrachtung wie ein wahres Wunder an, daß in jenen kummergetränkten Tagen in Königsberg die Grundlagen moderner Staatsbildung ersonnen, die Städteordnung erlassen wurde, daß nicht zuletzt die Bauernbefreiung ihren Ausgang vom Osten her nahm. Bitterste Notzeiten legten ungeahnte Kräfte in diesem sturmerprobten Volke frei. Beispiellos die Erniedrigung, die Ostpreußen erlitt, bis Napoleons Riesenheer, in Rußland geschlagen, auf wilder Flucht ostpreußische Lande durcheilte. Aufjauchzte die befreite Masse, als Yorck sie zum endgültigen Siege begeisterte. Die Landwehr wurde gegründet, der Befreiungskrieg setzte ein. »Und das Licht leuchtet in der Finsternis.« Noch heute trägt das Haus in der Landhofmeisterstraße, in dem sich dieses Kapitel stolzer Geschichte entrollte, im Gedenken an den 5. Februar 1813 ein Eisernes Kreuz als schlichtes Mahnmal festen Aufwärtswillens.

Und wieder ist Königsberg Mittelpunkt deutschen Geschicks, als anno 1861 Wilhelm I. sich in der Schloßkirche zum preußischen König krönen ließ.

Friedsame Entwicklung bedingte nach dem siegreichen Kriege von 1870/71 einen raschen Aufstieg unseres Vaterlandes. Im Osten jedoch vernarbten die in Jahrhunderten geschlagenen Wunden nur mählich. Und wenn Reich und Preußen auch die hohe Bedeutsamkeit des Ostens zu werten wußten, so führt die Ostmark nicht zu Unrecht Klage darüber, daß dieses Gefühl der Anerkenntnis – gemessen an anderen, begünstigteren Landesteilen – weniger sichtbaren Ausdruck gewann. Denn die Jahre, die dem siegreichen Kriege folgten, haben ihre Hochwellen nur in bescheidenem Maße an die ostpreußische Küste geworfen.

Eingeengt in einen undurchbrechlichen Festungsgürtel, gab es für Königsberg keine Dehnungsmöglichkeit nach den Außenbezirken hin. Wo in den Großstädten Mittel-, Süd-, und Westdeutschlands die schmalen Straßenzüge des Stadtkerns einen Ausgleich fanden in neuzeitlichen Bauten und Grünanlagen vor den Toren, erhoben sich in Königsberg im Festungsgebiet alte Fachwerkbauten, boten saftige Wiesen dem Auge einen Ruhepunkt, reckte sich hier und da die Villa eines Zukunftsgläubigen in die klare Luft. Aber auch die Errichtung öffentlicher Bauten vollzog sich nur gemessenen Schrittes. Wenige Jahre vor dem Kriege von 1914 trat eine wesentliche Wandlung ein. Vororte wurden eingemeindet, die Entfestigung beschlossen, der Ausbau des Hafens und die Umgestaltung der Eisenbahnanlagen begonnen. Der alte Hanseatengeist erwachte zu gesteigerter Aktivität.

Mit harter Hand griff das Weltgeschehen in diese weiträumigen Pläne ein. Jedem, der 1914 in den Mauern der alten Kantstadt lebte, sind jene Tage unauslöschlich ins Gedenken gegraben. Schon am ersten Mobilmachungstage Mittelpunkt gewaltiger Truppenansammlungen, beherbergte die dankbare Stadt die Massen der tapferen Feldgrauen, die in den ersten Kriegstagen für die Ehre ihres Vaterlandes stritten und litten. Auf schwachen Kinderschultern schon lastete der bittere Ernst der Zeit. Mußten sie doch ihre vertrauten Schulzimmer verlassen, um den Verwundeten Unterkunft zu gewähren. Das Theater, die Stadthalle (das größte Konzerthaus der Stadt) und eine Reihe öffentlicher Gebäude schlossen ihre Pforten, um dem gleichen Zwecke zu dienen. Und alle diese Nöte beschattete die schwarze Wolke der Sorge um die Verteidigung der östlichen Festung, die den Stoß der nachdrängenden russischen Truppenballungen aufzufangen hatte. Greisen, Frauen und Kindern wurde der Weg zu Schiff nach Danzig freigegeben, da die Schienenstränge militärischen Operationen vorbehalten bleiben mußten. Und was die Bewohner Königsbergs selbst nicht sahen, das berichteten aus allen Teilen der Provinz die Schreckensmeldungen der Flüchtlinge, notgepeitschter Menschen, die ihre Heimatscholle verlassen mußten, vom Kriegssturm vertrieben. Höchste Bedrängnis lag über der Stadt in jenen Augusttagen, da schon die russischen Reiterpatrouillen sich in die Nähe der Forts wagten. In diese Dunkelheit flammte das Siegesfanal von Tannenberg. In den Jubel über die Befreiung der Heimat mischte sich die tiefe Ehrfurcht vor dem Namen: Hindenburg. Allein nur wenige Monate währte die Erlösung von bangem Druck. Schon im Winter des gleichen Jahres, an der Wende des Jahres 1914/15, stand der Feind erneut auf Ostpreußens Grenzfluren, aber noch ehe die Frühlingswehen das Land durchbrausten, fegte die überragende Tapferkeit unserer getreuen Feldgrauen die Russen von der Heimatscholle fort. Mehr als 40 000 Gebäude lagen in Trümmern.

[...]

Alt-Königsberg! Überragt von dem festgefügten Massiv des wuchtigen Ordensschlosses, das die Besonderheit dieses Stadtteils einprägsam dartut und das Bild der Innenstadt weitblickend beherrscht. Weise Einsicht hat diesen Bau nicht lediglich als Zeugen der Vergangenheit stehen lassen. Raumnöte verlangten u. a. die Einquartierung des Oberlandesgerichtes und des Staatsarchivs bis zu dem Zeitpunkt, wo es möglich sein wird, Buchschätze, Dokumente und Akten in neue und neuzeitliche Räume einzuordnen. In der Nachkriegszeit bemühen sich Staat, Provinz und Stadtverwaltung trotz schwerster wirtschaftlicher Sorgen, das alte Krönungsschloß zum Landesmuseum auszugestalten. Die Kunstschätze der Stadt Königsberg und die reichen Sammlungen aus vorgeschichtlicher Zeit, die die Altertumsgesellschaft Prussia zusammengetragen hat, sind in das Schloß überführt worden und werden, ausbaufähig und ausbauwürdig, in den nächsten Jahren ergänzt und erweitert werden.

Durchschreitet der Fremde das dem Münzplatz zugewandte Portal, das zwei Ecktürme zieren, so umfängt ihn zunächst die Dunkelheit eines engen Torbogens gleichsam als Kontrast und Vorbereitung auf machtvolles Erleben. Denn nun breitet sich vor ihm die rechteckige, wundersame Weite des Schloßhofes, der bei einem Rundgang die Geschichte des nahezu 700 jährigen Baues ausplaudert. Wißbegierde wird ihn zunächst dem jüngsten Teil zuleiten, der zur Besichtigung freigegebeben ist, dem Schlüterbau. Er enthält die Gemächer des ehemaligen Kaisers. Neben einer Reihe von Räumen, die in irgendeiner Abwandlung in manchen übrigen deutschen Schlössern zu finden sind, birgt das Königsberger Schloß doch einmalige Kostbarkeiten, wie das Geburtszimmer Friedrichs I. ein kleiner ungemein traulicher Raum mit schachbrettartiger Holzvertäfelung geschmückt, das Fahnen- und Standartenzimmer, dessen mächtige Danziger Barockschränke, insonderheit aber ein Sofa mit Löwenlehnen zum Schauen und Verweilen zwingen. Erinnerungsreich sind auch der Thronsaal, der die Bildnisse der preußischen Könige, bei Friedrich I. beginnend, bis zu Friedrich III. zeigt, die Schwarze Adlerkammer, die an die Stiftung des gleichnamigen Ordens gemahnt, nicht zuletzt der Ahnensaal, eine bildgewordene Geschichte der Hohenzollern. Als dem Gefühl am einprägsamsten mögen jene Zimmer empfunden werden, in denen die Möbel der Königin Luise Aufstellung fanden. Sie sahen die Tränen der schmerzgeprüften Frau in den Jahren 1806/7 und scheinen mit besonderer Pietät aufbewahrt und gepflegt worden zu sein. Immer wieder erwacht an dieser Stelle Vergangenes zum Leben und Mitleiden.

Vom Schlüterbau führte ehedem als Verbindungsbrücke der Krönungsgang zur Schloßkirche. Dieser Weg ist, sachgemäß hergerichtet, der Kunst dienstbar gemacht worden, denn in seinen Gängen werden von der Leitung der Städtischen Kunstsammlungen wechselnde Ausstellungen veranstaltet, die die örtlichen wertvoll ergänzen und den Osten in lebhafte Verbindung mit der neuzeitlichen Kunst des Reiches setzen.

Beim Verlassen des Museumsportals aufreckt sich zur Linken das Rot des Schloßturmes, das sich in seiner Helligkeit nur schwer dem Altersgrau des Gemäuers seiner Umgebung angleichen will. Wahrzeichen einer anderen Epoche und doch als Verbindung und Abschluß seine Mission erfüllend. Der Turm hält treue Nachbarschaft mit der Schloßkirche, die inhaltreiche Geschehnisse zu künden weiß: Die Krönung Friedrichs I. und Wilhelms I. über der Kirche und über ihren Flächeninhalt hinaus, dehnt sich der Moskowitersaal, mit dessen Weite sich wenige Säle anderer Städte messen können. Auch er ist schon in die Zwecke des Landesmuseums einbezogen.

Ein kleiner Turm zur Rechten wiederum vermittelt die Überleitung zu jenem Teil des Schlosses, der als der älteste, aus der Ordenszeit stammende, anzusprechen ist. Eine gefällige Holzgalerie trennt Ober- und Untergeschoß, um das sich anmutig grünes Rankenwerk schlingt. Wenn der vom Schauen und Denken ermüdete Wandersmann aber die Stufen des Kellers hinabsteigt, so betört ihn die köstliche Sorglosigkeit einer Weinstube, wie sie selten in deutschen Landen ihresgleichen hat: das Blutgericht. Vor diesem Eingang kehren ›Betrieb‹ und ›Fremdenindustrie‹ schnurstraks um. Ein Allerweltheimatliches durchzieht die Luft. Der schreckhafte Name läßt mehrere Deutungen zu. Eine Überlieferung will wissen, daß in der Marterkammer ein strenges Gericht über unverbesserliche Sünder gehalten wurde, eine andere Leseart sagt, daß sich im Jahre 1823 David Schindelmeisser mit dem Kommerzienrat Richter und anderen betriebsamen Kaufleuten zu einer Handelsgesellschaft verband, so daß die Begriffe Rebenblut und Richter zum ›Blutgericht‹ zusammenklangen. Die Besucher hingegen, die gegenwärtigen Genüssen hingegeben sind, erfühlen hier die Richtigkeit des Wortes, daß ›Blut (Rebenblut nämlich) ein ganz besonderer Saft‹ ist und daß die Marterkammer vielleicht nur dann ihren Namen zu Recht trägt, wenn zarte Beziehungen, die hier geknüpft wurden, sich zu jener seriösen Dauersache entwickeln, die man im bürgerlichen Leben – – Ehe nennt.

Aus der Beschaulichkeit und Besinnlichkeit des Schloßhofes hinaus leitet ein Torweg zwischen Schloßkirche und Blutgericht hinab zu den Brennpunkten des Verkehrs, zum Gesekusplatz auf der einen, zum Kaiser-Wilhelm-Platz auf der anderen Seite. An der Schloßmauer ist mit einem sinnigen Erinnerungszeichen des größten Sohnes der Stadt gedacht, Immanuel Kants. Auf einer dunkeln, schlichten Bronzetafel üben kleine Kinder das Buchstabieren, größere das Auswendiglernen, erleben die Erwachsenen Augenblicke innerer Einkehr, denn dieses Mahnmal trägt das Bekenntnis des Philosophen:

›Zwei Dinge erfüllen das Gemüt mit immer neuer und zunehmender Bewunderung und Ehrfurcht, je öfter und anhaltender sich das Nachdenken damit beschäftigt: der bestirnte Himmel über mir und das moralische Gesetz in mir.‹

Nicht weit von dieser Gedächtnisstätte entfernt ragt auf der Pregel-Insel der alte gotische Dom empor. Die Gründungsurkunde weist auf das Jahr 1333. Dieser Dom, der kirchlichen und weltlichen Zwecken zugleich dienstbar gemacht worden war, enthält in seinem Ostgiebel einen Wehrgang, der einst dem Kneiphof letzte Verteidigungsmöglichkeiten bot. Die Raumeinteilung des Domes bietet sich dem Beschauer als Charakteristikum der Ordenszeit dar. Sie teilt sich in die dreischiffige alte Predigtkirche und den ›Hohen Chor‹, der lediglich der Geistlichkeit vorbehalten war. Der reiche Hochaltar, der um 1440 einen Umbau erfuhr, geht in seiner Entstehung auf drei Zeitabschnitte zurück und zeigt somit die Merkmale der Gotik, der Renaissance wie des Barock.

Erhöhte Aufmerksamkeit weckt außer der Orgel, deren metallischer Inhalt durch die Kriegsnöte hindurch gerettet werden konnte, die schmiedeeiserne Tür zur Taufkapelle, die in köstlich naiver Darstellung die Figuren Adams und Evas erkennen läßt. Zu längerem Verweilen lockt ein Madonnenbild von unsagbarer Zartheit in Farbe und Ausdruck, das dem Pinsel von Lukas Cranach entfloß. An dieses Kunstwerk knüpft sich – Wahrheit oder Dichtung? – die Überlieferung, daß der Maler als Modell die älteste Tochter Philipp Melanchthons erwählt habe, die als Gattin des ersten Rektors der Albertus-Universität Sabinus in Königsberg lebte. Im 13. Lebensjahr schon hatte sie sich verehelicht, und im 22. Lebensjahr raffte sie nach kurzer Blüte ein unerbittlicher Tod jäh dahin. Der Hohe Chor, ehedem durch eine Glaswand von der Laienkirche abgesondert, enthält eine Sammlung fesselnder Altertumszeugen, u. a. einen Kathederstuhl aus dem 14. Jahrhundert, der zur Zeit des Deutschen Ritterordens dem Ordenshochmeister vorbehalten war, und die kunstvoll geschnitzten Stühle der Domherren.

In der Fürstengruft ruhen die Gebeine Herzog Albrechts von Brandenburg, des letzten Hochmeisters und des ersten Herzogs von Preußen. Sein mehr als 44 Fuß hohes Grabmal ist aus dunklem Marmor und Alabaster gefertigt. Auf einem hohen Sarkophage erhebt sich die knieende Gestalt des Herzogs, der die Hände zum Gebet gefaltet hält. Der oberste Aufbau mahnt mit einem Hinweis auf das jüngste Gericht, mit Totenschädel, Stundenglas und Waage an den Tag der Abrechnung alles Irdischen. Vor diesem Grabmal deckt ein großer Stein die sterblichen Reste der beiden Gattinnen des Herzogs, der ersten, Herzogin Dorothea von Dänemark, und der zweiten, Anna Marie von

Braunschweig, die sechzehn Stunden nach dem Hinscheiden ihres Gatten gleichfalls aus dem Leben abberufen wurde. Über und zur Seite der Hochmeistergruft fällt der Blick auf die Gemälde der Hochmeister des Deutschen Ritterordens, die nach dem Verlust der Marienburg in Königsberg lebten. Seine letzte Ruhestätte fand hier desgleichen Herzog Luther von Braunschweig, der auf seinem Grabmal als Gründer des Domes bezeichnet wird. Während sich weihevoll die Grundsteinlegung des Gotteshauses vollzog, ließ sich der schwer erkrankte Herzog auf den Bauplatz tragen, wo ihm der Tod für immer die Augen schloß. Auch der Vater des Großen Kurfürsten, Georg Wilhelm, und Markgraf Siegismund von Brandenburg haben hier ihre letzte Ruhestätte gefunden. Ein Augenblick des Verweilens gilt auch dem Grabmal des Grafen von Wallenrodt, der als Landhofmeister in Königsberg lebte. Er ist der Stifter der nach seinem Vater und ihm benannten 10 000bändigen Wallenrodtschen Bibliothek, die im nördlichen Turm des Domes zu finden ist. Zwar wurde der größte Teil der wissenschaftlichen Werke seines Nachlasses der Staats- und Universitäts-Bibliothek eingeordnet, aber die alten Räume, die vornehmlich mit Handschriften und wertvollen Kunstwerken gefüllt sind, atmen eine Stille und Stimmung, die zum Studieren und Spintisieren immer wieder verführt.

An die Nordseite des Domes fügt sich das Grabmal Immanuel Kants an, ein 1924 nach den Gesetzen neuer Sachlichkeit errichteter hallenartiger Säulenbau aus Porphyr. Dies ist der Wallfahrtsort der Fremden, die, gefangen von dem Erinnerungszauber dieses Raumes, bei kurzer Rast noch einen Blick auf die alte Universität werfen, in der Kant seinen Lehrstuhl innehatte. Dieser Bau, dessen rückwärtige Front von einem Pregelarm bespült wird, beherbergt heute die Stadt-Bibliothek. Der Ernst des Domes hindert das ›jüngste‹ Deutschland nicht, den mit schattigen, hochstämmigen Bäumen umsäumten Platz zum Lieblingsspielplatz zu wählen, eine Stätte, die auf kleiner Fläche geistige Erbauung, vielseitige Bildungsmöglichkeit, ruhmreiche Gelehrtenvergangenheit, Kinderlachen und Übermut umschließt.

Das Kant-Denkmal hingegen wird der Fremde auf dem Paradeplatz suchen müssen, ein Werk von Rauch, das die Gestalt des Gelehrten als Dozenten darstellt und im Ausdruck Besinnlichkeit und Warmherzigkeit prägt. Während andere Monumente großer Geisteshelden ein Entferntsein von Zeit und Umgebung erheischen, scheint dieses erfreulich erdennah. Es ist dem Phantasievollen nicht eben schwer sich vorzustellen, daß der kleine Magister, der in der nahen Kantstraße wohnte (das Haus fiel der Spitzhacke zum Opfer), sich unter Menschen mischte, Gedanken formulierend, und seine Gesetze über Pflichterfüllung den Vorübergehenden in Hirn und Herz legte.

Dieser Platz, eine der wenigen Lungen der Innenstadt, wird abgeschlossen von der neuen Universität, die in den Jahren 1844 bis 1862 nach Stülerschen Entwürfen im Stile italienischer Renaissance erbaut wurde. Der Hauptbau wurde dem Raumbedarf von dreitausend Studierenden durch einen Anbau angepaßt. Daneben ist Königsberg im Besitz einer Handelshochschule, deren Hörerschaft sich ständig in aufsteigender Linie bewegt.

Der Alma mater dicht benachbart ist das im ersten Jahrzehnt des vorigen Jahrhunderts errichtete Stadttheater, das jetzt lediglich Oper, Operette und Ballett pflegt, während das Neue Schauspielhaus, das sich des klassischen und neuzeitlichen Dramas und Lustspiels annimmt, auf den Hufen eine Heimstätte fand.

Der Paradeplatz, im Volksmund noch heute als ›Königsgarten‹ gekennzeichnet, war ehedem eine dicht mit Bäumen und Büschen bestandene Anlage. Die moderne Gartenarchitektur hat durch energische Aufräumungsarbeiten nunmehr die großräumige Form heraustreten lassen, ohne den Kleinen Grün und Sonne zu nehmen und den Erwachsenen ihre bevorzugte Promenade zu stören. Aus der mit Geschäften besetzten Straßenseite hebt sich die berühmte und größte Buchhandlung Deutschlands – Gräfe und Unzer – heraus, deren Kunde schon Immanuel Kant gewesen ist. In ihrem Besitz wird eine kostbare 110 Nummern umfassende Sammlung von Bildnissen des Gelehrten aufbewahrt. Eins der ältesten Kantporträts (von Becker aus dem Jahre 1768) ziert den vorbildlich schönen, warmgetönten Verkaufsraum.

Bei einer Rückkehr zu Kants Spuren hält der Fremde stille Einkehr im Stadtgeschichtlichen Museum. Der Bau, der die historischen Werte Königsbergs beherbergt, beherrschte als Rathaus zunächst die Stadt Kneiphof, später ganz Königsberg. Als aber die Aufgaben der östlichsten deutschen Großstadt wuchsen, genügten diese Verwaltungsräume fürder nicht mehr den an sie zu stellenden Forderungen.

Es erwies sich als unmöglich und abwegig, die verschiedensten Behörden auf verschiedene Straßenzüge und Einzelhäuser zu verteilen. Nachdem der Magistrat in das neue Stadthaus am Hansaring übergesiedelt war, wurde der alte Bau der Erinnerung an Vergangenes geweiht. Wer dem Werden Königsbergs ein eingehendes Studium widmen will, wird ein gut gefülltes Schatzkästlein entdecken. Aber auch ein flüchtiger Informationsbesuch bietet des Interessanten genug, wie eine prachtvoll bemalte Holzbalkendecke aus dem Geburtshaus des Dichters Zacharias Werner, vor allem aber die Kant-Erinnerungen, die in einem besonderen Raum eine würdige und wirksame Aufstellung gefunden haben. Gesicht und Gestalt des großen Gelehrten sind in einer Reihe von Bildnissen festgehalten. Sein Schreibtisch kann allda bewundert, seine Handschrift – Deuter vor die Front! – in verschiedenen Dokumenten nachgeprüft werden, sogar in einem selbstgeschriebenen Testament. Menschliches, Allzumenschliches ruht in Glaskästen. Schuhschnallen, ein Ring, der Stock, der ihn im Alter stützte, Handschuhe, die ihn im rauhen Winter wärmten, ein Hut, Knöpfe von einem Rock mit gefälliger Perlmuttereinlage. Daneben fünf Haare, sorgfältig angeordnet. Eßlöffel und Schnupftabaksdose fehlen nicht, Gebrauchsgegenstände des Alltags, die uns den Menschen Kant lieben lehren. Das Diplom über die Ernennung Kants zum Mitglied der Akademie der Wissenschaften in Petersburg, eine lebensvolle Büste und seine ehrfurchtgebietende Totenmaske ergänzen die Reichhaltigkeit der Schau.

In einem Teil des Gebäudes flutet noch heute reges, oft allzu lautes Leben, im Junkerhof, in dem die Stadtväter und -mütter regieren und ihre Kräfte in edelem Wettstreit messen. Weniger stürmisch rollen die Wogen der Debatten im Magistratssitzungssaal, der mit der Feierlichkeit einer reichen Stuckdecke aus dem 17. Jahrhundert einen beruhigenden Einfluß auszuüben scheint.

Wenige Minuten vom Kneiphöfschen Rathaus entfernt erhebt sich das Altstädtische am gleichnamigen Markt. Wundernette Giebelhäuser in der Runde haben ihren Frieden geschlossen mit einem modernen Warenhaus-Hochbau, zu dessen Füßen sich das vielaktige Theaterspiel des Wochenmarktes entfaltet. Die Zungenschärfe der Käufer tritt mit der grauhaariger, rundlicher Marktfrauen in bedrohliche Konkurrenz, wenn etwa der Einwand einer Hausfrau, daß ein Huhn gar zu teuer sei, mit dem philosophisch-volkswirtschaftlichen Rat pariert wird, daß ›des Madammche dänn äben kein Huhn nich ässen dirfe‹.

Bei den Spaziergängen durch alte, oft verträumte Winkel der Altstadt und des Löbenicht – sachverständige Begleitung ist sehr zu empfehlen – wird der Neuling eine Fülle ungeahnter Überraschungen erspähen und Volksleben und Volkseigenart belauschen können. Als Zeugen und Zeichen der alten Hansastadt sprechen die verwitterten, wappengeschmückten Speicher am Pregel ihre eigene eindringliche Sprache, jene bunten Warenlager, die noch heute die Schätze der Heimat wie des Auslandes bergen. Malerisch in ihrem verblichenen oder frisch gepinselten Farbenreichtum und anmutig in der gegitterten Linienführung ihres Fachwerkbaus, tragen sie an den Fassaden Hausmarken und Enbleme, die unsere in der Jetztzeit gar so nüchternen Hausnummern vertreten. Oft mit dem Datum der Inbetriebnahme und den Initialen des Erbauers versehen, repräsentieren sie nicht allein ein Stück wertvoller Lokalgeschichte, sondern sind zugleich ein offenes Nachschlagewerk und können darüber hinaus als kleiner Bestandteil der Handelshistorie überhaupt gelten. Vertieft sich das Denken in den Sinn der Zeichen, so sind sie ein goldener Schlüssel zum Verständnis jener Zeit für jeden, der imstande ist, Namen zu deuten und zueinander in reizvolle Wechselbeziehung zu setzen. Da steht in hausbackener Handwerkskunst ein ganzer Tiergarten mit braven Haustieren, Pferd und Rind, Lamm und Taube, Hahn und Schwan; neben ihnen weisen wilde Bestien und Fabelwesen auf eine überseeische oder deutsche Märchenheimat. Die Botanik ist ebenfalls zu ihrem Recht gekommen. Wo die Speicher die Früchte des Feldes fassen, haben Ar und Halm ihren Platz gefunden, eine Mühle erinnert an deren Verarbeitung. Der Weintraube gefällige Form ist im Bilde festgehalten und ihre Umwandlung zu edlem Rebensaft durch ein Faß sinnig symbolisiert. Schwer erklärbare Zeichen verbergen sich hinter Masken, aber neben diesen bewundert man Geistiges und Religiöses. Beispielsweise gab ein gläubiger Kaufmann seinem Speicher den Namen ›Die große Hoffnung‹ und ließ ein engelartiges Gebilde vom Himmel herniederschweben. Ein wenig pathetisch wirkt inmitten dieses krausen Gemisches Frau Justitia mit Schwert und Waage, gleichsam als Aushängeschild kaufmännischer Ehrbarkeit. Eine solche Fülle des Gedanklichen und Erfreulichen ist in diesen engen Gassen gefangen, daß jede Stunde, die man sie im Schlenderschritt durchstreift, ein Gewinn ist, sei es, daß man sich in die Entstehungsgeschichte zurückzuversetzen sucht, sei es, das man den Rhythmus der tätigen Arbeit hier belauscht, sei es, daß man sich handelspolitischen Erwägungen ergibt, indem man sich hinaustragen läßt aus dem alten Hafen, an dem Renaissancebau der Börse vorbei, zum neuen Hafen, dem einzigen des deutschen Ostens, seitdem Danzig polnischem und Memel litauischem Einfluß unterworfen wurde.

Die Hauptstadt des Landes

ROBERT BUDZINSKI

Die Hauptstadt des Landes aber ist Königsberg am Pregel, die Stadt der reinen Vernunft. Das kann man am besten beobachten auf dem sogenannten Paradeplatz oder Königsgarten. Kommt man vom Bahnhof in die Nähe des Schlosses, so steht da ein riesengroßer Polizist und hält den Arm mit dem Signal hoch, so daß man stehen bleiben muß. Es ist aber nur der alte Kaiser Wilhelm bei der Krönung, und Bismarck steht etwas abseits und sieht zu, ob er es auch richtig macht. Nicht weit davon sind die größten Sehenswürdigkeiten der Stadt, die Fischweiber und das Blutgericht. Die Fischweiber sind nicht etwa Wesen in der luftigen Art der schönen Lau, der schönen Magelone, sondern sehr gediegen und wiegen nicht unter zwei Zentnern. Sie sitzen seit Jahrhunderten hier an der grünen Brücke, zu allen Tages- und Jahreszeiten. Oberbürgermeister kommen und gehen, sie sitzen, Staatsformen treten auf und verschwinden, sie sitzen, die Menschen beten katholisch, sie sitzen, sie beten evangelisch, sie sitzen noch immer, die Menschen beten überhaupt nicht, aber die Fischweiber werden auch dann noch sitzen. Ihre Sprache ist ewig. Wenn schon längst alle Welt vielleicht Esperanto sprechen wird, werden diese Nomen ihr angeborenes uraltes Königsbergsches sprechen. Sonst aber verkaufen sie Flundern, Hechte, Stinte, Bücklinge und Räucheringe.

Das Blutgericht ist ein Weinlokal im Schloßhof. Früher war es das hochnotpeinliche Gericht, das manchen den Kopf absprach, weshalb auch jetzt noch manch einer die dunklen Gemächer kopflos verlassen muß. Aber vielleicht ist es gut, von Zeit zu Zeit einmal von seinem Kopfe befreit zu werden, sieht man doch allerorten, wie wenig notwendig er im Grunde genommen doch ist.

Andere Sehenswürdigkeiten in dieser Stadt sind: Der Schloßteich mit Brücke und Schwänen, der Richtblock mit echtem Blut im Prussia-Museum, der Samlandbahnhof am Sommersonntagsmorgen, die Kunsthandlungen Riesenau & Einthaler und Teichert mit Schreckenskammern, der neue Hauptbahnhof, der im Jahre 2007 nach Chr. G. fertig wird, die Alkoholströme auf dem Messegelände zur Zeit der Herbstmesse, das Publikum beim Pferderennen in Karolinenhof, die Angler am Oberteich, das Gedränge in den Kunstausstellungen der Kunsthalle, die Gesichter der Zuschauer in den Kinos, der Hammerkrug mit der Kunstakademie, das Universitätsgebäude mit dem Strahlenkranz honoraris causa, ihr gegenüber die Buchhandlung Gräfe & Unzer, die vornehmste unseres Planetensystems. Die Stadt hat ungefähr 280 000 lebende und sehr viel mehr tote Einwohner, die lebendigsten sind E.T.A. Hoffmann und Kant.

Königsberg in Preußen

JOACHIM RINGELNATZ

In Königsberg zum zweitenmal.
Ich wohnte im Hotel Central,
Dort war gut hausen.
Doch draußen:
An Kälte zweiunddreißig Grad.
Ich ächzte und ich stöhnte.
Ja, Königsberg war stets ein Bad
Für südwarm weich Verwöhnte.
Und weil ein Streik der Autos war,
Verfluchte ich den Februar,
Was den durchaus nicht rührte.

Doch was ich so an Menschen sah,
Das war mir hell und war mir nah,
So, daß ich Freundschaft spürte.
Die Mädchen, die mir's angetan,
Die wirkten so wie Walzen
Und schmeckten doch wie Marzipan
Nur kräftig und gesalzen.
Und sollte es hier einen Sarg,
So krumm, ich ich bin, geben,
So möcht ich gern in Königsberg
Begraben sein und leben.

Ein Oberbürgermeister berichtet

HANS LOHMEYER

Meine Laufbahn hat sich so entwickelt, daß ich im Grunde nie bloße bürokratische Arbeit unter einem Vorgesetzten kennengelernt habe, denn als Referendar hatte man zwar Referate und Urteilsentwürfe zu machen, aber der Richter, der sie zensierte, war nicht eigentlich Vorgesetzter. Als Anwalt hatte ich eine ganz selbständige Tätigkeit, ebenso auch als Stadtsyndikus; die Arbeit beschränkte sich niemals auf Sondergebiete, sondern betraf die Schwerpunkte der gesamten städtischen Verwaltung. Danach war ich also gut für den Beruf eines Oberbürgermeisters vorgebildet. Ich meldete mich Anfang 1919 dazu, als die Stelle des Oberbürgermeisters in Königsberg ausgeschrieben wurde. Damals war das Dreiklassenwahlrecht bereits abgeschafft und eine neue Stadtverordnetenversammlung nach gleichem Wahlrecht gewählt worden: Königsberg zählte damals noch 102 Stadtverordnete, von denen 50 den beiden sozialdemokratischen Parteien angehörten, während die andere Hälfte auf alle übrigen Parteien zusammen entfiel. Als ich, zur Vorstellung eingeladen, dem Wahlausschuß auf Befragen erklärte, daß ich heute nicht sagen könne, wie ich die Verwaltung führen würde, da ich die Stadt noch zu wenig kenne, erzählte ich ihnen von meiner Tätigkeit in Schöneberg und fügte zur Freude der weiblichen Stadtverordneten hinzu:

»Freilich weiß ich, daß Königsberg für Mädchen nur eine höhere Schule, aber fünf private höhere Töchterschulen hat; die würde ich gern zu städtischen höheren Mädchenschulen umwandeln.« (Was ich dann auch sehr bald getan habe.) Da in Königsberg während der Kriegszeit – was früher nicht möglich war – zwei namhafte Sozialdemokraten als ehrenamtliche Stadträte tätig waren, entschlossen sich auf deren Rat die beiden sozialdemokratischen Parteien, nicht für ihren eigenen Kandidaten, sondern für mich zu stimmen, der ich der neuen Deutschen Demokratischen Partei beigetreten war, und so wurde ich mit großer Mehrheit zum 13. Oberbürgermeister der Stadt Königsberg seit Erlaß der Steinschen Städteordnung gewählt; nur die fünf deutschnationalen Stimmen fielen auf den Gegenkandidaten, den bisherigen Thorner Oberbürgermeister.

Der gerade am Tage meiner Wahl von der Nationalversammlung in Weimar angenommene Versailler Friedensvertrag trennte Ostpreußen vom Mutterland durch den neu gebildeten ›Polnischen Korridor‹. Ostpreußen wurde damit wieder zu einem Land, blieb nicht bloß Provinz, was sich dann schon darin zeigte, daß der Oberpräsident von Ostpreußen einen besonderen Vertreter bei der Reichs- und Staatsregierung hatte. Aus der Abtrennung ergaben sich alle möglichen Schwierigkeiten, so daß in vielen Fällen notwendig war, daß das Reich und Preußen besondere Unterstützungsmaßnahmen einleiten mußten. Als ich am ersten Tage nach meiner Amtsübernahme eine Rundfahrt durch die Stadt machte, sah ich, daß sich am Königstor eine Reihe von Arbeitern eingefunden hatte, die sich mit Spaten und Brecheisen ausrüsteten. Auf meine Frage bekam ich zur Antwort, daß sie das Königstor abreißen sollten. Ich sagte ihnen, daß ich der neue Oberbürgermeister sei und den Abriß nicht wünsche, sie würden neue Weisungen alsbald bekommen. Ins Rathaus zurückgekehrt, stellte ich fest, daß das Festungsgelände von der Stadt Königsberg im Jahre 1913 zu einem Preis von 30 Millionen Mark gekauft war, der dadurch aufgebracht werden sollte, daß man das ganze Gelände einebnete und mit Mietskasernen besetzte. Die Zahlung sollte in 30 Raten erfolgen – es war erst eine Rate gezahlt worden –, während des Krieges war die Zahlung vertraglich gestundet. Ich hielt diese Lösung des Festungsproblems für falsch, wollte die von den Wällen eng umgebene Stadt vielmehr durch Umwandlung in Grünanlagen in Verbindung mit dem Schloßteich und dem Oberteich erweitern und damit ein neues Stadtbild schaffen. Bei der Geschäftslage der Stadtverordnetenversammlung schien es mir aber nicht angebracht, mit diesem Projekt schon jetzt hervorzutreten, vielmehr brachte ich lediglich eine Vorlage ein auf Bewilligung von Geldern für Notstandsarbeiten auf einem Teil des Festungsgeländes; diesen Antrag dehnte ich dann immer wieder auf weiteres Gelände aus. Es war mir gelungen, den Gartendirektor von Posen, Schneider, nach Königsberg zu berufen, der in glänzender Weise im Laufe der Zeit das von mir ersehnte neue Stadtbild zu schaffen verstand. Die Stadtverordnetenversammlung freute sich mit mir über jeden Fortschritt. Reichspräsident Ebert eröffnete die erste deutsche Ostmesse; den zweiten Reichspräsidenten von Hindenburg, seit 1914 Ehrenbürger der Stadt, hatten wir schon, bevor er Reichspräsident wurde, einmal feierlich in der Stadt empfangen und haben ihn dann mehrmals auch noch als Präsident in unseren Mauern gesehen. Als er zur Einweihung des Tannenbergdenkmals auf einem Kreuzer im Königsberger Hafen erschien, drängten sich die Spitzen der vielen Behörden vor der Landungsbrücke zusammen. Jeder wollte ihn als erster begrüßen. Ich blieb deshalb bis zuletzt an Land und kam dann als erster mit ihm über die Landungsbrücke zurück, um ihn festlich auf Königsberger Boden zu begrüßen!

Das gesellschaftliche Leben der Stadt war außerordentlich vielseitig und interessant, war Königsberg doch die einzige Stadt, in der sämtliche in einer Provinz bestehenden Behörden ihren Zentralpunkt hatten. Bei dem großen Behördenverkehr, der sich daraus entwickelte, kam auch schon wegen der Ostmesse die Landbevölkerung viel nach Königsberg. Mit der Landwirtschaftskammer und ihrem Führer Dr. Brandes unterhielt ich persönlich gute Beziehungen, er war zugleich auch Vorsitzender der Hauptlandwirtschaftskammer für Preußen. Auf einer Fahrt über Land zeigte er mir von der Kammer eingerichtete Beispielswirtschaften und sagte: »Wenn ich den Bauern vortrage, wie sie ihre Wirtschaft verbessern können, hören sie nicht hin; wenn ich ihnen eine Drucksache darüber schicke, lesen sie sie nicht, wenn ich ihnen an Ort und Stelle ein Beispiel bringe, dann machen sie es nach.« Vielfache Berührungen ergaben sich für mich auch sonst, vor allem zu dem früheren Oberpräsidenten von Batokki und anderen bedeutenden Männern Ostpreußens. In der seit alters bestehenden Königshalle vereinigten sich alle Kreise von Stadt und Land: die Professoren der Universität und der Hochschulen, Kaufleute und Industrielle – z. T. als Konsuln –, die ostpreußischen Gutsbesitzer und dann nicht zuletzt das Militär, an dessen Spitze Generaloberst Heye und später von Blomberg standen. Unsere Beziehungen kühlten sich aber ab, als dieser letztere, sein Stabschef und der Wehrkreispfarrer Ludwig Müller sich zu Hitler bekannten. Als Müller später einmal gefragt wurde, wie er eigentlich dazu gekommen sei, Reichsbischof unter Hitler zu werden, soll er erklärt haben: »Gott hat mich dazu berufen«, worauf der Fragende sagte: »Aber lieber Ludwig, wenn der liebe Gott Müller ruft, woher weißt du dann, daß du gemeint bist?«

[...]

An Intrigen hat es demgegenüber natürlich nicht gefehlt. Das begann schon, als sich deutsch-völkische Gruppen in der Mitte der zwanziger Jahre bildeten, Vorläufer der nationalsozialistischen Bewegung. Der berüchtigte Gauleiter Koch gehörte in den letzten Jahren auch zu meinen Stadtverordneten und suchte sich ständig an mir zu reiben. Als ich das einmal sehr energisch zurückwies, rief er mir zu: »Wenn wir zur Macht kommen, sind Sie der erste, der fliegt!« Und das hat er 1933 auch erreicht. Sogleich im März 1933 wurde ich widerrechtlich aus meinem Amte entfernt: Einige Wochen danach begann ein Disziplinarverfahren gegen mich und dazu ein Strafverfahren wegen angeblicher Untreue, die darin bestanden haben sollte, daß die Stadt Königsberg auf meine Veranlassung für die für die Stadt so dringend notwendige Gründung der Park-Hotel AG eine Hypothek bewilligt hatte! Über drei Jahre wurde die Untersuchung hinausgezögert, nachdem ein ganzes Büro eingesetzt worden war, das den Beweis für irgendwelche disziplinarischen Vergehen beschaffen sollte. Schließlich mußten alle Verfahren eingestellt werden, da einfach nichts nachzuweisen war. Ich hatte aber bereits im Mai 1933 meine Pensionierung beantragt, da ich nicht gewillt war, mit den Nationalsozialisten zusammenzuarbeiten.

[...]

Königsberg

HEINRICH HAUSER

Ich habe die Stadt kaum wiedererkannt. Was für eine erstaunliche Entwicklung! Ich finde beinahe nichts von dem, was ich hier vor zwölf Jahren sah. Der kleine hölzerne Bahnhof der Samlandbahn ist verschwunden. An seiner Stelle erhebt sich der beste und modernste Bahnhof, den ich in Deutschland oder irgendwo gesehen habe: organisch vereint mit Verkehrsamt und Hotel. Der riesige Platz, auf dem damals die Füchse sich gute Nacht zu sagen schienen, empfängt mit langen Fronten mächtiger und eindrucksvoller Bauten wie eine kaiserliche Residenz. Der Vergleich mit Petersburg hat sich mir aufgedrängt, als ich mich umsah nach Rathaus, Polizeipräsidium, Ausstellungshallen und dem Haus der Technik.

In wenigen Tage planlosen Herumstreifens fand ich in Königsberg: die besten und großzügigsten Siedlungsbauten nächst Frankfurt und Berlin. Die schönsten und ausgedehntesten Parkanlagen, teilweise sehr geschickt aus den alten Festungswällen herausgestaltet. Den landschaftlich reizvollsten und geräumigsten Zoologischen Garten. Die größte Buchhandlung Deutschlands mit dem interessantesten Betrieb. Die freundlichste Bedienung in den Läden. Die gröbsten Schupos. Den wichtigsten Briefkasten. Hierüber wird noch im einzelnen zu sprechen sein.

Erster Eindruck: Das ist keine Provinzstadt, das ist eine Hauptstadt; man sieht es auf den ersten Blick. (Ein Wort von Droysen über Ostpreußen fiel mir ein: »Wir sind nicht bloß eine Provinz, wir sind ein Land.«) Zweiter Eindruck: Hamburg wirkt dekadent gegen Königsberg. Dritter Eindruck: Was für ein erfreuliches Klima: es ist kalt, aber man friert nicht, eine trockene, total gesunde Kälte.

Ich schreibe meine Notizen so wahllos, wie ich sie gesammelt habe: Diese nördlichste Großstadt Deutschlands hat den südlichsten Verkehr. Ich sah nie ein so lebhaftes Straßentreiben. Abends, zwischen sieben und neun, scheint ganz Königsberg auf den Beinen. Die Bürgersteige der Hauptstraßen können die Menschen gar nicht fassen. Sie quellen über, in den höchst verwickelten Fahrverkehr hinein.

Da kommen die Trambahnen, weiß und neu, in ganzen Ketten. (Der Zustand der öffentlichen Verkehrsmittel ist sehr bestimmend für den Eindruck, den ein Fremder von einer Stadt gewinnt.) Die Autos treten ganz zurück und man sieht verhältnismäßig viele altmodische Wagen. Aber die Pferde! das sind nicht die langsamen, schwerfälligen Gefährte, die sich in Berlin und anderswo zwischen den Autos verstecken.

Hier herrscht das Pferd: Hier wird gefahren, daß es eine Art hat: in schärfstem Trab zwischen den Autos und Elektrischen. Hier können die Kutscher noch kutschieren!

Fahren ist eine Kunst, so gut oder noch besser als Autofahren, und diese Pferde haben Blut in den Adern. Wieviel lebendiger ist so ein Straßenbild mit fliegenden Mähnen, klappernden Hufen, schnaubenden Pferdemäulern und scharfem Peitschenknall, als die leise rotierenden Gummireifen der Autos, der summende Motor und die eintönige Hupe.

Dieser schnelle Pulsschlag des Verkehrs, dieser wirkliche Betrieb auf der Straße gibt die Vorstellung, daß das härtere, kältere Klima in Mensch und Tier eine schärfere Verbrennung erzeugt. Es steckt Leben in dieser Stadt und Blut.

Telefonbuch: Da gehören Seiten und Seiten den Nummern der landwirtschaftlichen Behörden, Organisationen, Instituten. Landwirtschaftskammer, Landwirtschaftlicher Zentralverein, Landwirtschaftliche Universitätsinstitute, Landwirtschaftliche Maschinen, Düngemittel, An- und Verkaufsgesellschaften, Konsumvereine; das will kein Ende nehmen.

Das riesige, bis in die letzte Schraube moderne Haus der Landwirtschaftskammer ist einer der zentralsten Punkte Königsbergs. Landwirtschaftliche Genossenschaften, aber auch einzelne Güter besitzen eine Menge Läden in der Stadt, die direkt vom Erzeuger zu Verbraucher Gutserzeugnisse verkaufen. Prachtvollen Quarkkäse mit Sahneschichten, ›Glumse‹ genannt, die frischesten Eier, die schönsten Würste und Schinken, die jedem Fremden ein Erlebnis sind – alles, was aus dem Boden wächst, wird da gehandelt, bis zum landesüblichen Johannisbeerwein. Aber wir geraten zu stark ins Detail.

Das Grundgefühl, das diese Stadt mir gab, war: Achtung! Hier ist etwas los ! Hier ist man wach und aufgepaßt. Hier ist das Zentrum einer starken Aktivität, hier laufen alle Fäden zusammen. Ich muß wissen, was hier los ist.

Und in der ersten Hitze der Begeisterung lief ich aufs Rathaus, um den Herrn Oberbürgermeister zu befragen, von dem ich annahm, daß er es wissen müßte. Man fährt zu ihm hinauf in einem Paternosteraufzug wie in einem Hamburger Bürohaus. Es war da ein Betrieb wie in einem Bienenstock; ich wartete im Vorzimmer. Das Warten war mir angenehm: ich habe eine Witterung für Vorzimmer. Vorzimmer sind die getreuen Spiegel der Persönlichkeiten, die dahintersitzen. Die Vorzimmerleute hatten die gewisse sprungbereite und zugleich respektvolle Haltung von Menschen, die immer gewärtig sein müssen, daß eine rasche Gewalt sie plötzlich ruft. Es war ein ausgesprochen angenehmes Vorzimmer.

Der Oberbürgermeister Dr. h. c. Lohmeyer ist äußerlich der Typ eines Seeoffiziers, ein großer schlanker Mann, sehr langgliedrig. Er saß, auf drei Seiten gedeckt, hinter einem riesengroßen Schreibtisch. Ein Kopf! Ein langer Schädel; im Profil bilden Stirn und Nase eine beinahe gerade Linie; die grauen Schläfen eines Mannes von etwa fünfzig Jahren. Eine lange bewegliche Nasenspitze, eine Nase mit Witterung. Ohne allen Zweifel: ein Mensch von Format und Bedeutung. Tatsächlich besteht eine nahe und wichtige Beziehung zwischen der Entwicklung einer Stadt und dem Mann, der seit dreizehn Jahren an ihrer Spitze steht.

Bei einer kurzen aber einprägsamen Unterredung sind mir einige Angelpunkte für die Betrachtung der Stadt Königsberg klargeworden:

Erstens: Ostpreußen hat durch den Versailler Frieden zwar das Memelgebiet und das Soldauer Gebiet mit 160 000 Einwohnern verloren. Es hat aber auf der anderen Seite den Rest Westpreußens, östlich der Weichsel, mit 244 000 Seelen dazubekommen. Die relative Bedeutung Ostpreußens zum Reich ist damit gestiegen.

Zweitens: Die Abschnürung vom Reich, die Insellage Ostpreußens, bewirkt im großen, was im kleinen bei jeder Zellteilung vor sich geht: Der Zellkern wird mehr als bisher zum Mittelpunkt. Königsberg ist die zentralste Behördenstadt von allen Provinz-Hauptstädten Deutschlands.

Drittens: Das Reich mußte der Insel Ostpreußen in ihrer gefährlichen Lage mehr als anderen Provinzen hilfreiche Hand bieten. Es galt nicht nur Ostpreußen, sondern der Welt zu zeigen, daß man diese Provinz fest in der Hand behielt. Einige der repräsentativsten Bauten Königsbergs, wie die neuen Bahnhöfe, die Anlagen des Freihafens, der glänzende Ausbau des Königsberger Seekanals sind auf Aktionen des Reichs zurückzuführen.

Viertens: Die Finanzen der Stadt sind nach einem Grundsatz verwaltet, der vor einigen Jahren noch vielerorts als altmodisch galt: ›Keine Ausgabe ohne Deckung.‹ Jetzt in der Krise hat Königsberg den Nutzen dieses Prinzips: Die Finanzen sind gesund, was allerdings nicht verhüten konnte, daß die Stadt jetzt auch am Ende ihrer Kräfte steht.

[…]

Königsberger Bildchen in drei Zeilen

Größte Buchhandlung Deutschlands: Hat zwei Jahrhunderte gebraucht, um heranzuwachsen. Sehenswürdigkeit ersten Ranges. Liegt am Paradeplatz, gegenüber der Universität. Ein Haus wie ein Bienenstock, vom Keller bis zum Boden in Betrieb, ein Labyrinth, treppauf, treppab zwischen 3 km langen Wänden von Büchern. Vorbildlich organisiert von der Lehrmittelabteilung im Keller bis zum Kinderlesesaal unterm Dach. Auf einer Generalstabskarte sind die Fähnchen ihrer Filialen und Agenten sieghaft eingesteckt, sie beherrschen die Provinz.

Schloßteich: Musik, Lichter, Schlittschuhläufer zwischen Ketten junger Tannen: süße Musik, süße, junge Mädchen, Sternhimmel – ein Wintermärchen, sentimental und schön. Ganz unwahrscheinlich, wenn man vom Reich kommt, wo schon die Veilchen blühen. Ein Monat später: hellblaues Wasser, das unter einer weiß gemalten Brücke fließt, voll weißer kleiner Boote. Man rudert nicht, man wriggt am Bootsende nur mit einem Ruder. Studenten in der Mittagspause zwischen Vorlesungen und ihre Mädchen. Die Mädchen hier sind schön, viel Charakter in diesen Gesichtern und viel Wärme. Man hat etwas durchgemacht und ist doch schön geblieben. Die Liebe ist rasch und heiß hier oben.

Blutgericht: Wenn irgendwer in der Provinz verlorengeht, so sucht und findet man ihn schließlich im Blutgericht. Im Schloßhof links, im Keller. Tiefe Gewölbe, grauer Stein, verwittert und mit Spinnweben behängt, durchduftet von Wein aus riesigen, geschnitzten Fässern, die die Wände füllen. Schwere Eichentische, die die Last der schweren Häupter tragen können. Gewichtige Kellermeister in gestreiften Kitteln, dicke Lederschurze umgehängt. Leicht kommt man herein, aber schwer wieder heraus: sie schenken da den Wein aus Doppelflaschen. Bremer Ratskeller – Lübecker Schifferbörse –: das Blutgericht in Königsberg geht mir noch darüber.

Flecklokale: Fleck ist ostpreußisches Nationalgericht. Dutzende von kleinen Kneipen in Königsberg pflegen es als Spezialität. Eine Suppe, gekocht aus dem Bauchfleisch und den Eingeweiden vom Rind. Als Anblick etwas unheimlich, für den Mutigen herrlich als Geschmack. Man gießt sich Essig hinein und bestreut den Teller dick mit Majoran.

Ziemer: Braut die besten Schnäpse. Am Steindamm. Eine Bar so groß wie eine Reitschule, bestreut mit Sägespänen und rund wie ein Ei. Weithergereiste Bauern ziehen vor der Tür die Schuhe aus und kommen herein mit einer Verbeugung, leere Flaschen in der Hand, die lassen sie sich füllen mit ›Weißem‹, klaren Kartoffelschnaps. Die Wände glitzern von Flaschen. Der riesige Raum ist immer gedrängt voll Männer. Der beste Platz, um der Stimme des Volks zu lauschen.

Herrliche Schnäpse mit wunderbaren Namen: ›Flüssiges Heu‹ heißt einer, der wie eine Sommerwiese duftet. ›Bärenfang‹ heißt ein anderer: der reinste Sprit, mit Honig abgekocht, unschuldig anzusehen und zu schmecken, aber verheerend in der Wirkung.

Briefkasten an der Post: Zwei Briefkästen flankieren den Eingang zur Hauptpost. Auf ihren weißen Bauchtäfelchen stehen die Abfahrtszeiten der beiden Nachtzüge nach Berlin. Um 22.20 Uhr müssen die letzten Briefe eingeworfen sein. Sehr oft bin ich zu diesen Briefkästen gewandert von meinem Schreibtisch aus, und immer traf ich Menschen, die wie ich dem gleichen Ziel zustrebten. Bis 22.20 Uhr klappern fast ununterbrochen die Schlitze dieser Briefkasten. Sie sind mir stets als Symbole der Insellage Ostpreußens erschienen. Vor dem inneren Auge erschien das Bild der beiden Städte Berlin und Königsberg, dazwischen dehnte sich die dünne Nabelschnur des Schienenstrangs, durchbrochen von der dunklen Zone des polnischen Korridors. Es war ein beängstigendes, beinahe würgendes Gefühl, die Dünne dieser

Verkehrsader zus prüfen, die leichte Verletzbarkeit dieser Verbindung – und ich glaube, die andern, die mit mir zu diesen Kästen pilgerten, kannten das gleiche Gefühl.

Die Welt des Buches im Haus der Bücher

OTTO DIKREITER

Es mag – vielleicht – etwas ungewöhnlich sein, wenn in einem Buch wie diesem, das der Erinnerung an Königsberg und Ostpreußen gewidmet ist, ein Kapitel beigefügt wird, das sich mit dem Hause, aus dem dieses Buch kommt, beschäftigt.

Indessen, eine innere Berechtigung dazu ist vorhanden, denn Gräfe und Unzer, das Haus der Bücher, ist längst ein Stück ostpreußischer Geschichte geworden und das schon zu einer Zeit, als man noch nicht daran dachte, daß Stadt und Provinz einmal verlorengehen sollten.

Schon für das Kind war die Buchhandlung Gräfe und Unzer ein Begriff. Hier kaufte es seine Schulbücher, wie es schon Generationen vor ihm taten. Der Student, der Lernende blieben dann später ›ihrer‹ Buchhandlung treu. Hier bekamen sie alle die Lehrbücher, die für das Studium und die weitere Fortbildung notwendig waren. Und noch später, wenn Amt und Würden sich einstellten, die Verbindung blieb bestehen, selbst wenn, wie es häufig vorkam, ein Ozean dazwischen lag.

Was war das für ein Leben während der Vorweihnachtszeit am Paradeplatz! Die weihnachtlich geschmückten zahlreichen Schaufenster waren von groß und klein umlagert. Hier konnte man, vom Bilderbuch bis zur anspruchsvollsten Publikation alles sehen, was deutsche Verlage hervorgebracht hatten. Trat man dann durch das breite Portal in das Innere des Hauses, fand man festlich geschmückte Räume, die zum Verweilen und Schauen einluden. Menschenströme fluteten durch das Haus, es war oft so beängstigend gefüllt, daß der Eingang eine Zeitlang geschlossen werden mußte, weil anders kein Durchkommen mehr möglich war. Aber jeder einzelne konnte dann mit seinen Büchern, die er für seine Lieben und für sich wünschte, das Haus verlassen, unter dem Arm oder in einer Tasche die Pakete mit dem schönen, bunten Weihnachtspapier. Und diese bunten Pakete gingen dann auch in täglich immer umfangreicher werdenden Sendungen in die Provinz hinaus, in das weite Land, denn Ostpreußen war ein Land mit einer großen Lesefreudigkeit, die nicht zuletzt durch die langen Winterabende bedingt war.

Im Haus der Bücher am Paradeplatz war aber auch sonst immer, zu jeder Jahreszeit, reges Leben. Es darf hier einmal ruhig und ohne Übertreibung festgehalten werden, daß die Königsberger stolz auf ›ihre‹ Buchhandlung waren. Wie oft kamen sie, wenn sie Besuch von Freunden oder Verwandten aus dem ›Reich‹ bekamen, in das Haus und übernahmen die Führung durch alle Stockwerke. Sie wußten ja, daß sie immer gerngesehene Gäste waren und zu jeder Zeit in das Haus konnten, ohne das Gefühl zu haben, einen Kauf damit verbinden zu müssen.

Was gab es hier aber auch alles zu sehen. Im Erdgeschoß, wo die schöngeistige Literatur untergebracht war, an der Wand eine lebensgroße Nachbildung der berühmten ›Stifterin‹ aus dem Naumburger Dom. Weiter Bilder, Plastiken und nicht zuletzt der wertvollste Besitz der Buchhandlung, ein Originalbildnis des jungen Kant, der eng mit der Geschichte des Hauses verbunden war. Große Lesetische mit behaglichen Leselampen luden zum Verweilen und Betrachten der ausgestellten Bücher ein. Es war mehr eine Bibliothek als ein Verkaufsraum.

Für die Kinder gab es eine eigene Welt mit bunten lustigen Möbeln und Bildertapeten. Auch hier kleine Tische mit kleinen Stühlen. Wie oft saßen hier die Kleinen und blätterten mit heißen Wangen in den Bilderbüchern.

Auf dem Weg zum ersten Stock, an offenen Regalen vorbei, lud wiederum im Zwischengeschoß eine behagliche Sitznische zum Verweilen ein. Hier war die Welt der bekannten Sammlungen, wie ›Reclam‹, ›Sammlung Göschen‹, ›Aus Natur und Geisteswelt‹ und viele andere. (Taschenbücher, wie es sie heute gibt, waren damals noch nicht vorhanden.) Es gab da vor allem auch eine umfangreiche Sammlung von Laienspielen aller Art, und wie oft nahmen von dieser Stelle aus Planungen ihren Weg in die Öffentlichkeit.

Der erste Stock, ernst und würdig, enthielt alle Wissenschaften, die hier in langgestreckten Regalen enthalten waren. Es war das Reich der Studierenden und der Wissenschaftler, die hier alles fanden, was dem Studium und der Arbeit diente. Wie in den anderen Räumen auch hier Lesetische, die die Möglichkeit boten, sich in Ruhe – und Ruhe herrschte vor allem in diesem Reich – mit einem Buch zu beschäftigen. Ging man dann den großen Raum weiter hindurch, kam man zum Antiquariat und konnte dort manches Buch zu einem erschwinglichen Preis finden, das man sich schon lange gewünscht oder nach dem man gesucht hatte.

Ein besonderer Raum enthielt das ›Heiligtum‹ des Hauses – ein kleines Museum. Es enthielt wertvolle Erinnerungen an Kant, seine Büste, Totenmaske und Erstausgaben seiner Werke – von denen manche auf dem Titelblatt den Namen eines der Vorläufer der Buchhandlung enthielten – und die größte bestehende Sammlung von Kantbildnissen. Daneben dann eine Fülle von Dokumenten und anderen Dingen, die zur Geschichte des Hauses gehörten. (Es ist schmerzlich, hier anfügen zu müssen, daß nichts von diesen Schätzen gerettet werden konnte.)

Der zweite Stock enthielt die umfangreiche Leihbücherei und wieder die Gelegenheit, sich an bequemen Lesetischen mit dem Inhalt des gewählten oder gewünschten Buches vertraut zu machen. Die weiteren Stockwerke – insgesamt waren es vier – enthielten die Verwaltungsräume, die Reise- und Versandabteilung und den Verlag, über den noch an anderer Stelle zu berichten wäre.

Eine Welt für sich war die Lehrmittelabteilung, die im Untergeschoß des Hauses zu finden war. Schulen und Lehranstalten ganz Ostpreußens und darüber hinaus wurden von dort aus mit allem versorgt, was eine Schule an Lehrmitteln und Schulausrüstungsgegenständen brauchte. Da gab es Apparate für Physik und Chemie, Anschauungsbilder, Präparate, Landkarten, aber auch Schulbänke und Wandtafeln und Sportgegenstände jeder Art. Oft kam es vor, daß neuerbaute Schulen völlig von hier aus eingerichtet werden konnten.

›Das Haus der Bücher‹ war die größte Buchhandlung Europas. Der Bestand an Büchern betrug über 250 000 Bände, die, in Regalen untergebracht, aneinandergereiht eine Länge von über 7000 m einnahmen. Die Zahl der Einzeltitel schwankte zwischen 40 000 und 50 000.

Für den Nachwuchs im Buchhandel war das Haus der Bücher so eine Art Hochschule. Aus allen Teilen Deutschlands kamen junge

Buchhändler und Buchhändlerinnen, die hier eine buchhändlerische Organisation kennenlernten, die im ganzen übrigen deutschen Buchhandel ohne Beispiel war. (Auch hier noch einmal eine Zahl: Bis zum Beginn des Krieges waren 165 Mitarbeiter beschäftigt.)

Es gab kaum einen prominenten Besucher Königsbergs, der es versäumte, dem Haus am Paradeplatz einen Besuch zu machen. Das ›Gästebuch‹ enthielt eine Fülle von Namen berühmter Persönlichkeiten, die sich hier eintrugen und oft ihrer Begeisterung Ausdruck gaben. Eines Tages kam auch der vor Jahren berühmte Photograph Munkacsi, um für die ›Berliner Illustrierte‹ eine Bildreportage über Königsberg zu machen. Seine Begeisterung über das, was er im Haus der Bücher sah, war so groß, daß bei der später erschienenen Reportage über Königsberg, die zwei Seiten umfaßte, allein eine Seite seinem Besuch bei Gräfe und Unzer gewidmet war.

Wie konnte es dazu kommen, daß eine Buchhandlung im äußersten Osten Deutschlands zu dieser Vormachtsstellung kam und daß sie die Mittel besaß, wertvolle und vorwärtstreibende Kulturarbeit im deutschen Osten leisten zu können? Was der Begründer der Buchhandlung im Jahre 1722, ausgedrückt in der biederen Sprache seiner Zeit, anstrebte, ›eine Vorratskammer der nützlichsten und brauchbarsten Bücher‹ zu schaffen, haben die Nachfolger verwirklicht: einen Brennpunkt geistigen Lebens im deutschen Osten und darüber hinaus eine Sehenswürdigkeit der Pregelstadt.

[...]

Hier dürfte es angebracht sein, einen kurzen geschichtlichen Rückblick zur Chronik des Hauses zu geben.

Als die Buchhandlung gegründet wurde, 1722, schuf Peter der Große aus Rußland eine europäische Großmacht; die Länder der Ostsee waren verwirrt durch die Kämpfe des Nordischen Krieges; noch nicht ein Jahrzehnt war es her, daß Preußen als Königreich anerkannt worden war, und in Berlin wuchs Friedrich der Große unter der harten Hand seines Vaters seiner Zukunft entgegen. In eine Zeit also voll drängender weittragender Ereignisse fiel die Geburtsstunde der Buchhandlung. Deren Gründer, Eckardt, wußte, worum es ging, eine große Lagerbuchhandlung zu führen, die jedes dringend gebrauchte Buch sofort zur Hand hatte. Das blieb bis in die Gegenwart hinein, wenn auch die Überwindung der räumlichen Entfernung von den Verlagszentren schneller vor sich ging. Die Ungeduld des Bücherkäufers war die gleiche geblieben wie vor über zweihundert Jahren.

Schon zur Zeit der Gründung der Buchhandlung war sie immer in engster Verbindung zur Universität gestanden. Bereits der erste Laden befand sich ›gegenüber der Universität‹ im Kneiphof an der Schmiedebrücke. Und so blieb es durch die Jahrhunderte. Wenn die Universität umzog, folgte ihr die Buchhandlung immer nach. Sie blieb stets und bis zum Ende immer ›gegenüber der Universität‹. Sie sah darin einen Teil ihrer Aufgabe begründet und kannte die daraus kommenden Verpflichtungen.

Auf Eckardt folgte Hartung, der vor allem als Verleger bedeutend war. Als dieser im Jahre 1756 auf einer Reise zur Messe in Leipzig starb, brach für die Buchhandlung eine Zeit jener schicksalhaften Schwankungen und Rückschläge herein, die keinem Unternehmen erspart blieben. Das Geschäft ging von einer Hand in die andere, bis in einem grandiosen Zwischenspiel der geniale Johann Jakob Kanter meteorhaft aufleuchtete. Hier sei erwähnt, daß die heute 241 Jahre bestehende Verlags- und Sortimentsbuchhandlung in dieser langen Zeit nur einmal vom Vater auf den Sohn überging.

Kanter hatte das Glück, in eine große Zeit gestellt zu sein. Der Ablauf seines Lebens dehnte sich fast genau über die Regierungszeit Friedrichs des Großen aus. Diese Zeit brachte für Königsberg die schönste Blüte ostpreußischen Geisteslebens. Kants Name stand hoch am Firmament. Aber es waren noch da: Herder, Hamann, Hippel, der Musiker Reichardt und andere. Und zwischen diesen stand der Buchhändler Kanter als ein Mittelpunkt. Er erwarb das ehemalige Löbenichtsche Rathaus und richtete dort seinen Buchladen ein. Er verstand es, diesen Laden zu einem zentralen Punkt im Geistesleben Königsbergs zu machen. Die Schriftsteller und Gelehrten gingen hier aus und ein. Kanter ließ seinen Laden mit den Gemälden der berühmten Gelehrten seiner Zeit ausschmücken, darunter auch mit dem Jugendbildnis Kants, das dann als einziges auf die Nachwelt gekommen und noch heute im Besitz der Firma ist. Kanter pflegte besonders den Umgang mit den Gelehrten. Kant wohnte einige Jahre in seinem Haus, Hamann war oft sein Gast, und sogar Herder versuchte hier den Buchhandel zu erlernen. Ihm ebnete Kanter den Weg in das literarische Leben, indem er ihn aus der Verborgenheit holte und ihm die Spalten der ›Gelehrten Zeitung‹ öffnete.

Aber noch war Kanter nicht zufrieden. Er wollte ›zu mehrerem Ansehen‹, zum Kommerzienrat ernannt werden. Also richtete er ein entsprechendes Gesuch an Friedrich d. Gr. Der schlug die Bitte des Königsberger Buchhändlers mit einer seiner berühmten Randbemerkungen auf einem Extrakt des Gesuches ab: ›Buchhandeler ist ein honetter Titel‹.

Da Kanter in seinen geschäftlichen Zielen kein Maß mehr kannte, kam, was kommen mußte, er geriet in geschäftliche Schwierigkeiten. Sein Laden kam in die Hände von Gottlieb Leberecht Hartung, der wieder eine feste Grundlage gab. Dieser Hartung war der größte Verleger, den Königsberg im 18. Jahrhundert gehabt hat. Nach seinem Tode wurde der Buchladen vom Verlags- und Druckereibetrieb getrennt und kam in die Hände von zwei Mitarbeitern, die schon jahrelang mit Hartung gemeinsam arbeiteten: Göbbels und Unzer. Zehn Jahre später war A. W. Unzer Alleininhaber der Buchhandlung. Mit überlegener Ruhe festigte er den Ruf des Hauses. Seine älteste Tochter heiratete den Buchhändler Heinrich Gräfe aus Hamburg und dieser sowie der Sohn Unzers führten dann gemeinsam vom 1. Januar 1832 die Buchhandlung weiter, und seit diesem Zeitpunkt trägt die Firma den Namen, der in unsere Zeit übergekommen ist und Weltruf erlangt hat.

Mit besonderer Hingabe widmete sich die Buchhandlung der Ostpreußen-Literatur. Hier war alles zu finden, was in Vergangenheit und Gegenwart irgendwie mit der Heimat zu tun hatte. Vor allem in den Jahren nach dem Ersten Weltkrieg sah dann der Verlag seine große Aufgabe darin, durch ostpreußische Heimatbücher für die Heimat zu wirken. Schöpfer, Förderer und Verbreiter heimatlich gebundener Literatur war keineswegs mehr eine private, sondern eine wichtige Kulturangelegenheit des ganzen deutschen Ostens geworden. Dieser Auffassung verdanken zahlreiche Werke ihr Erscheinen auf dem deutschen Buchmarkt. Auf Anregung des Verlags erschienen wesentliche Bücher, die sich mit den einzelnen ostpreußischen Landschaften und ihrer Geschichte befaßten. Als Beispiel darf hier auf die Reihe ›Ostpreußische Landeskunde in Einzeldarstellungen‹ hingewiesen werden.

Hier wurden in erschöpfender Form die besonderen geographischen und geschichtlichen Grundlagen der Heimat behandelt. Bekannte ostpreußische Dichter vertrauten dem Verlag ihre Werke an, und mancher junge, unbekannte ostpreußische Autor fand hier zum ersten Male den Weg in die Öffentlichkeit.

Die enge Verbundenheit des Hauses mit der Albertus-Universität dokumentierte sich auch in den zahlreichen Schriftenreihen der Albertina, die der Verlag veröffentlichen konnte.

Kulturelles Leben ist stets zum Teil, nie allein, von wirtschaftlichem Gedeihen bedingt. Das gilt sowohl für die Gesamtheit wie für den einzelnen. Geschäftlicher Sinn und kaufmännische Tüchtigkeit neben einem Idealismus, der den richtigen Buchhändler aller Zeiten auszeichnet, waren erforderlich, um das Haus der Bücher auf die Höhe zu führen, die es bis zum Ende von Königsberg innehatte.

Zum Schluß möchte noch die folgende kleine wahre Geschichte als Beweis dafür dienen, wie eng die Verbundenheit der Ostpreußen mit ihrer Buchhandlung war. Sie ist nicht erfunden, sondern passierte tatsächlich, und selbst wenn das nicht der Fall gewesen wäre, ist sie so hübsch, daß sie hier noch einmal festgehalten zu werden verdient. In dem bekannten Berliner Weltblatt, der ›B.Z. am Mittag‹ vom 21. 9. 1932, stand unter der Überschrift ›Der Buchkauf‹ das Folgende:

›In die bekannte Königsberger Buchhandlung von Gräfe und Unzer, in der schon Immanuel Kant seinen Lesebedarf deckte, verirrt sich ein altersgebeugtes Mütterchen vom Lande. Unmöglich, die Zahl ihrer Jahre festzulegen, ihre Haut ist von pergamentener Färbung, ein großes Chenilletuch, wie es die Bauersfrauen hierzulande tragen, deckt ihr spärliches Weißhaar, und die weichen, welken, runzeligen Hände sprechen von langen Zeiten harter Arbeit.

Der flinke Verkäufer müht sich sorgsam um den seltenen und seltsamen Gast.

›Sie wünschen, bitte?‹

›Ich mecht es graues Buchche.‹ (Buch).

›Wie lautet denn der Titel?‹ forscht der Diensthabende.

›Däm waiß ich nich.‹

›Vielleicht kennen Sie den Verfasser?‹ forscht er weiter.

›Däm känn ich nich.‹

›Oder vielleicht erinnern Sie sich des Verlages, in dem das Buch erschienen sein mag?‹ versucht der Verkäufer ihren Wünschen auf die Spur zu kommen. Sie schüttelt mehrmals verneinend den Kopf, blickt ihn aus unendlich lieben Kinderaugen vertrauensselig an und ermuntert ihn dann mit den Worten: ›Suchen Se man alle Ihre grauen Buchchens vor, wo Se hier im Laden haben, dänn werd' ich schon mains rausfinden.‹«

An Königsberg

WALTER SCHEFFLER

Seltsame Liebe zu dämmernden Gassen –:
steinerne Stadt mit dem Herzen der Welt,
daß es sie möchte wie Mutter umfassen,
der es mit Banden des Blutes gesellt.

Wer kann ermessen, wie viel ihm gegeben
Wege und Wände, die lang er gewohnt ? –
Engten auch Wege und Wände sein Leben,
ward's ihm mit Kräften der Liebe gelohn.

Tausendmal bin ich die Straßen gegangen,
alltagsgeblendet und trottendes Tier. –
Aber da nahm mich die Ferne gefangen,
und dort erwacht meine Heimat in mir:

Stadt, meine Stadt mit den steigenden Straßen,
wasserdurchflutet und seewindumsungen –
Hafengetöse und Schloßturmliedblasen
haben von Kind auf mein Werden umklungen.

Blutgericht

WALTER SCHEFFLER

Ein schläfernd Herbstgrau hielt den Tag umsponnen;
kühl überm Pregel spukten Nebelschwaden.
Da hat der alte Schloßgeist uns geladen
zu seinem wohlgerühmten Freudebronnen.

Im stillen Hofe sitzt er grau, versonnen,
schief seiner Höhle Tür und Fensterladen.
Tritt mutig ein und lasse dich begnaden –:
weinduftumwoben locken Riesentonnen!

Schaurig Gewölbe, drohend einst den Sündern
mit Pein und Marter – – Aber heute bluten
nur Pullen hier für Böse und Gerechte.

Manch Kater Murr ward hier gezeugt und rächte
nach sel'gem Rausch ein Allzuviel des Guten –
oft auch bei Königsberger Weisheitskündern.

Der Widerstand

MAX SOMMERFELD UND WILHELM MATULL

Die ohnehin schon angefachten politischen Leidenschaften erfuhren während des Jahres 1932 eine besondere Verschärfung durch die rasch aufeinanderfolgenden Wahlgänge: zwei Reichstagswahlen, eine Landtagswahl und zwei Wahlakte bei der Wahl des Reichspräsidenten. Aussichtsreiche Kandidaten der SPD in Ostpreußen waren der Preußische Ministerpräsident Otto Braun († 1955), der ostpreußische Parteivorsitzende Friedrich Larssen (später als Landesarbeitsgerichtsdirektor i. R. in West-Berlin lebend), der Landarbeitersekretär Carl Jäcker, der Landrat Werner Lufft, sowie der Schulrat Arthur Mertins (nach 1949 MdB). Die Versammlungen, namentlich auf dem Lande, mußten bereits geschützt werden, häufig ereigneten sich Zwischenfälle, die in Saalschlachten ausarteten und Verletzte forderten.

Zu einer explosionsartigen Entladung der gespannten politischen Stimmung kam es in Ostpreußen, als Kräfte der SA vorgriffen und in der Nacht vom 31. Juli zum 1. August 1932 in Königsberg mit Attentaten und Brandstiftungen Hitler zur Aktion drängen wollten. Der Polizeibericht meldete Mordanschläge, Brandstiftungen an Tankstellen, einen Bombenanschlag auf das Otto-Braun-Haus, Einbruchsversuche in die Waffenhandlung Anhuth sowie mutwillige, aber systematische Alarmierungen der Feuerwehr.

Diesen nächtlichen Gewalttaten fielen in Königsberg zum Opfer: der Stadtverordnete Sauff, der in seiner Ponarther Wohnung durch Pistolenschüsse ermordet wurde; der Konsum-Lagerverwalter Zirpiens, der schwer verletzt wurde; der Chefredakteur der ›Königsberger Volkszeitung‹, Otto Wyrgatsch, der in seiner Wohnung durch einen Oberschenkelschuß verwundet wurde. Regierungspräsident von Bahrfeld, welcher der Deutschen Volkspartei angehörte, erlitt zwei Schußverletzungen. Attentatsversuche auf M. d. R. Schütz und Syndikus Sawatzki vom Zentralverband deutscher Staatsbürger jüdischen Glaubens schlugen fehl.

Die blutige Spur der Mordbrenner war während der nächsten Tage in der Provinz zu verfolgen. Am 3. August wurde der Gemeindevorsteher Gallowski in Norgau nachts überfallen und durch einen Kopfschuß verletzt. In Tilsit wurden Schüsse auf den Reichsbannerführer Raschkowski abgegeben, die aber fehlgingen. Hingegen wurde am späten Abend des 6. August in Lötzen der Reichsbannerführer Kurt Kotzahn ermordet. Ungeheure Erregung bemächtigte sich der Öffentlichkeit, und Zeitungsberichte ›im Reich‹ trugen die traurige Überschrift ›Vom Bürgerkriegsschauplatz Ostpreußen‹.

Erschöpft von zahlreichen Wahlkämpfen, aber auch bereits infolge des lawinenartigen Anwachsens der extremen Gruppen und des Zerfalls der bürgerlichen Mitte, von Resignation bedroht, nahm das verhängnisvolle Jahr 1933 seinen Anfang. Die Arbeitslosigkeit war ins Ungemessene gestiegen, leerte die Kassen der Gewerkschaften und bedrohte ihre Schlagkraft. Dennoch verdient festgehalten zu werden, daß die Nationalsozialisten in Königsberg noch keineswegs die Mehrheit gewonnen hatten.

Als der 30. Januar 1933 die Ernennung Hitlers zum Reichskanzler durch den Reichspräsidenten von Hindenburg brachte, hatte die Weimarer Republik ihre letzte Schlacht verloren. Zwar schlug sich die Arbeiterbewegung bei den Wahlen zur Königsberger Stadtverordnetenversammlung im Februar noch mannhaft, doch konnte das den Lauf der Dinge nicht mehr aufhalten. Am 25. Februar wurde die ›Königsberger Volkszeitung‹ verboten. Ihre letzten Ausgaben vom Juli 1932 bis zum Februar 1933 befinden sich als einzige ihrer Gattung im ›Staatlichen Archivlager‹ zu Göttingen.

Wenigstens seien die Namen der SPD-Kandidaten zur Stadtverordnetenwahl in Königsberg genannt, weil schon großer Mut dazu gehörte, sich angesichts des Siegesrausches und des physischen Terrors der Nationalsozialisten überhaupt noch aufstellen zu lassen. Es waren dies: Alfred Gottschalk, Marie Hartung, Johannes Stetter, Fritz Legatis, Otto Grams, Franz Scharkowski, Anastasius Grunwald, Franz Donalies, Ernst Lauschke, Arthur Lorenz, Gertrud Rockel, Hans Habakuk, Fritz Polenz, Franz Hackelberg, Otto Wyrgatsch, Ferdinand Lippert, Walter Block, Otto Aßmann, Albert Rogall, Gustav Hein, Olga Feustel, Richard Pahlke, Ernst Bussmann, Albert Drews und Fritz Alex.

Der Ausbruch des Zweiten Weltkrieges zerriß alle Fäden des Zusammenhalts und Widerstandes durch Einberufungen zum Wehrdienst oder in Rüstungsbetriebe, aber auch durch Verhaftungen. Zu den bisher gebrachten Opfern trat der Tod von Freunden im Krieg; unter ihnen Böhm, Gallinat, Hein, Kerwien, Horst Oltersdorf u. a. Andere verdiente Mitarbeiter der Arbeiterbewegung hatten in diesen Jahren ihre Augen für immer geschlossen, so die Parteisekretäre Max Wardien und Wilhelm Reske. Besonders schmerzlich war das Ableben von Erwin Feustel, des namhaften Dirigenten von ›Volkschor‹ und ›Typographia‹.

Während des Zweiten Weltkrieges trat eine Reihe besonders schmerzlicher Verluste in den Reihen der ostpreußischen Arbeiterbewegung ein. Am 5. April 1941 verstarb im Gefängnis Stuhm der bedeutende Maler und Porträtist Emil Stumpp, der denunziert worden war, er habe französischen Kriegsgefangenen Brot zugesteckt.

Am 2. September 1942 verstarb im Alter von nahezu 80 Jahren im Krankenhaus der Barmherzigkeit zu Königsberg der Arzt Alfred Gottschalk kurz vor seiner Verschleppung nach Theresienstadt. Über ein halbes Jahrhundert war dieser von hohem Idealismus und edler Humanität beseelte Mann politisch, zuletzt als Vorsitzender der SPD, in Königsberg tätig gewesen. Am 10. Februar 1942 war er durch den Freitod seiner Nichte, der Ärztin Dr. Latte Gottschalk, die sich nicht nach Theresienstadt verschleppen lassen wollte, schwer erschüttert worden. Als er selbst nach Theresienstadt gebracht werden sollte, war er nicht mehr transportfähig. Bis zuletzt haben ihn Ferdinand Mertins und seine Tochter Hertha, der Arzt Dr. Kiewe und dessen Frau, ferner Otto Hesse und Max Sommerfeld umsorgt, soweit es noch möglich war.

Über die erschütternden Umstände seines Todes unterrichten Aufzeichnungen von Hertha Mertins: »Am 2. September wollten wir Alfred Gottschalk im Krankenhaus der Barmherzigkeit aufsuchen; zuerst Dr. Kiewe, dann dessen Frau und zuletzt ich. Nachdem Frau Kiewe und ich lange gewartet hatten, wollten wir nachschauen. Als wir in die Vorhalle traten, wurde eine Bahre zur Leichenhalle getragen; es war Dr. Kiewe, der auf der Treppe zusammengebrochen und am Herzschlag verstorben war. Fassungslos kehrten wir um. Spät abends brachte eine Krankenschwester die Mitteilung, daß auch Gottschalk verstorben sei. Am nächsten Morgen gingen dann Frau Kiewe und ich zum Krankenhaus. In der Halle lagen sie nun beide nebeneinander in Ruhe und Frieden. Stumm standen wir da und blickten in die vertrauten Gesichter, die trotz des schweren Erlebens nichts von ihrer Güte verloren hatten. Am 8. September erhielt ich vom Krematorium ein Schreiben, wonach die Asche von Alfred Gottschalk seinem Wunsche gemäß in der kleinen Urnenhalle eingestellt werden könne. Um 12 Uhr mittags habe ich die Urne von Alfred Gottschalk in das Fach 16 hineingestellt. Bei dieser Gelegenheit nahm Frau Kiewe die Urne von Frau Dr. Gottschalk heraus und stellte fest, daß die Eingravierung geändert worden war. Nun stand da ›Sarah Gottschalk, Krankenbesorgerin‹. Ach, wie war das alles schändlich; so tief waren wir gesunken!«

Unter den nach Theresienstadt verschleppten jüdischen Mitbürgern aus Königsberg befanden sich zahlreiche Ärzte und Rechtsanwälte. In Theresienstadt verstorben sind u. a. der bekannte Justizrat Lichtenstein, ein Schwager Hugo Haases, und am 10. Dezember 1942 die Stadträtin Martha Harpf. Als Gattin eines bekannten Musikalienhändlers, der sein Geschäft am Eingang zur Französischen Straße gegenüber dem Schloß hatte, war sie als Stadtverordnete, zeitweise auch als Provinziallandtagsabgeordnete, mit ihrem ›Bund für Mutterschutz‹ sowie ihrem ehrenamtlichen Tun im Jugendwohlfahrtswesen weithin bekannt gewesen.

Im Winter 1942 wurden auf Grund einer Denunziation zwei bekannte Königsberger Sozialdemokraten verhaftet: der Friseurmeister Walter Bludau aus der Krausallee und der Gewerkschaftssekretär Paul Kraschewski aus der Baczkostraße. Kraschewski, der im Ersten Weltkrieg nach der Skagerrak-Schlacht hoch dekoriert worden war, weil er ein schon aufgegebenes Torpedoboot in den Hafen zurückbrachte, hatte im Friseurladen von Judenmassakern in den besetzten Ostgebieten, die er gesehen, berichtet. Beide Männer wurden 1944 im Zuchthaus Brandenburg hingerichtet, nachdem sie monatelang mit Ketten gefesselt worden waren.

Der durch den 20. Juli 1944 ausgelösten Verhaftungswelle fiel im Konzentrationslager Ravensbrück die langjährige preußische Landtagsabgeordnete Annemarie Österreicher aus Königsberg, eine warmherzige und kultivierte Frau, im Alter von 70 Jahren zum Opfer. Auch Karl Polenz wurde bei dieser Gelegenheit verhaftet.

Das Ende nahte und riß noch einmal zahlreiche Mitkämpfer der ostpreußischen Arbeiterbewegung in den Tod. Bei einem Schiffsuntergang ertrank der langjährige Königsberger Parteisekretär Franz Donalies. Unter der Russenherrschaft sind umgekommen der letzte Gewerkschaftsvorsitzende Franz Scharkowski und der Königsberger Stadtrat, Preußische Staatsrat und zeitweilig auch Reichskommissar, Albert Borowski. Verhungert sind während der russischen Besatzungszeit in Königsberg der Prokurist Weitschat, der seit Jugendtagen demokratischen Idealen anhing, die Stadträtin Half, Frau Haetzel und manche andere.

So entsetzlich hat der Tod in einem einzigen Jahrzehnt unter der ostpreußischen Arbeiterbewegung Ernte gehalten. Männer und Frauen sind ins Grab gesunken, die ihr Leben hohen Idealen geweiht und für sie auch die letzten Opfer gebracht hatten. Sie alle hatten gehofft, noch die Morgenröte eines neuen demokratischen Aufbaus in Ostpreußen zu erleben. Gewiß ist der Widerstand der ostpreußischen Arbeiterbewegung gegenüber dem Nationalsozialismus unter anderen Überlegungen und Vorzeichen begonnen worden, als er sich nachher unter total veränderten Bedingungen realisieren ließ. Selbst diejenigen, die den Unterschied zu früheren Unterdrückungsperioden bald erkannten, hatten sich ein solches Ausmaß an Gewalt und Terror, das jede politische Alternative nahezu unmöglich machte, nicht vorstellen können. Sie mußten es leidvoll erleben. Wenigstens bleibt den Männern und Frauen der ostpreußischen Widerstandsbewegung der Ruhm – und er gilt auch für Menschen aus dem konservativen, liberalen und religiösen Bereich –, die Ideale der Freiheit, Demokratie und Menschenwürde auch während der finsteren Entartungen hochgehalten zu haben und durch ihr Wirken, durch ihre Aufklärung zahlreiche Menschen vor der Korrumpierung durch den Zeitgeist bewahrt zu haben. Vielleicht wird eine spätere Geschichtsschreibung ihr Tun unter die lichten Punkte deutscher Geschichte einreihen.

Der Gespensterzug

GERTRUD PAPENDICK

Es war um die Zeit, wenn die hellen Nächte beginnen, gegen Ende Mai oder Anfang Juni 1941, wir saßen auf der Terrasse an diesem warmen Abend und hatten sogar zu trinken. Ich kann nicht mehr genau sagen, was es war, ein deutscher Wein vermutlich und bestimmt ein sehr kostbares Gewächs; man lobte nur und fragte nicht und zerbrach sich auch nicht den Kopf darüber, wie es wohl möglich sein mochte, so etwas zu beschaffen oder zu besitzen in einer Zeit, da es mit den echten Stoffen allgemein vorbei war.

Wir waren sechs oder sieben miteinander, ja ich als einzelne war der Siebente bei dieser unzeitgemäßen Geburtstagsfeier im engsten Kreise, und es wurde sozusagen ein heiterer Abend. Dennoch war die Stimmung gehalten und gleichsam undurchsichtig, und die Stimmen blieben gedämpft, als getraute sich keiner, laut zu reden, weil etwa jemand, im Busch verborgen, es hören könnte, oder als fürchtete jeder, nach dem zweiten oder dritten Glas seiner Zunge nicht mehr Herr zu sein.

Denn damals wagte niemand mehr zu sagen, was er dachte oder fürchtete oder wußte. Es war, als könnte man der Luft nicht trauen, nicht der Nacht und nicht der Erde und um wieviel weniger irgend einem menschlichen Wesen.

Es kam nun noch dazu, daß wir draußen sitzen geblieben waren, wo man kein Licht brennen durfte. Doch niemand hatte Lust gehabt, diesen sommerlichen Abend in einem geschlossenen Zimmer und bei verhängten Fenstern zu verbringen. So war es mit der Zeit doch dunkel um uns geworden, denn der Himmel war bedeckt, und nur, weil man wußte, wer da zur Seite oder gegenüber saß, konnte man ungefähr die Gesichter unterscheiden. Dann und wann glomm verstohlen eine Zigarette auf.

Der Garten schloß gegen Sicht von der Straße her durch eine dichte Hecke ab, und die Kronen der Bäume, die schweigend und finster um den Rasenplatz und die Wege standen, verbargen die Weite des Himmels. Es ging kein Wind, und die Luft war schwer, so als trüge der Friede des Abends eine geheimnisvolle Gewalt in sich, die sich sammelte und wuchs und nach Entladung drängte.

»Ungewöhnlich warm heute abend«, sagte jemand in der Runde.

»Ja, richtig schwül, vielleicht wird es ein Gewitter geben.«

Da sagte von drüben eine Männerstimme in einem schonungslos rauhen Ton: »Ganz bestimmt wird es ein Gewitter geben. Und das bald!«

Sie sahen einander alle an, nein, sie sahen ins Dunkel und schwiegen.

Dann begann eine der Frauen: »Was meinst du denn damit, Fritz? Meinst du die Lage?«

»Natürlich. Ich meine die allgemeine und besondere Wetterlage. Es grollt in der Nähe.«

»Ich höre aber nichts.«

»Nein, du hörst nichts. Du darfst auch gar nichts hören. Nichts hören und nichts sehen. Niemand darf es. Es ist verboten. Und es ist lebensgefährlich, es doch zu tun.«

Jemand räusperte sich, es war nicht zu sagen, ob in Abwehr oder zur Bestätigung.

»Ich weiß, was ihr denkt«, begann die Frau von neuem und nun mit unterdrückter Heftigkeit.

»Ihr sitzt da und sagt nichts oder ergeht euch in finsteren Andeutungen. Was erreicht ihr damit? Nichts als Unheil. Ihr sollt uns nicht in Angst versetzen und uns den Abend verderben. Es ist ja nicht wahr, es kann ja gar nicht sein. Warum sollen wir uns denn hier auf einmal bedroht fühlen? Wir haben doch den Pakt mit Rußland.«

Darauf sagte niemand mehr etwas in dieser Sache.

Es war spät, als das merkwürdige Fest ein Ende hatte, Mitternacht war vorbei. Man ging zögernd auseinander, als hätte diese nächtliche Gemeinschaft zum letzten Mal eine Sicherheit gegeben, die von Rechts wegen schon aus der Welt verschwunden war.

Ich blieb als letzte zu einem letzten Glas, weil eine noch spätere einsame Straßenbahn die einzige Verbindung zu meiner weitentlegenen Wohnung war.

Als es Zeit war, brachte mich der Hausherr zur Gartentür. »Hoffentlich kommst du ohne Hindernis nach Haus«, sagte er ruhig. Es war der Mann, der vorhin gesprochen hatte.

An der Haltestelle standen ein paar einsame nächtliche Wartende. Es brannte ja keine Laterne, die Nacht unter dem verschlossenen Himmel war von einer fahlen, gespenstischen Halbdunkelheit. Die Gegenstände, Haus und Baum, Zaun und Pfahl, der Schienenstrang und die schweigsamen Menschen ließen sich nach kurzem einwandfrei ausmachen, aber sie hatten weder Form noch Farbe.

Ich weiß nicht, wie lange ich dort stand, die anderen neben mir. Schließlich sagte einer: »Ich warte nun schon eine halbe Stunde. Es ist seitdem keine Bahn mehr aus der Stadt herausgekommen.«

Der leere Schienenstrang lief nach beiden Seiten ins Nichts. Es nützte nichts, ihm mit dem Blick zu folgen, um ein Gefährt heranzuholen.

Ich sah nach der Uhr, es war nach eins.

Dann kam einer des Weges von der Stadt her; als er heran war, sah man die Uniform. Im Vorbeigehen verhielt der Soldat ein wenig seinen Schritt und sagte mit einem Unterton von Schadenfreude: »Hier können Sie noch lange warten.«

Alle Gesichter wandten sich ihm zu.

»Es kommt keine Bahn aus der Stadt mehr heraus, die Strecke ist gesperrt.«

»Warum denn? Ist was passiert?«

Aber der Soldat gab keine Antwort, er war schon vorüber und außer Sicht wie ein eilender Bote auf nächtlicher Bühne, dessen Rolle genau zwei Sätze umfaßt.

Die kleine Gruppe löste sich auf, und ich befand mich bereits auf dem Wege. Es würde rund eine Stunde dauern, bis ich zu Hause war, und so, wie es nun einmal war, gab es nichts, als möglichst ohne Umschweife hinzugelangen.

Es ging durch lange Alleen, an den Zäunen entlang, deren Gärten die Häuser verborgen hielten. Ich hatte die anderen hinter mir gelassen, kein Mensch sonst schien mehr unterwegs zu sein. Die Bäume standen unbewegt, und kein Laut war in der Luft. Die trächtige Nacht war stumm, aber gerade diese vollkommene Stille in dieser Welt, die dem Chaos mehr und mehr ausgeliefert war, erregte das Gemüt mit einer namenlosen, beklemmenden Furcht. Ich kam näher und näher der Stadt zu auf einem Wege, den ich oft gegangen war. Er erschien mir in dieser Nacht fremd und seltsam fragwürdig, als würde er, ohne daß ich dessen recht gewahr würde, in eine Zone der Verwirrung führen.

Ich hielt, unentwegt vorwärts gehend, einen Appell an meine Vernunft und machte mir klar, daß das, was ich empfand, nur wieder von jenem Druck herrührte, unter dem man nun schon lange lebte, so lange schon, daß es kaum vorstellbar war, wie es einst ohne ihn gewesen sein mochte.

Es ist die Nacht, sagte ich mir. Die Nacht betrügt jeden, der auf sie hört.

Indessen war ich bis nahe zu einer Stelle gekommen, an der eine große Straße meinen Weg kreuzen mußte.

Als ich den Kreuzungspunkt erreicht hatte, schien es mir, daß auf jener Straße, von rechts her kommend, sich etwas ständig und unaufhaltsam fortbewegte. Ein ungeheurer Lindwurm, so war es, kroch auf vorgezogener Bahn geräuschlos dahin. Als ich den Straßenrand erreicht hatte, sah ich, daß der Kopf oder die Spitze dieses Mahrs schon weit voraus sein mußte, und aus dem tiefer gelegenen Grund der Straße quoll sein grauer, schattenhafter Leib unablässig herauf, heran und vorüber.

In der sonst so hellhörigen Nacht waren wie unter einem Zauber alle Laute versenkt und untergegangen, oder es schien mir nur so, daß ich nichts hörte, wie es unter dem Spruch eines übermächtigen Willens geschehen kann. Ich hörte nicht die unentwegten Marschtritte, Glied um Glied, Zug um Zug, Kolonne hinter Kolonne, nicht das Räderrollen der Lafetten, der Panzer, der Trainwagen, dieser ganzen endlosen Kette von Fahrzeugen, die wie die Rückenwirbel des dahinkriechenden Ungeheuers waren, nicht das Klirren der Kinnketten, nicht das Schlagen der Pferdehufe auf dem Steingrund der Straße.

Neben mir standen andere Nachtwanderer am Straßenrand, unbeweglich wie ich, von der Erscheinung in Bann geschlagen wie lauter verirrte Toren, die sich allzu weit vorgewagt hatten. Wir standen, und keiner sagte ein Wort, als wären wir über die Grenze dessen gekommen, das uns zu sehen und zu wissen erlaubt war. Nun waren wir verurteilt, auf der Stelle zu verharren mit schreckgeweiteten Augen und der letzten Täuschung beraubt.

Der Zug rollte immerfort dahin und an uns vorüber. Mit der Zeit war es möglich, die schattenhaften Gestalten darin, zu Fuß, zu Fahrzeug und zu Pferd – nicht zu erkennen, aber doch zu erahnen und zu wissen, daß es Menschen waren, Tausende, Unzählbare, mit Stummheit geschlagen wie wir, die in diesem großen nächtlichen Geheimnis unterwegs waren.

Die halbe Dunkelheit des Frühsommers war wie ein Schleier über den Dingen.

Jetzt geschah es, daß dort oben, wie von einem aufkommenden Mond angerührt, die Wolkendecke sich auf Augenblicke auseinanderschob und einen unsicheren, halbfertigen Mond freigab, dann fiel ein flüchtiges Licht auf zwei oder drei Glieder des nächtlichen Heerzuges und machte unter den Stahlhelmen lauter junge, unbewegliche, steinernste Gesichter deutlich, die sofort wieder im Dunkel erloschen.

Von Zeit zu Zeit hob sich auf dem abrollenden stählernen Band ein weißer Fleck heraus wie ein gespenstisches Mal – dann war es, daß in der Reihe der Pferde im ersten Glied ein Schimmel vorbeizog, er leuchtete wie aus eigenem Licht, das doch nur ihm selber gehörte, denn der Reiter im Sattel blieb geisterhaft getarnt und unsichtbar.

Die Zeit stand still oder verrann, man wußte es nicht, wann würde ein Ende sein – wie viele waren es – Tausende, Tausende und immer noch mehr, die da geheim und lautlos nordostwärts zogen, der Grenze zu, und weiter. Wohin? In ein neues Feindesland!

Ich hörte die Stimme aus dem nächtlichen Garten wieder: »Das Wetter kommt bald …«

Sie waren auf dem Weg, und nichts mehr konnte sie aufhalten, kein Wort, kein Gedanke und kein Gebet. Es ging in einen ungeheuren und uferlos fremden Raum, in das Land, das ohne Maß und Ende war, das Land ohne Gnade und ohne Wiederkehr. Wer in dieses Land eindrang, mußte jede Hoffnung fahrenlassen.

Dieser schweigende nächtliche Heerwurm war ausgesandt, den sagenhaften Moloch zu ergründen, zu überrennen und zu erlegen und würde von ihm verschlungen werden.

Wir standen am Straßenrand, die stummen, geschlagenen Zuschauer, und ich wußte es, und vielleicht wußten die anderen es auch. Über dem gespenstischen Zug, der immer und immer noch vorüberquoll, war die Sprache dieser tödlichen Sommernacht, und wer sie vernahm, dem ließ sie das Blut in den Adern erstarren.

Denn was hier geschah, das hieß Untergang. Heute Nacht hatte er begonnen. Mit diesem Truppenmarsch nach Osten nahm das Verderben seinen Lauf.

Ich löste mich endlich vom Straßenrand und ging meines Weges weiter, in Gegenrichtung an dem Heerzug entlang. Ich ging und ging und erreichte sein Ende nicht. In dieser Nacht, so schien es mir, offenbarte sich in einem spukhaften Bild schon alles voraus, was fortan geschehen würde.

Es mochten zwanzigtausend oder dreißigtausend – oder fünfzigtausend sein, ich vermochte nicht, sie zu schätzen. Nein, es war der Todeszug von Millionen … Von allen, die auf dem Wege waren – wer würde wiederkommen …?

Zeugnis vom Untergang Königsbergs

MICHAEL WIECK

Die große Politik und der Krieg behielten für mich etwas Unbegreifliches. Etwas, dem man machtlos ausgeliefert war wie dem Wetter. Mit seltsamer Erregung verfolgte ich den Vormarsch in Rußland, und jede neu eroberte Stadt markierte ich mit bunten Stecknadeln auf einer Landkarte, die in meinem Zimmer an der Wand hing. Warum tat ich das?

In jenen Tagen besuchte mein Halbbruder Peter seinen (meinen) Vater; Peter war Nazi und hochdekorierter Offizier, der den Polen-, Frankreich- und Rußlandfeldzug an vorderster Front im Panzerwagen mitgemacht hatte. Verständlicherweise bestand große Spannung zwischen Vater und Peter, und wir wußten nicht, wie er auf Mutter und mich reagieren würde. Er war dann auch uns gegenüber stolz und sehr kühl und lehnte jede Gefälligkeit ab. Während er mit Vater im Wohnzimmer sprach, hing seine Offiziersmütze im Korridor neben einem Spiegel. Mutter war in der Küche. Leise und vorsichtig nahm ich die Mütze, setzte sie mir auf und schaute lange in den Spiegel. Was ging wohl in mir vor? Ich kann es heute nicht mehr sagen, nur eines ist gewiß: Ohne Neigung zur gleichen Eitelkeit, mit der so viele junge Männer Uniformen und Tapferkeitsabzeichen trugen, hätte ich die Mütze nicht aufgesetzt. So verschieden waren wir wohl doch nicht, wie es Eisernes Kreuz und Judenstern glauben machen sollen.

Vater brauchte einige Tage, bis er schockierende Einzelheiten aus den Berichten seines Sohnes wiedererzählte. Mein besonderes Erschauern erregte die Erwähnung, daß sie – wer waren sie? doch nicht etwa Peter? – einen mit hohen Auszeichnungen dekorierten Russen mit Benzin übergossen und angezündet hätten. Peter wurde vor Moskau verwundet und überlebte sicher deshalb den Krieg, weil er nur noch als Ausbilder eingesetzt werden konnte. Nach dem Zusammenbruch besann er sich seiner schwedischen Verwandten und entzog sich dem Anblick des von ihm mitverursachten Scherbenhaufens.

Dann erscholl jener Klageschrei unserer Nachbarin. Er hallte durch Tür und Wände und disharmonierte in krassester Weise mit Siegesfreuden und ›Deutschland erwache‹-Gesängen. Das Telegramm mit der

Nachricht vom Heldentod ihres Sohnes Helmut zerschmetterte die Eltern. Eine russische Schlachtfliegerbombe beendete sein junges Leben. Helmut war die große Hoffnung der kleinbürgerlichen Familie Norra gewesen. Er hatte ein hervorragendes Abitur gemacht und war auf dem Weg, alle ihnen bekannten Vorfahren auf der sozialen Stufenleiter zu überholen. Ihr ganzer Stolz war Helmut, nicht Klaus oder Lilo. Für Norras war der Traum vom Großdeutschen Reich kein Thema mehr. Immer wieder klagten sie ihr Leid und waren untröstlich.

Als Fausthieb für uns kam der Befehl – nicht einmal mehr überraschend –, einen gelben Judenstern zu tragen. So wurde der zweite Jahrestag des Kriegsbeginns ein Datum mit Wendepunktcharakter. Konnte man bis dahin noch glauben, daß alle Maßnahmen gegen Juden auf berufliche, finanzielle, rechtliche und soziale Einschränkungen abzielten, so wurde ab jetzt unzweifelhaft klar, daß man eine völlige Ausschaltung beabsichtigte. Erste Deportationen bestätigten diese Annahme, und mehr und mehr Ortsnamen wurden nun mit KZs in Verbindung gebracht. Am 23. 10. 41 verbot eine neue Verordnung jede weitere Auswanderung von Juden. Die Falle war zugeschnappt. Das Planen der ›Endlösung‹ (das war das seit einiger Zeit immer wieder benutzte Wort) konnte beginnen. Alle Juden wurden nun schon jahrelang als rassisch minderwertig und volksschädlich bezeichnet. Jegliche Schmach der deutschen Geschichte wurde ihnen angelastet. Wieder hatte man Sündenböcke, und an ihrer Verteufelung nahmen unzählige Menschen bedenkenlos teil, die sich der großen Tradition des deutschen Geisteslebens verbunden fühlten. Verteufelungen sind aber die Saat, aus der Böses wächst. […]

Als ich bei der jüdischen Gemeinde den faserigen gelben Stoff mit dem aufgedruckten Judenstern abholte und bezahlte, begann eine Zeit, in der es nun nicht mehr möglich war, so zu tun, als wenn man dazugehörte, oder anders gesagt, zeitweise zu vergessen, daß man nicht dazugehörte. Bisher gab es noch Momente, in denen Ruth und ich ein Boot mieteten und auf dem Schloßteich bei schönem Wetter eine unbeschwerte Stunde auf dem Wasser verbrachten. Wir ruderten unter überhängenden Weiden hindurch, an Enten und Schwänen vorbei, und niemand konnte wissen, daß es für uns verboten war. Ganz selten besuchte man mit einigem Herzklopfen ein Kino oder fuhr mit dem

Vorortzug an die See zum Baden. Jetzt aber mußte an jedem Oberbekleidungsstück ein gelber Stern angenäht und über dem Herzen offen getragen werden. Zuwiderhandlung konnte immer gleich Abtransport in irgendein KZ bedeuten.

Es kostete große Überwindung, als Gekennzeichneter die Straße zu betreten und den erstaunten, neugierigen, ablehnenden, aber auch mitfühlenden Blicken ausgesetzt zu sein. Wegen der mitfühlenden Menschen kam nur einen Monat nach Einführung des Judensterns eine weitere Verfügung heraus (RSHA [Reichssicherheitshauptamt] IV 84b-1027/41 24. Okt. 4), die besagte: »Alle deutschblütigen Personen, die in der Öffentlichkeit freundschaftliche Beziehungen zu Juden zeigen … sind in Schutzhaft zu nehmen bzw. in schwerwiegenden Fällen bis zur Dauer von drei Monaten in ein KZ einzuweisen. Der jüdische Teil ist in jedem Fall bis auf weiteres unter Einweisung in ein Konzentrationslager in Schutzhaft zu nehmen.« – – Mitgefühl wurde polizeilich verboten. ›Krebszellen‹ schützt man nicht, und auf keinen Fall kommuniziert man mit Juden. Die meisten kritischen Gemüter, solcherweise verängstigt, trauten sich nicht mehr, irgendwelche Sympathie zu zeigen.

Wie kann man den Zustand und das Gefühl beschreiben, mit einem Kennzeichen herumzulaufen, das zum Verabscheuen auffordert? Mein Aussehen als dreizehnjähriger Junge würde man als typisch deutsch bezeichnet haben. Genausowenig hatten meine Schulkameraden die in der Nazipropaganda beschriebenen unsinnigen Merkmale des ›minderwertigen Rassejuden‹ – lange schwarze Haare, Buckel und krumme Nase – ungefähr so, wie der großartige Philosoph Moses Mendelssohn aussah, den seine Zeitgenossen, unter ihnen Lessing und Lavater, so verehrten. Jetzt, da es den Stern gab, brauchte man keine gebogene Nase mehr zu haben. Der gelbe Fleck genügte, um Haßreaktionen auszulösen, auch wenn die Gezeichneten wie die eigenen Kinder oder Eltern aussahen. […]

Die Rechtlosstellung der Juden war so vollständig, daß man sie ungestraft vom Bürgersteig auf die Straße schicken, schlagen, bespucken, ja wenn man wollte, töten konnte.

Zwar besagte die strenge Vorschrift, daß der Stern immer deutlich sichbar getragen werden müsse, aber ein zufällig zur Nase geführter linker Arm ist ja nicht allzeit zu kontrollieren, und nur so war es möglich, den Stern kurz zu verstecken.

In der ersten Zeit erregte man vorwiegend Neugier, aber nach und nach änderte sich das. Wenn ich einmal von den zwar unangenehmen, aber vergleichsweise harmlosen Neckereien und Spottrufen anderer Kinder absehe, bleiben doch einige unbegreifliche Verhaltensweisen Erwachsener in der Erinnerung, die ich erzählen möchte.

Wie schon vorher erwähnt, war der von hinten mit großer Wucht ausgeführte Schlag auf meinen Kopf die bitterste Erfahrung. Wie groß muß der Haß sein, um so etwas zu tun! Daß der Täter sogleich davonlief, deutete aber ein schlechtes Gewissen an, wenn es nicht aus Feigheit geschah.

Ein anderes Mal, einige Monate später, ging ich wie üblich zur Arbeit, als ein Zivilist auf mich zukam und im brüllenden Befehlston verlangte, daß ich ›Judensau‹ gefälligst auf der Straße gehen sollte und nicht auf dem für ›anständige‹ Bürger vorgesehenen Bürgersteig. Ich mußte am Rinnstein der mit Pferdewagen, Autos und Radfahrern befahrenen Straße gehen, bis ich weit genug aus der Sichtweite dieses Herrn war. Verweigerung hätte – besonders, wenn es sich um einen Amtsträger handelte – als Widerstand gegen die Staatsgewalt zur sofortigen Deportation führen können. Gerichtsverhandlungen gab es für Juden nicht mehr. Die Staatspolizei hatte diesbezüglich ihre speziellen Anweisungen.

Nicht weniger schockierend war es, angespuckt zu werden. Es passierte einige Male, meistens waren es junge Männer, die mir unerwartet plötzlich ins Gesicht spuckten. Um ihnen zu entgehen, war ich bald nur noch mit dem Fahrrad unterwegs. Im Vergleich zu dem Verhalten anderer Städtebewohner ihren ›Gezeichneten‹ gegenüber – zum Beispiel Hamburg, Berlin oder Köln – scheint mir die ostpreußische Bevölkerung besonders erfolgreich aufgehetzt gewesen zu sein, wohl eine Folge der vielen Hetzreden des ehrgeizigen und pathologisch antisemitischen Gauleiters Erich Koch. Ich entnehme das einigen Erfahrungsberichten anderer Sternträger.

Genauso unvergeßlich sind die positiven Erlebnisse, die es natürlich ebenfalls gab. Ein freundliches Wort oder ein im unbeobachteten Moment schnell zugestecktes Stück Kuchen, ein Blick, eine Geste. Daß das aber nur sehr selten geschah, lag ganz sicher daran, daß es großer Zivilcourage bedurfte, gegen eine Verfügung zu verstoßen, die mit KZ-Bestrafung drohte, wenn jemand solcherart Mitgefühl zeigte.

In einem Fall hielt mich eine junge Frau an. Ich fuhr mit dem Fahrrad zur Arbeit. Sie sagte hastig in gebrochenem Deutsch, daß sie mich sprechen möchte und daß sie mich schon mehrfach beobachtet hätte. Sie nannte eine abgelegene Straße als geeigneten Treffpunkt und die Uhrzeit – halb sieben, wegen meiner Ausgehsperre nicht später –, schenkte mir eine Tüte mit herrlichen Biskuits und verschwand ängstlich und schnell. (Dies und auch das folgende Erlebnis geschah erst gegen Ende des Krieges.) Als ich mich am anderen Tag an dem verabredeten Ort einfand, warteten zwei Frauen. Sie gehörten zu den vielen tausend auf den Straßen ihrer russischen Heimat aufgegriffenen Frauen, die man zum Arbeitseinsatz nach Deutschland verschleppt hatte. Sie erzählten, daß sie bei hohen Funktionären Haushälterinnen seien und ich sie so sehr an einen Bruder bei ihnen zu Hause in Rußland erinnerte. Sie deuteten an, daß sie etwas mit Juden zu tun hätten. Dann gaben sie mir wieder eine Tüte mit Biskuits, und wir verabredeten einen neuen Termin, um uns zu treffen.

Ich erzählte diese Geschichte meinen Eltern, und mein ängstlicher Vater machte sich große Sorgen. Er meinte, daß es sich hier um das Anwerben von Spionen handeln könnte und verbot mir strikt, zu einem weiteren Treffen zu gehen. Heute bin ich mir ziemlich sicher, daß diese bedauernswerten Frauen Jüdinnen waren, die ihr Leben dadurch retteten, daß sie sich in die Kolonnen der nach Deutschland abgehenden Transporte einschmuggelten. Der Anblick meines gelben Sterns erinnerte sie an das ihnen unbekannte Schicksal ihrer Verwandten daheim. In mir sahen sie einen Ersatzbruder, über den sie ihr unerträgliches Heimweh zu mildern hofften. Als dann die Russen Königsberg eroberten, quälten und vergewaltigten sie diese Frauen ebenfalls. Sie wurden sogar der Kollaboration mit Deutschen verdächtigt und in vielen Fällen zu langjährigen Freiheitsstrafen verurteilt.

Gegen Kriegsende passierte eine kuriose Geschichte: Ich war fünfzehn oder knapp sechzehn Jahre alt und bekam, sicher aufgrund eines Verwaltungsirrtums, einen Gestellungsbefehl. Unter Androhung schwerster Strafen bei Nichtbefolgung sollte ich mich an einem bestimmten Tag morgens um acht Uhr zur Musterung einfinden. Ort der Musterung war ein Haus in der Nähe des Tiergartens. Nun war es gar nicht einfach, eine Beurlaubung von meiner Arbeit in der chemischen Fabrik zu bekommen. Aber ein Gestellungsbefehl war eine Anordnung mit höchster Befehlsgewalt. Bei Nichtbefolgung drohte Verurteilung wegen Desertion. Das bedeutete die Erschießung.

Als ich etwas verspätet zum Musterungsort komme, stehen schon verschiedene Gruppen Sechzehnjähriger in Reih und Glied. Mit meinem gelben Judenstern gehe ich an den Angetretenen vorbei auf einen älteren Hauptmann zu, der erschreckt zurückzuckt, als ich ihm meinen Gestellungsbefehl überreiche. In seiner Verlegenheit schnauzt er mich erstmal wegen zu späten Erscheinens an, prüft dann meinen mit ›J‹ gekennzeichneten Ausweis und fragt nach dem Namen. Laut sage ich »Michael Israel Wieck«. Daraufhin beordert er mich, als würde er den Stern nicht sehen, zu einer der angetretenen Riegen.

Ich, ein Jude mit gelbem Stern, stehe im hautengen Kontakt mit Hitlerjungen, die angetreten sind, um die Schar der Gefallenen zu ersetzen. Alles blickt erstaunt zu mir. Einige tuscheln miteinander. Aber die auf unbedingten Gehorsam eingestellten Jungen und nicht minder die hier amtierenden Offiziere handeln nur noch auf Anweisung Vorgesetzter. Ich hatte den Gestellungsbefehl erhalten, also war ich zu mustern. Nach endlosem Warten muß auch ich mich ausziehen und von einem Raum in den anderen gehen. Hier werden die Augen geprüft, dort die Ohren, Herz und Lunge, Größe und Gewicht. Dann schickt mich plötzlich ein Arzt in einen Nebenraum und dirigiert den Strom der zu Untersuchenden so, daß ich für kurze Zeit allein bin. Im nächsten Moment kommen drei Arzte in weißen Kitteln herein, drükken mir warmherzig die Hand und fragen nach meiner Arbeit und meinem Ergehen. Sie versichern mir ihren Abscheu gegenüber den herrschenden Zuständen und fordern mich auf, tapfer durchzuhalten. Dann verschwinden sie wieder schnell an ihre Plätze, öffnen die Tür und entlassen mich zu den anderen.

Nackt trete ich noch vor einen halbkreisförmigen Tisch, an dem Ärzte und Offiziere sitzen. Dort muß ich, wie alle anderen, strammstehen, mich drehen und bücken. Fragen, wie sie den anderen gestellt werden: »Was wollen Sie werden? Welche Waffengattung bevorzugen

Sie?« usw. stellt man mir nicht. Ratlos wird am Tisch geflüstert, ich spüre ihre Hilflosigkeit. Schließlich sind sie keine Parteibehörde und haben nur die Erschienenen zu mustern. Am Ende bekomme ich aber wie jeder andere einen Wehrpaß, aber mit dem Vermerk ›Ersatzreserve, nicht zu verwenden‹. Dann werde ich entlassen.

Nur wer die damalige Situation einigermaßen kennt, weiß, wie absurd diese Geschichte ist; als hätte sich der leibhaftige Teufel in eine Gruppe von Anwärtern für die himmlischen Heerscharen gemischt. Den Wehrpaß mußte ich irgendwann abgeben, als sich der Irrtum herausstellte. Im stillen dachte ich bereits an Untertauchen und stellte mir vor, daß ein Wehrpaß dabei helfen könnte. Doch wie unrealistisch war das. Eine Flut von Bescheinigungen mußte jeder Wehrpflichtige haben, der sich nicht an irgendeiner Front aufhielt. Das Desertieren sollte unmöglich gemacht werden, und als schon alles am Zusammenbrechen war, errichtete man am Nordbahnhof Galgen, an denen man eingefangene Deserteure zur Abschreckung einige Stunden hängen ließ. Sie hatten Pappschilder umgehängt mit der Aufschrift: ›Ich mußte sterben, weil ich ein Feigling bin.‹

Mit der Einführung des Judensterns würde die Phase der konkreten Aktionen zur Ausrottung aller Juden eingeleitet. Wer jetzt noch Optimist war, verschloß seine Augen vor eindeutigen Hinweisen. Mit dem ›Schandfleck‹ auf meiner Brust war meine Kindheit ein für allemal vorbei. Der Kampf ums Überleben begann.

Ende der Schulzeit

Als ich eines Morgens aus dem Küchenfenster auf unseren Hof hinunter sah, wühlten völlig verhungerte russische Kriegsgefangene verzweifelt und hastig in den Müllkästen nach eßbaren Abfällen. Bewaffnete Aufseher versuchten sie fluchend daran zu hindern. Zwei junge Burschen hatten mit Toilettenpapier verbundene Verwundungen. Alles wies darauf hin, daß ihr großes Elend beabsichtigt war und keinerlei Anstalten zur Linderung unternommen wurden. Vater, dem ich die Bedauernswerten zeigte, erzählte von hunderttausenden hungernden Russen, die in festungsartig abgeschlossenen Lagern unversorgt hausten und umkamen. Doch diese Russen arbeiteten für die Müllabfuhr, und so beschlossen wir, Brot und Kartoffelreste – anderes hatten wir selber kaum noch – in die Müllkästen zu legen. Leider wurde es entdeckt und löste eine ergebnislose Untersuchung aus. Gleich wurde mit der Todesstrafe gedroht, und von da an öffneten die Aufseher die Müllkästen, bevor sie von den Russen geleert wurden. Erschrocken über soviel Brutalität im Umgang mit Menschen verlor für mich der Spielplatz Hof alle freudigen, idyllischen Assoziationen. Dabei war das erst der Anfang dessen, was bevorstand.

Der Kreis von Menschen, mit denen man öfter zusammen war, schrumpfte immer mehr. Die meisten Freunde meiner Eltern waren entweder ausgewandert oder trauten sich nicht mehr, uns zu besuchen. Tante Rebekka und Fanny sah ich nur noch selten. Die Klassen in der jüdischen Schule wurden immer kleiner, und die Ereignisse überstürzten sich. Es verging kaum eine Woche, in der nicht neue Judenverordnungen Erschrecken und Sorge brachten.

[…]

Eine Anzahl meiner Schulfreunde konnte vor dem endgültigen Auswanderungsverbot Deutschland noch verlassen. Darunter auch Herr Kaelter – unser Schulleiter – und Lehrer Nußbaum. Nun leitete Fräulein Wolff die Schule. In ihrer feinfühligen Art waren ganz besonders ihre Unterrichtsstunden ebenfalls Momente des Entrückens in bessere Welten. Man kann verschiedener Meinung sein, ob die großen Klassiker die richtige Lektüre für junge Mensehen waren, die sehr bald lieber gewußt hätten, welche Pflanzen und Pilze man essen kann und was nahrhafter ist, Getreidekörner oder halbverweste Tierkadaver. Wie man Verwundungen, Krankheiten, Hautausschläge ohne Medikamente behandelt und man sich vor Tieffliegern und Bombensplittern schützt. Ich machte aber die Erfahrung, daß zum Überwinden großer Schwierigkeiten geistige Nahrung genau so ein Kraftquell ist wie Essen und Trinken. Natürlich wäre es gut gewesen, die anderen Dinge auch zu lernen. Aber dann hätten wir Lehrer haben müssen, die das, was uns bevorstand, bereits durchlebt hatten. Die gab es aber nicht.

[…]

Seit wir den Stern trugen, mußten wir in rapide zunehmender Weise auf der Hut sein. Zwar half mir mein schnelles Fahrrad, Gefahren zu entrinnen, aber vor der Schule wurde uns aufgelauert, und einige bezogen Prügel. Immer häufiger mußten wir, statt Schulunterricht zu haben,

Aufträge der Gestapo erledigen. Gemeindeangestellte kamen dann in die Schule und organisierten Sammelaktionen. Jeder von uns bekam Listen mit Adressen und Namen. Dann sollten wir einmal Haustiere, ein anderes Mal Pelze und Wollsachen, elektrische Geräte oder Skier von Juden abholen, die aus irgendeinem Grund selber verhindert waren, termingemäß einer Ablieferungsverordnung nachzukommen.

Ich mußte bei so einer Gelegenheit meinem langjährigen Kinderarzt Dr. Klein – dem man schon vorher übel mitgespielt hatte – seinen geliebten Kanarienvogel wegnehmen und zum Tiergarten bringen, wo man ihn einfach fliegen ließ. – Schulkinder als Vollstreckungsgehilfen der Gestapo. Nach solchen Aktionen war dann wieder Deutschunterricht, als wäre nichts gewesen, und wir mußten lange Aufsätze schreiben, zum Beispiel über das Goethe-Zitat ›Selig, wer sich vor der Welt / Ohne Haß verschließt, / Einen Freund am Busen hält / Und mit dem genießt …‹. Außer Deutsch unterrichtete Fräulein Wolff wöchentlich fünf Stunden Hebräisch. Fräulein Hiller lehrte Englisch und kränkte sich bitter über unsere Unruhe. Eine etwas jüngere Lehrerin, Fräulein Treuherz, beschäftigte uns mit Biologie und jüdischer Geschichte. Man munkelte über ein Liebesverhältnis zwischen Turnlehrer Weinberg und Fräulein Treuherz, die ein Jahr später ein Kind gebar. Dieses Kind zeigte sie mir in der nahe am Hauptbahnhof gelegenen Festungsanlage von Königsberg, die der Sammelort für ihren Abtransport war. Sie herzte es überschwenglich und erklärte etwas zum Schluckauf des Kindes. Deutlich war spürbar, daß ihre späte Mutterschaft ein verzweifelter Versuch war, dem unentrinnbaren Unheil wenigstens ein seelisches Glück entgegenzustellen. Als ob erst gestern geschehen, sehe ich sie noch in den Festungsanlagen verschwinden, den Kinderwagen – und darauf viel Gepäck – vor sich herschiebend. Geisterhaft, unheilverheißend starrte mich Minuten später das völlig verhungerte, gelbbleiche Gesicht eines russischen Kriegsgefangenen durch die eisernen Gitterstäbe einer Festungskammer an. Auch dieser Anblick grub sich unauslöschlich ein und weckte damals sofort Assoziationen und Vorstellungen zum möglichen Schicksal von Fräulein Treuherz und ihrem Baby. Herr Weinberg, der bei diesem Abschied nicht dabei war, gehörte wegen seiner hohen Kriegsauszeichnungen bis zum Schluß zu den ›Reklamierten‹, das heißt von den Deportationen zurückgestellten Juden, doch als die

Russen Königsberg eroberten, wurde er als ehemaliger Freikorpskämpfer – was irgendwie herauskam – umgebracht.

Jetzt bekamen erst kleinere Gruppen älterer Juden Aufforderungen zur ›Umsiedlung‹. Danach kamen Familien an die Reihe, in denen niemand in sogenannten kriegswichtigen Betrieben arbeitete. Den Betroffenen erzählte man etwas von Arbeitseinsätzen im Osten. Ortsnamen wurden nicht genannt. Da man von den einmal Deportierten nichts mehr hörte, blieb ihr Schicksal im Dunkeln. Je nach Gemütslage der Zurückbleibenden dachte man, daß es ihnen erträglich erging, oder man befürchtete das Schlimmste.

Eines Tages wurde dann auch Tante Rebekka ›umgesiedelt‹. Ihr Transport sollte nach Theresienstadt gehen. Es geschah alles ganz plötzlich und betäubte uns völlig. Alles ging so schnell, daß ich mich heute an keinen Abschied mehr erinnern kann. Sie war eben auf einmal nicht mehr da, und wir haben auch nichts mehr von ihr gehört. Es sträubt sich meine Hand, nach diesem dreisätzigen Tatbestand zum nächsten Ereignis überzugehen. Handelte es sich hier doch um die ›Ausmerzung‹ meiner Tante Rebekka – der immer völlig anspruchslos lebenden, gütigen Schwester meiner Großmutter.

Aber dann kam der Schabbat, an dem die ganze Trauer und Sorge der Juden alle bisher dagegen errichteten Dämme durchbrach. Ich vergegenwärtige mir den erschütternden Moment: Wie gewöhnlich treffe ich mich mit meinen Freunden vor dem Betsaal, und wie üblich sitzen wir dann nebeneinander in unsere weißen Tallitim gehüllt und verfolgen die Thoralesung. Wieder erinnere ich mich nicht daran, welcher Schabbat es ist. Die Stimmung erscheint uns heute besonders spannungsgeladen. Der Judenstern, die diskriminierenden Verordnungen, Erlasse, Verfügungen sowie die völlige Aussichtslosigkeit der Lage hat alle schwer niedergedrückt, und an diesem Schabbat fühlt es jeder so stark wie noch nie. Sind diesmal doch besonders viele Plätze leergeblieben. Alle haben Verwandte, Freunde, Bekannte unter den bereits Deportierten, und ganz sicher ahnen die Versammelten, daß sie Abschied für immer genommen haben. Vermutlich wäre ein plötzlicher Tod weniger schlimm als das, was wohl allen bevorstand.

Unbeschreiblich, wie uns die Bedrückung erfaßt und unsere Hälse zuschnürt. Jedes Wort der Thora, alle Gebete bekommen eine

Bedeutung, die mit dem Geschehen draußen eng verbunden zu sein scheint.

[…]

Diese Ereignisse, einmal der Abtransport der Juden, die nicht in kriegswichtigen Betrieben arbeiteten, und dann die sich wiederholende Situation, daß wir Schulkinder als Boten der Gestapo eingesetzt wurden, ließen mich (zusammen mit Mutter) den Entschluß fassen, viel früher als angeordnet die jüdische Schule zu verlassen und in einen sogenannten kriegswichtigen Betrieb einzutreten. Schulkamerad Bernd Lewi hatte das schon getan und berichtete ganz zufrieden von seiner Arbeit in einer Spiegelfabrik. Er meinte, daß es doch besser wäre etwas zu lernen, als mit vierzehn Jahren zwangsweise in die chemische Fabrik gesteckt zu werden. So meldete ich mich als Arbeitsbursche in der Tischlerei Lembke an. Das war kein leichter Entschluß. Ich liebte doch meine Schule und wurde so von meinen Freunden getrennt, die ich nur noch gelegentlich zu sehen bekam. Wenige Monate später wurden dann in ganz Deutschland die jüdischen Schulen auf behördliche Anweisung geschlossen. – Ich war dreizehn Jahre alt, als meine Schulzeit ihr Ende fand.

Tischlerei

Ohne es zu bemerken, war man dabei, sich zu Tode zu siegen. Leningrad wurde belagert, auf Moskau losmarschiert. Die Zahl russischer Kriegsgefangener ging in die Millionen. Japan überfiel die Amerikaner in Pearl Harbour. Deutschland und Italien erklärten Amerika den Krieg. Rommel siegte in Afrika, und machtbesessen wurde organisiert, deportiert und die Beute verteilt. Immer mehr Konzentrationslager wurden zur Vernichtung von Menschenleben eingerichtet, und immer mehr verschleppte und kriegsgefangene Ausländer arbeiteten wie Sklaven in Betrieben und Fabriken. Lediglich die Zahl der gefallenen deutschen Soldaten und erste Bombenangriffe auf deutsche Städte zeigten, daß der Gegner nicht völlig wehrlos war.

Auch in Königsberg heulten immer häufiger die Sirenen und trieben beklommene Menschen in die Luftschutzkeller. Bomben fielen noch nicht, aber es blieb niemand unbeeindruckt, wenn nachts manchmal bis zu dreimal Alarm gegeben wurde. Jedes Sirenengeheul bedeutete sofortiges Anziehen, Koffer ergreifen und in den Keller gehen. Das

Warten auf den Entwarnungston der Sirenen konnte lange, aber auch nur ganz kurze Zeit dauern. Kaum war man wieder eingeschlafen, wird erneut Alarm gegeben, und dann noch einmal, und manchmal noch einmal. In der ersten Zeit saßen wir gelb besternt mit allen anderen Hausbewohnern im selben Keller, später mußten wir in unseren eigenen, nicht extra abgestützten Kohlenkeller. Daß immer alle Wohnungen verlassen wurden, dafür sorgte ein beauftragter Hauswart, der auch für einwandfreie Verdunkelung verantwortlich war. Alle Fenster hatten deshalb schwarze Rollos. Als dann aber zwei Jahre später die Großangriffe kamen, fanden die Bomberpiloten Königsberg sofort, da nutzten verdunkelte Fenster gar nichts.

Nachbar Klaus, der gleichaltrige Hitlerjunge, und ich, der Judensternträger, waren Freunde geblieben. Politik, Gesetze und Verbote wurden als unabwendbar hingenommen. Sie waren kein Gesprächsthema, aber sie zwangen uns zur Vorsicht. Immer wieder klingelte es, und Klaus kam mich besuchen; nur, daß ich ihn besuchte, geschah immer seltener. Ich spürte die zunehmende Angst seiner Mutter, daß mich jemand bei ihnen sehen könnte. Klaus erzählte aus seinem Leben und brachte oftmals für Jungen interessante Dinge mit: technisches Spielzeug wie Kanonen oder funkensprühende Panzer. Auch einen Chemiekasten, mit dem man allerhand Unfug anstellen konnte. Wir lernten, wie man Schwarzpulver macht und mittels eines Tropfens Salpetersäure entzündet. Das war übrigens schon die Voraussetzung für die Herstellung von Explosivkörpern. Wir brachten in einen Schraubstock geklemmte Gewehrpatronen zur Explosion und taten vieles mehr. Solche Momente widerlegten im Kleinen alle Rassentheorien und Hetzparolen. Unsere gegenseitige Sympathie und das freundschaftliche Miteinander entlarvten die ganze Absurdität jener Ideologie.

[...]

Geheim waren auch meine gelegentlichen Radtouren, die ich allein – mit etwas verdecktem Stern – unternahm. Ich fuhr zu den Hammerteichen, in denen ich schwimmen gelernt hatte, und weiter nach Juditten und Metgethen. Die Waldstücke, die es dort gab, liebte ich. Natürlich war das verboten und galt bereits als Verlassen des Wohnsitzes. Aber eigentlich – so kam es mir vor – war auch die Tatsache, daß Mutter und ich lebten, verboten, und daran gemessen ist eine Verbotsübertretung mehr oder weniger nicht von Bedeutung. Besonders schön waren Touren am Pregelufer entlang. An diesen Ufern standen die Speicher, malerisch alte und monströs große neue. Auf dem Pregel schwamm Schleppkahn hinter Schleppkahn. Die meisten so schwer beladen und tief im Wasser, daß es nicht nötig war, die an sich niedrigen Brücken zu öffnen. Trotzdem wurden sie ständig auf- und zugemacht. Es gab genug andere Schiffe. Knapp drei Jahre später mußte ich so einen Schlepper ausladen. Wir waren zu fünft und warfen uns die Waschpulverkartons zu. Es wollte kein Ende nehmen, wir hatten den Eindruck, als sei so ein Schiffsbauch ein ganzes Bergwerk. Besonders gefährlich war dabei, daß wir gleichzeitig von den heranrückenden Russen mit Schrappnells beschossen wurden, deren Splitter um uns herum einschlugen. Jetzt genoß ich auf dieser Radtour aber noch die Illusion eines freien Menschenlebens.

Vielleicht war es drei Monate vor Ruths Deportation, als wir noch über Hoffnungen und Wunschträume sprachen. Wir gehörten beide dem früher recht aktiven zionistischen Sportverein ›Bar Koch-ba‹ an und trugen blaue Turnhosen mit weißen Streifen sowie weiße Turnhemden mit einem blauen ›Magen David‹ (Davidsstern). Der Sport war auf etwas Leichtathletik und Ballspiele beschränkt, und die Örtlichkeiten dafür waren der jüdische Friedhof und unser Schulhof. Wir hegten alle die Hoffnung, eines Tages in Palästina ein neues Leben anfangen zu können; das einzige, was uns zu hoffen blieb. Solche Gespräche wurden aber schnell überlagert von dem starken Gefühl füreinander. Ein Händedruck, ein Blick oder eine Geste, die Zuneigung ausdrückte, beschäftigte uns dann mehr als alles andere.

Mutter war mit ihrer Liebe zur Literatur und zur Musik selbst in der Zeit schlimmster Verfolgung noch eine bessere Deutsche als viele der am ›Deutschwahn‹ erkrankten Volksgenossen. Mein Vater löste sich aus dem Christentum durch die Beschäftigung mit Goethe, Laotse und Konfuzius. Tante Rebekka ruhte unerschütterlich in der liberal-jüdischen Tradition, während in der Schule eine zionistische Grundhaltung vorherrschte. Mein Barmizwaunterricht enthielt zuerst viel polnisch-chassidische Elemente, später jüdisch-orthodoxe. Ich habe schon geschildert, wie Herr Benjamin vor lauter Gottvertrauen versäumte, sich und seine Familie den Verbrechern zu entziehen. Er hätte es wahrscheinlich noch gekonnt. Nicht zuletzt injizierten Presse, Litfaßsäulen, Fahnen und Spruchbänder die Heilsbotschaft vom Tausendjährigen Reich. Man faselte von einer welterlösenden Rolle der ›deutschen Wesensart‹ und glaubte an die Überlegenheit der arischen Rasse, die es in irgendeiner Reinform überhaupt nicht gab. Hitler, der nicht nur Wagners Opern, sondern auch Wagners politische Schriften genau kannte, machte aus diesem Gedankengut furchtbare Wirklichkeit. Dabei schienen ihm seine Erfolge und Siege recht zu geben. Außerdem gab es noch Monarchien, Demokratien und den Kommunismus. All das wurde wütend bekämpft, aber dadurch auch in mein Bewußtsein gebracht.

Zu den mutigen Freunden jener Tage gehörten Ilse Rose, Gerti Weschollek – die spätere Frau meines Vaters – und Doro Georgesohn. Sie steckten uns gelegentlich Brotmarken in den Briefkasten. Aber außer ihnen gab es auch Musikliebhaber, die meinen Eltern immer wieder ihre Sympathie bekundeten. Sie besserten ab und zu unsere immer schmaler werdende Lebensmittelversorgung auf. Ständig kürzte man ja die Lebensmittelrationen für Juden. Ich kann mich aber nicht mehr an alle Namen unserer Wohltäter erinnern, denen ich zu Dank verpflichtet bleibe.

Eine große Freude war es, wenn einmal im Monat ein Fünfundzwanzig-Worte-Brief meiner Schwester kam. Das Rote Kreuz stellte solche Verbindungen zwischen Personen verfeindeter Länder her. Miriam lebte in einem sehr christlichen College in Schottland. Wir hatten das Gefühl, daß es ihr gut ging. Wie einsam sie wirklich war, schrieb sie natürlich nie. Eines Tages ging Vater mit mir zum Tischlermeister Lembke. Er war uns empfohlen worden. Seine Werkstatt hatte die Anerkennung als kriegswichtiger Betrieb, und so hoffte ich, vor Zwangsarbeitsverpflichtung oder Deportation verschont zu bleiben. Als kriegswichtigen Arbeiter würde man mich vielleicht nicht in die chemische Fabrik stecken, in der die Tätigkeit gesundheitsschädigend und stumpfsinnig war. Mutter erzählte genug davon. – Wir fuhren mindestens eine halbe Stunde mit dem Fahrrad nach Königsberg-Süd und überquerten den Pregel auf der Reichsbahnbrücke am Holländer Baum-Bahnhof. Durch Straßen und Gassen kamen wir zum Oberhaberberg an einen großen, langgestreckten Innenhof, in dem es auf der linken Seite mehrere Werkstätten gab

– Drechslerei, Sattlerei, Schlosserei, dann die Tischlerei und ein Tapezierer. Alle hatten über ihren Werkstattüren Schilder mit den Emblemen ihres Handwerks. Auf der anderen Seite des Hofes waren Lagerräume größerer Firmen und ganz am Ende ein Betrieb, der Butter verpackte.

Wie fast alle Straßen in Königsberg war auch der Hof kopfsteingepflastert und hatte viel Atmosphäre. Die Werkstätten waren Ein- bis Dreimann-Betriebe, und die Räume niedrig und zu klein. Auf das Klopfen an der Tischlereitür kam Herr Lembke heraus. Er war ziemlich dick und sah nicht gesund aus. Mein Vater stellte uns beide vor. Herr Lembke inspizierte mich, meinen Stern und dann meine Muskeln, wortkarg und kommentarlos. Er würde mich nehmen, entschied er dann, aber die Arbeit sei nicht leicht. Es gäbe auch Akkordarbeit, und zum Bretterabladen müsse man kräftig sein. Wir stimmten allem zu, und an einem der nächsten Tage sollte ich anfangen. Man sprach über die Kleidung und daß er mir die Kleiderkarten für ein ›Blauzeug‹ besorgen würde – eine Art Monteursanzug. Nur mein Name gefiel ihm nicht, und am ersten Arbeitstag verkündete er, daß man mich Max nennen werde und nicht Michael, und er stellte mich als Max drei Personen vor, die in seiner Tischlerei arbeiteten.

Der erste war ein älterer Geselle, still und verklemmt. Dann kam Franz, ebenfalls älter, hager, mit Haarflechten, funkelnden Augen und so emsig bei der Arbeit, daß er mich kaum ansah. In Akkordarbeit stellte er Särge her. Der siebzehnjährige Lehrling Heinz hatte einen unruhigen Blick. In die Werkstatt führten drei Stufen hinunter. Gleich rechts war ein hohes Regal voller verschiedener Hobel. Links neben der Eingangstür unter einer breiten Glasscheibe stand die Hobelbank des Meisters. Die Hobelbank an der linken Längsseite benutzte der Sargtischler und die an der Rückwand stehende der Geselle. Der Innenraum wurde hauptsächlich von den auf Böcken ruhenden Särgen und Sargdeckeln ausgefüllt. Rechts an der Wand befand sich eine Tür, die in den Maschinenraum führte. Da gab es die Kreissäge, eine Fräse und eine Bandsäge. An der gegenüberliegenden Wand stand die Hobelmaschine. Der Raum war voller Holzspäne, Holzreste und Sägemehl. Draußen auf dem Hof – vor diesen beiden Räumen – sowie gegenüber an der Lagerhauswand und unter der Werkstattdecke waren Bretter und alle möglichen Hölzer gestapelt.

Am ersten Tag nahm mich Meister Lembke mit hinaus, stellte zwei Holzböcke hin, legte ausgesuchte Bretter darauf, maß sie sorgfältig aus und markierte sie mit Bleistiftstrichen. Da uns niemand hören konnte, sagte er zu mir: »Max, für mich bist du ein Mensch wie jeder andere. Du bist zwar nur als Arbeitsbursche eingestellt, ich werde dir aber alles beibringen. Nur sei vorsichtig mit politischen Äußerungen. Mein Geselle ist Parteigenosse und soll wohl auch auf mich aufpassen. Franz ist ein begnadigter Zuchthäusler. Er hatte in einem Anfall von Jähzorn seine Frau erschlagen. Jetzt arbeitet er wie besessen und spricht kaum ein Wort. Die Särge macht er in Akkordarbeit und verdient dabei gut. Bestimmte Hilfeleistungen bei dieser Arbeit fallen dir zu.«

[...]

Bretter abladen, mit einer Handsäge zuschneiden, Werkstatt fegen, Hof fegen, hier anfassen, dort raufklettern, das war meine Beschäftigung in der ersten Zeit. Ich mochte den Holzgeruch, und eigentlich gefiel es mir nicht schlecht. Immer wenn der Meister zu Auftraggebern ging, um ein Regal im Keller, einen Fensterrahmen oder Speisekammerfacher einzubauen, nahm er mich mit. Er ordnete einfach an, daß ich den ›verrückten‹ Stern abnehmen müsse, wenn wir auf Montage gehen. So etwas könne man den Leuten nicht zumuten, meinte er. Mutter machte mir daraufhin Druckknöpfe an Stern und Blauzeug. Zu meinem Glück waren die Nazis unter den Handwerkern der Nachbarwerkstätten wohl alle an der Front. Die zurückgebliebenen alten Meister der anderen Werkstätten – manche konnten wegen Personalmangel nicht weiterarbeiten – waren sehr freundlich zu mir und verrieten damit ihre wahre Gesinnung. Grotesk war allerdings der Besuch des Schwiegersohnes unseres Parteigenossen, des ersten Gesellen. Eines Tages kam er in SA-Uniform in die Werkstatt und wollte endlich einmal, wie er sagte, einen Juden sehen. Sein Schwiegervater hatte ihm von mir erzählt. Seine Enttäuschung war groß. Er hatte gehofft, jemand anzutreffen, der seinem vom ›Stürmer‹ beschriebenen Judenbild entsprach. Doch nichts dergleichen. Nachdem er mich lange betrachtet hatte, wobei ich meinen Kopf rechts und links herumdrehen mußte, meinte er, daß er schon bestimmte jüdische Merkmale erkennen könnte. Man müßte bei mir aber besonders geschult sein, um sie zu erkennen. Mit dem Hinweis, daß er dieses spezielle Wissen besaß, wollte er ganz offensichtlich seinem Schwiegervater imponieren, der bei mir beim besten Willen keine Besonderheiten erkennen konnte. Mich hat es aber danach schon beschäftigt, ob nicht tatsächlich irgend welche ungewöhnlichen Merkmale vorhanden wären.

Zu aller Erstaunen sprach sogar Franz, der Zuchthäusler, gelegentlich mit mir, und schon bald lud er mich ein, mit ihm in der Mittagspause in ein bestimmtes Restaurant zu gehen, wo es ab und zu Stintsuppe gab. Stinte sind kleine Fische, die anscheinend nur aus Kopf, Augen und Flossen bestehen. Sie schmecken aber köstlich, und die dafür notwendigen Lebensmittelkartenabschnitte schenkte mir Franz. Wir sprachen wenig miteinander; das freundliche Beisammensein tat uns beiden gut. Der Meister brachte täglich ein Essenpaket mit, das seine Frau ihm bereitet hatte. Seine belegten Brote und Hühnerbeine waren in jener Zeit eine Rarität und erfüllten alle mit Neid. Aber gelegentlich steckte er mir Reste zu. Herrliche Wurst und Käsebrotstükke. Ich hatte keine Ahnung, wie es ihm gelang, die knapper werdenden Lebensmittelzuteilungen so reichlich aufzubessern. Daß er auch klaute, erfuhr ich dann anläßlich so mancher Montage, bei der er mir jeweils genaue Anweisungen gab, in welchem Moment ich welche Büchse, Flasche oder Tüte in seine große Aktentasche verschwinden lassen sollte. Er lenkte die Besitzer geräuschvoll ab, während ich tat, was mir aufgetragen worden war. Erstaunlich, wie prall gefüllt die Vorratskeller bei den meisten Kunden waren. Mit Sicherheit wäre ich der Dumme gewesen, wenn jemals etwas herausgekommen wäre, aber es ging immer gut. Ich konnte nicht wissen, daß das bereits eine sehr wichtige Überlebensschulung war. Ohne zu klauen, wären wir in der russischen Gefangenschaft verhungert.

Meisters Späße waren derb, und nicht nur ein lieber Kater hatte darunter zu leiden. Dieser lebte in der Werkstatt und schlief die meiste Zeit. Nun konnte es passieren, daß der Meister sagte: »Wir wollen mal sehen, wie weit Peterchen heute springt.« Dann tränkte er einen Wattebausch mit Salmiakgeist und ließ ihn direkt vor die Nase des schlafenden Katers fallen. An dem Satz, den Peterchen in irgendeine Richtung tat, ergötzte sich die ganze Belegschaft.

[…]

Mit Bernhard begann eine völlig neue Zeit. Bernhard war der Nachfolger von Heinz, ein sechzehnjähriger Zigeunerjunge sonnigen Gemüts. Schwarzhaarig, kräftig, lebendig, musikalisch, gutartig und hilfsbereit. Wir kamen sofort blendend miteinander aus. Unerwähnt sollte es nicht bleiben, daß ich erstaunt war, einen Zigeuner als ganz anderen Menschen zu erleben, als ich ihn mir vorgestellt hatte. Also war auch ich Opfer der bestehenden Vorurteile gewesen, und obwohl selbst verfemt, hatte ich die Schlagworte der Nazis vom stehlenden, schmutzigen und unehrlichen Zigeuner unbewußt angenommen. Wie anders soll ich mir erklären, daß ich so angenehm überrascht war …

Von einem Tag zum anderen wurde mein Arbeitsleben richtig schön. Selten habe ich so einen phantasievollen Menschen wie Bernhard getroffen. Nur leider pfiff und sang er den ganzen Tag Schlager, so daß mir heute noch seine ›Für eine Nacht voller Seligkeit‹-Melodie einen leichten Brechreiz verursacht. Auch war er voller Schabernack. Er mußte ständig etwas anstellen und begab sich dabei in Lebensgefahr. Zum Beispiel, wenn er Franz beim Leimen der Särge die Schraubzwingen wegnahm oder versteckte. Genau in dem Moment, wenn er die mit heißem Leim bestrichenen Bretter mit den Zwingen ganz schnell zusammenpressen mußte. Eine Verzögerung konnte den ganzen Arbeitsgang zunichte machen. Franz entdeckte den Streich immer erst, wenn beim hastigen Leimen eine der bereits zurechtgelegten Zwingen fehlte; er bekam als Choleriker sofort einen Tobsuchtsanfall. Ich erlebte, wie er eine der langen eisernen Zwingen mit solcher Wucht nach dem flink ausweichenden Bernhard schleuderte, daß sie ihn hätte töten können.

In der Mittagspause unternahmen wir Entdeckungsgänge und fanden eine Stelle, an der Butterpapier herumlag. Papier, von dem man noch Butterreste abkratzen konnte, ein wertvoller Fund in jenen Tagen.

Als Zigeuner unterlag Bernhard ähnlichen Beschränkungen wie die Juden. In einer besonderen Verfügung wurden die Zigeuner den Juden gleichgestellt. So war er mir gegenüber vorurteilsfrei. Wir wurden richtige Freunde, waren Leidensgefahrten und fühlten uns wohl in der Tischlerei, als ein entscheidender Fehler alles zunichte machte. Wir brachten den Gesellen, vor dem uns der Meister gewarnt hatte, mit Fragen zur Tagespolitik und zum Krieg in Verlegenheit, zogen seine Antworten in Zweifel. Bernhard verspottete ihn sogar. Obwohl wir gut arbeiteten – ich war Maschinenarbeiter geworden und mußte zum Beispiel die Seitenteile von fünfhundert Verbandskästen mit der Fräse zinken (ein Fachmann weiß, was das heißt) –, kam eine behördliche Anordnung, daß ich die Tischlerei zu verlassen hätte und mit der Erreichung des vierzehnten Lebensjahres in die chemische Fabrik Gamm & Sohn überwechseln müßte. Dieser Fabrik habe ich ja entgehen wollen, indem ich freiwillig die Schule verließ. Der Meister, Bernhard und auch ich waren sehr traurig und vermuteten, daß diese Anordnung die Folge einer Denunziation sein konnte. Wir verdächtigten den Gesellen. So hatte auch meine Zeit in der Tischlerei einen schwierigen und einen schönen Teil, und mit dem Wechsel in die Fabrik endete wiederum ein kurzer Lebensabschnitt.

Wann das Kriegsgeschehen auch Königsberg erreichen würde, war nur noch eine Frage der Zeit, und im August 1944 war es dann soweit: Zwei Bombenangriffe mit insgesamt über 800 schweren britischen Bombern zertrümmerten ein für alle Mal, was in Jahrhunderten mühselig gebaut und erarbeitet worden war. Die unvergleichlich schöne, alte, ehrwürdige Stadt verwandelte sich in einem Flammenmeer zu einer Ruinenstadt. In zwei kurz aufeinander folgenden Nächten kündete ein blutiger, feuriger Paukenschlag den erschütterten Königsbergern das nahende Ende an.

Bombenangriffe auf Königsberg

Die Frage nach der Natur der Gerechtigkeit quälte mich wieder. Zu offensichtlich folgten Schicksal oder Zufall, Gottes- oder Menschengericht keinerlei erkennbarem Sinn oder auch nur zu ahnender Logik. Meine Arbeitskollegen erzählten mir von einer Anzahl aufgehängter Polen. Sie hingen am Hafen, weil sie angeblich Feldpostpäckchen gestohlen hatten. Die Geschwister Scholl wurden verraten, als sie ihren Aufruf zum Widerstand verteilten. Der Präsident des Volksgerichtshofes, Freisler, ließ sie enthaupten. Kurt, der Sohn einer uns als mutige Hitlergegner bekannten Familie, verblutete mit einem Bauchschuß zwischen den Fronten. Gleichzeitig erlebten wir die Verhaftungen, Abtransporte und Selbstmorde jüdischer Verwandter, Freunde und

Bekannter. Und nun erschütterten uns die Ereignisse des 20. Juli 1944. Ein Attentat auf Hitler mißlang wieder einmal, und wir wußten, daß dies die letzte Gelegenheit war, einen Wahnsinn aus eigener Kraft zu beenden. Mit den erschossenen und erhängten Widerstandskämpfern begrub man unsere Hoffnung. Jetzt konnte Hitler auch seine Gegner in der Generalität ausschalten und die Sicherheitsvorkehrungen noch weiter verschärfen.

Es schien, als würden unbekannte Mächte die zerstörenden Kräfte schützen; als wenn Menschen sich möglichst lange gegenseitig umbringen und ihre Werke vernichten sollten. Warum nur waren alle, die den Frieden herbeiführen wollten, so glücklos? Ich haderte mit Gott und wurde noch ärgerlicher auf ihn. Mir kam es so vor, als wenn der himmlische Regisseur einen effektvollen Schluß für die von uns Menschen gespielte Tragödie brauchte, als könnte nach einer solchen Ausuferung menschlicher Überheblichkeit nur eine Katastrophe unvorstellbaren Ausmaßes ein angemessenes Ende sein. Ein Ende, bei dem möglichst viele, sehr viele sterben müssen. Und wer das gerade ist, scheint ihm völlig egal zu sein, solange es nicht die sind, die das Unheil verursachten – so dachte ich damals äußerst vorwurfsvoll.

[…]

Ziemlich lange nachdem ich Klaus ›Gute Nacht‹ zugeblinkt hatte, heulten die Sirenen. Diese jaulende Geißel steht auf dem Dach eines der schräg gegenüberliegenden Häuser. Wir hatten uns angewöhnt, langsam zu reagieren; zu oft hat es Fehlalarm gegeben. Bisher waren auch keine Bomben gefallen, sieht man von den unbedeutenden Bombenabwürfen ab, die uns zu Beginn des Rußlandfeldzuges überraschten. Noch während wir uns verschlafen anziehen, höre ich, wie die ›Flak‹ zu schießen beginnt. Diese langrohrigen Geschütze können einen Höllenlärm veranstalten. Böse und scharf knallen ihre Abschüsse von nah und fern.

Heute hört sich das nervöser an, schneller hintereinander geschossen als sonst. Die Knallerei verrät mir deutlich, daß diesmal Gefahr droht. Aus Neugier gehe ich auf den Balkon. Das ist streng verboten. Einerseits wegen der möglichen Signale, die man den Flugzeugen geben könnte, andererseits wegen der gefährlichen Flakgranatensplitter. Der Nachthimmel bietet ein eindrucksvolles Bild. Wie mit Deckfarbe auf schwarzem Grund gemalt, bewegen sich am Himmel grellweiße Stangen aus Scheinwerferlicht unruhig hin und her. Dazwischen blitzen die explodierenden Flakgranaten, und dann beginnen mehrere an Fallschirmen still am Himmel schwebende Lichtquellen die Stadt zu beleuchten. Sie sehen aus wie große Weihnachtsbäume, an denen Wunderkerzen brennen. Durch sie können die Bomberpiloten ihre Ziele erkennen, und schon höre ich das dunkle, bedrohliche Brummen der Flugzeuge. Es klingt anders als das gewohnte Motorengeräusch deutscher Flugzeuge. Ich weiß, daß es nun höchste Zeit ist, in den Keller zu gehen, in dem bereits Mutter, Vater und die übrigen Hausbewohner sitzen. Alle in einem Kellerraum. Mutter und ich mit dem Judenstern, Luftschutzwart Wolf mit Helm und Armbinde und Blockwart Rogalli in SA-Uniform. Dicke Holzbalken stützen die Kellerdecke ab und sollen uns davor bewahren, vom Gewicht des zusammenstürzenden Hauses zerquetscht zu werden. Zwei an der Kellerdecke befindliche Fenster sind mit betoniertem Splitterschutz in Form versetzter Luftschächte versehen. Die eiserne Kellertür konnte zweifach verriegelt werden. Um die Stützbalken herum sitzen wir auf Holzbänken. Mit der Zeit hat jeder seinen Stammplatz; in dieser Notgemeinschaft unterschiedlicher Menschen sind wir zu Fremdkörpern gemacht worden, was sowohl uns als auch allen anderen großes Unbehagen verursacht. Besonders Rogalli zeigt sich jedesmal irritiert und voller Verachtung. Ihn fürchten alle, denn er kann Schaden zufügen. Niemand wird es wagen, mit uns zu sprechen. Auch Norras nicht. Und so hören Mutter und ich immer mit schweigender Aufmerksamkeit, was sich die anderen erzählen. (Irgendwann wurde dieser Zustand durch eine Anordnung beendet. Wir durften dann nicht mehr in den abgestützten Keller, sondern mußten in unseren winzigen Kohlenkeller gehen, gleich neben der Waschküche.)

Heute haben alle Angst. Der Luftschutzwart erzählt, daß größere Verbände britischer Flugzeuge im Anflug auf Königsberg gemeldet wurden, und die immer rasender schießende Flak bestätigt das. Und schon geht es los. Die Erde beginnt zu beben, und ein noch nie erlebtes Dröhnen und Krachen versetzt uns in Schrecken. Herr Rogalli wird kreidebleich, was ich schadenfroh vermerke. Während es immer fürchterlicher donnert und heult – die herabsausenden Bomben müssen Heulvorrichtungen haben –, versuche ich angestrengt herauszubekommen, ob man akustisch feststellen kann, wann unsere Straßen an der Reihe sind und wie weit entfernt die Bomben einschlagen. Da es aber Bomben von unterschiedlicher Größe sind, ist es nicht möglich. So stelle ich mir vor, wie es sein wird, wenn ein Volltreffer unser Haus zerstört. Der Fußboden bebt, die Wände wackeln, und alles Vertrauen in ihre Festigkeit schwindet. Aber die Todesangst, die jetzt alle erfaßt hat, teile ich nicht. Die Möglichkeit, plötzlich sterben zu müssen, ist mir ein vertrauter Zustand, mit dem ich mich schon lange abgefunden habe. Da ich weder das Wann noch das Wie beeinflussen kann, ist die Stimmung ›Sterben tue ich nach Gottes Willen‹ ein Teil meiner selbst geworden – meine Schutzhaut.

Mutter geht es gewiß nicht anders, obwohl wir nie darüber sprechen. – Unendlich lange dauert das Bombardement, so kommt es uns vor. Immer wenn wir hoffen, daß alles vorbei ist, geht es noch einmal los. In einer Ruhepause wagt der Luftschutzwart einen Blick nach draußen und berichtet, daß er Brände sehen könne, in unserer näheren Umgebung aber noch alle Häuser unversehrt geblieben seien. Dann endlich findet dieser Bombenangriff ein Ende, und die Entwarnung heulenden Sirenen befreien uns aus den Kellern und geben ein Gefühl, alles ist – zumindest für uns – noch einmal gut gegangen.

Der Himmel im Norden der Stadt ist rot gefärbt.

Wieviele mag der Angriff getötet oder verletzt haben? Brandgeruch, Geruch nach Phosphor oder Magnesium steigt in die Nase. Aber die Erleichterung nicht selbst betroffen zu sein, überwiegt alle anderen Empfindungen.

Nur drei Nächte später – am 29. August – wurden wir wieder in den Keller gejagt, und diesmal läßt sich das Inferno kaum noch beschreiben. Der Angriff und das Explodieren der Bomben nahmen kein Ende. Mehrfach glaubten wir unser Haus getroffen, was aber nicht der Fall war. Die Hufen – ein Außenbezirk Königsbergs – wurden nur teilweise zerstört. Diesmal überschütteten die Bomber mit System und Sorgfalt die gesamte Innenstadt vom Nordbahnhof bis zum Hauptbahnhof mit erstmalig eingesetzten Napalmkanistern, Spreng- und Brandbomben verschiedener Bauart, so daß innerhalb kurzer Zeit die ganze Stadt gleichzeitig zu brennen anfing. Durch die Hitzeentwicklung und den sofort entstehenden Feuersturm hatte die in den engeren Straßen wohnende Zivilbevölkerung keine Chance zu entkommen. Sie verbrannte vor den Häusern genauso wie in den Kellern. Überleben konnte nur, wer rechtzeitig die Gefahr erkannte und noch während des Angriffs – bevor sich das Feuer entfaltete – die Innenstadt verließ. Manche sprangen in den Pregel. Was jedermann über den Luftangriff auf Dresden weiß, weil er oft in aller Schrecklichkeit beschrieben wurde, erlebten die Königsberger schon sechs Monate vorher.

Während noch Tausende verzweifelt versuchten, aus dem Feuerofen zu entkommen, stand ich wieder auf dem Balkon und sah die Flammen der lichterloh brennenden Stadt zum Himmel lodern. Für jeden Rettungsversuch war es zu spät. Der Rauchpilz, der sich immer deutlicher gegen den morgendämmerigen Himmel abzeichnete, war so groß und hoch, daß er den Rauchgebirgen späterer Atomexplosionen glich. Aus den über unseren Köpfen sich türmenden Wolken fielen halb verkohlte Papier-, Stoff- und Holzreste, die der Aufwärtssog durch die Luft fliegen ließ. Ein halbverbranntes Schulheft, Gardinenstücke, Bettzeug, Verpackungspapier, Kartons, alles nur Denkbare regnete vom Himmel und bedeckte die unversehrt gebliebene Umgebung. Es knisterte und krachte ohrenbetäubend. Auch für die Berufsfeuerwehr war an Löschen nicht zu denken. Jede Annäherung auf weniger als zwanzig Meter verbot sich durch die mörderische Hitze. Rettungsaktivitäten konzentrierten sich auf die in den Randbezirken vereinzelt brennenden Häuser. Das historische Königsberg mußte man seinem Schicksal überlassen. Ohnmächtig sahen wir zu, wie es abbrannte.

Als ich Stunden später um die brennende Stadt herumging – ich mußte ja wenigstens den Versuch unternehmen, zu meiner Arbeitsstätte zu gelangen –, war das Elend unbeschreiblich. Mit Leiterwagen, Handkarren, Kinderwagen, Schubkarren und allem, was Räder hatte, zogen oder lagerten hunderttausend Obdachlose in den Anlagen. Überall Koffer, Taschen und Gepäckstücke, die Reste der geretteten Habe. Selbstverständlich erinnerte mich dieser Anblick an die vor ihrer Deportation versammelten Juden. Trotzdem war es völlig anders; diese Menschen hatten überlebt und konnten auf Hilfe rechnen. Viele waren rußverschmiert, trugen verbrannte Kleider und weinten um die Vermißten. Mit verdecktem Stern ging ich voller Mitgefühl für Kinder,

Mütter und hilflose alte Menschen wieder nach Hause. Ungefahr drei Tage lang konnte man die Stadt nicht betreten. Auch als keine Flammen mehr loderten, waren Steine und Boden glühend heiß und kühlten sich nur ganz allmählich wieder ab. Was übrig blieb, waren schwarze Ruinen mit Fensterhöhlen, die Totenschädeln glichen.

[…]

Jeder war geschockt über eine Wirklichkeit, eine Dimension des Krieges, die niemand für möglich gehalten hatte. Die Organisationen der Partei spielten sich mit Decken, Kaffee und Zuspruch als Retter in der Not auf; eine Not, die sie selber herbeigeführt hatten. Die Alliierten hätten wissen müssen, daß solche Angriffe Zivilisten, Frauen und Kinder trafen und das Kriegsgeschehen kaum beeinflußten. Diese Racheaktionen waren weder heldenhaft noch sinnvoll und zeugten von einer bereits ebenfalls korrumpierten Mentalität. So war Hitlers Kriegsmaschine nicht zu stoppen – im Gegenteil. Man lieferte Gründe für Verbitterung und Verzweiflungstaten. […]

Wintergewitter

Tagelang brannte das ehrwürdige Königsberg, und wir sahen ohnmächtig zu, wie gierige Flammen alles auffraßen. Wie ein böses Gespenst hockte der Rauchkoloß auf der Stadt und ließ niemanden an seine Beute. Dieses Bild änderte sich in den ersten beiden Tagen kaum. Das Lodern der Flammen ließ aber etwas nach. Waren die schwarzen Rauchwolken bisher orange beleuchtet, färbten sie sich später dunkelrot. Diese Rauchwolken, genauso wie der alles überlagernde penetrante Gestank, erinnerten uns Tag und Nacht an das unerbittliche Geschehen. Viele Königsberger waren durch die Angriffe so verschreckt, daß sie nicht nur die Stadt, sondern auch das Land verließen. Die Trauer um das Geschehene erfüllte alle. Obwohl ich die Niederlage Hitlers herbeisehnte – denn nur die Kapitulation Hitlers konnte meine Freiheit und das Ende des Krieges bringen –, beklagten wir Königsbergs Schicksal aus tiefster Seele. Ein Schicksal, das allerdings vorher schon polnische, russische und französische Städte erfahren mußten – zum Beispiel Warschau, aber auch Coventry in England und Rotterdam in Holland. Früher dachten wir doch, daß Städte uns immer überleben – wie sie vergangene Generationen überlebt haben –, daß sie ständig weiter wachsen, unsterblich sind. Doch in jenem Moment begann das Ende der 690jährigen Geschichte Königsbergs, begann das Sterben einer Stadt, die alles, was für sie charakteristisch war, für alle Zeiten verlor.

[…]

Bevor es aber endgültig soweit war, mischten erst einmal Ruß und Asche die Farben schwarz und silbergrau; sie waren lange noch durchsetzt vom Rotorange glühender Reste und später vom Rostrot der nackten Ziegel. Nach Tagen erst – als die Hitze nachgelassen hatte – konnte man durch die breiteren Straßen in die Ruinenstadt hineingehen. Überall drohte Einsturzgefahr. Ich mußte Sperrposten passieren, denn Unbefugten war der Zugang verwehrt. Aber wir Arbeiter kriegswichtiger Betriebe besaßen natürlich Passierscheine. Als ich die Fabrik erreichte, standen trotz vieler Schäden noch die Mauern. Treppen und Stockwerke waren begehbar. Man konnte sofort erkennen, daß hier eine Instandsetzung möglich war. Schon am selben Tag begannen wir zusammen mit einer Gruppe französischer Kriegsgefangener die Aufräumarbeiten und Wiederherstellung der Produktionseinrichtungen. Man zwang uns zum härtesten Arbeitseinsatz, und unsere Russenmädchen, die alle überlebt hatten, mußten rund um die Uhr arbeiten. Sie waren in die Außenbezirke geflüchtet, bevor sich die Brände voll entfalteten. Auch ihre Quartiere in den Kellerräumen waren unversehrt geblieben, wenn man von einigen Hitzeschäden absah. Ihre Stockwerkbetten konnten sie benutzen. Der Standort der Fabrik war ja nicht im Zentrum der Stadt, und in diesem Bezirk gab es einige unzerstört gebliebene Häuser, unversehrte Untergeschosse oder Straßenecken. Sogleich wurden dort wieder Dienststellen oder alle möglichen Betriebe eingerichtet.

[…]

Die Sternträger unter den Arbeitern wurden immer weniger. Nach und nach hatte man die meisten deportiert und wahrscheinlich bereits getötet. Ich erinnere mich an Olaf Boenheim und Bernd Levy, die einige Jahre älter waren als ich. Ihre christlichen Mütter bewahrten sie und ihre Väter vor sofortiger Deportation. Auch Herr Weinberg arbeitete irgendwo und besuchte uns ab und zu. Dabei ließ er sich von mir auf der Geige vorspielen und spielte dann selber auf unserem schönen Blüthner-Flügel. In jener Zeit war er der einzige, an dessen Besuch ich mich erinnern kann. Schon lange trauten sich ja Vaters Bekannte und Freunde nicht mehr, einen Haushalt zu besuchen, in dem es Juden gab. Der Terror von Partei und Gestapo hatte solche Formen angenommen, daß alle die Angst beherrschte. Es fehlte nicht an Vokabeln, die harmloses Tun in Landesverrat, Wehrkraftzersetzung, Kollaboration mit Volksfeinden, Rassenschande, Spionage usw. ummünzten. Auf all das stand die Todesstrafe. Den bösen Intrigen vieler waren dadurch keine Schranken gesetzt. Erst kurz vor dem völligen Zusammenbruch änderte sich das. Jetzt aber grüßte selbst mein Vater ängstlich mit ›Heil Hitler‹, aus Furcht vor all den Menschen, die ihm schaden konnten. Immerhin war der Hitlergruß obligatorisch. Mich aber machte diese ewige Angst wütend. Manchmal verachtete ich Vater dafür. Unser Verhältnis verschlechterte sich immer mehr. Er gab mir auch keine Ratschläge oder Ermutigungen bei meinen Bemühungen um Fortschritte auf der Geige. Dabei war er ein anerkannter Lehrer. Vater kapselte sich ab und ignorierte in zunehmender Weise das Tagesgeschehen und meine Meinung dazu. Mich ärgerte das; es kam zu erbitterten Wortwechseln.

Ein Problem wurde die Nahrungsmittelbeschaffung. Von den uns Juden zugestandenen Rationen konnten wir nicht mehr leben. Die Lebensmittel, die Vater für seine Lebensmittelkarten bekam, mußten auf drei Personen verteilt werden. Wir begannen zu hungern und sehr abzumagern. Da brachte mir Klaus eines Tages ein junges Kaninchen, für das ich auf unserem Balkon einen Stall baute und eifrig Grünfutter suchte. Zu Weihnachten sollte es dann einen richtigen Festbraten geben. Aber sehr bald freundete ich mich mit dem Tier an und liebte es inniglich. Es durfte frei in der Wohnung herumlaufen, und dabei pinkelte es mit Vorliebe auf die Betten – das war ihm nicht abzugewöhnen. So mußten wir es wieder einsperren.

[…]

Die mit unermüdlicher Propaganda wachgehaltene Hoffnung auf den Sieg verhinderte seit langem, das dringend Notwendige zu tun. Ob Generäle oder Zivilbehörden, Soldaten oder Zivilisten, jede Stunde des blinden Gehorsams kostete weitere Tausenden das Leben und brachte die Zerstörung von immer mehr deutschen Städten. Daß nun auch alle

Deutschen um ihr Leben bangen mußten, vermehrte aber nicht unsere Überlebenschancen als Sternträger – im Gegenteil. Zusätzlich zum Vernichtungsprogramm der Nazis bedrohte auch das Kriegsgeschehen unser Leben. Was wird geschehen, fragten wir uns, wenn Ostpreußen zum Schlachtfeld wird? Die wiederum von Ostpreußens Boden aus überfallenen Russen werden keine Unterschiede machen zwischen mehr oder weniger Schuldigen. Schon gar nicht ihre Granaten und Kugeln. Doch bis es dazu kommt, wird man sicherlich alle Sternträger ›ausgemerzt‹ haben. Die hierfür erforderlichen Anordnungen waren bereits ausgearbeitet worden.

Im Oktober 1944 besetzten die Russen das Memelland und kesselten damit die in Kurland stationierten Divisionen ein. Die Lage wurde kritischer, und eine Stadt nach der anderen ging nach harten Kämpfen verloren. Königsberg glich immer mehr einer Frontstadt, einem Heerlager. Der Wehrmachtsbericht vom 19. Oktober 1944 lautete:

Die Schlacht an der ostpreußischen Grenze zwischen Sudauen und Schirwindt dauert mit steigender Heftigkeit an. Eydtkau ging verloren, aber unsere tapfer kämpfenden Truppen verhinderten den von den Sowjets erstrebten Durchbruch. In der dreitägigen Schlacht wurden bisher 250 feindliche Panzer vernichtet.

Und am 23. Oktober:

Zwischen Sudauen und Goldap gelangen den Bolschewisten tiefere Einbrüche. Nach schweren Straßenkämpfen ist Goldap in Feindeshand gefallen. Südlich Gumbinnen unterbrachen die Grenadiere im Rücken der vorgedrungenen Sowjets deren Nachschubstraße. Durchbruchsversuche der Bolschewisten beiderseits Ebenrode sind blutig gescheitert. In der siebentägigen Schlacht in diesem Kampfraum wurden bisher 616 feindliche Panzer abgeschossen oder erbeutet. Angriffe der Sowjets gegen den Brückenkopf Memel blieben erfolglos.

Diese Berichte zeigen deutlich, daß der Sturm auf Ostpreußen in vollem Gange war. Schlimme Vorahnungen bemächtigten sich vieler, und die Gerüchteküche sorgte für zusätzliche Beunruhigung.

Ende Oktober oder Anfang November tut Herr Mendelsohn sehr geheimnisvoll. Nimmt mich am Arm und sagt: »Du hast doch gute Ohren, komm einmal mit nach oben, ich will dir etwas zeigen.« Wir gehen ins Obergeschoß. Er öffnet ein Fenster nach Osten, und mit leuchtenden

Augen flüstert er: »Nun streng dich einmal an und horch in den blauen Himmel hinaus. Was kannst du hören?« Ich muß mich sehr konzentrieren, aber dann höre ich es deutlich. Wie ein pausenloses Gewitter rollt und rumort es ununterbrochen in großer Ferne. Zwar sehr leise, aber unheimlich drohend. Ich überlege angestrengt, was es sein könnte. Ein solches Gewitter, und dazu bei blauem Himmel, kann es gar nicht geben. Außerdem scheint dieser Donner niemals aufzuhören. »Das ist Schlachtenlärm, noch sehr weit weg, doch deutlich zu hören. Hurra, die Russen kommen.« An dieses Hurra werde ich noch mit Bitterkeit zurückdenken. Ein Hurra brachte später keiner mehr über die Lippen, und Herr Mendelsohn wird die Russen gar nicht mehr erleben.

Natürlich verbanden wir damals große Hoffnung mit dem Kommen der Russen. Es schien uns die einzige Möglichkeit, Hitler loszuwerden. Immer wenn ich Zeit dazu hatte, lief ich ans Fenster, um mir das unheimliche Grollen anzuhören. Ich wollte mich ständig versichern, daß es kein Irrtum war. Angestrengt lauschte ich auf jede Veränderung der am fernen Horizont rumorenden Geräusche. Es war aufregend. Einmal glaubte ich, den Schlachtenlärm näher, einmal wieder entfernter zu hören. Dann überhaupt nicht. Mich stärkte neuer Mut.

Unverkennbar veränderte sich auch die Einstellung unserer Peiniger, wenigstens einiger unter ihnen. Herr Täuber wurde freundlicher, Blockwart Rogalli unsicherer. Deutlich spürte man ihre aufkommende Angst. Die Russen waren bis Gumbinnen, ja Insterburg vorgestoßen, und es wurde erbittert gekämpft. Sie hatten den Krieg auf deutsches Gebiet gebracht. Das war eine Situation, die dem bisherigen Hochmut und allen Siegesparolen entgegengesetzter nicht sein konnte. Die Verwirrung wuchs, Zweifel nagte, der Zusammenbruch stand bevor.

Ostpreußische Passion

MARGRET KUHNKE

Jeden Abend, sobald es anfängt zu dunkeln, grollt es im Osten. Bald schwächer, bald stärker zerrt es an den Nerven – dieses unheimliche Donnern, das von allen Seiten zu kommen scheint, und gegen das man machtlos ist. Ich wage kaum mehr hinauszugehen. Das Bild verfolgt mich dann Tag und Nacht: ein blutroter Himmel, der hier und da ins Schwarze übergeht, einige tröstliche Sterne über mir, eine weiße, froststarrende Ebene, die einem Leichentuch ähnelt. Wenn das Grollen an Stärke zunimmt, bebt leise die Erde, und das Haus nimmt dieses Beben auf und gibt es den Nerven weiter. Ich kann das infernalische Rot nicht mehr sehen.

Seit dem Sommer 1944 ziehen unablässig zurückkehrende Soldaten und Flüchtlinge Nacht für Nacht die Straße nach Königsberg. Am Tag ist der Spuk verflogen. Als Königsberg Ende August 1944 in zwei Nächten durch die amerikanische und englische Luftwaffe vernichtet wurde, färbte sich der Himmel blutrot, und der Rauch zog bis zu uns. Seitdem loderte der Himmel von den Bränden der Städte Tilsit und Insterburg, und ich sah es und blieb zu Hause trotz aller Warnungen. Man verläßt nicht so schnell seine Heimat. Plötzlich ist auch Wehlau voll von Flüchtlingen. Rinderherden stehen in den Straßen und jammern danach, gemolken zu werden. Jede Nacht fahre ich hoch; schon wochenlang quälen mich dieselben Visionen: Panzer rollen über das weiße Leichentuch, sinken in die lächerlichen Gräben, die wir ›als Schutz‹ ausheben mußten. Die russischen Walzen zermalmen alles, was sich ihnen in den Weg stellt. Ich sehe mich sterben – und wache schweißgebadet auf. Meine Hand tastet nach dem warmen Kinderkörper von Gisela, die neben mir schläft. Unruhig wirft sie sich herum. »Keller?« murmelt sie schlaftrunken. Ich kann die Spannungen nicht mehr ertragen und beschließe, am nächsten Tag mit meiner 76jährigen Mutter und der 12jährigen Gisela wegzufahren, ehe es zu spät ist. Und kann es doch wieder nicht! Die Heimat läßt mich nicht los. –

Die Front rückt immer näher. Die Nächte sind ausgefüllt mit Pferdegetrappel der Truppen, der endlosen Flüchtlingstrecks. Leise – leise – geheimnisvoll geht alles vor sich. Hier blitzt eine Taschenlampe auf, dort weint ein Kind. Ein verlassenes Kälbchen steht in unserm Garten und begreift nicht, warum es aus seinem warmen Stall hinaus mußte in diese gräßliche Kälte. Ein Schlag läßt unser Haus am 2. Weihnachtsfeiertag erschüttern. Die Brücke, die einzige Verbindung nach Westen über die Alle, ist gesprengt. Es bleibt der schmale ›Eiserne Steg‹ der Eisenbahnbrücke, auf der wir den Bahnhof erreichen können. Drei Wochen später, an einem frostklaren Sonntag, dröhnen die Glocken: »Rettet Euch! Flieht!«

Die Front ist in nächster Nähe. Jeden Augenblick können die ersten russischen Panzer drüben am Waldesrand auftauchen. Jetzt gibt es kein Halten mehr. Die Tür unserer Wohnung schließt sich zum letzten Mal hinter uns. Ein Menschenstrom verstopft den ›Eisernen Steg‹. Nur schrittweise kommt man vorwärts. Der Schnee liegt meterhoch und erschwert das Gehen. In den eisernen Verstrebungen der Brücke hängen unsere Pioniere und legen Zeitzünder in die Bohrlöcher, um die Brücke zu sprengen. »Beeilt Euch! Schnell!« rufen sie uns zu. »Die Russen sind bereits im Wehlauer Wald. Sobald der erste Panzer drüben auftaucht, sprengen wir die Brücke.«

Angstvoll sehe ich nach den dunklen Tannen, die unser Schicksal in sich bergen. »Lieber Gott!« flehe ich. Mehr nicht – ich kann nur die zwei Worte denken. Wir sind mitten auf der Brücke eingeklemmt. Menschen kommen uns entgegen in panischer Flucht. Schritt für Schritt kämpfen wir uns vorwärts. Endlich ist es geschafft. Der Weg zum Bahnhof ist frei. Ich werfe einen angstvollen Blick zurück. Liebes kleines Wehlau! Du bist dem Untergang geweiht und mit dir all die Menschen, die nicht mehr fliehen können.

Auf dem Bahnhof steht ein Güterzug. Wir sitzen auf dem Boden, und nach endlos langer Zeit fährt der Zug ab. Ich atme auf. Mutter und Gisela sind bei mir – mehr will ich nicht. Zwei winzige Koffer bergen unsere ganze Habe. Zu der Strecke, für die ein D-Zug ca. 30 Minuten braucht, schleicht unser Güterzug sechs und mehr Stunden. Es will kein Ende nehmen. Kälte dringt durch alle Ritzen und läßt uns erstarren.

Auf freiem Feld vor Königsberg werden wir ausgeladen. Und da stehen wir im Dunkeln mit den Schemen von Menschen, die wie Tote umhergeistern und auch nicht Weg und Richtung wissen. Plötzlich fährt der Güterzug davon. Und da erkennen wir, daß wir mitten auf Geleisen stehen. Munitionszüge rollen dicht an uns vorbei, verschwinden gespenstig. Wir tasten uns vorwärts. Meine Mutter fällt einige Male über die niedrigen Telefondrähte, die nicht zu sehen sind. Endlich stolpern wir auf ein Wärterhäuschen zu. Ein Beamter weist uns den Weg, und völlig erschöpft erreichen wir am frühen Morgen den Bahnhof in Königsberg.

Er ist kaum wiederzuerkennen. Geängstigte Menschen kauern auf den Fliesen, dichtgedrängt, als suchen sie Schutz vor dem Drohenden, das jeden Augenblick über sie hereinbrechen kann. Nur mühsam kämpfen wir uns durch dieses Chaos. Wir treffen die Frau eines Studienrats aus der Parkstraße, und ich erkenne erschreckt, daß sie den Ereignissen nicht mehr gefolgt ist: ihr Geist ist vollkommen verwirrt. Sie weiß weder ihren Namen, noch wer wir sind. Vielleicht ist sie glücklicher als wir, die wir der drohenden Katastrophe nur allzu real gegenüberstehen.

Wir dürfen schlafen und ausruhen. Eine Bekannte hat uns Asyl gegeben, und die kurze Zeit des Ausspannens gibt Kraft. Königsberg, das durch die bei den Großangriffe nur noch ein Trümmerhaufen ist, kann kaum die Flüchtlinge fassen. Gerüchte kursieren, die eine ungute Atmosphäre schaffen. Zwischen den Trümmern sucht man noch nach Lebenden, aber nur Tote werden geborgen. Über uns kreisen und heulen Tiefflieger. Dazu scheint aus tiefblauem Himmel die unbarmherzige kalte Wintersonne, und der Schnee funkelt und knirscht.

Gerüchte jagen uns von einem Ende der Stadt zum anderen. Aber nirgends ist ein Ausweg. Wir erfahren nur, daß die Front bei Wehlau liegt, und daß erbitterte Panzerkämpfe um die Stadt toben.

Die Haberberger Kirche erhebt sich hoch und dunkel in den Himmel. Frauen und Kinder hat sie bei sich aufgenommen, und wo man sonst Gottes Wort hörte, liegen ermattet Kinder, stillen Frauen ihre Säuglinge, werden Sterbenden die Augen zugedrückt und wird neues Leben geboren. Christus am Altar schaut auf ein ständiges Werden und Vergehen, Kommen und Gehen.

Seit acht Uhr früh stehen wir im überfüllten D-Zug, der von Königsberg nach Danzig gehen soll, und jetzt ist es drei Uhr! Noch ist keine Lokomotive zu sehen, und die wildesten Gerüchte lassen eine Panik aufkommen. Das Grollen und Donnern verstärkt sich, und plötzlich heißt es: »Die Russen sind bereits In Elbing! Wir sind eingekesselt! Der Weg nach Westen ist nicht mehr frei!« Ich mache mir die heftigsten Vorwürfe. Warum nur bin ich nicht früher gefahren? Es bleibt keine Zeit zum Klagen, jetzt heißt es handeln.

Wir wandern nach Juditten zu Mutters Freundin. Ein schmaler Streifen zwischen Königsberg und Pillau soll noch frei sein und in diesen Engpaß ergießt sich der Strom der Flüchtenden. Unterwegs machen wir Rast in einem Auffanglager, damit wir ›registriert‹ werden. Warum eigentlich? Jede Ordnung hat aufgehört. Wir hören auch, daß »man von dort nach dem Hafen Pillau gebracht werden soll. Wie schnell lerne ich, auf dieses ›man soll‹ nicht mehr zu achten. In Zukunft ergreife ich selbst die Initiative und folge der inneren Stimme, die mir hilft.

Wir sitzen auf Stroh im Lager, treffen Bekannte, die schon tagelang auf Abtransport warten. Ich sehe, wie Mutter und Gisela erschöpft und erfroren sind und mache mich auf, um meine Freundin um Unterkunft zu bitten. Als ich über die Eisenbahnbrücke gehe und wie gedankenlos in die weiße, glitzernde Weite schaue, sagt plötzlich eine Stimme zu mir: »Nicht weitergehen!« Gleichzeitig legt es sich wie ein Reifen um meine Füße. Erschrocken fahre ich zurück. Niemand ist zu sehen. Mein Herz klopft zum Zerspringen. »Lächerlich«, sage ich zu mir, und gehe energisch weiter. Und wieder ist es dieselbe Stimme, die noch dringlicher mich zum Umkehren zwingt. Erst als ich bei Mutter und Gisela bin, löst sich die Spannung in einem Weinkrampf. Viel später erfahre ich, daß meine Freundin in ihrem Haus einem Volltreffer zum Opfer gefallen ist.

Wir sind in Juditten bei Mutters Freundin, um uns auf dem Weg nach Pillau, dem rettenden Hafen, auszuruhen, als uns die Schreckensnachricht erreicht, daß die Russen Königsberg eingekesselt haben.

Unaufhörlich kreisen Tiefflieger, deren Lärm ich schon von Wehlau kenne, und werfen ihre Bomben wahllos ab. Wir kauern uns voll Angst in den dunkelsten Winkeln des Hauses zusammen, damit wir gemeinsam sterben. Und immer noch scheint diese kalte Sonne auf die weißen Schneemassen. Nachts glitzern und funkeln die Sterne, leuchten die Geschoßspuren am Himmel, und von allen Seiten flammt es rot und drohend. Unsere Nerven sind zum Zerreißen, wir wissen keinen Ausweg mehr und warten nur noch ergeben auf unsere Todesstunde.

Lieber Gott, ich will noch nicht sterben! Hinter diesem strengen Winter muß doch ein Frühling kommen!

Und ich soll das nicht mehr erleben dürfen?

Eines Nachts beginnt das Inferno. Der Sturm auf Königsberg setzt mit einem Konzert der ›Stalinorgeln‹ ein. Es dröhnt, es pfeift, das ganze

Haus zittert, wenn Treffer in der Nähe einschlagen. Die Nacht ist erfüllt mit Tosen und Krachen – die Hölle ist los. Stundenlang liegen wir erstarrt, unfähig zu denken. Der Morgen bringt ein Abklingen, und wir fallen in tiefen Erschöpfungsschlaf.

Am Morgen ist unser Garten voll von deutschen Soldaten und Munitionswagen. Sie haben den Weg nach Pillau freigekämpft. Ein Hoffnungsstrahl für uns Eingeschlossene. »Meine Tochter ist auch so klein wie Ihre«, sagt ein Soldat und fährt Gisela über den Kopf. »Sagen Sie es niemand, aber halten Sie sich um 2 Uhr bereit. Unsere Panzer haben den Befehl, nach Pillau vorzustoßen. Ich nehme Sie mit. Ob wir durchkommen oder in der Hauptkampflinie landen, weiß Gott allein!« Russische Tiefflieger haben uns entdeckt, als wir im Panzer sitzen, und schon werfen sie ihre Last auf uns herab. Ein Panzer wird getroffen, der Fahrer fällt lautlos um. Hinter uns beginnt die Hölle zu toben. Blutrot leuchtet der Himmel, und wir fahren immer noch. Schritt für Schritt geht es vorwärts. Um Mitternacht sind wir in Pillau, dem Hafen, der für uns die Rettung bedeutet. Der Fahrer setzt uns irgendwo ab, und die Dunkelheit verschlingt ihn.

Pillau ist eine Stadt des Unterganges, der Korruption, des Typhus, des Raubens, des Mordens. Die Lager sind überfüllt. In den Straßen schieben sich die Menschen. Panzer, Pferde, Soldaten, Kinder rennen und stoßen. Irgendwo soll es Wasser geben. Es ist verseucht. Kein Licht, kein Gas, nur Schneewasser. Es taut, und man watet durch Wasserlachen. Vor uns liegt das Haff und jenseits beginnt die Nehrung. Sie ist unbefahrbar, aber trotzdem wirkt sie als Rettung, weil sie sich bis Danzig hinzieht. Ich fahre entsetzt vor jedem Auffanglager zurück. Die Menschen liegen tatsächlich im Wasser. Wir tasten uns eine dunkle Straße entlang und kommen zu einer Villa. Sie nimmt uns auf, denn eine Tür besitzt sie nicht mehr. Wir tasten uns vorwärts. Auf einem Sofa ist ein Plätzchen frei. Dunkle Gestalten sitzen und schlafen. Wir versinken in das Nichts, hören nicht, daß Bomber über uns kreisen, hören nicht die Einschläge – nichts. Am Morgen sind die Gestalten fort. Wir sind allein in der Villa.

Schon tagelang haben wir nichts Warmes gegessen und getrunken. Wir suchen nur etwas noch – weißen Schnee, um den Durst zu löschen. Unsere Schuhe sind durchnäßt, und wir frieren – frieren –.

Von jetzt ab überstürzen sich die Ereignisse. Man jagt uns vier Kilometer zu Fuß nach einem Hafenbecken. Auf weißer stürmischer See schwankt das Lazarettschiff ›Monte Rosa‹. In der Frühe des nächsten Tages ›soll‹ sie mit Verwundeten und Flüchtlingen auslaufen. Wir warten in einem kellerähnlichen Durchgang, bis wir völlig vor Frost erstarrt sind. Dort finden uns Soldaten. Sie nehmen uns in ihre Unterkunft, und Mutti und Gisela dürfen auf einer Holzpritsche schlafen. Ich sitze den Rest der Nacht auf einem Holzschemel. Von meinem gefrorenen Hut, der Schnee und Nässe aufgesogen hat, tropft es. Stur zähle ich die Tropfen – ein – zwei – drei –. Sie bilden zu meinen nassen Füssen eine kleine Wasserlache. Als der Morgen grau heraufdämmert, stehen wir in langen Reihen und warten, daß wir mit auf einem Schiff verladen werden. Unentwegt schneit es in großen, dicken Flocken. Wir sind eingehüllt in dieses kalte Leinentuch.

Dann fährt die ›Monte Rosa‹ ohne uns. Auch die anderen Schiffe sind fort. Vor uns liegt drohend und schäumend das Meer. Woher haben wir nur die Kraft, uns nach Pillau zurückzuschleppen? Unterwegs nimmt uns ein Sanitätsfuhrwerk mit. Ein scheues Pferd zieht den zweirädrigen Wagen. Mutti und Gisela sitzen auf weichen Säcken, weiß Gott, was da drin ist. Ich habe einen Platz fast vorn auf der Deichsel. Die beiden Soldaten halten mich fest. Zum Abschied schenken uns die Soldaten Bonbons. Sie schmecken zwar zum eiskalten Schnee komisch, aber Gisela ist begeistert.

Nun stehen wir wieder in Pillau. Mein Blick fällt zufällig auf das Schild einer Sanitätskompanie, und je mehr ich von den Zahlen auf dem Schild fasziniert werde, erkenne ich sie: diese Kompanie hat ja erst vor kurzem in meines Mannes Schule in Wehlau gelegen. Wir gehen in das Haus und werden sofort in die warme Schreibstube geführt. Die Soldaten freuen sich über das Wiedersehen, wir bekommen die erste warme Mahlzeit nach langer Zeit, und dann dürfen wir auf den Soldatenpritschen schlafen. Aber immer wieder hören wir den dringenden Rat, so schnell wie möglich weiterzufliehen. Zufällig gehe ich hinunter, und vor mir steht eine Flakabteilung, die darauf wartet, über das Haff gesetzt zu werden. Jeder Platz auf den Fahrzeugen ist besetzt; überall weist man mich ab. Erst als ich bis zum Offiziersauto durchdringe und mich als Frau eines Flak-Oberleutnants ausweise, habe ich

Sekunden später für meine alte Mutter und Gisela einen Platz. Und mit Hilfe eines Sanitäters, der uns noch mit Lebensmitteln versorgt, sitzen wir ›wohlgeborgen‹ auf einem LKW inmitten von Granaten und Panzerfäusten. Ich stelle fest, daß wir eine wirklich angenehme Reisegesellschaft haben! Wir warten und warten. Sind es zwei Stunden oder mehr gewesen, bis sich die Autoschlange langsam auf das Haff zubewegte? Auf jeder Fähre werden 4 LKW befestigt, die Räder hängen zum Teil halb im Wasser. ›Nur schnell-schnell« heißt die Losung. Ob ein LKW versinkt oder nicht, was spielt das für eine Rolle inmitten des großen Sterbens? Wir fahren. Das Wasser schäumt grau und dunkel um uns. Und doch ist es unsere Rettung. Langsam lassen wir Ostpreußen, meine geliebte Heimat, hinter uns.

Ostpreußisches Tagebuch

HANS GRAF VON LEHNDORFF

Insterburg
Sommer 1944 bis 20. Januar 1945

Noch einmal, ehe die Kriegswalze darüber hinging, entfaltete sich meine ostpreußische Heimat in ihrer ganzen rätselvollen Pracht. Wer die letzten Monate mit offenen Sinnen erlebte, dem schien es, als sei noch nie vorher das Licht so stark, der Himmel so hoch, die Ferne so mächtig gewesen. Und all das Ungreifbare, das aus der Landschaft heraus die Seele zum Schwingen bringt, nahm in einer Weise Gestalt an, wie es nur in der Abschiedsstunde Ereignis zu werden vermag.
Die Vorboten der Katastrophe machten sich bereits in den letzten Junitagen 1944 bemerkbar – leichte, kaum ins Bewußtsein dringende Stöße, die das sonnendurchglühte Land wie von fernem Erdbeben erzittern ließen. Und dann waren die Straßen auf einmal überfüllt mit Flüchtlingen aus Litauen, und herrenloses Vieh streifte quer durch die erntereifen Felder, dem gleichen unwiderstehlichen Drang nach Westen folgend.

Noch war es schwer zu begreifen, was da geschah, und niemand durfte es wagen, seinen geheimen Befürchtungen offen Ausdruck zu geben. Aber als der Sommer ging und die Störche zum Abflug rüsteten, ließ sich das bessere Wissen von dem, was bevorstand, nicht länger verborgen halten. Überall in den Dörfern sah man Menschen stehen und zum Himmel starren, wo die großen vertrauten Vögel ihre Kreise zogen, so als sollte es diesmal der letzte Abschied sein. Und jeder mochte bei ihrem Anblick etwa das gleiche empfinden: ›Ja, ihr fliegt nun fort! Und wir? Was soll aus uns und unserem Land werden?‹

Nicht lange danach kamen riesige Viehherden an den Flußläufen entlang und sammelten sich in dem flachen Tal, das vom Pregel in vielen Windungen durchflossen wird. Sie waren aus dem östlichsten Teil der Provinz abgetrieben worden und standen nun, einen überwältigenden Anblick bietend, zu Tausenden in den weiten Wiesen. Dort gab es zunächst noch Futter genug. Wer aber näher heranging und die Tiere im einzelnen beobachtete, dem krampfte sich jetzt schon das Herz zusammen. Ohne Beziehung zueinander, den Menschen als Feind ansehend, so stolperten sie durch das Land, traten die Zäune nieder, brachen hemmungslos in Koppeln und Gärten ein und fraßen Büsche und Bäume kahl. Sie schienen aus einem Lande zu kommen, in dem es keine Ordnung gab. Dabei konnte man es vielen noch ansehen, daß sie aus hervorragenden Zuchten stammten. Aber das Schützende, das sie zur Herde machte, war schon von ihnen gewichen.

In den Nächten sah man zu dieser Zeit die östlichen Grenzstädte wie auf der Landkarte vor sich aufgereiht. Memel, Tilsit, Schirwindt, Eydtkuhnen – das waren die hellsten, wieder und wieder unter Bombeneinschlägen aufzuckenden Punkte im Verlauf einer im Bogen von Norden nach Süden ziehenden Feuerlinie. Und eines Tages wurde bekannt, daß die Landesgrenze preisgegeben worden sei. Zwanzig, dreißig Kilometer war der Feind schon darüber hinaus, dann kam die Front noch einmal zum Stehen. Wie es dahinter aussah, wußte niemand zu sagen. Man konnte nur hoffen, daß keiner zurückgeblieben sei, denn was aus einigen vorgeschobenen Orten berichtet wurde, die der Feind nach kurzer Besetzung wieder aufgegeben hatte, ließ das Blut erstarren.

Ein paar Tage noch unermeßliches Flüchtlingselend auf allen Straßen – dann trat auf einmal Ruhe ein, eine fast unbegreifliche Ruhe. Das Dröhnen der Front verstummte, die Feuer erloschen, sogar die nächtlichen Störflugzeuge blieben aus. Wie verzaubert lag das verlassene

Land mit seinen Höfen und Dörfern im Glanze eines unvergleichlichen Herbstes da, Erlebnisse von unergründlicher Tiefe den wenigen bietend, die aus weiter westlich gelegenen Kreisen wiederkehrten, um noch etwas aus ihrem Hause zu holen oder um zurückgelassenes Vieh zu versorgen.

Unheimlich still blieb es auch dann noch, als die Novemberstürme das Land schon kahlgefegt hatten und der Frost das letzte Gras auf den Wiesen erstarren ließ. Meilenweit über die Felder verteilt, an den Straßen und Bahnstrecken sah man jetzt, einzeln oder in kleinen Gruppen, all die verwilderten Kühe stehen, kaum einer Bewegung mehr fähig, mit vertrocknetem Euter und hochgezogenem Rücken, drohend und anklagend. Und als der erste Schnee fiel, sanken sie, eine nach der anderen, lautlos in sich zusammen.

Weihnachten kam und konnte von allen, die noch in ihren eigenen Häusern saßen, fast wie im Frieden gefeiert werden. Sogar Jagden wurden veranstaltet, und Menschen trafen sich, um noch einmal in altgewohnter Weise das Jahr miteinander zu beschließen.

Vierzehn Tage später war alles vorbei. Drei Monate hatte der Russe sich Zeit gelassen, den letzten Sturm vorzubereiten – nun brach er mit voller Gewalt herein.

13. Januar

Morgens gegen sieben Uhr weckt mich ein gleichförmiges Rollen und Dröhnen. Die Fensterscheiben vibrieren. Es hört sich an, als stünden viele schwere Wagen mit unentwegt laufenden Motoren um das Haus herum. Im Dämmerlicht ist noch nichts zu erkennen. Ich stehe am Fenster und sammle meine Gedanken. Dies kann nur das Ende bedeuten.

Gegen Mittag wird das Rollen so stark wie Lawinenfall. Luftstöße kommen, vor denen man den Atem anhält. Die Menschen sehen einander bedeutungsvoll an und versuchen, sich mit der Vorstellung zu trösten, das könne nur die Wirkung unserer neuen Wunderwaffe sein.

Später wird es ganz plötzlich still. In der Abenddämmerung kommen Flugzeuge. Drei, vier Jäger stoßen aus den grauen Winterwolken herab, nehmen den Bahnhof, den Flugplatz unter Feuer. Weitere folgen. Es entwickeln sich Luftkämpfe – nach wenigen Minuten ist der Spuk vorbei.

17. Januar

Die Russen sind an vielen Stellen durchgebrochen und rücken vor. Gumbinnen brennt. Nachts ist der ganze Osten ein Flammenmeer. Einzelne Flugzeuge kommen bis zu uns und werfen Leuchtschirme. Wir haben alle Patienten, die sich noch im Hause befinden, in die unterste Etage gebracht. [...]

19. Januar

[...] Im allgemeinen herrscht immer noch die Vorstellung, der Führer verfolge einen bestimmten Plan mit der Art von Kriegführung, bei der er jetzt angelangt ist. Und die Tatsache, daß die Russen bereits an der Oder stehen und wir nur noch wie auf einer fernen Insel leben, wird kaum als Wirklichkeit empfunden. Das erlebt man alle Tage in teils gespenstischer, teils humorvoller Weise. So hat zum Beispiel die Wiedereröffnung der Bank große Beruhigung ausgelöst. Die Möglichkeit, wieder Geld einzuzahlen und abzuheben, beweist offenbar zur Genüge, daß es mit uns nicht so schlimm stehen kann.

Ähnlich ist das, was ich im Gespräch mit einer unserer Schwestern erlebe. Sie ist jahrelang Gemeindeschwester in L. gewesen, und ich werfe die Frage auf, wie es dort jetzt wohl unter den Russen aussehn mag. Sie sieht Dich sprachlos an; die Russen in L.? Das ist doch wohl nicht gut möglich. Und ich habe den Eindruck, als verhielte sich die Schwester mir gegenüber seitdem wesentlich reservierter.

Bezeichnend ist auch folgendes Erlebnis: Auf dem Wege zur Kinderklinik, wo noch eine Menge Patienten eingegipst im Bunker liegen, begegne ich vielen Pferdefuhrwerken, die mit Menschen beladen in westlicher Richtung fahren, ein Bild, das man schon wochenlang nicht mehr gesehen hat. Ich frage eine der Diakonissen im Bunker, was die Leute wohl bewogen haben könnte, ihre Häuser gerade jetzt zu verlassen, wo es einigermaßen ruhig geworden sei, um den gefährlichen Weg nach Pillau anzutreten. Sie nennt mir folgenden Grund: »Erst wollten sie ja nicht. Aber nun hat man ihnen wohl Angst gemacht, die Engländer möchten kommen und alles mit Bomben verwüsten – nun gehn sie.«

General von Thadden, der als Kommandeur der sogenannten 1. Division – von der ich nicht weiß, wieweit sie überhaupt existiert – über Stettin nach Königsberg gekommen ist, erzählt mir bei meinem Besuch in seinem Bunker im Postpräsidium eine ähnliche Geschichte: Ein Königsberger Maler hat ihn aufgesucht und begeistert von den vielen Anregungen gesprochen, die ihm als Künstler jetzt in Königsberg geboten würden. Ganz beeindruckt hat der General ihm seine Anerkennung ausgesprochen und ihn so nebenbei gefragt, wo er denn seine Familie hingeschickt hätte. Oh, die wäre noch zu Hause und es ginge allen gut. »Aber schießt es denn dort nicht zu sehr? Die Russen sind doch keine tausend Meter von Ihnen entfernt.« »Das wohl. Oben ist schon zweimal hineingeschossen worden. Aber wir wohnen ja parterre.« Und als der General ihn dann vorsichtig fragte, ob er seine Frau und Kinder nicht doch lieber aus der Stadt hinausbringen wolle, solange es noch möglich sei, bekam er ganz treuherzig zur Antwort: »Halten Sie das für notwendig, Herr General?« »Notwendig? Es kommt darauf an, was Sie mit Ihrer Familie im Sinn haben.« Wie sollte er es ihm unauffällig beibringen, ohne als Defaitist verschrien zu werden? Schließlich bedankte sich der Gast für den Hinweis und versprach, die Angelegenheit mit seiner Frau zu besprechen.

Das Radio ist unverwüstlich. Wir erfahren von den furchtbaren Bombenangriffen auf Dresden, hören auch die unverschämte Rede von Goebbels, in der er zugibt, man könne jetzt wie die Römer zwar sagen: Hannibal ante portas – Es habe aber wohlgemerkt nicht nur einen, sondern drei punische Kriege gegeben, und schließlich seien die Römer doch Sieger geblieben.

Bei den Internisten des Lazaretts, die sich neben dem ausschließlich chirurgischen Betrieb immer etwas deplaciert vorkommen, stehe ich in dem Ruf, die feindlichen Flugzeuge anzulocken. Und in der Tat, fast jedesmal, wenn ich ausgehe, ganz gleich ob bei Tage oder bei Nacht, dauert es keine zehn Minuten, und schon sind sie zur Stelle. Man hat mich deshalb bereits ernsthaft ermahnt, mein Ausgehen vorher allgemein bekanntzugeben, damit man sich einrichten könne.

Diese Flieger sind auch wirklich zermürbend. Stundenlang brummen sie einzeln über der Stadt herum und lassen ab und an eine Bombe fallen. Dazu ist unser Lazarett in weitem Umkreis das einzige große

Gebäude, welches als lohnendes Ziel in Frage kommt. Wer nichts zu tun hat, begibt sich nach Möglichkeit in den Keller. Nur Doktora und ihre Schwester sind den Bomben gegenüber von einer fast beleidigenden Gleichgültigkeit. Bei Angriffen sind sie jedesmal in der obersten Etage zu finden, wo sie den Verwundeten Mut zusprechen.

Nur ein einziges Mal erleben wir einen für beide Teile überraschenden Gegenangriff. Ich sehe, wie eine Gruppe anfliegender Maschinen plötzlich auseinanderfährt, als wäre ein Habicht dazwischengestoßen. Ein einzelner Jäger, dreimal so schnell wie die Russen, fegt mehrmals durch das Blickfeld. Eine Maschine fängt Feuer, acht Insassen springen heraus und hängen an Fallschirmen über den Hafenanlagen. Die übrigen Flugzeuge haben das Weite gesucht. Später hören wir, der Jäger habe sie alle der Reihe nach abgeschossen. Wenn das auch stark bezweifelt werden muß, so ist durch diese wirkungsvolle Abwehr doch wenigstens ein gewisses Spannungsmoment in unser Festungsdasein gekommen.

Was gehen einem hier alles für Menschen durch die Hände!

Und was für furchtbare Verwundungen! Das ›Recht auf Gesundheit‹ ist vollständig zur Gnade geworden. Ein paar einzelne, zu denen der Zufall eine besondere Verbindung geschaffen hat, haben wir in unmittelbarer Nähe des Operationsraumes untergebracht, um hin und wieder schnell einmal nach ihnen sehen zu können. Da ist vor allem der neunzehnjährige Sepp, ein bärenstarker Innsbrucker. Er hat ein Auge verloren, und ein Bein mußte hoch im Oberschenkel amputiert werden. Auch das andere Bein ist immer noch in Gefahr. Man hört ihn oft schreien vor Schmerz. Aber wenn man zu ihm kommt, ist er gleich still, und sein ganzer Ausdruck sagt: ›Lieber Doktor, ich weiß, du hast gar keine Zeit, und ich bin ja auch nur einer von vielen, aber bleib einen kleinen Augenblick hier, ich will auch ganz artig sein.‹ Und dann erzählt er, was er alles für Pläne hat, wenn es zum Ski laufen nicht mehr reichen sollte. Und man geht getröstet wieder fort.

Auch ein Gestütswärter aus Trakehnen ist dabei, den wir als Kinder wegen seines waghalsigen Reitens bewundert und geschätzt haben. Er ist bei Lauth als Volkssturmmann auf eine Mine geraten, und ich habe ihm den rechten Fuß und die rechte Hand abnehmen müssen. Er erinnert mich daran, daß ich vor vielen Jahren einmal eine Nacht an seinem

Bett gesessen habe, als er schwer gestürzt war, und gibt seiner Freude darüber Ausdruck, daß er jetzt wieder bei mir gelandet sei.

Was das chirurgische Handeln im ganzen betrifft, so bietet sich täglich und stündlich Gelegenheit, zu erschrecken über das Maß an Verantwortung, welches einem auferlegt wird, und mehr noch über die Plötzlichkeit, mit der man schwerstwiegende Entscheidungen zu fällen sich hat gewöhnen müssen. Was entscheidet da eigentlich in einem? Sind es nur sachliche Argumente, oder spielt nicht auch die Gemütsverfassung eine Rolle, in der man sich gerade befindet? Es kommt vor, daß ich hintereinander zehn Beine amputiere, die ich bis dahin erhalten zu können hoffte.

[...]

Königsberg unter den Russen

[...]

9. April 1945

Morgens gegen fünf Uhr wache ich auf von Stimmengewirr und hastigen Schritten vor meiner Tür. Ich wecke Doktora und bitte sie, sich fertigzumachen. »Was ist?« fragt sie schlaftrunken. »Ich nehme an, die Russen sind da, will schnell einmal nachsehn.« »Die Russen? – Ach, kommen die jetzt? Ich hatte sie schon ganz vergessen.« »Was ist zu machen«, sage ich, »du hast es ja selbst nicht anders gewollt.« Sie nickt mir zu. Ich ziehe meinen weißen Kittel über und trete auf den Gang hinaus.

Czernecki, mein ukrainischer Assistent, kommt mich schon holen zum Empfang der Russen. Die Kranken, an denen ich vorüberkomme, recken die Hälse: »Zwei sind schon durchgelaufen und haben uns die Uhren weggenommen, und die Wally hat schon eins abgekriegt.« Wally, die beherzte kleine Russin, liegt mit blutüberströmtem Gesicht zwischen den Kranken am Boden und rührt sich nicht. Der Russe hat sie, als sie ihm in den Weg trat, am Schopf gepackt und mit dem Gesicht auf den Boden geschlagen. Der Oberkiefer ist gebrochen, mehrere Zähne sind ausgeschlagen. Sie ist bei Bewußtsein, gibt aber keinen Laut von sich.

Am Haupthaus stehen zwei Russen und wühlen in einem Koffer. Ihr Anblick hat etwas Bestürzendes. Ich komme mir vor wie jemand, der auf die Bärenjagd gegangen ist und seine Waffe vergessen hat. Wir gehen auf sie zu, worauf sie von dem Koffer ablassen und sich für uns interessieren. Die Mündung der Maschinenpistole auf dem Leib, werden wir einer gründlichen Untersuchung gewürdigt. Ein Versuch meines Begleiters, sie anzusprechen, mißlingt. Sie reagieren nur mit kurzen knurrenden Lauten und setzen ihr Werk systematisch fort. Inzwischen kommen weitere Russen aus dem Hauptblock hervor, wie Schlittenpferde behängt mit den abenteuerlichsten Gegenständen. Auch sie beschnüffeln uns kurz, meine Füllfeder verschwindet, Geld und Papiere fliegen in der Gegend herum. Meine Schuhe sind ihnen zu schlecht. Dann hasten sie mit kurzbeinigen Schritten über Trümmer und durch Bombentrichter den anderen Häuserblocks zu, in deren Öffnungen sie untertauchen. Ihre Art, sich fortzubewegen, ist in verblüffender Weise nur auf Zweckmäßigkeit eingestellt. Im Bedarfsfall nehmen sie die Hände zu Hilfe und laufen auf allen vieren.

Im Haupthaus sind sie schon fleißig am Werk. Da ich immer wieder stehenbleiben und mich abtasten lassen muß, komme ich in den Gängen unseres Kellers nur wie durch ein Dickicht vorwärts. Aus allen Räumen dringen unterdrückte Protestlaute. Kranke werden aus den Betten gerollt, Verbände entfernt, hier und da größere Mengen Papier abgebrannt, um die Beleuchtung zu verbessern. Überall ist man schon verzweifelt am Löschen. Wir halten vergeblich Ausschau nach einem Offizier, denn wenn das so weitergeht, bleibt nicht viel von uns übrig.

In der Ambulanz wehren sich die jungen Schwestern gegen einige besonders Zudringliche. Ich wage nicht daran zu denken, was alles kommen wird, wenn sie erst sicherer geworden sind. Noch sind sie ausgesprochen hastig und aufs Raffen bedacht. Am eindrucksvollsten zeigt sich das im Wirtschaftsgebäude. Ich stehe sprachlos angesichts der Unmengen von Lebensmitteln dort, die man uns in den Festungsmonaten vorenthalten hat, und gerate nachträglich in Wut über meine Gutgläubigkeit und daß ich mir unser und der Patienten Hungern die ganze Zeit habe gefallen lassen. Nun balgt sich ein wilder, johlender Haufen um die schönsten Konserven, und Vorräte, von denen Hunderte ein ganzes Jahr hätten leben können, werden in wenigen Stunden vernichtet.

In der Mitte des Hauptraums türmt sich ein Haufen zerschlagener Gläser und aufgerissener Büchsen. Säcke über Säcke mit Mehl, Zukker, Kaffee werden darauf entleert. Daneben, halb eingedeckt, liegt ein Toter. Darüberhin turnen die Russen, Soldaten und Zivilisten, immer neue Stapel von hochwertigen Vorräten von den Regalen herunterscharrend. Dazwischen wird geschossen, gegrölt, gestoßen. Ich versuche, mir ein paar heile Gläser herauszufischen, ein Russe schlägt sie mir aus dem Arm.

Im Operationssaal ist Doktora dabei, Patienten zu verbinden.

Ein Schwarm von Schwestern hat sich hierher geflüchtet und täuscht eifrige Hilfeleistung vor. Im Hintergrund treten die Russen auf den verwundeten Soldaten herum, sie auf Uhren und brauchbare Stiefel untersuchend. Einer von ihnen, ein junges Kerlchen, bricht plötzlich in Tränen aus, weil er noch immer keine Uhr gefunden hat. Er hebt drei Finger in die Höhe: Drei Mann will er erschießen, wenn er nicht sofort eine Uhr bekommt. Seine Verzweiflung ergibt den ersten persönlichen Kontakt. Czernecki läßt sich in ein langes Palaver mit ihm ein, und schließlich kommt irgend woher auch noch eine Uhr für ihn zum Vorschein, mit der er glückstrahlend verschwindet.

Das Auftauchen der ersten Offiziere zerstört meine letzte Hoffnung auf ein erträgliches Auskommen. Alle Versuche, sie anzusprechen, schlagen völlig fehl. Auch für sie bin ich nichts weiter als ein Kleiderständer mit Taschen. Sie sehen mich überhaupt nur von den Schultern abwärts. Ein paar Schwestern, die ihnen gerade in den Weg laufen, werden gepackt und hinterhergezerrt, und ehe sie begriffen haben, was gespielt wird, werden sie völlig zerzaust wieder losgelassen. Die älteren müssen zuerst daran glauben. Ziellos irren sie in den Gängen umher. Verstecke gibt es ja nicht. Und immer neue Plagegeister fallen über sie her.

Ich schleiche wie im Traum durch unsere Keller und suche zu begreifen, was Gott hier von mir fordert. Czernecki hat von einem Russen, der sich als ansprechbar erwies, herausbekommen, daß vor Ablauf von sechs bis acht Tagen mit irgendeiner Ordnung nicht zu rechnen sei. Die Stadt sei den Soldaten freigegeben worden. Ich mache mir klar, daß ihnen hier zum erstenmal auf ihrem Feldzug Frauen in größerer Zahl in die Hände gefallen sind, ein Gedanke, der mir schon ganz entglitten war und der mich nun in die nackte Wirklichkeit zurückruft.

Ist es nicht so, daß wir die Verantwortung, die wir in der Belagerungszeit tragen durften, schon in Gottes Hand zurückgelegt haben, uns und die uns Anvertrauten Seiner Gnade befehlend? Nun wird sie uns in untragbarer Gestalt wieder vor die Füße geworfen. Ich hatte erwartet, es würde ein wildes und mit Recht rachsüchtiges Volk über uns hereinbrechen und dabei gleich im ersten Augenblick so viel vernichten, daß der einzelne gar nicht zum Nachdenken kommen würde. Für den, der lebend hindurchkäme, würde die Lage so neu sein, daß sich sein Verhalten darin von selbst ergeben würde. Er könnte dann gewissermaßen ein neues Leben beginnen. Unter das erste hatten wir – sehr voreilig – bereits einen Strich gezogen.

Wie sieht es nun aber mit uns aus? Es hat sich eigentlich nichts geändert, nur daß der Zermürbungsprozeß, der bei den Häusern angefangen hat, nun bei den Menschen weitergeht. Die endgültige Entscheidung über uns ist ausgeblieben. Ich bin so ausgelöscht, daß ich nicht einmal mehr beten kann.

Gleichzeitig erwacht, mir selbst zum Entsetzen, ein ganz neuer Sinn, eine Art von kalter Neugier. Was ist das eigentlich, so frage ich mich, was wir hier erleben? Hat das noch etwas mit natürlicher Wildheit zu tun oder mit Rache? Mit Rache vielleicht, aber in einem anderen Sinn. Rächt sich hier nicht in einer und derselben Person das Geschöpf am Menschen, das Fleisch an dem Geist, den man ihm aufgezwungen hat? Woher kommen diese Typen, Menschen wie wir, im Banne von Trieben, die zu ihrer äußeren Erscheinung in einem grauenvollen Mißverhältnis stehen? Welch ein Bemühen, das Chaos zur Schau zu tragen! Dazu diese stumpfe bellende Sprache, aus der das Wort sich längst zurückgezogen zu haben scheint. Und diese verhetzten Kinder, fünfzehnjährig, sechzehnjährig, die sich wie Wölfe auf die Frauen stürzen, ohne recht zu wissen, um was es sich dreht. Das hat nichts mit Rußland zu tun, nichts mit einem bestimmten Volk oder einer Rasse – das ist der Mensch ohne Gott, die Fratze des Menschen. Sonst könnte mich dies alles nicht so peinlich berühren – wie eigene Schuld.

Wenn's noch die Mongolen wären! Aber mit denen komme ich ohnehin besser zurecht. Sie sind einheitlicher, besser gezogen und darum in ihrer Substanz dem westlichen Geist wohl weniger ausgeliefert. Ihre Wildheit wirkt nicht beleidigend. Es sind drahtige Gestalten unter ihnen mit auffallend zarten Gliedern und einer natürlichen Haltung.

Mit einem Unteroffizier dieser Art bekomme ich auch den ersten menschlichen Kontakt durch Czerneckis Vermittlung. Er will versuchen, irgendeine Befehlsstelle ausfindig zu machen und dort Interesse für unsere Kranken zu wecken. Es sind ja unter ihnen auch eine Menge Ausländer. Ich setze den Rest meiner Hoffnung auf ihn. Wenn er durchkommt und auch wiederkommt, ist vielleicht noch etwas zu retten. Bis dahin müssen wir sehen zu halten, was zu halten ist.

Gegen Abend verwandelt sich unser verzweigter Hof in ein riesiges Zigeunerlager. Hunderte von kleinen Wagen mit struppigen Panjepferdchen davor fahren regellos auf. Überall hocken undefinierbare Gestalten, darunter Zivilisten, auch einige Frauen, um kleine Feuer, über denen auf zwei Ziegelsteinen emsig gekocht wird. Es ist, als befände man sich im tiefsten Asien und als sei es auch hier längst so geplant gewesen. So überwirklich ist alles wie die Bestätigung eines immer wiederkehrenden Traumes. Alle sind mit dem Sortieren der geraubten Sachen beschäftigt. Dazwischen stehen, unbeachtet und in stumpfer Ergebenheit, unsere Patienten mit ihren Angehörigen herum und sehen zu, wie der Inhalt ihrer Koffer verteilt wird. Mir wird schwindlig, wenn ich an die Nacht denke. Zu meiner vorübergehenden Erleichterung fliegt der Schwarm aber plötzlich auf und verläuft sich den Roßgarten hinunter stadteinwärts.

Die Nacht bricht herein, ohne daß unser Mongole zurückkommt. Soweit möglich, versuchen wir, die Kranken weiter zu versorgen. Die Franzosen sind noch da und helfen, wo sie können. Auch ihnen wurde alles weggenommen. Hier und da hat noch einer etwas Eßbares gerettet, ein paar Büchsen Fleisch, etwas Brot – wir teilen es untereinander auf.

Nachts herrscht im Operationssaal ein gespenstischer Betrieb. Bei schwacher Beleuchtung hantieren fünfzehn bis zwanzig vermummte Gestalten, meist jüngere Schwestern, an einem Patienten herum, der auf dem Operationstisch liegt. Ab und zu wird mit großem Personenaufwand ein neuer geholt, um ihn zu verbinden. So viele liegen noch unversorgt herum mit Verwundungen, die schon zwei und drei Tage alt sind. Den Russen ist es hier etwas unheimlich. Sie stehen eine Weile im Nebenraum herum, fassen gelegentlich auch einmal zwischen die Instrumente, um eine Schere wegzunehmen. Aber die Schwestern sind hier doch etwas weniger gefährdet.

Unerwartete Entlastung bringt uns dann noch ein Major, der uns eine Weile zusieht und schließlich von mir verlangt, ihm eine winzige Warze aus dem Gesicht zu entfernen. Schon sitzt er auf dem Operationstisch. Mit theatralischen Gesten werden ihm große weiße Tücher umgelegt, was ihm sichtlich imponiert. Da springt er plötzlich ab und befiehlt seinem Burschen, die Maschinenpistole im Anschlag, neben mir Stellung zu beziehen. Dann nimmt er erleichtert wieder Platz und gibt den Befehl, mit der Operation zu beginnen, deren Notwendigkeit uns stark übertrieben vorkommt. Immerhin hat sie den gewünschten Erfolg: Der Major ist begeistert und verteidigt uns noch eine ganze Zeit gegen neue Eindringlinge. Erst einmal für uns eingenommen, entpuppt er sich als Gemütsmensch.

Wir legen uns abwechselnd auf den Fußboden und schlafen, so gut es geht, die Schwestern zwischen den Verwundeten verteilt. Gegen Morgen läßt sich kaum mehr ein Russe blicken.

10. April

Im Laufe des Vormittags geht es wieder von neuem los. Zeitweilig wimmelt es in unseren Gängen wie im Bienenstock. Von allen Seiten hört man jetzt lautes Frauengeschrei. Schon wieder ist ein neuer Ton in die Teufelsmusik gekommen, deren Ursprung mir noch nicht ganz klar ist. Bisher haben sich die Eindringlinge durch energisches Auftreten immer noch unsicher machen lassen. Sogar Doktora hat durch ihr plötzliches Eingreifen oft die Situation retten können. Aber nun? Wie es scheint, haben die Russen Alkohol gefunden.

Da ist auf einmal unser Mongole mitten im Gedränge am Eingang. Ich falle ihm beinahe um den Hals. Er hat irgendeine verantwortliche Stelle ausfindig gemacht, zu der er uns bringen will. Sofort mache ich mich mit Czernecki auf den Weg. Ein zweiter Russe kommt mit und hilft die Neugierigen abwehren, die uns immer wieder festhalten und durchsuchen wollen. Den Roßgarten hinunter kommen wir in immer größeres Gedränge. Links brennt das Krankenhaus der Barmherzigkeit – ich denke, was sie wohl mit ihren Kranken machen werden, die alle im Keller liegen. – Bis zum Roßgärter Markt hin brennt alles, was bisher noch nicht zerstört war. Die Hitze ist stellenweise so groß, daß man es kaum aushält.

Die Königstraße herauf, über den Roßgärter Markt hinweg und weiter zum Schloß hin wälzt sich eine Riesenschlange einrückender Truppen, in die wir nun hineingeraten. Ich kneife heftig in meinen Oberschenkcl, um mich zu vergewissern, daß dies alles Wirklichkeit ist und kein Traum. ›Königsberg 1945‹ sage ich zum wiederholten Male in mich hinein. Daß man es der guten, alten, ehrwürdigen Stadt, die man nie so ganz für voll nahm, früher nicht angesehn hat, daß sie nur noch auf dies grandiose Schauspiel wartete, um dann zu verlöschen! Wie gut hat sie es verstanden, ihr Geheimnis vor uns zu hüten, als wir noch vor nicht langer Zeit in ihren gleichbleibend freundlichen Falten ahnungslos und mit überlegener Miene einhertrotteten. Erst die Stürme des letzten Sommers, die beiden englischen Fliegerangriffe, rissen ihr die Maske vom Gesicht und machten sie äußerlich reif für diesen Augenblick. Wir schwimmen inmitten eines Lavastromes, der sich von einem boshaften Stern auf die Erde ergießt. Nun macht er einen Bogen nach rechts – warum? Ach so, ja, hier haben ja Häuser gestanden, und hier ungefähr wohnte einmal unser Zahnarzt. Da oben in der Luft hat er gearbeitet. Vielleicht hat er früher auch manchmal aus dem Fenster auf die friedliche Straße gesehn, so als ob er auf irgend etwas wartete. Nun wälzt sich zwischen flammenden Trümmern ein wüster, johlender Haufen die Straße entlang, ohne Anfang und Ende.

[…]

Wir treiben weiter, auf das Schloß zu. Aus den Ruinen erhebt sich, wie ein Ausrufungszeichen, der Turm, der Länge nach gespalten, von tausend Geschossen zerfetzt, gekämmt, zerhackt. Man sieht in ihn hinein – da oben hängt noch die Glocke. Und auf einmal ist eine Stimme in mir, die gibt Antwort, und sie befiehlt mir: Mach nur die Augen auf und sieh, denn in der Tat wäre das, was hier vorgeht, sinnlos, zwecklos, höllisches Gelächter, wenn du es nicht sähest. Dies ist nicht ein

Augenblick der Weltgeschichte – irgendeiner, der wieder vergeht –, das ist Weltgeschichte in einem Augenblick, in deinem Augenblick. Darum sieh nur hin, so wirst du die Herrlichkeit Gottes erkennen. Und dieser schmutzige erschöpfte Menschenwurm, der ich bin, erschauert vor tiefer Seligkeit.

Wieder hat mich der Strom erfaßt. Flintenweiber kommen auf Autos stehend vorbeigeschwommen, furchterregend und lächerlich zugleich. Ihre Gebärde bekundet, daß sie es sind, die sich als Repräsentanten des Sieges fühlen, Ich lache in mich hinein und weiß doch dabei, daß mein Äußeres ganz dem entspricht, was sie von Besiegten erwarten.

Rechts und links in den Trümmern schleichen, wie verregnete Hühner, Reste der Bevölkerung umher. Man muß schon genau hinsehen, um sie zu entdecken. Hier und da verrät sie ein mattes Flügelschlagen, wenn sie von einem der unermüdlichen Spürhunde aufgestöbert und überrannt werden. Sie sind wohl schon auf der Suche nach Brot.

Unser kleiner Trupp ist durch einen Zivilisten vermehrt worden, den der Mongole mitten im Gedränge plötzlich von einem anderen Haufen zugeschoben erhielt. Mir unerklärlich, scheint in diesem Gewühl doch ein gewisses System zu walten. Der Mann spricht Russisch, wurde anscheinend als Spion aufgegriffen, sieht aus wie ein Fuchs im Eisen. Ein paar Schritte weiter fällt dem Mongolen etwas ein. Er stößt den Mann auf einen Steinhaufen und befiehlt ihm, die Stiefel auszuziehn. Dann hält er ihm seine eigenen nacheinander vor den Leib, läßt sie sich abstreifen und zieht die des anderen an. Da diesem das übrigbleibende Paar nicht paßt, muß er, wie viele andere, auf Strümpfen weiterlaufen. Ich glaube kaum, daß er in seinem Leben noch einmal Gelegenheit haben wird, Schuhe zu tragen.

Nach einer Weile läßt der Mongole uns an der linken Straßenseite haltmachen und verschwindet in einem Loch, Anscheinend ist es der Kellereingang eines ehemaligen Hauses, eines größeren Geschäfts vielleicht; es läßt sich nicht mehr ahnen, was hier einmal gestanden hat. Lange bleibt er verschwunden; dafür tauchen andere Gestalten aus dem Loch herauf, wieder andere kriechen hinein. Tatsächlich scheint hier die gesuchte Befehlsstelle zu sein. Mit einem Bierernst ohnegleichen wird dieser lächerliche Zugang benutzt. Wie die Erdwespen schwirren sie aus und ein. Nach einiger Zeit taucht auch unser Mongole wieder auf und eskortiert uns wortlos zurück. Allmählich bekommen wir von ihm heraus, daß vorläufig für uns kein Interesse besteht, vielleicht später, in ein paar Tagen. Es ist ihm peinlich, uns das zu sagen. Er ahnt wohl, was noch alles bevorsteht.

11. April

Draußen graut schon der Morgen. Unser Operationssaal ist überfüllt von Menschen. Ein kleiner Lichtstumpf täuscht Beleuchtung vor. Die Nacht ist irgendwie vorübergegangen. Nur Russen geistern noch durch unsere Keller. Auf dem Operationstisch liegt eine tote Frau, an der herumhantiert wird, sowie ein Russe sich blicken läßt. Ich liege auf dem Boden und döse. Vom Nebenraum her höre ich Doktoras leise, ruhige Stimme trösten. Es ist ein Wunder, daß sie heil geblieben ist in dieser Höllennacht.

Wie schon befürchtet, hatten die Russen Alkohol gefunden. Unmittelbar neben uns in der Likörfabrik von Menthal lagen, mühsam geheimgehalten, noch mehrere tausend Liter, wie zum Hohn für diesen Augenblick aufgespart. Nun ging es wie eine Rattenflut über uns her, sämtliche ägyptische Plagen übertreffend. Keine Minute verging, in der man nicht vorn oder hinten die Mündung einer Pistole auf dem Leib hatte und von einer Fratze nach ›Sulfidin‹ angebrüllt wurde. Also war ein großer Teil dieser Teufel auch noch geschlechtskrank. Unsere Apotheken waren längst ausgebrannt, der riesige Tablettenvorrat lag zertrampelt auf den Gängen. Mit einer gewissen Schadenfreude konnte ich sie immer wieder nur auf die von ihren Kumpanen angerichtete Verwüstung hinweisen. Scharenweise drangen sie von Menthal her ein, Offiziere, Mannschaften, Flintenweiber, alle betrunken. Und keine Möglichkeit, jemand vor ihnen zu verstecken, da die ganze Umgebung durch Brände taghell erleuchtet war.

Wir schlossen uns eng aneinander und erwarteten das Ende in irgendeiner Form. Die Angst vor dem Tode, die schon seit den Tagen der Beschießung keine wesentliche Rolle mehr spielte, war durch weit Schlimmeres nun vollends aufgehoben. Von allen Seiten hörte man verzweifelte Frauenstimmen schreien: »Schieß doch, schieß doch!« Aber die Quälgeister ließen sich lieber auf einen Ringkampf ein, als daß sie ernsthaft von ihrer Waffe Gebrauch machten.

Bald hatte keine von den Frauen mehr Kraft zum Widerstand. Innerhalb weniger Stunden ging eine Veränderung mit ihnen vor sich, ihre Seele starb, man hörte hysterisches Gelächter, das die Russen nur noch wilder machte. Kann man überhaupt von diesen Dingen schreiben, den furchtbarsten, die es unter Menschen gibt? Ist nicht jedes Wort eine Anklage gegen mich selbst? Gab es nicht oft genug Gelegenheit, sich dazwischenzuwerfen und einen anständigen Tod zu finden? Ja, es ist Schuld, daß man noch lebt, und deshalb darf man dies alles auch nicht verschweigen.

Nach meiner Rückkehr aus der Stadt ließ mich ein Major, der noch einigermaßen vernünftig schien, zum Isolierhaus holen. Dreißig oder vierzig Russen tobten dort zwischen den Kranken, Ich sollte ihm sagen, was das für Leute seien. Kranke natürlich, was denn sonst! Was für Kranke, wollte er wissen. Tja, verschiedenes: Scharlach, Typhus, Diphtherie – da brüllte er los und fuhr wie ein Panzer zwischen seine Leute. Damit kam er jedoch zu spät; und als der Sturm sich legte, waren vier Frauen bereits tot.

Später stand ich mit Doktora im Menschengewühl, das ständig den hinteren Ausgang unseres Kellers blockierte, und wir beobachteten das Treiben der Schlachtfeldhyänen, die emsig und zielbewußt an uns vorüberhasteten. Gerade überlegten wir, wie wir es anstellen sollten, meine Pistole mit fünfzig Patronen herüberzuholen, die ich in der Nähe unter einem Schutthaufen versteckt hatte. Da hörten wir über uns auf einmal ein heftiges Gepolter und sahen mehrere Russen mit großem Kraftaufwand den Blindgänger zur eisernen Treppe wälzen, der seit drei Tagen über dem Operationssaal lag. Es war viel zu spät, um noch Deckung zu nehmen. Wir sahen uns lachend an und dachten wohl beide: »Das lohnt sich doch wenigstens, hier mitten in den dicksten Menschenhaufen hinein!« Aber dann überschlug sich das schwere Ding nur und blieb still und stumm auf dem Treppenabsatz liegen.

Als es dunkel geworden war, gelang es uns, die Pistole zu holen und sie für alle Fälle griffbereit unter der Tischplatte im Operationssaal zu befestigen. Im übrigen tat man lauter Dinge, die der Augenblick gerade erforderte. In der Ambulanz lagen zwischen den Kranken zum Beispiel mehrere Offiziere, die gar nicht verwundet waren und flehentlich um Zivilsachen baten, weil sie glaubten, darin besser aufgehoben zu sein. Natürlich wußte man nicht gleich, wo man solche hernehmen sollte. Aber dann fielen uns die Toten ein, die im ersten Stock zwischen dem Gerümpel lagen. An die schlichen wir uns heran und zogen sie aus, sobald das Gelände einigermaßen frei von herumstöbernden Russen war.

Um Mitternacht erschien, begleitet von einer uniformierten Frau, ein russischer Arzt im Operationssaal. Wieder glomm ein Fünkchen Hoffnung auf. Vielleicht würde er ein wenig Verständnis für uns haben. Aber auch er war betrunken und nur darauf aus, seiner Begleiterin zu imponieren. Er stellte sich an den Operationstisch und drückte dem daraufliegenden Verwundeten so lange auf seinem Knie herum, bis dieser in einen echt bajuwarischen Fluch ausbrach (»Du Sauluder, nimm deine dreckigen Tatzen von meiner Haxen!«) – das erlösende Wort in dieser Atmosphäre stumpfer Schicksalsergebenheit.

Dem begleitenden Flintenweib sah man an, daß es unser Täuschungsmanöver mit den vielen Schwestern im Operationssaal durchschaute. Von ihrer Seite befürchtete ich besonders Schlimmes für die armen Wehrlosen und war sehr erleichtert, als sie schließlich mit verächtlichem Naserümpfen wieder abzog.

Ganz besonders nett waren die Franzosen. »Adieu docteur!« rief mir einer zu, als ich mich anschickte, einen Russen über den Haufen zu rennen, der mitten im Gedränge mit seiner Maschinenpistole Ernst machen wollte, weil ich ihn mit Erfolg zurückgewiesen hatte. Er wälzte sich am Boden, und ich verschwand im Hintergrund, um mich vorübergehend meines weißen Kittels zu entledigen, damit er mich nicht gleich wiederfinden sollte. Kurz darauf müssen die Franzosen abgeholt worden sein; denn ich habe danach keinen von ihnen mehr gesehn.

Ganz rührend ist auch das Bedauern der russischen Patienten, die wir haben. Vier Männer mit erfolgreich operierten Bauchschüssen fühlen sich mir besonders verpflichtet. Wenn andere Russen zugegen sind, müssen sie uns gegenüber auftrumpfen und lauter Wünsche äußern, weil sie Angst haben. Aber hinterher entschuldigen sie sich jedes mal heimlich und beteuern, wie schrecklich sie das alles fänden.

Gegen Morgen traf ich einen Russen allein in der ausgebrannten Apotheke. Sekundenlang verspürte ich einen heißen Rachedurst, als er da im Dunkeln vor mich hinstolperte. Was schossen mir da alles für Gedanken durchs Hirn! Moses und der Ägypter! Aber wo soll ich mit der Leiche hin? Hier wird sie gleich gefunden. – Schadet nichts, schlimmer kann es nicht werden! – Nein, laß ihn, er ist ja auch nur ein armseliges Werkzeug.

Lange hab' ich mit der Operationsschwester gerungen, die sich das Leben nehmen wollte. Ich bat sie, um Jesu Christi willen bei uns zu bleiben. Andere Argumente ziehen nicht mehr. Schließlich gab sie nach.

Oh, wie viel neidvolle Blicke haben die Toten auszustehn! Die kleine Frau auf dem Operationstisch ist der Inbegriff des Friedens für alle um mich her. Was soll ich sonst noch sagen von dieser Nacht? Jetzt, wo der Morgen graut, habe ich nichts weiter in mir als das Gefühl, auf einem leeren Bahnhof zu stehn und den letzten Zug verpaßt zu haben, der noch in ein anständiges Jenseits hätte führen können. Langsam schleicht sich die Gleichgültigkeit ins Gebein, der schlimmste Feind.

Am Vormittag machen sich nur noch wenige Russen bei uns zu schaffen, aber einer von ihnen ist das Grauen in Person. Kein Asiate, sondern ein Typ, wie er überall auf der Welt vorkommt. Der Uniform nach gehört er zur Marine. Sein Vorgehen ist so radikal, daß ich sofort auf ihn aufmerksam geworden bin und ihn im Auge behalte. Immer wieder taucht sein schrecklich verzerrtes Gesicht vor mir auf. Als ich einmal über den Hof gehe, schneidet er gerade mit einer Schere zwei alten Frauen die Kleider vom Leib. Aus mehreren Wunden blutend bleiben sie wie im Schlaf stehen. Ich hole meine Pistole und verstekke sie in dem großen Bombentrichter vor dem Haupteingang, den jeder Eindringling passieren muß. Hier besteht am ersten die Möglichkeit, ihn allein zu fassen. Kalt und stumpf hocke ich dort eine Zeitlang vergebens. Dann muß ich meinen Platz aufgeben, weil im Haupthaus wieder etwas los ist.

Als ich später in den Operationssaal trete, wird mir sofort klar, daß etwas Neues geschehen ist. Erschrocken sehen die Schwestern nach mir hin. Doktora steht am Tisch und verbindet wie immer. Aber diese Augen! Mein Gott! Ein Stachel bohrt sich in den Rest meiner Seele. Ich schleiche fort und lasse mich irgendwo auf eine eiserne Bettstelle fallen. Jetzt schlafen, schlafen und nichts mehr sehn. Es ist genug. Nach einer Weile steht sie neben mir in ihrem zerrissenen Trainingsanzug, und ihre Hand sucht mich zu trösten. »Willst du mir bitte meine Bibel suchen? Sie muß da auf dem Treppenabsatz irgendwo liegen. Man hat sie mir aus der Tasche gerissen.« Wie ein Blöder suche ich die Bibel und finde sie auch. Dann sitzen wir eine Weile nebeneinander auf der Bettstelle und rühren uns nicht. Sie will, daß ich weggehe. Allein würde ich bestimmt irgendwie heraus- und nach dem Westen durchkommen. »Du kannst hier doch nichts mehr tun. Ich habe meine Tabletten, und außerdem weiß ich, daß Gott nichts Unmögliches verlangt.« Ich bin viel zu müde zu einer Antwort, wage vor lauter Ekel auch gar nicht, meine Stimme laut werden zu lassen. Es ist mir ziemlich klar, was sich in meiner Abwesenheit ereignet hat. Nur dieser Teufel konnte es sein, an dem sie scheiterte – die Nacht der Finsternis, gegen die kein Kraut gewachsen ist. (Die Bestätigung las ich Monate später in Doktoras Aufzeichnungen für mich. »Zum erstenmal in der ganzen Zeit befiel mich Angst«, schreibt sie. »Ich wußte sofort, hier kommst du nicht durch.«)

Der Russe ist nicht mehr zu sehen. Wir gehen ein paar Schritte hinunter bis zum Schloßteichufer, wo mehrere Kähne umgekehrt auf dem Rasen liegen. Niemand beobachtet uns. In eine Decke gewickelt schiebe ich Doktora unter einen der Kähne.

Am Nachmittag ist schon wieder das ganze Haus voll Russen. Überall machen sie Feuer an. Neben uns brennt ein Haus so rapide von unten nach oben ab, daß unser Dach Feuer fängt. Die Sachverständigen behaupten zwar, bis in den Keller könne es nicht durchbrennen. Ich ordne aber trotzdem sicherheitshalber die Räumung an. Um den Anfang zu machen, schleppe ich einen dicken Mann, der mit frischem Oberschenkelbruch im Streckverband liegt, auf dem Rücken nach dem Schloßteichgraben hinunter. Mit erstaunlicher Eile leert sich hinter mir das Haus, und unter mehrmaligem Absetzen wird schließlich alles, was nicht allein gehen kann, über die kleine Fußgängerbrücke bis auf den gegenüberliegenden Hang geschleift.

Die Russen sind schon wieder sehr mobil geworden und toben zwischen uns herum. Doktora, die sich entgegen meinen Bitten an der Schlepperei beteiligt, wird plötzlich von drei ganz jungen Bürschchen angefallen und weggerissen. Ohne jeden Elan springe ich zu, ein paar Schüsse dicht an meinem Kopf vorbei aus der Maschinenpistole betäuben mich für einen Augenblick. Czernecki kommt gerade mit einem russischen Major vorbei und versucht sich ins Mittel zu legen. Umsonst, der Major lacht ihn aus. Doktora hat sich bald wieder freigemacht – es waren rohe dumme Jungens – und versteckt sich zwischen den Kranken am Hang. Dort bleibt sie endlich liegen.

Inzwischen habe ich bemerkt, daß eine weitere Karawane von Schwestern und Kranken, getragen, geführt und mehr oder weniger kriechend, ebenfalls unseren Hang ansteuert. Sie gehören zum Krankenhaus der Barmherzigkeit, das wegen fortgesetzter Brände auch schließlich räumen mußte. Bald ist der ganze Berg belagert mit Kranken, dazwischen hin und her, kreuz und quer, toben die Russen, eine Horde von Pavianen, reißen wahllos Schwestern oder Patienten weg, zerren an ihnen herum, verlangen zum hundertstenmal Uhren. – Meine sitzt immer noch sicher zwischen zwei Paar Strümpfen ums Fußgelenk. – Mit nach außen gedrehten Taschen gehe ich zwischen den Patienten hin und her. Es ist schneidend kalt. Schneeschauer gehen über uns hin. Die Kranken jammern, einige werden frech, manche unterhalten sich bereits in wenig vertrauenerweckender Weise mit den Russen. Die Reste der inneren Ordnung lösen sich auf.

Ein Weilchen hocke ich bei Doktora. Sie liegt still unter einer Dekke und weint. Ein Russe hat ihr beim Tragen eines kranken Mädchens geholfen, das löste die Tränen aus. Ich bin froh, daß sie endlich nachgibt.

Ich lasse sie wieder allein, da ich ihren Platz nicht verraten darf. Der russische Major ist auf der Suche nach ihr. Als er nicht mehr zu sehen ist, mache ich einen Erkundungsgang in die nähere Umgebung. Unsere Häuser brennen zwar im Augenblick nicht mehr, es kann aber jederzeit wieder losgehn, und ich muß mich nach einer Notunterkunft für die Kranken umsehn, denn die Nacht ist nicht mehr fern. Auf der Straße am Überteich, die wie ein Sturzacker aussieht, pendeln viele kleine Panjewagen einher, fahren sich fest, kommen wieder los, hasten weiter. Man muß sich immer wieder von neuem aufraffen, um zu begreifen, daß dies einmal Königsberg war.

In meinem ehemals weißen Arztkittel gelange ich ungehindert zum Dohnaturm, wo es von Russen wimmelt. Es sollen hier Teile eines deutschen Lazaretts liegen. Da ich zielbewußt auf den Eingang lossteuere, läßt man mich glatt durch die Sperre. In den hinteren Räumen finde ich mehrere deutsche Sanitätsoffiziere, einen Stabsarzt, mehrere Unterärzte. Ein paar Verwundete haben sie bei sich. Sie ahnen nicht, was man mit ihnen vorhat. Die Russen machen sich draußen an den Wänden zu schaffen, vielleicht soll der Turm gesprengt werden. Möglich ist alles. Wir machen ein paar faule Witze. Sie füttern mich mit Pfefferminzplätzchen aus einem großen Glas, das sie gerettet haben. Auf dem Tisch liegt ein Russe, furchtbar lamentierend, dem ein Abszeß in der Kniekehle aufgemacht werden soll. Sie sind gerade dabei, sich zu überlegen, mit was für einer Art von Betäubung sie ihn beglücken sollen. Ich nehme schnell das Messer und schneide mit Wonne in den Abszeß. Der sehr verdutzte Russe ist auf einmal still und läßt sich ganz befriedigt abtransportieren. Da zunächst nichts weiter vorfällt, verabschiede ich mich und lade die Kollegen zu einem Gegenbesuch bei uns ein, für den Fall, daß sie nicht in die Luft gesprengt werden sollten.

Bei Anbruch der Dunkelheit setzt sich die Belegschaft der Barmherzigkeit in Bewegung, um ihre Kranken nach Maraunenhof zu bringen. Dort sind ihnen angeblich ein paar leere Häuser zugewiesen worden. Nicht vorzustellen, wie sie es bis dorthin schaffen sollen. Wir bleiben allein mit unserem Haufen und fangen an, wieder zurück in unsere Keller zu ziehen. Ich schleppe wieder einen ziemlich schweren Mann auf dem Rücken, bin mit ihm gerade über den kleinen Steg hinüber, da hält mich ein Russe fest. In seiner Begleitung befindet sich Tamara, eine unserer russischen Pflegerinnen aus der Festungszeit, bereits als Flintenweib drapiert und entsprechend gestikulierend. Ich bitte sie zu helfen, da der Russe an meinem Kranken herumreißt. Sie zischt mir leise zu: »Ich habe heute auch Angst« und spielt weiter die Wilde. Ich muß den Mann fallen lassen. Der Russe wühlt ihn durch, schießt ihm dann wie aus Versehn in den Leib und geht weiter. Der Mann sitzt da und sieht mich fragend an. Könnte ich ihm den Gnadenschuß geben! Ich spritze ihm eine Dosis Morphium und lasse ihn am Wege liegen. Bevor ich weitergehe, sehe ich noch einmal den Hang hinauf und nehme ihn ganz in mich hinein, ehe er abgeräumt ist. Dort oben auf der Höhe, gegen den Himmel, müßte das Kreuz stehen.

Gleich darauf mache ich schlapp. Beim Tragen habe ich mir einen Knick im Brustbein geholt, der mich zu normalen Zeiten wahrscheinlich erheblich behindern würde, nun aber eine ganz tröstliche Beigabe ist. Die andern schleppen mit letzter Kraft. Ein neuer Kollege ist zu uns gestoßen und hilft eifrig mit. Czernecki ist fort, ebenso die ausländischen Patienten. Auf dem Hang liegen um Mitternacht nur noch acht Gestalten, Tote, darunter unsere Operationsschwester.

Die Stadt brennt an allen Ecken und Enden. Flugzeuge kreisen und werfen immer neue Brände in die Trümmer. Dafür sind unsere Quälgeister plötzlich wie vom Erdboden verschwunden. Ein Russe hat uns erklärt, unser Bezirk würde jetzt abgesperrt, um gesprengt zu werden. Uns ist alles recht. Ich habe meine Pistole wieder herangeholt, dazu alles an Schlaf- und Narkosemitteln, was wir noch finden konnten, die letzte Spritze dazu, und das alles in unserem neuesten Versteck deponiert. Daß wir nicht schon vorher daraufgekommen sind! Hinter den Fenstern des von außen zugemauerten Operationssaales bleibt ein Raum von etwa 60 cm Tiefe frei, bei der schlechten Beleuchtung von innen her nicht erkennbar, auch nicht, wenn man dicht davorsteht. Hinter jedem der drei Fenster ist Platz für zwei Menschen. Nun sitzen die Schwestern abwechselnd dort, und für einen Teil der Nacht haben wir Doktora dort einquartiert. Eine Weile sitze ich bei ihr und lese ihr aus dem Hebräerbrief vor, den sie so sehr liebt. »Wir haben einen Hohenpriester, der Mitleiden hat –.« Es ist sehr still geworden bei uns. Ich habe versprochen, sie alle zu erschießen, falls wir verschüttet werden und nicht wieder herauskommen sollten. Das beruhigt sie für den Augenblick.

Unter uns auf dem Fußboden liegt Dr. Hasten mit durchschnittenen Pulsadern. Sie brachten ihn morgens von der Barmberzigkeit herüber, wo er liegengeblieben war, als geräumt wurde. Eine von den Schwestern, die ihn brachten, hat mir Bothmers letzten Gruß bestellt. Sie ist dabeigewesen, als er am 8. April verwundet wurde und am 10. April starb.

[…]

Am 8. Mai hören wir, daß der Krieg zu Ende ist. Die Lautsprecher schallen noch etwas durchdringender als sonst. In den Hallen sprechen ein paar zweifelhafte deutsche Soldaten über die Befreiung vom Nationalsozialismus und die Segnungen des Bolschewismus. Vor der Tür des Kommandanten ist – woher in dieser Wildnis? – ein strotzendes Blumenarrangement aufgebaut worden. Sonst merken wir nicht viel vom Endsieg. Die offizielle Ernährungslage ist nicht besser geworden. Es gibt weiterhin nur Grütze und manchmal getrocknetes Brot, das in Säcken transportiert wird. Das Lazarett hat allerdings den erheblichen Vorteil vor dem übrigen Lager, daß es seine Ration selber holen, zubereiten und verteilen kann. Außerdem bekommen Kranke und Personal täglich einen Eßlöffel Zucker.

Was uns am meisten zu schaffen macht, ist immer noch die Kälte. In der ersten Maihälfte stürmt und regnet es fast ununterbrochen, und die Temperaturen sind nachts noch um null Grad. Die Mehrzahl der Todesfälle beruht in dieser Zeit auf Auskühlung. Auch das ist eine lautlose Angelegenheit. Nirgends sieht man Zeichen eines Todeskampfes. Die Bewegungen werden von Tag zu Tag schwächer, die Menschen sprechen auch noch, wenn man sie anstößt, aber dann ist man froh, wenn es endlich so weit ist, daß man sie mit unbeschwertem Gewissen aus der Reihe ziehen und im Keller auf den Haufen legen kann, der täglich vergraben wird, denn viele warten schon auf die freiwerdenden Plätze [...]

Der Zaun, der das Lager umgibt, ist an mehreren Stellen offen, und die Lücken werden nur oberflächlich bewacht. Trotzdem denkt kaum jemand an Ausreißen. Was man aus der Stadt hört, verlockt nicht dazu, sich dorthin zu begeben. Wer sich auf der Straße sehen läßt, wird aufgegriffen und zur Arbeit oder in ein anderes Lager gebracht. Und um weiterzulaufen, ganz aus dem Stadtbereich heraus, dazu fehlt es an Mut und Kraft.

Ein paar Tage nach dem Umzug habe ich mit Giese und Erika nahe am Lagerzaun die Zwillinge begraben, die an der Kälte glücklicherweise bald gestorben sind. Giese hat einen Bibeltext gelesen und eine kurze Ansprache dazu gehalten. Anders spielt sich das Vergraben der übrigen Toten ab. Der junge Kaplan Klein, dem dies schwere Amt zudiktiert worden ist, weil er nach Ansicht der Russen offenbar Fachmann im Beerdigen sein muß, spricht nicht mit uns darüber, obgleich wir zusammen wohnen. Als ich ihn vorsichtig frage, ob er es fertigbrächte, ein geistliches Wort dabei zu sagen, wehrt er stumm ab. Einmal bleibt er zwei Tage lang wortlos liegen, und Giese muß ihn vertreten. Der hat mir den Vorgang dann in Form einer Art Beichte geschildert: Hinten auf dem Feld, in der Nähe der Umzäunung, wird ein längliches Loch gegraben, in das die Toten, fünfzig bis sechzig am Tage, hineingeworfen werden, größtenteils nackt; denn mit ihren Kleidern werden Männer zum Graben aus den Hallen gelockt. Nur so ist es möglich, ohne die polnischen Bändiger auszukommen. Da die Männer alle sehr schwach sind, dauert das Ausschachten des schweren Lehms den ganzen Tag. Und wenn einer liegenbleibt, sind die Kameraden nur schwer dazu zu bewegen, ihn nach der Arbeit zurückzutragen. Die Last des eigenen Körpers wiegt schon schwer genug und man riskiert buchstäblich das Leben mit jeder Sonderleistung.

Eines Tages wird die Bewachung verschärft und der Zaun repariert. Wir dürfen uns jetzt nur noch etwa fünfzig Meter weit vom Hause entfernen, gerade bis zu den Latrinen. Der Grund ist folgender: Zwei Zahnärzte sind unter Aufbietung ihrer letzten Kraft ausgerückt, um ihrer bevorstehenden Vernehmung zu entgehen. Sie sind aber nicht weit gekommen. Mit Hunden hat man sie aufgespürt und im Krematorium gestellt. Den älteren, der sich in der Kuppel verstiegen hatte, schossen sie herunter. Den jüngeren brachten sie in den Keller zurück.

Anläßlich dieses Vorfalls erscheint zu später Nachtstunde der Kommandant des Lagers bei uns und beruft eine Versammlung sämtlicher Ärzte und Schwestern ein. Unterstützt durch einen alten, mit einem Krückstock bewaffneten polnischen Dolmetscher, hält er uns einen endlosen Vortrag über die Zwecklosigkeit des Ausreißens. Es sei auch gar nicht nötig, denn niemand brauche die Vernehmung zu fürchten. Es handle sich dabei lediglich um statistische Erhebungen, und wenn man gleich die richtigen Angaben mache, passiere einem gar nichts. Wir trauen unseren Ohren nicht. Ist es möglich, daß dieser Mann, der die ganze Zeit mitten im Lager sitzt, keine Vorstellung hat von dem, was darin vorgeht? Daß Nacht für Nacht Menschen totgeschlagen werden, nur weil sie die Wahrheit sagen? Beim schwachen Kerzenlicht versuche ich, mir ein Bild von ihm zu machen. Sein Äußeres fällt ganz aus dem Rahmen dessen, was wir sonst an russischen Offizieren zu sehen bekommen. Er sieht aus wie ein alter englischer Oberst, groß und hager, richtig vornehm, mit ausdrucksvollem Gesicht und einem deutlichen Zug von Güte. Ich kann mir einfach nicht denken, daß er ebenso schamlos lügt wie die anderen. Zum Abschluß seiner Rede läßt er sich noch eingehend über den Zustand unserer Nerven aus. Der Nationalsozialismus müsse doch eine sehr aufregende Sache sein, daß er die Menschen so zerrüttet habe. Es wäre doch sonst gar nicht möglich, daß so viele Leute krank würden und stürben.

Als er geendet hat, fühle ich das Bedürfnis, ihm zu antworten, mehr um seinetwillen als für uns, denn zweifellos kann er an unserer Lage gar nichts ändern, auch wenn er es wollte. Aber er zeigt sich uns so sehr als Mensch, daß man zu seinen Irrtümern gar nicht schweigen kann. Ich bitte daher ums Wort und bemerke erst im Sprechen, daß ich meine fünf Sinne nicht mehr vollständig genug beieinander habe, um ihm die Lage von unserem Gesichtswinkel aus begreiflich zu machen. Mit freundlichem Kopfnicken verabschiedet er sich und verspricht, uns gelegentlich wieder zu besuchen. Wir sehen ihm mit einer gewissen Bewegung nach und fragen uns, wie dieser Mann es in seiner Umgebung überhaupt aushält. Daß so ein Mensch hier Kommandant ist, läßt den Zustand des Lagers noch grotesker erscheinen.

Zum Schaudern ist es, mit welcher Intensität alles Denken und Trachten derer, die sich noch aufrecht halten, um die eigenen schwindenden Lebensgeister kreist. Schreckliche Fratzen werden aus den geplagten Menschen, graue Molche, mit dem Rest einstiger Leidenschaften wie mit nassen Pilzen behaftet. Sie schwatzen ein Zeug zusammen – man weiß oft nicht, soll man lachen, heulen oder um sich schlagen. Und dann kann man doch nur still sein und sich sagen: Solange dein eigener Magen noch Gelegenheit hat, hier und da etwas aufzuschnappen, kannst du gar nicht mitreden.

Aber auch wir haben sehr zurückgesteckt und uns eine schleichende Gangart angewöhnt. Man überlegt jeden Schritt, denn der Blutdruck ist so niedrig, daß man theoretisch eigentlich gar nicht mehr aufrecht stehen kann. Beim Treppensteigen schlafen einem die Beine ein, und die Ohren fallen zu. An den Außen- und Innenflächen meiner Oberschenkel ist die Haut gefühllos geworden. Das ganze Körpergefühl hat sich verändert; man hat oft die Vorstellung, zu schweben. Richtig nachdenken kann man nur im Liegen, und jede Gelegenheit, sich langzumachen, wird benutzt, um die nächsten Entschlüsse zu fassen. Die Nieren funktionieren überhaupt nur noch nachts, und der Eimer ist in unserem Zimmer der wichtigste Gegenstand.

Von allen Ärzten im Lager habe ich persönlich wohl die am wenigsten anstrengende Tätigkeit. Auf meiner sogenannten chirurgischen Abteilung ist die Krankenbehandlung ziemlich gegenstandslos. Was den Patienten fehlt, ist Essen und Wärme, und da ich ihnen keines von beiden schaffen kann, empfinde ich meine ärztlichen Maßnahmen mehr oder weniger als Betrug. Ihre Leiden sind im wesentlichen nur noch dazu da, mir die Berechtigung zu geben, als Arzt zu wirken und die sich daraus ergebenden Vorteile zu genießen. Manches habe ich ausprobiert, das Leben zu verlängern, einen Erfolg dieser Maßnahmen wüßte ich nicht zu verzeichnen. Bei den Männern stirbt ein großer Teil schließlich an Gesichtsrose. Bei den Frauen ist die qualvollste Begleiterscheinung von Hunger und Kälte ein plötzlich auftretender ungeheurer Schmerz in den Grundgelenken der Zehen. Einer Frau sind beide Füße schwarz geworden und abgefallen. Glücklicherweise haben wir wenigstens Betäubungsmittel.

Der einzige Augenblick des Tages, der mir das Gefühl vermittelt, etwas Nützliches zu tun, ist, wenn ich Lebertran austeile. Wir haben ein ganzes Faß davon bekommen zur Herstellung eines Mittels gegen Krätze. Seitdem stinkt es natürlich im ganzen Hause nach Lebertran, weil auf sämtlichen Feuerstellen irgend etwas damit gebraten wird. Auch ich habe mir ein paar Liter davon sichergestellt und gehe zweimal täglich damit über die Krankenstation, um jedem Kranken einen Löffel voll in den Mund zu schieben. Da Lebertran mir zuwider ist und das Austeilen deshalb für mich keine Versuchung bedeutet, habe ich dies Amt selber übernommen. Nichtsdestoweniger ist die Gier, mit der ich erwartet werde, schwer zu ertragen. Diese aufgesperrten Mäuler, dieses Grunzen und Schmatzen, eine Tonfilmaufnahme davon würde die Welt erschrecken lassen.

[...]

Zur Überwachung des Lazaretts ist uns von russischer Seite eine Majorin beigegeben worden, eine kleine verwachsene, pechschwarze Frau, vor der man nirgends sicher ist. Sie ist auf primitive Desinfektion dressiert, versteht ihr Fach in der Perfektion, und Chlorkalk ist das einzige Mittel, mit dem es gelingt, ihre Aufmerksamkeit von den gröbsten Mißständen zeitweise abzulenken. In den ersten Tagen ist sie sehr scharf mit uns verfahren, besonders als sie bemerkte, daß wir keine Nachtwachen ausstellten. Aber dann hat sie ein Auge auf den schon erwähnten Schäfer geworfen, und nun endigen ihre Unterhaltungen mit uns meist sehr schnell mit den Worten: »Genn Sie arbeeten, hollen Sie Scheffär.« Der scheint ein besonderes Mittel für sie zu haben und ist bald der gemachte Mann im Lazarett. Mit einigen Möbeln hat er sich auf der Infektionsabteilung ein Privatetablissement eingerichtet und wohnt dort mit einer Frau, die gleich ihm recht fragwürdige Qualitäten entwickelt.

Bei Schäfer verkehren zwei Typen, die im Lager sogenannte Spezialarbeit leisten, das heißt, sie verdienen sich besseres Essen damit, daß sie täglich eine Menge Leute der Parteizugehörigkeit oder anderer Vergehen bezichtigen. Der eine, der oft bei uns aufkreuzt und sich gern mit uns unterhält, behauptet, uraltes Mitglied der kommunistischen Partei zu sein und wahrscheinlich demnächst zum Bürgermeister von Königsberg ernannt zu werden. Der andere ist unklarer Nationalität. Beide stehen im Dienst vom NKWD. Allem Anschein nach haben sie überall freie Jagd. Wo sie in Erscheinung treten, kann man sicher sein, daß am Abend soundso viel Leute von den Posten zum Verhör abgeholt werden. Von dort endigen die Betroffenen dann im Keller, oder wir bekommen sie mitten in der Nacht halbtot geschlagen zurück. Hunderte haben die beiden auf dem Gewissen.

Eines Tages veranstalten sie mit Schäfer und seiner Freundin eine Großrazzia durch die Krankenstationen, ziehen alle Leute aus und nehmen ihnen die letzten brauchbaren Sachen weg, zerschlagen eine Reihe Kranker mit Knüppeln. Wir sind völlig darauf gefaßt, schließlich auch an die Reihe zu kommen. Aber dann ist ihr Wäschekorb voll, und nachdem sie die Beute geteilt haben, sehen wir sie fürs erste wieder verschwinden. Da sie amtlich eingesetzte Spitzel sind, haben wir keine Möglichkeit, uns gegen sie zur Wehr zu setzen. Die Posten lachen nur, und die eigene Brachialgewalt reicht nicht aus, um ihnen etwas anzuhaben. Man müßte sie dann auch gleich umbringen, was wir natürlich ernsthaft erwogen haben. (Unvergeßlich wird mir der Augenblick bleiben, als der Schlimmere von beiden sich ein paar Zähne von mir ziehen und sich zu diesem Zweck eine Evipanspritze machen ließ.)

Ganz überraschend aber ist die Reaktion unseres Lagerkommandanten. Dem Augenarzt ist es gelungen, ihm den Vorfall zu berichten. Daraufhin müssen die beiden ihren Raub wieder hergeben und wandern selber in den Keller, während Schäfer unserer Justiz überlassen wird. Obgleich wir ihn auf diese Weise mit Leichtigkeit loswerden könnten, findet er bei dem Augenarzt noch einmal Gnade. Kaum aus dieser Klemme heraus, erscheint er bei mir und bietet mir einen Gummimantel an, den er wahrscheinlich von seinem Raub zurückbehalten hat. Ich hätte doch schon immer einen haben wollen. Ich benutze die Gelegenheit, ihm genau das zu sagen, was wir alle von ihm denken. Das hindert ihn nicht, gleich anschließend dem Augenarzt denselben Mantel anzubieten. Ein Mensch ohne eine Spur von Gewissen. (Später hat er noch viele Leute in Atem gehalten, um dann aus Königsberg zu verschwinden. Ich denke manchmal, was wohl aus ihm geworden sein mag.)

Unter dem sogenannten Personal des Lazaretts befinden sich auch sonst ein paar bemerkenswerte Gestalten. Bei den Frauen spielt Wanda – so nennen wir sie – eine Sonderrolle. Nachhaltig bekannt gemacht hat sie sich mit uns schon in den ersten Lagertagen. Als wir gerade in unserem Bretterverschlag saßen, kam sie mit zielbewußtem Schritt hereingerauscht, steuerte direkt auf mich los, durchbohrte mich mit ihrem Blick und sprach mit scharf akzentuierender Stimme auf mich ein, ohne daß ich sie nur einmal unterbrechen konnte. Mit unverkennbarem Stolz hält sie alle Rekorde, was Vergewaltigungen betrifft. Hundertachtundzwanzigmal, hat sie gezählt. In ihrer Schilderung lösten unwiederholbare Einzelheiten in dichter Folge einander ab. Ich begriff nicht, warum sich das alles ausschließlich auf mich ergoß, und sah Erikas Blick bedauernd auf mich gerichtet. Meine Kameraden waren fast am Platzen. Endlich einmal eine handfeste Karikatur dieser Teufelei. Der Ausbruch hatte etwas Befreiendes. Zum Schluß sah sie sich triumphierend im Kreise um. Wenigstens hatte sie noch Mumm in den Knochen. Wir spannten sie in den Pflegedienst mit ein, ungeachtet aller Zwischenfälle, die mit ihr noch passieren konnten.

Was sind uns alles für Kranke und Sterbende durch die Hände gegangen! Ich denke etwa an Pfarrer Lubowski, der in der Hitlerzeit seiner Abstammung wegen immer als Unterdrückter leben mußte und als kranker Mann unter die Russen geraten war. In elendem Zustand hatten wir ihn ins Lazarett geholt und wieder so weit auf die Beine bekommen, daß er die Führung der von den Russen angeordneten Listen übernehmen konnte. Dann machte eine Rippenfellentzündung seinem Leben plötzlich ein Ende. Oder an einen alten Mann, der aus dem Keller zu uns getragen wurde. Er war mit Läusen so bedeckt, daß man ihn nur mit einem Ameisenhaufen vergleichen konnte. Seinen Pelz trug ich an einer Stange auf den Boden zum Auslüften. Mit kaum verständlicher Stimme teilte er mir mit, er sei früher Direktor der Cranzer- und Samlandbahn gewesen und habe deswegen Angst vor der Vernehmung. Ich möchte es doch um des Himmels willen nicht weitersagen. Eine Stunde später war er tot. Es ist oft so, daß sie schnell sterben, wenn sie erst bei uns gelandet sind. Die Spannung hat sie noch so lange am Leben erhalten, wenn die nachläßt, schlafen sie in Frieden ein.

[…]

Die Krähen schreien

GERTRUD PAPENDICK

Der 21. und 22. Januar 1945 waren für die Bewohner Königsbergs und der Umgegend entscheidende Tage.

Ich versuchte am Abend des 22. (Montag) mit einem von der Wehrmacht zusammengestellten Treck zu entkommen. Doch der mit Menschen und Gepäck überfüllte Wagen, in dem ich mich befand, lag noch am nächsten Vormittag bewegungsunfähig an der Einfahrt zur Autobahn. Das für den Generator mitgeführte Holz war naß und gaste nicht. Gegen Mittag des 23. kehrte ich, von einem stadtwärts fahrenden Gutsschlitten mitgenommen, unter Verlust meiner besten Sachen nach Königsberg zurück.

Über diesen Wagen, den ich verließ, wurde später berichtet: er wäre, doch noch in Fahrt gekommen, bei Elbing von den russischen Panzern überrollt und zusammengeschossen worden.

Es stand bei mir nun fest, daß ich Königsberg nicht verlassen würde ...

Am Freitag, dem 26. Januar, dröhnte, für uns zum erstenmal hörbar, die russische Artillerie. Mit diesem Tage begann jene eigenartige, mit keiner anderen vergleichbare Zeit, in der jeder Ausweg abgeschnitten war. Wir saßen in der Falle, wir waren umstellt und eingeschlossen. Es war, als wäre das Leben nun wirklich zu Ende.

Wenn ich je in geschichtlichen Berichten von einer Belagerung gehört oder gelesen hatte, so war mir solche immer als der schrecklichste Zustand erschienen, den es geben konnte. Nun ich ihn selber durchmachte, ertrug ich ihn wie anscheinend die meisten meiner Schicksalsgefährten mit ruhiger Gefaßtheit. Immer wieder habe ich im Zuge all dieser Erlebnisse erkennen dürfen, wie unglaublich schnell die menschliche Natur sich anzupassen imstande ist. Immerhin gab es schon damals in Königsberg zahlreiche Selbstmorde. Nach amtlicher Feststellung belief sich die tägliche Zahl auf durchschnittlich hundert! Allmählich ging sie auf etwa fünfzig zurück. Wie es später nach der Einnahme der Stadt durch die Russen damit stand, davon geben die Berichte Dortgebliebener und nachträglich Entronnener ein erschütterndes Zeugnis. In meiner Wohnung im zweiten Stock, in der Krausallee gelegen, konnte ich nicht länger bleiben. Denn der Artilleriebeschuß dauerte an, immer wieder fegten Granaten durch die Gegend, und fast täglich fanden Einschläge in der nächsten Nachbarschaft statt. Dazu waren unentwegt einzelne russische Flugzeuge über der Stadt. Alarm gab es nicht mehr, da wir nun mitten im Kriegsgebiet saßen.

Zu drei Partien zogen wir in eine leerstehende Parterrewohnung und richteten uns ein, so gut es ging. Dieses enge Zusammenhausen mit im Grunde doch fremden und gleichgültigen Menschen bedeutete für mich die allerschwerste Anfechtung.

Am Sonntag, dem 28., setzte gegen Mittag verstärktes Artilleriefeuer von Norden und Westen – Tannenwalde und Metgethen – ein.

Durch Stunden und Stunden bis in den späten Abend dröhnten die Abschüsse und donnerte das lang gezogene Rollen durch den schrecklich dunklen, eisigen Wintertag, es schien sich mit dem Ablauf der Zeit zu steigern und zu vervielfachen zu einem tobenden Konzert der Hölle.

In diesen Stunden fiel mich jähe Verzagtheit an. Dies war nicht auszuhalten, ich konnte es nicht mehr mitanhören – was sollte werden? In acht Tagen längstens, wußte ich, würde ich den Verstand verloren haben … Seltsam genug, nach drei Tagen bereits hatte ich mich daran gewöhnt.

Der Donner der Artillerie wurde nun durch Wochen die Begleitmusik unserer Tage und Nächte. Er war bald schwächer, bald stärker, er fiel wohl einmal für einen Nachmittag und Abend ganz aus, so daß man erstaunt aufhorchte, und setzte dann mitten in der Nacht mit gesteigerter Gewalt von neuem ein, so daß man glaubte, die Russen träten zum Endkampf an.

Das Haus neben dem unseren wurde im zweiten Stock von einer Granate getroffen. Sie sauste neben dem Fenster durch die Mauer, riß ein Stück davon mit und richtete im Innern erhebliche Verwüstung an. Es war die Wohnung, die neben der meinen lag. Aber bei mir war alles heil geblieben, sogar die Scheiben.

Ein Mann, der fremd ins Nebenhaus kam, um einer dort wohnenden Familie eine Nachricht von Angehörigen zu bringen, wurde von einem Splitter getroffen und blieb tot auf der Schwelle liegen. Hin und wieder, nachts oder auch am Tage, fielen da und dort Bomben. Über alle derartigen Vorfälle regte man sich schon gar nicht mehr auf.

So absurd es klingen mag – wir lebten verhältnismäßig in Ruhe. Man hatte sich mit dem herrschenden Zustand zunächst einmal abgefunden. Die Lebensmittelzuteilung war reichlicher als vorher, es gab Alkohol, mehr Fett und mehr Fleisch, auch durchaus genügend Brot, und die meisten Menschen kannten damals keine anderen Wünsche, als gut zu essen. Es war bestimmt eine Erleichterung, nicht hungern zu müssen. Nur fragte man sich von Zeit zu Zeit: Wie lange? Wir waren belagert – wie lange würde es reichen?

Arbeit, das heißt, berufliche Tätigkeit, gab es nicht. Es erging die Aufforderung, sich bei der Frauenschaft zu melden. Ich versuchte es der Form halber, aber das war dann auch alles. Was dort geschah und unternommen wurde, erschien so überflüssig wie sinnlos – das einzige, worauf es ankam, war, sich am Leben zu erhalten. Dabei kann man nicht sagen, daß nun der Egoismus Orgien feierte, im Gegenteil!

In dieser Zeit, die alle gleichmäßig bedrohte, schälte sich bei vielen, vielen eine ganz ausgezeichnete Kameradschaftlichkeit heraus. Doch natürlich zeigten sich nicht alle Menschen der Situation in gleicher Weise gewachsen. Es war so, daß die Not gewissermaßen das Innerste nach außen kehrte. Was einer im Grunde war, das kam jetzt an den Tag und entwickelte sich folgerichtig. Die Kleinen wurden noch kleiner und erbärmlicher, die großangelegten Naturen wuchsen über sich selbst hinaus.

Wie die Lage war, wußten wir nicht. Es gab eine Notzeitung, aber daraus war das Eigentliche kaum zu entnehmen. Wir erfuhren vom Westen überhaupt nichts, vom Osten nur, daß die Russen ›allmählich‹ vorrückten. Man konnte sich aus diesen undeutlichen Nachrichten ungefähr einen Vers machen. Doch das alles schien fern und unwesentlich. Was um uns geschah, genügte uns vollkommen. Und wir brauchten nichts davon zu lesen, wir hörten es ja. Es gab auch keine Post, doch war es gestattet, Postkarten ins Reich zu schreiben. Ich schrieb auch einige aufs Gratewohl, obschon ich mir nicht vorstellen konnte, daß sie befördert werden würden. Tatsächlich sind diese Karten nach langen Wochen ins Reich gelangt und richtig angekommen.

Was sonst noch geschah und angeordnet wurde, war nicht gerade dazu geeignet, der eingeschlossenen Bevölkerung Königsbergs Mut und Hoffnung zu machen. Es erfolgten Aushebungen – als ob überhaupt noch jemand da war, der ›ausgehoben‹ werden konnte. Die Frauen wurden einberufen und eingesetzt, sie hatten sich in Trupps früh am Morgen an bestimmten Stellen zu sammeln, um ins Gelände geführt zu werden und Gräben anzulegen. Ich ließ mich weder durch Aufforderung, noch Befehl, noch Drohung bewegen, an diesem Werk teilzunehmen.

An allen Haustüren erschienen bedeutende Spruchbänder, die zum ›Widerstand bis zum Letzten‹ aufriefen. Sie waren in sinnreichem Wechsel verteilt worden und kehrten in ihren verschiedenen Ausdrucksformen immer wieder:

›Zusammenschluß oder Katyn!‹ ›Unsere geschändeten Frauen schreien nach Rache!‹ ›Königsberg wird das Massengrab der bolschewistischen Horden!‹

»O je«, jammerte eine alte Frau, »nu sollen wir auch noch ins Massengrab …«

Von Zeit zu Zeit hieß es, die Stadt würde von den Bewohnern geräumt werden. Sobald es gelänge, den Weg nach Westen freizukämpfen, würde alles nach Pillau gebracht und dort verschifft werden. Die Aussicht darauf schien gering, man hielt es wieder nur für eine schöne Phantasie der Partei. Außerdem war der Gedanke an eine Seereise um diese Zeit des Jahres, durch die minenverseuchte, von den Russen beherrschte Ostsee, keineswegs verlockend. Die Straßen waren in diesen grauen Wintertagen menschenleer und trostlos. Es gab eigentlich nur die Gänge zu den Geschäften des täglichen Bedarfs. Auch sie waren jedesmal ein Wagnis wegen der nun beständig kreisenden russischen Flugzeuge.

Übrigens waren die Geschäftsleute, bei denen ich in mehr als sechzehn Jahren meinen täglichen Bedarf gedeckt hatte, samt und sonders längst verschwunden. An einem Abend hatte man vielleicht noch mit ihnen gesprochen: »Kein Gedanke an Weggehen!« – und am Morgen darauf war der Laden geschlossen, von den Inhabern keine Spur.

Sehr bald hielt ich es nicht mehr aus, so eingeschlossen zu leben. Ich machte mich auf, meine Freunde zu besuchen, soweit sie noch vorhanden waren. Die meisten waren längst fort. Der Hammerweg sah schon damals fürchterlich aus, auch die Hagenstraße hatte einige schwere Einschläge empfangen.

In den meisten Straßenzügen meiner Gegend, ganz besonders aber in der Krausallee, standen Ketten von Wehrmachtsautos. Sie waren wohl zum Teil beschädigt, aber vielleicht waren sie auch nur verlassen und vergessen worden. Sie waren ein trostloses Zeichen der allgemeinen Auflösung. Außerdem bedeuteten sie eine schwere Bedrohung für unsere Häuser, denn sie gaben beliebte Bombenziele.

Es gab noch allerhand Soldaten um uns und mit uns. Aber sie machten einen merkwürdig irregulären Eindruck, man begriff nicht, wozu sie denn eigentlich da waren. Hin und wieder war der eine oder andere Wagen von ihnen bevölkert. Sie gingen umher, kamen in die Häuser und gingen wieder weg. Es waren durchweg ganz junge Kerle.

In anderen Stadtgegenden wurde bereits geplündert, obwohl die Todesstrafe darauf stand. Es geschah, daß jemand in seine Wohnung kam und dort zwei Soldaten damit beschäftigt fand, den Kleiderschrank auszuräumen. Sie flehten ihn an, von einer Anzeige abzusehen, und der Heimgesuchte ließ sie laufen. Dennoch lagen sie zwei Stunden später erschossen am Nordbahnhof. Das Schlimmste von allem aber war etwas anderes: Hunderte von Krähen hatten die Herrschaft über die belagerte und vom Schicksal schon aufgegebene Stadt ergriffen.

Immer war es ja so, daß die Krähen sich zum Winter in das Weichbild der Städte zogen, um ihr Leben zu fristen; aber noch niemals waren sie in diesen ungeheuren Schwärmen aufgetreten. Sie kreisten unaufhörlich klagend und kreischend über den öden Straßen und Plätzen, über all den Stätten der Verlassenheit und Zerstörung, die dennoch so viele Wesen bargen, die um ihr Leben kämpften.

Vielleicht waren die Krähen in einer belagerten Stadt zünftig und zugehörig, es war ihre Walstatt, sie witterten, daß es reiche Beute geben würde. Die Schatten der Krähen über der Welt waren wie die Boten eines unerbittlichen, schrecklichen Todes und zugleich seine Erben ...

[...]

Indessen nahm das Schicksal seinen Lauf. Wir wußten, daß die Russen bereits bis zur Oder waren und Küstrin berannten, daß Breslau belagert wurde. Wir gaben uns keiner Hoffnung hin, daß Königsberg etwa zu halten wäre. Viele waren der Meinung, es wäre besser, wenn der Russe bald käme. Aller Widerstand war ohnehin nutzlos. Vielleicht, wenn die Stadt sich ergab, würde alles gar nicht so schlimm sein.

Diese Vermutung hat viele bewogen, dort zu bleiben. Sie haben ihre Leichtgläubigkeit zumeist teuer bezahlen müssen.

In der letzten Februarwoche war entscheidend von Räumung die Rede. Von der Stadt nach Westen war jetzt – wer weiß wie lange noch, freie Bahn. Die Blockleiter nahmen die Namen derjenigen auf, die sich bereit erklärten, Königsberg zu verlassen. Ich wußte, daß es soweit war, und fügte mich dem Schicksal.

Es konnte sich nur noch um Tage handeln, und es galt, bereit zu sein. Dennoch, als es nun wirklich soweit war, ergab sich eine unbegreifliche Ratlosigkeit. Es war so furchtbar, alles aufgeben zu müssen, und so schwer zu entscheiden, was nun das Allerdringendste war.

Am letzten Abend besuchte ich noch eine Jugendbekannte, die bei Verwandten in der Körteallee wohnte. Ihre Tochter war schon im Januar mit der ›Emden‹ herausgekommen, sie selber war nicht zum Mitfahren zu bewegen gewesen. Ich hatte es auch wiederholt mit ihr versucht, es war vergeblich. Nun stand sie, als ich mich verabschiedete, mit Tränen in den Augen und hoffnungslosem Ausdruck in der Tür. Und auf mein Wort: »Wir sehen uns wieder«, sah sie mich nur stumm und verzweifelt an.

Auch Bastian mußte ich in völliger Vereinsamung zurücklassen.

Heute noch, unenträtselbar, bewegt mich der Gedanke: Was war es nun, daß die einen durchkommen und die anderen untergehen ließ? Bestimmung und Fügung oder unentrinnbares Schicksal? Oder war es der eigene Verzicht und die bedingungslose Selbstaufgabe neben der Kraft und dem Willen, zu überleben?

Wir verließen Königsberg am 27. Februar mit einem Kohlenprahm, der uns pregelabwärts und übers Frische Haff nach Pillau brachte. Von dort ging es in zwei Tagen weiter über See nach Westen. Am 10. März landeten wir an der Langen Linie von Kopenhagen.

So fiel Königsberg

OTTO LASCH

Die Kapitulation

So stand ich am 9. April vor der unumstößlichen Gewißheit, daß ich mit meinen Soldaten und der gesamten Zivilbevölkerung von Königsberg von der höheren Führung aufgegeben war. Von außen her konnte ich Hilfe nicht mehr erwarten. Drei Tage lang wütete nun schon das Verderben in der Stadt ohne die geringste Aussicht, aus eigener Kraft durch Ausharren oder weiteren Widerstand die ausweglose Lage ändern zu können. Die Munitions- und Verpflegungslager waren zum großen Teil ausgebrannt, Artilleriemunition kaum noch, Infanteriemunition nur noch in geringem Maße vorhanden.

Operativ gesehen war die weitere Verteidigung von Königsberg zu dieser Zeit für den Ausgang des Krieges ohne Bedeutung, denn Anfang April standen starke russische Armeen bereits tief in Pommern, Brandenburg und Schlesien, während englische und amerikanische Kräfte bereits den Rhein überschritten hatten und vor den Toren Hannovers standen.

Die taktische Lage war am 9. April in Königsberg hoffnungslos. Zur Zeit des Entschlusses zur Kapitulation wurde nur noch der […] Nordteil der Innenstadt mit völlig abgekämpften Restverbänden ohne jegliche schwere Waffen gehalten.

Am ausschlaggebendsten aber war für meinen nunmehr zu fassenden Entschluß die Erkenntnis, daß ich bei weiterer Kampfführung nur noch Tausende meiner Soldaten und Zivilisten sinnlos würde opfern müssen. Eine solche Verantwortung aber konnte ich vor Gott und meinem Gewissen nicht mehr tragen. So entschloß ich mich, den Kampf einzustellen und dem Grauen ein Ende zu machen.

Ich war mir bewußt, daß die Übergabe der Festung an einen brutalen Feind erfolgen mußte, der keine Gnade kannte, aber im Gegensatz zu der Gewißheit, daß bei weiterem Kampf alles zugrunde ging, bestand dann wenigstens noch die Aussicht auf Rettung des größten Teils der Menschenleben. Die Entwicklung der Ereignisse hat mir dann recht gegeben, und wenn ich auch den Verlust der ostpreußischen Heimat mit meinem Entschluß nicht mehr aufhalten konnte, so habe ich doch wenigstens die Genugtuung, zahlreiche Menschenleben vor der sicheren Vernichtung gerettet zu haben.

In einer kurzen Beratung mit den Offizieren meines Stabes und den erreichbaren Divisionskommandeuren gab ich am Vormittag des 9. April meinen Entschluß bekannt, das durch Parlamentäre schon mehrfach wiederholte Angebot des Oberbefehlshabers der russischen Front, Marschall Wassiljewski, auf ehrenvolle Kapitulation anzunehmen. Alle stimmten meinem Entschluß zu. Ein an das OKH aufgegebener Funkspruch orientierte die oberste Führung darüber, daß der Kampf um Königsberg beendet sei, da die Munition verschossen, die Verpflegungslager ausgebrannt seien.

[…]

Mit dem Fortschreiten des russischen Angriffs vom Königs- und Sackheimer- Tor her strömten immer mehr Zivilisten schutzsuchend in die Trümmerstätten des Schlosses ein, aber irgendwelche höheren Parteidienststellen befanden sich weder zu dieser Zeit noch später im Schloß. Lediglich einige stellungslos gewordene Kreisleiter aus dem Süden und Osten der Provinz tauchten auf, traten aber in keiner Weise hervor und legten alsbald ihre Parteiuniform ab.

Als die Zustände in den tiefen ›Blutgerichts‹-Kellern, in denen noch Flaschenbestände lagerten, und in die sich die ausgehungerten Zivilisten und Soldaten bei der stärker werdenden Beschießung immer tiefer hineindrängten, unhaltbar wurden, ließ der Kommandeur des Volkssturms schwer bewaffnete Posten vor die Eingänge stellen, um die Ordnung wenigstens einigermaßen aufrechtzuerhalten.

Ein direkter Angriff auf das Schloß hat überhaupt nicht stattgefunden, und mangels einer Verbindung nach außen hat sich die Tatsache der Kapitulation nur gerüchtweise im Schloß verbreitet. Erst als die Lage ihm hoffnungslos erschien, hat der Kommandeur des Volkssturms jedem anheimgestellt zu versuchen, sich noch durchzuschlagen. Wachholtz selbst und sein Adjutant von Minckwitz, die als erste das Ostportal verließen, gerieten auf dem Münzplatz in einen plötzlichen Feuerüberfall und sind offensichtlich dabei gefallen, da jede Nachricht über sie noch heute fehlt. Die nun führerlos gewordene Restbesatzung beschloß, das Weitere abzuwarten und erst gegen 1.00 Uhr (10. April) erschien ein russischer Kapitän mit einer Gruppe Soldaten in den Kellern und forderte zur Übergabe auf.

[…]

Eine besonders wichtige Rolle im Kampfe um die Festung Königsberg haben bis zuletzt naturgemäß die Forts gespielt. Trotz ihres veralteten Systems mußten sie als Hauptstützpunkte in die HKL eingebaut werden und nur dort, wo sie weiter zurück lagen, waren besondere Kommandanten eingesetzt. Die Besatzungen bestanden aus Kompanien von Magen- und Ohrenkranken und Genesenen, die infolge der Notwendigkeit gesonderter Verpflegung und Behandlung für den eigentlichen Grabendienst unbrauchbar waren […].

Der ›Dohna-Turm‹, seit dem Mittag des 9. April eingekesselt und tapfer verteidigt, sah in seinen Mauern zuletzt den Gefechtsstand des Grenadier-Regiments 974, während sich die Reste der 61. Infanterie-Division in der ›Bastion Sternwarte‹ bis zur Kapitulation verschanzten. Nun zurück zu meinen Verhandlungen über die Kapitulation am 9. April. Ich befand mich auf meinem Gefechtsstand im Luftschutzbunker am Paradeplatz. Schon im Februar hatte ich ja den ersten Gefechtsstand im Keller der Oberpostdirektion aufgegeben. Dort war ein ruhiges Arbeiten für meinen Stab ausgeschlossen. Jedes Artilleriegeschoß, auch kleineren Kalibers, konnte ohne Schwierigkeiten bis in die Kellerräume durchschlagen, weil diese nur knapp unter dem gewachsenen Boden lagen. Der Bunker am Paradeplatz hingegen hat allen Stürmen getrotzt. Natürlich war er dem Feind bei der regen Spionagetätigkeit, die er in Königsberg unterhielt, genauestens bekannt und vom Beginn des Großangriffes an sofort das Ziel von starken Bombenabwürfen und von Artilleriebeschuß. Aber trotz mehrerer Bombenvolltreffer stärksten Kalibers hat er gut standgehalten und erst vom 9. April an begann er mit Wasser vollzulaufen. In den letzten Tagen haben sich hier noch erschütternde Szenen verzweifelter Menschen abgespielt. So nahmen sich zwei von der Gauleitung vor dem dortigen Treiben zu uns geflüchtete Frauen in dem ihnen zugewiesenen Raum das Leben, und auch der für uns alte Frontsoldaten ungewöhnlich starke Beschuß und Bombenabwurf zerrte an den Nerven.

Nach langen, bangen Stunden des Wartens erschien in den späten Abendstunden Oberstleutnant Kerwien mit einer Gruppe von russischen Offizieren als Abgesandte des Oberbefehlshabers der weißrussischen Front. Sie erklärten, daß sie bevollmächtigt seien, die Kapitulation auf Grund der Bedingungen des uns bekannten russischen Flugblattes abzuschließen. In diesem Flugblatt war uns bei sofortiger Kapitulation folgendes zugesichert worden:

1 das Leben,

2. ausreichende Verpflegung und eines Soldaten würdige Behandlung während der Kriegsgefangenschaft,

3. Sorge für die Verwundeten und für die Zivilbevölkerung,

4· nach Beendigung des Krieges Rückkehr in die Heimat oder in ein Land nach Wahl.

Ich trug keine Bedenken, diese Bedingungen anzunehmen. Daß keine dieser Zusicherungen später von russischer Seite eingehalten werden würde, konnte ich damals freilich nicht ahnen. Im Jahre 1947/48, als ich unter grauenvollen Umständen in einer Einzelzelle im Leningrader Gefängnis saß, um wegen angeblicher Kriegsverbrechen von Soldaten meiner ostpreußischen Division verurteilt zu werden, habe ich mich in Erinnerung an diese Zusagen noch einmal in einem Schreiben an Marschall Wassiljewski gewandt und ihn an seine Versprechungen erinnert. Eine Antwort habe ich darauf niemals bekommen.

Nachdem die russischen Parlamentäre bei mir erschienen waren, machte übrigens der sattsam bekannte Amtsleiter Fiedler von der Gauleitung noch den Versuch, in den Bunker einzudringen, um die Parlamentäre zu erschießen, natürlich ohne Erfolg. Als nach den Verhandlungen die Russen mit uns den Gefechtsstand verließen, war eine russische Kompanie bereits am Paradeplatz angelangt.

Mit Abschluß der Kapitulation war für meine Kameraden und für mich der schwerste Augenblick unseres soldatischen Lebens gekommen. Unser jahrelanges tapferes Bemühen an allen Fronten und aller Einsatz bis zum Letzten waren vergeblich geworden durch das Versagen der obersten politischen und militärischen Führung. Unsere Zukunft lag in völliges Dunkel gehüllt, und noch ahnten wir in dieser Stunde nicht, wie groß die Tiefen der Erniedrigung für uns sein würden.

In russische Kriegsgefangenschaft

Nachdem ich noch einen Befehl für die Versammlung der Truppeneinheiten und die Abgabe der Waffen für den kommenden Tag gegeben hatte, mußte ich mit einem Teil meines Stabes und einer Anzahl von Kommandeuren den dornenvollen Weg in die russische Kriegsgefangenschaft antreten.

Bereits auf dem Wege zum ersten russischen Divisionsgefechtsstand bekamen wir eine Probe dessen zu spüren, was uns in dieser ›ehrenvollen‹ Kriegsgefangenschaft erwarten sollte. Trotz der Begleitung durch russische Offiziere versuchten russische Soldaten immer wieder, und teilweise mit Erfolg, uns oder unseren Soldaten Uhren, Gepäck und Bekleidungsstücke mit Gewalt zu entreissen. Die russischen Offiziere waren nicht in der Lage, sich ihren Leuten gegenüber durchzusetzen. Aus der Fülle der Berichte über den Marsch in die Gefangenschaft hier einen besonders eindrucksvollen auszugsweise:

»Die Häuser brannten, qualmten. Polstermöbel, Musikinstrumente, Küchengeräte, Gemälde, Porzellan – alles war und wurde noch aus den Häusern geworfen. Zerschossene Autos standen zwischen brennenden Panzern, Bekleidungs- und Ausrüstungsgegenstände lagen herum. Dazwischen torkelten betrunkene Russen, schossen wild um sich, versuchten auf Fahrrädern zu fahren, fielen um und blieben mit blutenden Wunden bewußtlos im Rinnstein liegen. Weinende, sich wehrende Mädchen und Frauen wurden in die Häuser geschleppt, Kinder riefen nach den Eltern. Es war nicht mit anzusehen. Wir marschierten. Es boten sich uns Bilder, die nicht zu beschreiben sind. Die Straßengräben lagen voll von Leichen, die toten Körper zeigten deutlich Spuren unvorstellbarer Mißhandlungen und Vergewaltigungen. Tote Kinder lagen massenweise umher, an den Bäumen hingen Erhängte, Ohren abgeschnitten, Augen ausgestochen, deutsche Frauen wurden in beiden Richtungen geführt, betrunkene Russen prügelten sich um eine deutsche Schwester, eine Greisin saß am Chausseebaum, ihr waren beide Beine von Fahrzeugen abgequetscht. Die Gehöfte brannten, das Hausgerät lag auf der Straße, Vieh rannte durch die Gegend, wahllos wurde es abgeschossen und blieb liegen. Hilferufe deutscher Menschen drangen zu uns herüber.

Wir konnten nicht helfen. Frauen kamen aus den Häusern, die Hände zum Gebet erhoben – der Russe jagte sie zurück und schoß auf sie, wenn sie nicht sofort weggingen. Es war schrecklich. So etwas hatten wir ja nicht einmal ahnen können.

Stiefel hatte keiner mehr, viele gingen barfuß. Die unversorgten Verwundeten stöhnten vor Schmerzen. Hunger und Durst quälten die meisten entsetzlich. Von allen Seiten drängten russische Soldaten in den Zug herein. Sie nahmen dem den Mantel weg, dem anderen die Mütze, einem anderen die Aktentasche mit dem armseligen Inhalt. Jeder wollte noch etwas erben. ›Uri, Uri‹ wurde gerufen, wir waren wehrlos dieser Räuberbrut ausgeliefert.«

Der Weg in die Gefangenschaft führte die Masse der Soldaten nach Stablack, Insterburg und später in die verschiedensten Lager des endlosen Rußland. Die Offiziere kamen zum größten Teil nach Jelabuga. Was die Zahl der in Königsberg bei Beginn des russischen Großangriffs befindlichen Besatzung und der Zivilbevölkerung anbetrifft, so ist man infolge der Vernichtung sämtlicher Unterlagen auf Schätzungen angewiesen. Sie schwanken zwischen 90- und 130000, das Mittel von 110000 mag etwa stimmen. Die Zahl der Wehrmachtsangehörigen dürfte bei 30-35000 liegen, dazu kamen noch 8000 Volkssturmangehörige. Auch etwa 15000 Fremdarbeiter sollen noch in der Festung gewesen sein, so daß die Gesamtzahl der Menschen in der Festung etwa 165000 betragen haben dürfte. Die Höhe der blutigen Verluste dürfte für immer ungeklärt bleiben.

[…]

Ein Augenzeugenbericht

HERMANN MATZKOWSKI

Bericht über die Vorkommnisse und Zustände in Königsberg/Pr. nach der Einnahme durch die Russen im April 1945

Ich, Hermann Matzkowski, geb. 5.11. 99 in Creutzburg, Sägewerksarbeiter in Königsberg bei der Fa. Richard Anders, Schönfließer Allee, habe das letzte Jahr unter russischer Herrschaft in Königsberg/Pr. verbracht und will, nachdem ich die Schrecken in der Stadt und die zahllosen Verbrechen der Sowjets gegen die einfachsten Grundsätze der Menschlichkeit erlebt habe, hierfür folgende Angaben machen, wobei ich deren Wahrheit eidesstattlich versichere.

Ich selbst war bis zu meinem Erleben in Königsberg Kommunist. Ich wurde im Oktober 1942 wegen Vergehens gegen das Heimtückegesetz zu 5 Jahren Gefängnis verurteilt. Ich hatte u.a. gesagt, daß, wenn die Russen kämen, alle Nazis totgeschlagen würden. Meine Gefängnisstrafe verbüßte ich in Rhein/Ostpreußen. Beim Einbruch der Russen in die Provinz wurde das Gefängnis im Januar 1945 aufgelöst. Ich kam nach Königsberg, wo ich jedoch meine Familie nicht mehr antraf. Dort arbeitete ich zunächst noch bei meiner alten Firma Richard Anders, wurde dann für einige Tage zum Volkssturm einberufen, wo ich wegen Wehrunwürdigkeit entlassen wurde. Am 7. April nahm der Russe den Stadtteil Ponarth, wo ich meine Wohnung hatte. Dieser Stadtteil wurde von der gesamten Zivilbevölkerung freigemacht, die nach Löwenhagen [Dorf etwa 20 km südöstlich Königsberg, Anm. der Herausgeber] transportiert wurde. Von dort wurde ich aber bald entlassen, als ich die Anklageschrift und den Gefängnisentlassungsschein in meiner Strafsache vorlegte. Ich ging nach Ponarth zurück, meldete mich bei der Kommandantur 5 und wurde sofort als Bezirksbürgermeister für den Stadtteil Ponarth, Brandenburger Straße, eingesetzt. Nach der Zählung der Einwohner in der Stadt, deren Bevölkerungszahl sich um den 15. Mai auf etwa 100 000 erhöhte – sie betrug am Mitte April 45 nach einer Zählung durch die russische Kommandantur 90 000 Menschen – die Erhöhung erklärt sich aus der Entlassung einiger Soldaten in vorgerücktem Lebensalter.

Sogleich nach der Einnahme der Stadt wurden die Angehörigen der Partei und solche Personen, die möglicherweise dem Nationalsozialismus nahestanden, verhaftet und in besonderen Lagern in Metgethen [Ort etwa 10 Kilometer westlich von Königsberg, Anm. der Herausgeber], Labiau und Insterburg [Kreisstädte 50 Kilometer nördlich bzw. 90 Kilometer östlich von Königsberg gelegen, Anm. der Herausgeber] untergebracht. Im Gerichtsgefängnis in Königsberg wurden die politischen Gefangenen festgesetzt und zwar immer acht Mann in einer nur für einen Mann bestimmte Zelle. Wir, die Bürgermeister der Stadt, mußten häufig an Besichtigungen teilnehmen und uns die Unterbringung der Häftlinge ansehen. Im Mai 1945 starben und verschwanden dort im Gefängnis an den Folgen von Typhus und Genickschuß mehr als 1500 Mann. Am 20. Juni etwa mußten wir, die 12 Bürgermeister, darunter auch der neu ernannte Oberbürgermeister Laue, einer Massenhinrichtung von über 1000 Menschen auf dem Erich-Koch-Platz beiwohnen, die durch Fallbeil an politischen Gefangenen vorgenommen wurden. Nur zwei Mann wurden dabei im letzten Augenblick, und zwar zu 10 Jahren Zwangsarbeit, begnadigt, darunter auch der mir bekannte Prokurist Flach der Firma Anders.

Da die Ernährungslage schon im April katastrophal war, erbaten wir Bürgermeister von der russischen Kommandantur für die Bevölkerung die Genehmigung zum Aussetzen von Kartoffeln und zum Anbau von Gemüse in den Schrebergärten. Diese wurde auch erteilt, worauf die übriggebliebene Bevölkerung mit den gärtnerischen Arbeiten begann. Ende Mai jedoch beschlagnahmte die russische Kommandantur alles, einschließlich des eingebrachten Saatgutes und bewachte durch Posten Land und Schrebergärten. Nur wir Bürgermeister, die wir durch weiße Armbinden kenntlich gemacht waren, durften etwas Gemüse und Kartoffeln ernten.

Ende Juni 1945 wurde von Labiau der Hungertyphus, dort allgemein die Pest genannt, nach Königsberg eingeschleppt. Diese Krankheit forderte seit dieser Zeit täglich rund 300 Opfer, seit dem rapiden Abnehmen der Einwohnerzahl im August ungefähr 200 Opfer, wobei die Zahl im Oktober vorübergehend auf 50 Tote täglich sank, was wohl auf die etwas bessere Ernährung (Kartoffeln) in diesem Monat zurückzuführen ist. Doch herrscht seit dieser Zeit wieder schwerste Hungersnot, zu deren Linderung von russischer Seite nichts getan wird. Es gibt täglich nur 200g Brot je Kopf und keine anderen Nahrungsmittel, auch nicht auf Karten. Viele können sich das Brot nicht kaufen, da schon die Brotkarten selbst mit 10 Rubel, bei Erwerbstätigen mit 20 Rubel bezahlt werden müssen und die Reichsmark nicht mehr angenommen wird. Reichsmarkscheine liegen auf der Straße. 200 g Brot kosten 1 Rubel, was zu bezahlen oft nicht möglich ist, selbst dem Arbeiter nicht, der arbeitet. Es werden ihm zwar Rubel versprochen, aber meistens bekommt er nichts. Nur wir Bürgermeister bekamen 360 Rubel im Monat. Weitere Lebensmittel gibt es in Königsberg nicht mehr zu kaufen, es gibt keine Geschäfte mehr und auch keine Handwerker. Die Bevölkerung holt sich Pferdefleisch aus dem Pferdelazarett. Dieses ist aber wegen der Willkür der Grausamkeit der Russen mit großen Gefahren verbunden. Von den Frauen, die dort Fleisch holen wollen, kommen oft nur die Hälfte zurück, während die anderen vergewaltigt und ermordet werden. Ich selbst habe das persönlich mitangesehen. Da die Bevölkerung nicht von 200g Brot leben kann, vertauscht sie ihre letzte Habe an die Russen, um dafür etwas Lebensmittel zu bekommen. Wer nichts hat, geht stehlen.

Die Pfarrer Beckmann und Müller, beide wegen anti-nationalsozialistischer Betätigung früher bestraft, haben sich von der Kommandantur erbeten, Kartoffelschalen von den russischen Kasernen einzusammeln. Die Schalen werden rationiert und dann in kleineren Mengen an die Bevölkerung ausgegeben. Kinder unter vier Jahren und alte Leute gibt es in Königsberg nicht mehr. Die einzigen Menschen, die gut genährt werden, sind die Frauen, die von den russischen Soldaten schwanger sind. Infolge des großen Sterbens in Königsberg beträgt die Einwohnerzahl, die im Herbst auf 50 000 gefallen war, jetzt nur noch 32 000. Von der Richtigkeit dieser Zahlen habe ich mich überzeugen können, da ich als Bürgermeister die Brotkarten ausgeben mußte. Am 6. und 7. November 1945, den ›Tagen der Roten Armee‹, erhielten die russischen Soldaten das Recht zur vollkommenen Willkür. Die Männer wurden geprügelt, die meisten Frauen geschändet, so auch meine alte 71jährige Mutter, die zu Weihnachten starb. Weihnachten wurden die meisten Arbeiter einige Tage eingesperrt, auch die Bürgermeister. Kurz vor meinem Fortgang aus Königsberg im Februar dieses Jah-

res besuchte ich mit den Pfarrern Müller und Beckmann ein Kinderheim in Königsberg. Die Kinder sahen aus wie die Hungerkinder in der Wochenschau. Pfarrer Müller bat mich dringend, von den hiesigen Zuständen im Reich zu berichten. Vom 1. Januar bis 15. Januar 1946 gab es kein Brot. Da ich das Hungerleben nicht mehr aushalten konnte, versuchte ich wegzukommen. Dies gelang mir durch die Hilfe eines Eisenbahners, dem ich 150 alliierte Mark gab und der mich zunächst bis Allenstein, 150 km weit mitnahm. Dort wurde ich von den Polen völlig ausgeplündert und fuhr dann mit dem Zuge, auf dem Puffer stehend bis nach Berlin. Ich suche zur Zeit meine Familie, die sich zuletzt in Braunschweig aufgehalten haben soll.
Diese Angaben, die in vollem Umfange der Wahrheit entsprechen, mache ich aus eigenem Antrieb und ohne hierzu veranlaßt zu sein, da ich der Meinung bin, daß wenigstens etwas von den Qualen und dem Leid, das die Bevölkerung im Osten erduldet hat und noch erdulden muß, und von den Grausamkeiten der Sowjets in die Öffentlichkeit dringen muß. In Flensburg und Lübeck habe ich auch Gelegenheit gehabt, den Flüchtlingen aus Ostpreußen über die Zustände in Königsberg zu berichten. Da ich meine Familie weiter suche, habe ich noch keine feste Wohnung, bin aber stets zu erreichen über die Anschrift meiner Kusine, der Ehefrau des Herrn Willi Lettau, Kirchweyhe bei Bremen, Ledigenheim.

Oldenburg, den 2. Mai 1946
gez. Hermann Matkowski

Abschied von Königsberg

AGNES MIEGEL

Es forderte zum Fackeltanze dich,
Gekrönte Vaterstadt, der grimme Tod.
Wir sahn von seinem Mantel dich umloht
Und hörten, wie bei deiner Türme Neigen
Die Glocken sangen deinen Todesreigen
Und sahen wie dein Angesicht erblich.
Und sahen schauerlich
Den Pregel schwarz an den verkohlten Pfählen
Vorbei an leeren Hafenstraßen schleichen,
Und sahn, wie Opferrauch am Grab, die reichen
Schätze gesunkner Speicher qualmend schwelen.
Und sahen deinen furchtbaren Freier Tod
Aus deiner Gassen leeren Masken starren
Und durch den grauen Rauch stromabwärts fahren
Mit zuckender Beute auf verglühendem Boot.

So sahn wir dich. Und sahn was uns gehört
Wie Mutter ihrem Kind, in stummer Klage,
Vom Schnee bestäubt, durch kalte Wintertage
Fremd um uns stehn, gespenstisch und zerstört.
Doch immer noch bedroht von Haß und Neid
Und immer noch in deinem Witwenkleid
Von deinem Feind mit Schwert und Sturm begehrt!
O Angesicht, so bleich und so verstört,
O Stadt, umtobt vom Kampf, durchwühlt von Leid, -
Wir wandern fort aus den zerstörten Gassen,
Doch wissen wir, die weinend dich verlassen:

Wenn unsre Augen dich nie wiedersehn,
Wenn wir vergehn
Mit unserm Blut, mit unserm Hab und Gut, -
Daß noch in dir, o Mutter, Leben ist,
Und daß du, Königsberg, nicht sterblich bist.

AUS KÖNIGSBERG WIRD DIE VERBOTENE STADT KALININGRAD

Ankunft

ALLA NIKOLAJEWA GEDIMA

Während der Reise sahen die Übersiedler zerstörte Städte und Dörfer Rußlands, der Ukraine und Weißrußlands. Aber was sich ihrem Blick im ehemaligen Ostpreußen bot, rührte selbst Frontkämpfer an. Juri Nikolajewitsch Tregub, der mit seinen Eltern aus Alma-Ata gekommen war, hat das noch vor Augen: Als wir in das ehemalige Ostpreußen einreisten, begann hinter der Stadt Vilkaviskis die reine Hölle. Alles war zerstört, die Häuser beschädigt, auf den Schienen standen total verbogene Waggons, überall waren Drahtigel zur Panzerabwehr, Stahlbetonbefestigungen, weggeworfenes Werkzeug ... Einen bedrückenden Eindruck hinterließ die Stadt Insterburg. Als wir in den Bahnhof einfuhren, war er völlig zerstört. Eisenträger ragten empor, auf denen einst das Dach befestigt war, und Metallrahmen ohne Scheiben. Überall verkohlte Ziegelsteine, in der Luft lag ein Geruch nach Verbranntem, an den ich mich bis heute erinnere.

Doch auch die schrecklichen Kriegsspuren konnten die natürliche Neugier der Umsiedler nicht bremsen – nicht nur bloße Neugier, denn alles ringsherum schien fremd und ungewöhnlich: die mit roten Ziegeln gedeckten, sorgfältig erbauten Häuser, auch auf dem Land, die mit Bäumen bepflanzten Straßenränder und der Asphalt überall. Hier sollten sie leben, arbeiten und ihre Kinder großziehen. Sogar an den Ruinen, die ich aus dem Waggonfenster beobachtete, erinnert sich Anna Andrejewna Kopylowa, konnte man sofort erkennen, daß das schon nicht mehr Rußland war. Mein Herz klopfte nicht, sondern schlug rasend. Alles um mich herum war interessant, unbekannt und ein wenig erschreckend.

Und endlich Königsberg – das Ziel einer langen und beschwerlichen Reise. Die Transportzüge wurden an verschiedenen Stellen in der Gegend des Südbahnhofs entladen. So erinnert sich die Kaliningrader Journalistin Marija Pawlowna Kubarewa: Den Bahnhof in seiner heutigen Form gab es nicht, obwohl das Gebäude im wesentlichen erhalten war. Die Züge hielten an irgendwelchen provisorischen, barackenähnlichen Bauten. Das erste, was sofort auffiel, waren die aufgerissenen Eisenbahnschienen, eine enorme Menge an zerstörten technischen Gerätschaften und Haufen mit Gerümpel auf dem Güterbahnhof. Aber es kamen Züge an und wurden entladen, es wurden Fahrscheine verkauft, und es gab eine kleine Gepäckaufbewahrung und einen Saal für die Angekommenen.

Alexandr Awgustowitsch Melngalw hat seine Ankunft noch folgendermaßen vor Augen: Wir kamen an einem trüben, schmutzigen, düsteren und regnerischen Tag, dem 17. Januar 1947, in Königsberg an. Man entlud den Zug an zwei Holzbaracken, dort war auch der ›Wartesaal‹. In die Baracke drängte eine enorme Menschenmasse. Uns gelang es, eine Bank zu ›ergattern‹. Die Menschen in der Baracke waren ständig in Bewegung. Wir saßen dort zwei oder drei Tage. Eine Unmenge an Wanzen ist mir in Erinnerung geblieben, sie fielen direkt von der Dekke! Bis heute erinnere ich mich daran, wie sie gebissen haben … Nach einiger Zeit ging ich auf die Straße. Rechts und links war Sumpf und vor mir Trümmer. Ich ging auf eine unversehrt gebliebene Brücke in der heutigen Kiewskaja-Straße. Ringsherum Stille und Ruinen. Links vom Bahndamm standen Hunderte deutscher Dampfloks. Ich schaue von der Brücke in Richtung Stadt: kein einziges Rauchwölkchen, kein Auto, kein Mensch – nur Ruinen. Eine solche Einöde! Und mir wurde so wehmütig ums Herz. Ich kehre zurück und sage zu Mama: »Laß uns zurückfahren, bevor es zu spät ist.« Sie antwortet: »Wir haben doch Geld bekommen«, und beruhigt mich mit Müh und Not.

Es kam oft vor, daß nachts angekommene Züge nicht mehr entladen wurden und die Reisenden auf dem Bahnhof in den Waggons übernachten mußten. Michail Iwanowitsch Iwanow, er war 1947 angekommen, erzählt folgendes: Man sagte uns, daß wir den Zug nicht verlassen sollten. In der Stadt, unweit des Güterbahnhofs, hörte man Schüsse. Ich erkundigte mich bei Soldaten, was los sei, und sie antworteten mir, daß man irgendeine Bande fange. Wir saßen die ganze Nacht in den Waggons, der Zug wurde mit Maschinenpistolen bewacht. Man warnte die Umsiedler, daß sie auf der Hut sein sollten. Unsere Frauen, die mit Kindern gekommen waren, schrien und weinten sich müde vor Angst. Die Menschen befiel sogar eine Apathie, und sie kamen zu dem Schluß, daß man sie einfach betrogen habe: Bei der Anwerbung hatte es geheißen, daß in Kaliningrad alles ruhig sei, hier aber wurde geschossen.

Die ersten Züge mit Umsiedlern wurden so begrüßt, wie es Jekaterina Sergejewna Morgunowa aus dem Gebiet Uljanowsk erzählt: Wir sind auf dem Bahnhof Nesterow angekommen. Es herrschte starker Nebel. Man sagte uns: »Geht nirgendwohin, überall sind Geschosse.« Einige haben zu schreien angefangen: »Wo sind wir bloß hingeraten?« Dann gab es eine Versammlung, Musik und ein Militärorchester. Der erste Parteisekretär des Kreiskomitees begrüßte uns persönlich. An seinen Familiennamen erinnere ich mich nicht. Klein gewachsen, so ein fülliger. Gut gekleidet, er trug weiße Stiefel. Wir haben ihn dann selbst gewählt. Der Sekretär sagte: »Wir sind hier zwölf Leute. Insgesamt nur wenige. Und ihr seid der erste Transportzug. Die Kaliningrader Erde hat zu singen begonnen, die Kühe zu muhen und die Hähne zu krähen. Habt vor nichts Angst, man wird euch bewachen.«

Besonders feierlich, mit Musik, Brot und Salz, wurden die allerersten Transportzüge begrüßt. Und natürlich gab es Versammlungen, auf denen Vertreter der Zivilverwaltung und der Militärkommandantur sowie Belegschaftsangehörige großer Industrieunternehmen auftraten. Wladimir Petrowitsch Filatow hat in Erinnerung behalten, daß zehn mobile Küchen mit heißem Essen auf dem Bahnhof standen. Alle Angekommenen versorgte man mit einem sättigenden Mittagessen, und pro Familie verteilte man einen Laib Brot. Handelsorganisationen richteten den Verkauf von Brot, Zucker, Fleisch, Fisch, Salz und anderen Lebensmitteln sowie von Industriewaren ein. Direkt an die Waggons fuhren LKW heran. Die Begrüßenden kümmerten sich um das Aussteigen der Reisenden, das Entladen ihrer Habseligkeiten und um die Abfahrt der LKW.

Spielte sich diese Zeremonie nicht in Königsberg ab, sondern irgendwo in einer kleinen Stadt oder einem Dorf, so konnten es anstelle von ›Studebeckern‹ und Militär-LKW auch einfach deutsche Leiterwagen oder leichte Reisewagen sein, abhängig davon, über welche Möglichkeiten die begrüßenden Organisationen verfügten. Hier, wo die Züge verlassen und entladen wurden, fand auch die Registrierung der Neusiedler statt, die Ausgabe von Wohnberechtigungsscheinen und die Verteilung auf die Arbeitsplätze. Wie die offiziellen Verwaltungsstellen bei der Ansiedlung der Ankömmlinge vorgingen, davon berichtet Nikolai Iwanowitsch Tschudinow, der lange Zeit als Inspektor für die Aufnahme und wirtschaftliche Eingliederung der Umsiedler im Kreis Krasnosnamensk gearbeitet hat:

Die Umsiedler wurden noch in ihrer Heimat nach Kreisen zusammengestellt, und wir bemühten uns auch hier, diese Kollektive zu erhalten. Meist brachte man sie in dieselbe Kolchose. Wir bereiteten schon im voraus Unterkünfte für die Menschen vor. Ich selbst habe jede Ortschaft besichtigt, den Zustand des Wohnraums, und notiert, welche Art von Renovierung erforderlich war. 1946 waren wir nämlich gezwungen, fast 3000 Türen aus den Gebäuden in Dobrowolsk auszubauen, um den Neusiedlern zumindest irgendein Material zur Renovierung ihrer Häuser zu geben. Ich mußte wissen, wann welcher Transportzug ankommt, und hatte Verbindung zu Militärangehörigen. Und wenn aus Minsk in unsere Verteilungsbehörde eine Benachrichtigung kam, rief ich die Militäreinheit an, und die fuhren mit ihren ›Studebeckern‹ nach Nesterow und warteten auf die Ankunft des Zuges. Sobald ein Transportzug angekommen war, registrierte ich alle Umsiedler und verglich ihre Aussagen und Dokumente mit den Papieren des Zugleiters. Familien teilte ich sofort Wohnberechtigungsscheine aus. Man ließ den Menschen Zeit, sich zu verteilen und einzuleben, und dann machte man sich an die Gründung eines Betriebs. Eine Versammlung wurde abgehalten, ein Vorsitzender und Verwaltungsmitglieder wurden gewählt. So begann ein normales Leben. Jede Umsiedlerfamilie konnte im Bedarfsfall für eine Wohnungsrenovierung bis zu 10 000 Rubel Kredit bekommen. Sogar eine Bauorganisation für Neusiedler wurde gegründet. Wenn der Hausbesitzer selbst tun kann, was nötig ist – bitte, tu es selbst. Ihm wurde diese Arbeit bezahlt. Ein Kostenvoranschlag wurde gemacht und die Ausgaben zusammengerechnet. All das wurde mit einem Kredit finanziert, und im Anschluß war der Hausbesitzer verpflichtet, die Hälfte des Kredits zurückzuzahlen. Aber faktisch haben Neusiedler, die fest Fuß gefaßt hatten, nichts zurückbezahlt, man hat ihnen alles erlassen.

Nicht immer und überall wurden die Umsiedler mit einer Versammlung begrüßt, mit einer Feldküche und Kohlsuppe und einem Berechtigungsschein für ein bequemes Haus. Einige kamen nachts an, bei Regen, stiegen im Vorstadtdreck aus oder verbrachten einige

Tage auf Bahnhöfen und in Waggons. Da war nichts mit Versammlungen oder Musik …

Für Marija Grigorjewna Shlobina sah die Ankunft so aus: Uns begrüßte der Kolchosvorsitzende. Er hatte so einen zerrissenen Ledermantel an, daß wir dachten: Das ist aber ein Vorsitzender, was der wohl für eine Kolchose hat? Auf dem Bahnhof begannen die Umsiedler, die Waggons zu entladen, ihre Sachen herauszutragen, das Vieh herauszutreiben und alles auf LKW zu verladen. Wir kamen nur schlecht vorwärts. Überall auf den Straßen waren Granattrichter und solche spitzen Betonpfähle. Wir mußten sie aus dem Weg räumen. Man sagte uns noch, daß wir auf unsere Füße achten sollten, auf der Erde lag viel Munition herum.

Brachten die Umsiedler viele Kühe mit, so transportierte man die Tiere nicht mit dem LKW, sondern trieb sie zu Fuß. Von jeder angekommenen Familie blieb eine Person zurück, um eine Kuh zu treiben, während die übrigen mit Autos abfuhren. Die Herde trieben wir vom Bahnhof zu einer Ortschaft. Abends machten wir uns auf den Weg und kamen um vier Uhr morgens an. Wir hatten drei Soldaten mit Maschinenpistolen bei uns, die zeigten uns den Weg, erzählt Anna Iwanowna Trubtschanina.

Eine Reihe der Befragten sprach davon, daß der Weg vom Bahnhof bis zum Wohnort mit Gefahren verbunden war. Solche Zeugnisse beziehen sich allerdings auf die allererste Zeit der Umsiedlung. Eines davon hat Jekaterina Michailowna Kowaljowa abgelegt: In der zweiten Augusthälfte des Jahres 1945 brachte man uns mit Autos aus Königsberg in eine Militärsowchose im Kreis Insterburg. Wir fuhren durch Gwardejsk. In seiner Nähe begannen Wälder. Die Chauffeure (wir hatten einige Autos) sagten: »Legt euch nach unten und haltet euch gut fest: Man wird uns beschießen.« Und tatsächlich, sobald wir in den Wald hineingefahren waren, wurden einige Schüsse abgegeben. Aber wir sind glücklich durchgekommen, es hat niemanden erwischt. Wir fuhren ohne Geleitschutz.

Nicht sonderlich angenehme Erinnerungen an die ersten Tage des Aufenhalts in der neuen Region hegt Jewdokija Iwanowna Tscherkanowa: Man lud uns in Autos ein und fuhr los. Es war schon Nacht. Irgendwo im Wald lud man uns aus. Der Chauffeur sagt: Ich habe

Anweisung, euch in dem Kreis hier abzuliefern, hier müßt ihr schon selbst klarkommen. Und er ist weggefahren. Ringsherum war nichts zu sehen. Vater sagt, wir müssen bis zum Morgen warten, dann klären wir das. Mutter fing schon an, davon zu sprechen, zurückzufahren, nach Hause. Wir haben eine Hütte aus Ästen gebaut. So haben wir dann übernachtet. Vater ist morgens losgegangen, um sich umzusehen. Er kommt zurück und sagt: In 800 Meter Entfernung von uns gibt es ein alleinstehendes Gehöft, da leben unsere Umsiedler aus Brjansk. 300 Meter weiter kommt noch ein Gehöft. Das Haus dort war nicht besonders gut, es hatte weder Fenster noch Türen. Das Dach war aus irgendeinem Grund mit Stroh gedeckt. Überall sind die Häuser mit Ziegeln gedeckt, aber dieses hier mit Stroh. Daneben stand ein Pferdestall und eine gut erhaltene Scheune. Sowohl Pferdestall als auch Scheune waren mit Ziegeln gedeckt. Vater sagt, na ja, lange werden wir hier nicht leben, wir werden hier zwei bis drei Jahre leben und wieder wegfahren. Wir begannen, uns einzurichten. Türen haben wir irgendwoher angeschleppt, die Fensterscheiben setzten wir stückweise ein. Daneben lag ein Garten mit Apfelbäumen und auch irgendwelchen anderen Bäumen. Er hat uns sehr gut gefallen. Den Ort haben wir dann auch deutsch benannt – Popelken.

Am bequemsten hatten es natürlich die Umsiedler, die schon mit einem bestimmten Ziel, einem Industrieunternehmen oder einer bestimmten Behörde, in das Gebiet gekommen waren. Viele alltägliche Probleme gestalteten sich für sie leichter. Oft kam zunächst das Familienoberhaupt, richtete sich ein und holte dann seine Familie nach.

Erste Eindrücke

Die ersten Eindrücke sind oft am intensivsten und prägen sich der Erinnerung am stärksten ein. Die Neusiedler hatten mehrheitlich nicht die geringste Vorstellung von der Gegend, in der sie fortan leben sollten. Sie verstanden natürlich, daß Königsberg von den heftigen Kämpfen nicht unberührt geblieben sein konnte, aber die Wirklichkeit zeigte sich schrecklicher als die allerschlimmsten Erwartungen. Alexei Nikolajewitsch Solowjow erinnert sich, daß ihr LKW durch eine buchstäblich tote Stadt fuhr:

Eine deprimierende und schreckliche Empfindung. Es war schon August 1948, aber es liefen einem keine Menschen über den Weg. Trümmerhaufen und Häusergerippe. Im Stadtzentrum ist alles aufgerissen. Wir staunten, als wir einige unzerstörte Gebäude erblickten und Menschen trafen ... Das heißt, so schlimm ist es auch wieder nicht. An den Wänden halbzerstörter Gebäude hingen hier und da noch Reste von Firmenschildern früherer Ladenbesitzer; es waren mit schwarzer Farbe direkt auf den Putz geschriebene deutsche propagandistische Aufrufe zu sehen: »Wir kapitulieren nicht!«, »Pscht! Feind hört mit!«

Alle Neusiedler stimmen darin überein, daß Königsberg auf sie den Eindruck einer abgebrannten und völlig zerstörten Stadt gemacht hat, von ihren Bewohnern längst verlassen. Manefa Stepanowna Schewtschenko war 1945 auf Einladung ihres Bräutigams von Tscheljabinsk nach Königsberg gekommen, wo dieser nach Kriegsende geblieben war. Mit dem Zug hatte sie keine Möglichkeit zur Reise gefunden, aber mit einem Flugzeug: Als ich ankam, holte mich Sascha mit einem Wagen ab. Vom Flughafen fuhren wir nach Königsberg. Wir fuhren so lange, daß ich es nicht mehr ausgehalten habe: »Mein Gott, wann kommen wir denn endlich in die Stadt?« Da drehte sich Sascha um und sagte: »Wir fahren schon zehn Minuten lang durch die Stadt.« Um Gottes willen! Da war keine Stadt, nur Ruinen! Nur vereinzelt stiegen Rauchwölkchen auf. In diesen Ruinen lebten Deutsche und unsere Leute. Von Wasserleitungen und Elektrizität konnte man nur träumen. Die Straßenbahnschienen waren zerstört. »Wie kann man hier leben?« dachte ich bei mir.

Dieses schreckliche Bild einer vollkommen zerstörten Stadt vervollständigten die Scharen von Ratten auf den Straßen; und nachts, wenn der Tageslärm verstummt war, schepperte im Wind das rostige Eisen in den Gerippen der ehemaligen Gebäude. In den zerstörten Häusern konnte man das Wasser aus den Rohren laufen hören. Die Straßen waren ohne Beleuchtung. Es schien alle menschlichen Kräfte zu übersteigen, die Stadt wieder aufzubauen. Die Ankömmlinge sahen aber nicht nur die vom Krieg zurückgelassenen Ruinen, sondern bemerkten auch all das Wertvolle, das von der jahrhundertealten deutschen Kultur erhalten geblieben war. Davon spricht Anna Andrejewna Kopylowa: Noch an den Gebäuderesten konnte man sehen, wie schön die Stadt vor dem Krieg gewesen war. Gepflasterte Straßen gingen im Grün der Bäume unter. Es ist schade, daß eine so schöne Stadt durch den Krieg zerstört worden ist. Alles war gepflegt, zu jedem kleinen Haus führten gepflasterte Wege. Kleine Häuser, sogar ihre Ruinen, waren von dekorativen Büschen umgeben. Es war zu sehen, daß hier einst Menschen gelebt haben, die die Natur, die Schönheit und behagliche Wohnlichkeit schätzten.

Marija Pawlowna Teterewljowa fielen die ihr ungewöhnlichen grellen Ziegeldächer auf: Sie waren in der Frühlingssonne oder nach dem Regen von einer so frischen Farbe, daß es schien, als würden sie von Zeit zu Zeit leicht gestrichen.

In den Dörfern fanden die Umsiedler solide deutsche Steinhäuser vor, wenn auch ohne Türen und Fenster. Hier und da waren Möbelstücke erhalten, große Pendeluhren oder die für die Russen so ungewohnten Kachelöfen. In manchen Orten waren die Straßenränder mit Obstbäumen bepflanzt und die Hauswände mit wildem Wein überwachsen. Im Frühling angekommene Umsiedler verblüffte, daß die Stadt Königsberg in Grün und Blumen buchstäblich ertrank. Margarita Serafimowna Solotarjowa erinnert sich, daß die Kanalufer im Stadtteil des Zentralmarkts mit Gänseblümchen und Veilchen geradezu übersät waren, auch Trauerweiden wuchsen, deren Äste bis ins Wasser hingen und ein eigentümliches Zelt bildeten.

Die Strandpromenade versetzte mit ihrer Pracht in Erstaunen – schöne geschwungene gußeiserne Gitter und Bänke, Blumenkübel und Skulpturen, die wunderschön gestalteten Innenhöfe der Wohnhäuser. Ungeachtet der völligen Zerstörung fuhren die Deutschen fort, sie zu pflegen. Ein weiterer starker Eindruck war die Sauberkeit des Pregel-Flusses. Die Neusiedler erinnern sich, daß darin der Stint gefangen wurde. Auch Hechte, Brassen und Aale kamen hier noch vor.

Gepflegtheit und Behaglichkeit bestimmten auch die Dörfer des Gebiets. Jekaterina Petrowna Koshewnikowa ist der Eindruck von Primorsk, wie sie es 1947 erlebte, in Erinnerung geblieben: Was auffallend war? – Die Ordnung. Alles war zerstört, aber alles war voller Blumen. Jasmin. Allein an Flieder gab es einige Sorten: persischen, türkischen, und in unterschiedlichen Farben. Es wuchs auch ein blühender Strauch, von dem ich nicht mal weiß, wie er heißt. Wie viele

Pfingstrosen es gab! Und wie es gemacht war: Wenn der Schnee verschwindet, beginnt irgendetwas zu blühen, dann etwas anderes, und es blüht bis zum Winter, bis der Frost beginnt. In jedem Hof gab es eine Hecke. Sie wissen schon, mit solchen Stufen: eine höher, die zweite niedriger, die dritte noch niedriger. Und das alles beginnt von unten nach oben zu blühen. Im Park gab es seltene Bäume. Viele waren eingeführt. Hier wachsen morgenländische Platanen, Tannen, Korkeichen, Buchen, Pyramideneichen.

Das andere Klima, die andere Natur und ihre andersartige Nutzung verwunderten die Neusiedler nicht nur, sondern weckten zugleich ihr Interesse und ließen sie darüber nachdenken, wie ihr Leben besser einzurichten und all das Wertvolle zu erhalten sei, das den Fähigkeiten einst hier lebender, nun aber vergangener Generationen stammte.

Natürlich sind auch die Begegnungen mit den deutschen Einwohnern Königsbergs in Erinnerung geblieben. Sie haben sich Sergej Wladimirowitsch Danijel-Bek fest eingeprägt: Als wir uns anschickten zu fahren, konnten wir natürlich nicht umhin, an die Deutschen zu denken, und unser Haß auf sie aus der Ferne war groß. Und dann haben deutsche Kinder unseren Waggon umringt, anständig gekleidet, aber mager und blaß. Sie baten um Almosen. Im Zug verstanden einige deutsch. Es kam sogar zu einem Gespräch … Was sollte da der Haß?

Der Alltag der Neusiedler

MARINA ALEXANDROWNA KLEMESCHOWA

Erste Zuflucht

Was den Wohnraum für die Umsiedler angeht, so gilt es, den Zeitpunkt ihres Eintreffens im Königsberger Gebiet zu berücksichtigen. Soldaten, die nach den Kämpfen um Ostpreußen hier zurückgeblieben waren, hatten sofort die Möglichkeit, in erhalten gebliebene Wohnungen und alleinstehende Häuser einzuziehen. Oft fanden sie dort eine gänzlich intakte Einrichtung vor. Die Zivilbevölkerung traf erst mit der zweiten Hälfte des Jahres 1945 ein. Der Bestand an unversehrt gebliebenem Wohnraum war zu dieser Zeit bereits erschöpft, und die Umsiedler erhielten deshalb Wohnungen, die grundlegender Renovierung bedurften. Aber auch diese wurden immer knapper. Die Wohnungssituation verschlechterte sich. Diejenigen, die erst nach 1948 kamen, mußten ihr Leben manchmal am Nullpunkt beginnen.

Die erste Wohnung der Neusiedler war in der Regel eine vorübergehende Zuflucht, in der sie zwischen zwei, drei Tagen bis zu einigen Monaten blieben, bis sich eine dauerhafte Wohnmöglichkeit gefunden hatte. 1946 wurde in der Stadt das erste Hotel eröffnet. Es war, jener anspruchslosen Zeit entsprechend, kalt und kaum eingerichtet. Von ihm berichtet Marija Pawlowna Kubarewa: Man quartierte mich zeitweilig in dem halbleeren Hotel in der Pugatschow-Straße ein, im heutigen Hotel ›Tschajka‹ [Möve], das überhaupt nicht geheizt wurde. Außer mit der Decke mußte ich mich noch mit einer Wattematratze zudecken und fror trotzdem. Einen Dank an die Hotelchefin, die mit ihrem kleinen Sohn in einem ehemaligen Badezimmer mit Zementboden, aber dafür einem Eisenofen, Platz gefunden hatte. Wenn es sehr kalt wurde, ließ sie mich über Nacht zu sich. Ich schlief auf dem Boden, wobei ich mir zwei Matratzen unterlegte.

Oft mußten die Menschen direkt am Arbeitsplatz schlafen: in Schulen, Kontoren, in Roten Zimmern (in denen gesellschaftspolitisch gearbeitet wurde) oder auf Speichern. Matrjona Fedotowna Bukrejewa bekam 1945 die Stelle der Köchin in einer Militäreinheit in der Stadt Cranz. Dort, in der Kantine dieser Einheit, lebte sie auch. Sie schlief auf einem der Tische. Jelena Timofejewna Karawaschkina wurde 1946 vom Kommunistischen Jugendverband zur Arbeit bei der Polizei nach Kaliningrad geschickt:

Man hat mich direkt im Gebäude der Polizeiverwaltung untergebracht, im heutigen Trakt des Büros für Technische Information. Es war ein großes Zimmer für etwa 50 Menschen. Sowohl Männer als auch Frauen, alle zusammen. Es gab weder Fenster noch Türen …

Verteilung von Wohnraum

Anfangs gab es überhaupt keine systematische Verteilung der Wohnungen. Die Neusiedler kamen an, suchten sich das dem Arbeitsplatz nächstgelegene leere Haus und zogen dort ein – wenn sie wollten. Erzählungen wie die folgende erscheinen schier unglaublich.

Die Wohnung habe ich mir selbst ausgesucht, weil ich Junggeselle war. In Selenogradsk wohnte in der Stalingrader Straße, jetzige Shelesnodoroshnaja-Straße [Eisenbahn-Straße], im Haus Nr. 21, einem zweistöckigen Haus, ein Offizier. Dort bin ich in die erste Etage eingezogen. Ich hätte auch ein alleinstehendes Haus beziehen können. Nebenan standen Häuser leer, erinnert sich Pjotr Tichonowitsch Schewtschenko. Vom Zug wurden die Leute über die Stadt verteilt. Man brachte uns zu irgendeinem Haus im heutigen Baltischen Rajon und fragte uns: »Gefällt es euch?« Wenn es gefiel, blieb der Umsiedler mit seiner Familie da. So ist meine Familie in der ersten Etage eines zweistöckigen Hauses eingezogen. (Mitteilung von Nikolai Petrowitsch Muchin)

Nadeshda Dmitrijewna Makuschina kam im Jahr 1946 nach Königsberg. Ihre Wohnung fand sie auf folgende Weise: Wir setzten uns in eine Droschke und fuhren in der Stadt herum. In der Thälmann-Straße gab es viele leere Häuser, aber sie waren für die Zivilverwaltung des Gebiets bestimmt. In der Gorki-Straße waren viele Häuser zerstört und nicht bewohnbar. Das Haus, in dem ich jetzt wohne, hat mir auf Anhieb gefallen. Im zweiten Stock gab es eine freie Wohnung.

Heute mag es verwunderlich erscheinen, daß man es vorzog, zusammen mit anderen Familien in ein Haus zu ziehen statt sich ein einzelnes Haus zu nehmen. Dafür gab es Gründe. Der eine ist, daß ein Einzelhaus im Winter ohne fremde Hilfe schwer zu heizen war. Ein weiterer, schwerer wiegend, war Angst. Wie sollte man keine Angst haben?, bemerkt Anna Iwanowna Ryshowa, die 1947 in das Gebiet kam. Eine riesige Stadt, unbekannt und Furcht einflößend. Man hatte Angst, sich den Ruinen zu nähern. Plötzlich explodiert irgendetwas. Aber nicht nur die Ruinen lösten Angst aus. Die Menschen hatten Angst, als einzelne Familie in Einfamilienhäuser einzuziehen. Deshalb machte man Kommunalwohnungen aus ihnen. Zusammen war es beruhigender.

Solch idyllische Zeiten gingen jedoch bald zu Ende. Im Verlauf der Ansiedlung wurde eine bestimmte Verteilungsordnung eingeführt. Dazu Jakow Lukitsch Pitschkurenko, ein Teilnehmer der Kämpfe in Ostpreußen: Alle erhalten gebliebenen Häuser und Wohnungen wurden bald registriert. Und als die Bevölkerung über organisierte Anwerbung eintraf, erhielt sie schriftliche Anweisung zum Einzug.

Den Wohnungsbestand verwalteten zunächst Militärkommandanturen, nach deren Auflösung Zivilverwaltungen. Auf den Dörfern wurden die Häuser von Kolchosvorsitzenden oder von der Sowchoseleitung zugeteilt. In den großen Betrieben gab es Wohnungskontore.

Das Zuweisungssystem war allerdings noch nicht allzu streng. Gefiel die Wohnung oder das Haus nicht, so hatten die ersten Umsiedler fast immer die Möglichkeit, ihre Wohnung zu wechseln. Sie bezogen dann eine neue, sprachen das mit dem Wohnungskontor ab, und dort stellte man ihnen nachträglich eine neue Zuweisung für die bereits bezogene Wohnung aus. In den ersten drei Nachkriegsjahren blieb den Umsiedlern die Möglichkeit erhalten, sich eine Wohnung auszusuchen. Auch Anatoli Grigorjewitsch Jarzew hatte die Wahl:

In der Ortschaft Dobrino hat man uns sofort ein Haus gegeben. Drei Zimmer für acht Leute. Im Haus war alles vorhanden: Fensterrahmen, Fenster, Scheiben, ein Brunnen, Öfen. Wenn du in diesem Haus nicht wohnen willst, such dir in der nächsten Ortschaft ein anderes. Man hat uns fünf Varianten in fünf Ortschaften der Sowchose Nr. 72 angeboten.

Nicht immer standen die Wohnungen, die die Neusiedler zugeteilt bekamen, leer. Manchmal lebten dort die früheren Besitzer, Deutsche, denen vorgeschlagen wurde, sich eine neue Behausung zu suchen. Als ich 1947 in der Schule zu arbeiten anfing, erinnert sich Manefa Stepanowna Schewtschenko, war es sehr umständlich für mich, zur Arbeit zu kommen. Da hat man mir und meinem Mann eine Einzugsberechtigung für jedes beliebige Haus im Stadtteil der Schule erteilt. Mein Mann und ich haben sehr lange ausgewählt, und schließlich hatten wir ein kleines Haus nach unserem Geschmack gefunden. Dort wohnten vier Deutsche. Die Vertreter der Wohnungsverwaltung forderten sie auf, innerhalb von 24 Stunden auszuziehen.

Das ungeordnete Verteilungssystem förderte die Wohnungsspekulation, die Inanspruchnahme von Wohnraum über alle festgelegten Normen hinaus und den Verkauf von Einzelhäusern als Privateigentum unter ihrem tatsächlichen Wert. Es gab nicht wenige Bestechliche. Das bestätigen die Berichte der Neusiedler, so auch derjenige von Marija Pawlowna Teterewljowa: Zuerst zogen wir in das Hotel ein, in dem mein Mann vor meiner Ankunft schon drei Monate gewohnt hatte. Niemand war zuständig, uns mit einer Wohnung zu versorgen, mein Mann suchte sie selbst. Irgendein Bekannter hat ihm die ›Wohnungsverwaltung‹ empfohlen, und für einen angemessenen inoffiziellen Preis brachte man uns in einem Einzelhaus in der Gogol-Straße unter. Das Haus war in einem guten Zustand. Wir bekamen zwei Zimmer im Erdgeschoß.

Larissa Petrowna Amelina, die 1946 in das Gebiet gekommen war, wurde in die Ortschaft Smailen unweit von Gumbinnen geschickt. Laut Zuweisungsbescheinigung bekamen wir ein ganz zerstörtes Haus. Wir wollten nicht darin leben. Mit uns ist ein Mädchen aus der Ukraine angekommen. Die Deutschen hatten sie im Krieg nach Deutschland verschleppt, eben nach Ostpreußen. Sie kannte die Gegend gut. Sie sagte uns, daß es in der Nähe alleinstehende Gehöfte geben müsse. Dort könne man auch ein Haus finden. Und tatsächlich – wir gingen ein wenig in der Gegend herum und fanden ein Haus auf einem Gehöft. Wir haben es für zwei Familien genommen. Mit der alten Zuweisung haben wir uns erst danach beschäftigt, etwa drei Jahre später. Es stellte sich heraus, daß man sie uns untergeschoben hatte. Die Kerle haben ein Darlehen für die Hausrenovierung bekommen, sind selbst in ein gutes Haus eingezogen und haben sich das Geld in die Tasche gesteckt. Aber wir sind doch auf dem Gehöft geblieben. Drei Jahre haben wir dort gelebt.

Weder Fenster noch Türen

Waren die Neusiedler mit den Wohnungen, die sie bekamen, zufrieden? In der Mehrheit sicherlich. In ihrer Heimat hatten sie zumeist gar keine. So freuten sie sich über ein Zimmer mit Ofen, über eine enge, kleine Wohnung, über jeden Winkel … Nadeshda Karpowna Kirejewa erhielt 1948 ein einzelnes Zimmer, nachdem sie einige Monate in einem überfüllten Wohnheim gelebt hatte: Ach, was habe ich mich gefreut! Ein eigenes Zimmer. Das Fenster ging zum Park hinaus. Ich brauchte keine anderen Zerstreuungen mehr: Ich genoß das Zimmer. Das war für mich meine hauptsächliche Freude.

Und Nina Andrejewna Markowa sagt: Ich hatte Glück, ein alter Litauer verkaufte mir für 500 Rubel ein Zimmer von fünf Quadratmetern im Kastanien-Weg. Auch heute noch wohnen dort Leute. Den Dreck habe ich dort mit einem Spaten herausgekratzt.

Dreck war nicht das Schlimmste, was einem beim Einzug erwarten konnte. Marija Sidorowna Stajnowa erinnert sich: Die uns in Königsberg in der Petschatnaja-Straße [Druckerei-Straße] zugeteilte Wohnung war schmutzig. Um den Boden sauber zu bekommen, begossen wir ihn mit kochendem Wasser und kratzten anschließend den Dreck ab. In der Wohnung gab es keine einzige heile Tür, nicht einmal die Eingangstür war in Ordnung. In einem Fenster fehlte die Hälfte der Scheiben. Mein Mann ging zum zerstörten Haus gegenüber und besorgte dort eine Tür – sie war zu klein. Um den Zugang zur Wohnung zu versperren, lehnten wir sie an den Türrahmen, und so haben wir mit dieser angelehnten Tür drei Tage lang gelebt.

Solch eine Wohnung schildert in seiner Erzählung auch Wassili Andrejewitsch Godjajew: Im April 1948, nach der Aussiedlung der Deutschen, teilte man uns von der Schiffsreparaturwerft ein Zimmer zu. Unser Zimmer befand sich im Erdgeschoß, der erste Stock war von einem Geschoß zerstört. Eine ganze Zeitlang lebten wir in der Küche, das große Zimmer war zugesperrt, weil dort aus dem ersten Stock ständig Regenwasser durch das aufgerissene Dach hineinlief. Mit der Zeit renovierten wir das kleine Zimmer. Einmal komme ich nach Hause, da hatte jemand die Tür ausgebaut. Ich lief ins Nachbarhaus und habe auch eine ausgebaut.

Ein Teil der Häuser war schon vor dem Eintreffen der großen Masse an Umsiedlern geplündert worden. Vieles – Badewannen, Gasboiler, Kacheln, Parkettboden und sogar Fensterriegel – war ausgebaut und verkauft worden.

Ob sie nun gut oder schlecht war, letzten Endes bekamen die Menschen eine Wohnung. Ihr weiterer Zustand hing nun von ihnen selbst ab. Die einen kümmerten sich um die Häuser, renovierten sie und bauten sie aus, andere überführten sie rasch in den Zustand völliger Unbrauchbarkeit. Pjotr Jakowlewitsch Nemzow meint hierzu mit Recht: Bei wem zu Hause an seinem alten Wohnort Ordnung herrschte, der hielt auch am neuen Ort Ordnung; und wer dort schlecht gearbeitet hat – und hierher sind viele gekommen, die nicht besonders gut arbeiteten –, bei dem ging auch hier alles den Bach runter. Bei den einen ist es ums Haus herum sauber, bei anderen liegt überall Müll herum. Einige brachten sogar Kühe in den Häusern unter. Es gab doch viele

Zimmer, um nicht zu oft nach draußen gehen zu müssen. In solchen Häusern faulten die Böden durch, und die Häuser gerieten in einen Zustand der Unbrauchbarkeit.

Die Deutschen

JURI W. KOSTJASCHOW

Aufschub der Deportation

Auf der Potsdamer Konferenz im Sommer 1945 wurden neben territorialen Fragen auch die Probleme der Deportation von Deutschen aus Gegenden erörtert, die nach Beendigung des Kriegs an benachbarte Staaten gefallen waren. Ihre Umsiedlung aus Polen, der Tschechoslowakei und anderen Ländern betraf einige Millionen Menschen. Während die Richtlinien und Fristen für ihre Aussiedlung die Teilnehmerstaaten bestimmten, unterstand die Durchführung dem Alliierten Kontrollrat in Deutschland.

Auf der Potsdamer Konferenz wurde jedoch nicht über den Status der Deutschen verhandelt, die sich in Königsberg und Umgebung befanden. Stalin hatte zu verstehen gegeben, daß hier fast keine einheimische Bevölkerung verblieben sei. So fielen Zehntausende deutscher Bürger, die nach dem Ende des Kriegs in den nordöstlichen Regionen Ostpreußens lebten, aus dem Zuständigkeitsbereich der Potsdamer Beschlüsse. Auf sie trafen weder die Regeln der Repatriierung zu, noch unterlag die sowjetische Seite der Verpflichtung, den Teilnehmerländern Informationen über Anzahl, Frist und Ablauf der Deportation von Deutschen zu geben. Das Schicksal der einheimischen Bevölkerung lag in den Händen der neuen Administratoren, in erster Linie der Pläne der sowjetischen Regierung und Stalin persönlich.

[…]

Doch die Deportation wurde in den ersten Jahren nach dem Krieg nicht nur nicht forciert, sondern vielmehr zunächst aufgehalten. Für diese Verzögerung um zwei Jahre gab es praktische Gründe. Die Umsiedlung Zehntausender bedurfte der Vorbereitung. Zudem rechnete die sowjetische Regierung mit der Arbeitskraft und dem Wissen der deutschen Zivilbevölkerung für den Wiederaufbau der

Industrie, für die Beseitigung der Trümmer und für die Arbeit in der Landwirtschaft. Das gesamte Gebiet innerhalb kürzester Zeit mit sowjetischen Bürgern zu besiedeln, war unmöglich, doch der Wiederaufbau stand unmittelbar nach dem Ende der Kriegshandlungen an.

Als Königsberg noch nicht genommen worden war und die Kämpfe in Ostpreußen noch tobten, war Nadeshda Alexejewna Agafonowa Oberleutnant des medizinischen Dienstes. Sie nahm am Sturm auf Königsberg teil: Tief beeindruckt hat mich die Massenflucht der Königsberger in den ersten Apriltagen 1945, am Vorabend des Sturms der Festung, als das sowjetische Kommando den zivilen Einwohnern aus humanitären Gründen die Möglichkeit bot, die Stadt zu verlassen. Die Menschen, die schon Hunger litten, konnten keinerlei Vorräte mitnehmen und gingen mit dem Strom der anderen dorthin, wo niemand auf sie wartete. Sie waren umgeben von russischen Feldküchen. Die deutschen Frauen schickten ihre Kinder dorthin, um nach Brot zu betteln. In der Regel gaben wir ihnen etwas, wenn es möglich war, halfen wir. Aber es gab auch Fälle von grausamem Umgang mit den Deutschen – Plünderungen, Vergewaltigungen. Ein anderes Mal tauchten im Flüchtlingsstrom der hungernden Menschen Fahrzeuge auf, die mit allerlei Hab und Gut beladen waren. So kehrten diejenigen Russen in die Heimat zurück, die von den Deutschen während der Okkupation vertrieben worden waren. Alles in allem – der Krieg war eine große Tragödie, und es ist schrecklich, wenn unschuldige Menschen darunter leiden müssen.

Wieviele und welche Deutsche waren aus der Zivilbevölkerung am Leben geblieben und hielten sich gegen Kriegsende noch in Königsberg und den benachbarten Kreisen auf? Hier waren noch viele Deutsche, als wir ankamen, hauptsächlich aber Frauen, Kinder und alte Menschen, erinnert sich Nina Moissejewna Wawilowa wie viele der ersten Übersiedler.

Ungefähr die Hälfte der deutschen Bevölkerung hielt sich in Königsberg auf. Die andere Hälfte war in den Kreisen verstreut: 1000 bis 2000 in Stallupönen (Nesterow), in Darkehmen (Osjorsk), bis zu 20 000 im Samland (Kreis Selenogradsk).

Gab es Widerstand?

Die in Ostpreußen ankommenden Umsiedler sahen mit Neugier und einiger Besorgnis ihrer ersten Begegnung mit Deutschen entgegen. Besonders groß waren die Spannungen in den ersten Tagen. Die Militärkommandanturen rechneten mit allem, besonders mit Widerstand aus dem Untergrund. Davon zeugt ein Erlaß des Militärkommandanten der ehemaligen Preußischen Hauptstadt, der kurz nach der Einnahme Königsbergs ausgegeben wurde.

Angst vor möglichem Widerstand bestand auch noch nach dem Ende des Krieges. Vereinzelte Aktionen, wie sie von Zeit zu Zeit stattfanden, veranlaßten die Kaliningrader, sich gegenüber den Deutschen vorsichtig zu verhalten.

Von einem solchen Vorfall erzählt Antonina Iwanowna Resanowa, damals ein neunzehnjähriges Mädchen, das im September 1946 mit ihrer Mutter und ihren Brüdern in das Gebiet gekommen war. Vom Bahnhof aus wurden die Umsiedler in Autos weggebracht. Uns schickte man auf die Kolchose ›Nowaja shisn‹ [Neues Leben]. Man wies uns ein Haus zu, ich weiß heute noch die Hausnummer – 14. Das Haus war nicht zerstört, sogar Möbel und Haushaltsgeräte waren noch da, und es gab einen wunderschönen Garten mit Apfelbäumen. Ich war eine Zeitlang allein in diesem Haus, ging umher und betrachtete alles. Ich ging in die Küche, und plötzlich höre ich Schritte. Ich drehe mich um, sehe einen alten deutschen Mann: stattlich, sauber, ordentlich. Seinen Worten entnehme ich, daß das sein Haus ist und daß er hier irgendwas holen will – Mühlsteine, wie sich herausstellte. Ich ging ins Haus, da höre ich plötzlich einen Schuß, und eine Kugel saust an mir vorbei. Ich sehe mich um, beinahe ohnmächtig, und hinter mir steht dieser Deutsche mit einem Revolver in der Hand. In dem Moment kamen mein Bruder Kolja und sein Freund dazu. Sie haben ihn ordentlich verprügelt und mit den Füßen getreten – dem strömte das Blut aus den Ohren. In der gleichen Nacht legte der Alte Reisig um sein Haus, den Schuppen und die Nebengebäude, zündete alles an und verbrannte selbst dabei.

Einen weiteren Vorfall hat Nikolai Wassiljewitsch Sorokins Bericht zum Inhalt, der in Gwardejsk als Lehrer arbeitete. Er gibt Einblick in die Gründe, die Menschen zu so wahnsinnigen Handlungen trieben:

Im Gemüsegarten bei unserer Schule arbeitete ein deutscher Wächter namens Najman [Neumann}. Damals herrschte großer Hunger, und da fiel auf, daß aus dem Garten viel wegkam. Neumann wurde zur Direktorin gerufen, Genossin Wenediktowa. Die sagte, sie würde ihn entlassen. Neumann rechtfertigt sich, sagt, daß er damit nichts zu tun hätte, der Garten sei einfach geplündert worden. Der Garten wurde dann noch dreimal hintereinander geplündert. Die Direktorin entließ den Wächter. Und jemanden zu entlassen, hieß damals, ihm die Lebensmittelkarten wegzunehmen. Obwohl seine Frau in der Schule arbeitete und Lebensmittel auf Karten bekam, weigerte Neumann sich kategorisch, davon zu essen. Vor Hunger wurde er ganz aufgebläht und geschwächt. Er beschloß, sich an der Direktorin zu rächen. Eines Tages fand kein Unterricht statt. Die Direktorin wohnte im Erdgeschoß der Schule, er klopfte an, sie war aber nicht zu Hause. Da wartete er an der Tür auf sie. Bald darauf kam sie, sah ihn da stehen und sagte zu ihm: »Komm rein, Neumann, komm rein.« Sie drehte sich mit dem Gesicht zur Tür, um aufzuschließen, und da schlug er ihr mit dem Bajonett auf den Kopf. Doch seine Kraft reichte nicht, es war ein schwacher Schlag. Sie drehte sich zu ihm um, er schlug noch einmal zu, diesmal ins Gesicht, und schnitt ihr die Lippe auf. Sie schrie auf, und Neumann lief weg. Die Direktorin wurde sofort ins Krankenhaus eingeliefert, und er wurde gesucht, war aber nirgends aufzufinden. Die Deutschen gerieten in große Aufregung und begannen, fieberhaft zu suchen, denn ihnen war von früheren Erfahrungen her klar, was das für sie bedeuten konnte. Ganz zufällig entdeckten sie ihn dann in einer öffentlichen Toilette. An seiner Hand war geronnenes Blut, offenbar wollte er Selbstmord begehen, war jedoch zu schwach dazu. Es gab eine Gerichtsverhandlung, er wurde zu soundsoviel Jahren verurteilt, und nachdem er die Strafe abgesessen hatte, wurde er nach Deutschland deportiert.

Solchen Vorfällen wurde manchmal übertriebene Bedeutung beigemessen. Von der Spionage-Phobie der Vorkriegsjahre, der antideutschen Propaganda während des Krieges und der neuen Propagandawelle zu Beginn des Kalten Kriegs beeinflußt, erwartete man selbstverständlich den subversiven Kampf von seiten des »noch nicht besiegten Feindes«. Die Bevölkerung war schlecht informiert, was zur Verbreitung der unwahrscheinlichsten Gerüchte unter den neu angekommenen Umsiedlern beitrug. Am häufigsten war die Rede von Mördern, Giftmischern und Diversanten, beispielsweise von deutschen Frauen, die sich als Kindermädchen in sowjetischen Offiziersfamilien verdingen und dann deren Kinder umbringen würden. Dabei werden all »diese Schädlinge« als SS-Leute bezeichnet.

Ein anderes Motiv kommt in verschiedenen Varianten vor. 1946, nach der Umbenennung Königsbergs in Kaliningrad, soll an der ausgestreckten Hand der Wilhelms-Statue beim Königsschloß ein Wachposten oder Soldat mit dem Schild an der Brust aufgehängt worden sein, auf dem es hieß: So wird es jedem ergehen, der in unserer Stadt wohnen wird. Nach einer anderen Version lautete die Aufschrift: Königsberg war und bleibt Königsberg.

Gerüchten zufolge unternahmen die Deutschen Sabotageakte in der Landwirtschaft: Sie sollen Heu angezündet, Vieh vergiftet und Maschinen beschädigt haben. Für solche Vorfälle ließen sich jedoch keine unmittelbaren Augenzeugen finden. Aus Archivdokumenten jedoch geht hervor, daß Deutsche vom Gebietsgericht nach dem ›Agitationsartikel‹ verurteilt wurden. Im zweiten Halbjahr 1947 ermittelte das Gebietsgericht beispielsweise gegen 78 Deutsche, von denen 54 Personen verurteilt wurden.

Passiver Widerstand fand Ausdruck in der Weigerung, mit den sowjetischen Behörden zusammenzuarbeiten oder notwendige Informationen über städtische Objekte und Betriebe zu geben. Jekaterina Petrowna Koshewnikowa erzählt von ihrer Freundschaft mit einer Deutschen aus dem Ort: Sie hat für alle genäht. Nichts hat sie dafür genommen. »Schließlich habt ihr so viel gelitten, daß ich es nicht als Arbeit betrachte, für euch etwas umsonst zu machen«, sagte sie. Ihr Mann war bei der SS gewesen, er hatte die Wasserleitungen und die Kanalisation in Primorsk betreut. Er kannte alle Pläne. Nichts hat er gesagt! So ein Schädling war der. Er hat immer gelächelt und war ganz höflich. Ich habe vergessen, wie er hieß. Und so oft man ihn auch zur Verwaltung bestellte – schließlich mußte die Kanalisation wiederhergestellt werden –, er hat absolut nichts gesagt.

Die meisten Neusiedler sind der Meinung, daß für die Deutschen Ordnung wichtiger als alles andere war. Deswegen gab es auch keinerlei Widerstand, im Gegenteil, es wurde äußerste Disziplin und vollkommene Unterordnung unter die Behörden an den Tag gelegt.

Aus den Häusern in Keller und Mansarden

In den letzten Kriegsmonaten machten sich mit der im Rückzug befindlichen deutschen Armee auch Tausende und Abertausende Menschen aus der örtlichen Bevölkerung auf den Weg. Einigen gelang es, sich in den Westen durchzuschlagen, aber viele hielten die Strapazen nicht aus und blieben auf halbem Weg. Nach Augenzeugenberichten gab es besonders viele Flüchtlinge in den Kreisen Selenogradsk und Bagrationowsk und natürlich in Königsberg selbst. Nach dem Ende der Kriegshandlungen sorgten die neuen Machthaber für eine wirksame Kontrolle der örtlichen Bevölkerung. Daran erinnert sich Jakow Lukitsch Pitschkurenko: In Königsberg bemühte man sich, sie geschlossen anzusiedeln. In bestimmten Straßen wohnten nur Deutsche, zum Beispiel in der heutigen Tschernyschewski-Straße.

Jekaterina Maximowna Korkina nennt noch eine andere Gegend, das heutige Borissowo, wohin die Deutschen umgesiedelt wurden. In der Ortschaft Poretschje [Allenau, Anm. der Herausgeber] im Kreis Prawdinsk wurden die verbliebenen Einwohner in einem Lagergebäude untergebracht, in Shelesnodoroshny [Gerdauen, Anm. der Herausgeber] in zwei Straßen in der Nähe der Apotheke. In Marschalskoje wurde die deutsche Bevölkerung vor der Ankunft der sowjetischen Umsiedler in das Gebäude des künftigen Dorfsowjet verlegt. Sie wollten ihre Häuser nicht verlassen, meint Nikolai Wassiljewitsch Kuptschin. Es waren im wesentlichen ältere Leute, Frauen und halbwüchsige Kinder. Ihnen wurde jedoch gesagt, daß sie sowieso nach Deutschland geschickt würden.

Ein ähnliches Bild bot sich im ganzen Gebiet. Überall mußten sich die ehemaligen Herren einschränken und zusammenrücken. Nicht immer bedeutete das Umzug, oftmals ließ man der deutschen Familie eines von ihren vier oder fünf Zimmern. Obwohl sich die Behörden bemühten, die Kontakte der sowjetischen Bürger mit den Deutschen zu beschränken, waren die Wohnviertel bis ins Jahr 1948 häufig gemischtnational zusammengesetzt, wobei die Neusiedler die Wohnungen einnahmen, während die Deutschen in Keller, Mansarden und auf Dachböden verlegt wurden.

Den neu angekommenen sowjetischen Umsiedlern wurde gewöhnlich gesagt, die Besitzer der Häuser, in denen sie untergebracht wurden, seien nach Deutschland geflohen. Aber gelegentlich kam es trotzdem zu Begegnungen. Anna Alexandrowna Guljajewa kam 1947 in die Sowchose Nr. 73, das frühere deutsche Dorf Holgarben.

Zwei Tage nach unserer Ankunft kam die Besitzerin des Hauses und begann, sich mit mir auf russisch zu unterhalten. Ich war erstaunt, wieso eine Deutsche unsere Sprache so gut spricht, aber sie erklärte mir, daß sie seit dem Ersten Weltkrieg in Rußland gelebt hätten und erst 1935 wieder nach Deutschland gegangen seien. Wir haben uns sofort gut verstanden. Sie bat mich um ein Pulver, das sich auf dem Dachboden befand. Von diesem roten Pulver gab es dort sehr viel, ich wußte nicht, wofür das war. Wie sich herausstellte, war es gegen Flöhe und Wanzen. Sie sagte, es gäbe in dem Haus, in das sie verlegt worden seien, sehr viele Flöhe und Wanzen. Später kam sie dann noch mehrmals, und jedesmal weinte sie. Natürlich, das Haus war groß und neu, ihr fiel es sehr schwer, sich davon zu trennen. Sie half mir, mich einzurichten, hing Gardinenstangen und Vorhänge auf, stellte die Möbel auf. Sie sagte, daß auf dem Dachboden noch sehr viel mehr gewesen sei, aber die Umsiedler, die vor uns gekommen waren, hätten alles weggeschleppt, weil die Häuser nicht abgeschlossen und bewacht gewesen seien.

Der Umzug auf Dachböden und in Keller war bei weitem nicht das schlimmste. In den ersten Nachkriegsmonaten gab es noch eine andere Kategorie Deutscher, die Obdachlosen: alleinstehende alte Männer oder verwahrloste Kinder. Die im Schnellverfahren gegründeten Aufnahmestellen für Alte und Kinder konnten längst nicht alle Bedürftigen unterbringen.

[...]

Hunger unter der Zivilbevölkerung

Ein noch größeres Problem für die verbliebene deutsche Bevölkerung war die Ernährung. Leichter war es für diejenigen, die ihren Wohnraum behalten konnten und daher über gewisse Vorräte verfügten. Marija Alexejewna Skworzowa aus der Ortschaft Saranskoje erinnert sich, daß sie und andere Neusiedler mehrmals von Deutschen versteckte Behälter mit Getreide fanden. Aber die meisten Deutschen hatten keine Vorräte.

Anatoli Adamowitsch Poplawski aus Bagrationowsk bemerkt, daß die Deutschen sich oft in der Nähe der Truppenteile aufhielten. Sie wuschen, räumten auf und verdienten sich so ihren Lebensunterhalt. Als die Truppen in der Stadt standen, gab es überall Feldküchen, in denen sich neben unseren Soldaten auch die Deutschen verpflegten. In den ersten Wochen nach der Einnahme von Königsberg wurden für die örtliche Bevölkerung Lebensmittelmarken eingeführt. Die Norm der dafür erhältlichen Nahrungsmittel war sehr bescheiden, doch selbst die war nur unter Schwierigkeiten zu beschaffen.

Bereits im Herbst 1945 gaben die Kommandanturen nur für die arbeitende deutsche Bevölkerung Lebensmittelmarken aus. Davon berichten Nikolai Wassiljewitsch Jenin aus Kaliningrad, Wladimir Petrowitsch Filatow aus Marschalskoje und andere. Es arbeiteten jedoch nicht alle.

Und nicht alle wollten arbeiten, glaubt Pjotr Jakowlewitsch Nemzow, der seit 1945 in Kaliningrad wohnt. Sie zeigten keinerlei Initiative. Andere haben Reparaturen ausgeführt, genäht, Schuhe geputzt, Fahrräder instandgesetzt oder Handel getrieben. Doch denjenigen, die all das nicht machten, ging es schlecht. Warum diese Deutschen nicht gearbeitet haben, weiß ich nicht. Möglicherweise waren das solche, die im Nazi-Geist erzogen waren und nicht im Sowjetstaat arbeiten wollten.

Es scheint eine einfachere Erklärung zu geben: Nicht alle konnten arbeiten, zudem war die Anzahl der Arbeitsplätze begrenzt. Wer Arbeit hatte – das bedeutete zugleich Anspruch auf Verpflegungsrationen –, klammerte sich mit allen Kräften daran. Frau Zimmler, die in der Waggonfabrik arbeitete, hatte zwei Kinder. Sie litten großen Hunger. Die Mutter schleppte sie, krank wie sie waren, mit sich durch die Kälte zur Arbeit, damit sie nur ja die Lebensmittelmarken nicht verlor, erinnert sich Nina Moissejewna Wawilowa.

Diejenigen, denen es nicht gelang, reguläre Arbeit zu finden, behalfen sich, so gut sie konnten: Sie arbeiteten als Kindermädchen oder als Putzfrauen, sie nähten Kleider auf Bestellung oder gingen angeln und verkauften die Fische, oder sie handelten mit allem, was ihnen geblieben war.

Als wir in der Ortschaft Drushba [Allenburg, Anm. der Herausgeber] im Kreis Prawdinsk wohnten, kam eine alte deutsche Frau zu uns. Sie hatte zwei Enkelinnen. Sie molk die Kühe, pro Kuh gab es drei Eimer Milch. Also gab meine Mutter ihr Milch. Die Alte wollte immerzu etwas für uns tun, Socken stopfen und anderes. Sie wollte uns im Tausch für die Milch Sachen bringen, aber meine Mutter hat nichts angenommen. Wie sollte sie das auch annehmen, wo doch die Alte für die zwei kleinen Mädchen zu sorgen hatte? Mein Bruder ging angeln und hat ihr auch was gegeben. (Antonina Jegorowna Schadrina).

Die Deutschen gingen oft von Tür zu Tür und baten um Arbeit. Sie schämten sich, einfach so etwas anzunehmen, erzählt Jelena Timofejewna Karawaschkina. Sehr gewissenhafte Leute. Sie waren wie hilflose Kätzchen. Sie kamen zu uns nach Hause, baten um etwas zu essen und wollten unbedingt dafür bezahlen: Der eine gab eine Kristallvase, der andere sonst irgendetwas. Wenn man das nicht nehmen wollte, waren sie beleidigt. »Nehmen sie, das ist gut, das ist gut für sie.« Ein anderes Mal haben wir ihnen dafür Kleider gegeben.

Viele Neusiedler bemerkten diesen Charakterzug der Deutschen: Sie bemühten sich soweit wie möglich, keine Gefälligkeiten umsonst zu beanspruchen. Wladimir Dmitrijewitsch Fomin besuchte einmal einen Königsberger Markt: Ich ging einfach so hin, es gab nichts zu kaufen. Da steht ein deutsches Mädchen, vielleicht 13 Jahre alt, mit einer Bürste. Ich gab ihr zehn Rubel, doch die Deutschen nahmen keine Almosen, also mußte ich die Bürste nehmen. Sie kaufte ein Stück Brot, wickelte es sorgfältig ein, steckte es weg und ging.

Es war bereits von dem furchtbaren Hunger der sowjetischen Neusiedler und von dem strengen Frostwinter der Jahre 1946 und 1947 die Rede. Aber die Situation der deutschen Bevölkerung war noch schlimmer: Die Deutschen waren vor Hunger aufgebläht. Sie wurden aufgedunsen und sahen wie erstarrt aus. Andere dagegen vertrockneten gewissermaßen. Im Frühjahr aßen sie kleine unreife Äpfel und grüne Johannisbeeren, erzählt Anatoli Semjonowitsch Karandejew aus dem Kreis Bagrationowsk [Preußisch Eylau, Anm. der Herausgeber].

Um irgendwie zu überleben, mußten sie vieles in Kauf nehmen. Sie mußten sich mit Kartoffelschalen, verfaulter Roter Beete und Melde zufriedengeben. Nicht weit von unserem Haus lebte eine Deutsche mit ihrem Kind in einem Schuppen. Manchmal brachten wir unserer Mutter Getreide für Mehl, da kommt diese Frau und fegt die Mehlreste vom Mühlstein für sich zusammen. Viele Deutsche ernährten sich von kleinen Muscheln, die sie im Fluß fingen. Direkt im Haus machten sie ein Feuer, erhitzten die Muscheln, und wenn sie aufplatzten, verspeisten sie den Inhalt, sagt Antonina Wassiljewna Jakimowa aus dem Kreis Prawdinsk.

Das bestätigt auch Albina Fjodorowna Rumjanzewa aus dem Dorf Saranskoje. Häufig war es so: Da wächst eine große Klette, die Deutschen sammeln die Wurzeln, putzen sie und drehen sie dann durch den Fleischwolf; dann kochen sie daraus eine dünne Brühe und essen sie. Manchmal fügten sie Mehl hinzu, wenn sie welches hatten. Am meisten litten die deutschen Kinder unter dem Hunger.

[…]

Zu Hunger und Kälte kamen noch Krankheiten, von der übermäßig hohen Bevölkerungsdichte und den notgedrungen unhygienischen Verhältnissen hervorgerufen. Alexandr Wassiljewitsch Kusnezow war 1948 an der Deportation der Deutschen aus Osjorsk [Darkehmen, Anm. der Herausgeber] beteiligt und kam dabei in ihre Häuser. Bei ihnen war es sehr schmutzig. In den Häusern standen kleine Kanonenöfen, beim Heizen wurde alles schwarz. Einmal kam ich aus einem Haus, da war die eine Hälfte meiner Hose blau, die andere schwarz. Das waren Flöhe. Ich dachte: Wie können sie nur so leben?

Die Neusiedler erzählen, daß die Deutschen von Haus zu Haus gingen und um ›Seifenwasser‹ baten – Wasser, das von der Wäsche übriggeblieben war.

Im Winter 1946/47 war die Lage einiger Einwohner so aussichtslos, daß sie im Vorgefühl des Todes selbst auf den Friedhof kamen und sich zum Sterben auf die Gräber ihrer Verwandten legten (Wladimir Dmitrijewitsch Fomin, Kaliningrad).

Wer weiß, wie die Skorbut-Epidemie ausgefallen wäre, wenn den Deutschen nicht Mitleid und Hilfe von seiten einfacher russischer Menschen zuteil geworden wäre. Wir haben selbst Hunger gelitten, doch wir haben den Deutschen geholfen, wo wir konnten, und sie vor dem Hungertod gerettet, besonders die deutschen Kinder. Unsere Neusiedler haben deutsche Frauen und ihre kleinen Kinder nach Hause eingeladen und ihnen von ihren schmalen Verpflegungsrationen zu essen gegeben. Wer Kühe hatte, gab einen Teil der Milch unentgeltlich für deutsche Kinder, denn die Deutschen hatten keine Kühe, erzählt Pawel Grigorjewitsch Beloschapski.

Als ich in Selenogradsk in der Feldküche arbeitete, erinnert sich Matrjona Fedotowna Bukrejewa, ging ich einmal die Kühe melken. Da kommen Deutsche herbeigelaufen, sie betteln, sind hungrig. Ich habe die ganze Milch ausgeteilt; so war es zweimal. Der Chef sagt mir: »Und womit ernährst du deine?« Und als ich bei General Kondratjew arbeitete, kamen zwei Mädchen: »Brot, Brot.« Ich gab ihnen zu essen. Ich stellte deutsche Frauen ein, um den Boden zu putzen – auch ihnen gab ich zu essen. Unser General hat die Deutschen nicht benachteiligt. Niemanden. Immer, wenn Deutsche kamen und bettelten, sagte er: »Gib ihnen zu essen.«

[…]

Nicht alle Neusiedler waren so mitfühlend. Alexandra Afanassjewna Selesnjowa aus Kaliningrad brauchte einmal eine Schaufel für die Gartenarbeit. Ich sprach mit meinen deutschen Nachbarn. Sie hatten nichts zu essen, ich brachte ihnen Brot, damit sie selbst nicht darum bitten mußten. Als ich mit dem Brot zu ihnen kam, kam mir eine Frau mit der Schaufel entgegen. Ich fragte sie, aber sie antwortete nicht. Ich ging in die Wohnung, und dort wohnten drei mutterlose deutsche Kinder. Die Mutter war noch im Krieg nach Berlin gefahren und nicht zurückgekehrt. Diese Kinder sagten zu mir: »Russe, Schaufel, zapp zarapp!« Ich gab ihnen das Brot und ging.

Vor allem in den weit abgelegenen Gegenden brauchten die Menschen Hilfe. Nach Aussagen von Anna Filippowna Pawlikowa aus dem Dorf Krasnojarskoje im Kreis Osjorsk waren die dortigen Deutschen sogar froh, als die Übersiedler ankamen: Sie sagten: »Gott sei Dank, die Russen sind da! Jetzt bekommen wir wenigstens Salz, wenigstens irgendetwas zu essen.« Wir teilten schließlich alles. Wir gaben ihnen Brot, Fisch und Salz, sonst kochten sie doch nur Brennessel, sie waren richtig aufgedunsen. Milch haben wir ihnen gegeben, wir hatten doch eine Kuh. Sie kamen zu uns, und wir gaben ihnen. Im allgemeinen halfen wir, wie wir konnten. Wir selbst hatten auch Hunger, aber man mußte die Leute doch unterstützen – was sollten wir denn tun.

Die Deutschen bei der Arbeit

In den ersten Nachkriegsmonaten, noch bevor die sowjetischen Umsiedler massenhaft eintrafen, stellten die Deutschen den Hauptteil der Arbeitskräfte. Sie arbeiteten in Industrieunternehmen, in Militärsowchosen, bei den Truppenteilen, in Nebenbetrieben, in der Forstwirtschaft – mit einem Wort, überall, wo Arbeitskräfte gebraucht wurden. Es gab noch viele deutsche Ärzte und andere Spezialisten. Fast alle Postboten in Königsberg waren Deutsche, nur sie kannten sich mit den Stadtvierteln und den Straßen gut aus. Sie waren auch die ersten Wagenführer der 1946 in Betrieb genommenen Straßenbahn. Sie konnten die Haltestellen nur mit Mühe auf russisch ansagen. Anstelle von »ZBK-2« kam dann »Sobaka-Zwei« heraus [Sobaka-Hund]. Die Frauen arbeiteten als Putzfrau oder als Kurier, und diejenigen, die russisch konnten, als Übersetzerinnen. Viele arbeiteten im Dienstleistungssektor, als Friseusen, Bademeisterinnen, Näherinnen oder als Fahrkartenkontrolleur.

Nach vielen Zeugenaussagen erhielten die Deutschen den gleichen Lohn wie die Russen, hatten die gleichen Rechte, man bezahlte sie sogar, wenn sie krank waren. Das war natürlich nicht von Anfang an so und galt nur für diejenigen, die eine feste Arbeitsstelle hatten. Ein beträchtlicher Teil der Deutschen war mit Arbeiten für die Allgemeinheit beschäftigt. Sie wurden jeden Morgen auf Anordnung der Zivilregierung zur Feldarbeit, auf Baustellen oder zur Straßenreinigung geschickt. In vieler Hinsicht ist es ihnen zu verdanken, daß die Trümmerberge beseitigt werden konnten: Sie standen in langen Reihen und gaben Steine, Trümmerreste und zerbrochene Ziegel von Hand zu Hand weiter.

Anatoli Adamowitsch Poplawski beschreibt solche Arbeiten in Preußisch Eylau (Bagrationowsk): Morgens erschienen die Deutschen alle zusammen in der Kommandantur. Dort wurden sie zur Arbeit eingeteilt: Straßen fegen, Trümmerhaufen abtragen und so weiter. Sie trugen Holzschuhe. Drei- bis vierhundert Leute gingen in diesen Holzschuhen: »Klapp-Klapp«. Ein bedrückendes Schauspiel. Sie kannten ihre Arbeitsstellen schon. Wenn sie fertig waren, gingen sie wieder zur Kommandantur und erhielten dort eine neue Aufgabe. Wenn sie eine Weile gearbeitet hatten, setzten sie sich und ruhten sich aus. Sobald sie jemanden von uns kommen sahen, standen alle Mann auf und begrüßten uns: »Hitler kaputt!«

Über die Deutschen als Arbeiter sind nur hervorragende Urteile zu hören. Wir waren immer verblüfft über ihre Pünktlichkeit. Sie fingen morgens um neun Uhr an, keine Sekunde später, zum Mittagessen gingen sie pünktlich auf die Minute und konnten dabei sogar eine Schraube halb eingedreht stecken lassen.

[...]

Die Neusiedler erinnern sich gut an den Fleiß und die Geschicklichkeit der Deutschen, nicht nur im Dienst, sondern auch zu Hause, im Alltag. Viele waren erstaunt, daß die Frauen morgens die Bürgersteige und das Pflaster vor ihren Häusern mit Bürsten bearbeiteten und scheuerten.

Es gab noch ein anderes Gebiet, auf dem die örtliche Bevölkerung in der ersten Zeit ihre Geschäftstüchtigkeit demonstrieren konnte – den Handel. Im Sommer 1945 waren in Königsberg 33 private Geschäfte registriert. Das beschreibt anschaulich Pjotr Jakowlewitsch Nemzow, ein Kriegsteilnehmer, der 1945 in Königsberg war: Als es Lebensmittelmarken gab, gründeten die Deutschen kleine Geschäfte oder Kioske, wo sie mit Limonade und Nahrungsmitteln handelten, die sie sich irgendwie besorgt hatten. Sie stellten auch Kuchen und Pasteten her usw. Später dann, als die russische Bevölkerung zahlreich genug war, mußte man diese Deutschen, wenn man so sagen kann, irgendwie loswerden.

Da machte man folgendes: Den Deutschen wurden ihre Geschäfte und Verkaufsbuden nicht weggenommen, sondern sie wurden gezwungen, Steuern zu bezahlen; das heißt, durch die Steuern wurden sie allmählich verdrängt. Angenommen, sie mußten im Monat 1000 Rubel Steuern zahlen. Sie halten durch. Also wurden noch 2000 draufgeschlagen, aber sie handeln weiter. Dann nochmal 1000 und so weiter. Die Deutschen begriffen, daß der Handel nicht einträglich ist, und schlossen ihre Geschäfte. Aber die Tatsache, daß die Deutschen ihre

Geschäfte und Verkaufsbuden hatten, in denen sie Lebensmittel und anderes verkauften, spielte eine große Rolle, weil unsere Geschäfte wenig geöffnet hatten, während es Lebensmittelmarken gab, und da war das natürlich eine große Hilfe [...].

Zehn Träume von Königsberg

VALENTIN NIKOLAJEWITSCH SORIN

1. Der Schatten eines Märchenerzählers

War es einmal oder nicht? Ich bin sechs Jahre alt, es ist Winter, und ich warte ungeduldig auf den Sonntag: Vielleicht wird mir Mama wieder eine Freikarte schenken, und wir gehen zur Vormittagsvorstellung in das Kirow-Theater, das meine Großmutter hartnäckig ›die Mariinka‹ nennt.

Bis dahin blicke ich aus dem Fenster unseres Zimmers in einer Gemeinschaftswohnung, die sich in einem riesigen Haus befindet. Unsere Straße heißt ›Schtschemilowka‹, die Eingeklemmte, obwohl an den Schildern ›Wolodarski-Straße‹ steht. Das Haus nennt sich ›die Wurst‹ – es ist lang und gebogen. Aus dem Fenster sieht man eine weite leere Fläche, das Gitterwerk einer Newa-Brücke und die große Statue eines Mannes mit erhobener Hand – es ist Wolodarski, ein berühmter Revolutionär, der von einem Volksfeind umgebracht wurde. Etwas weiter rechts eine Vielzahl von Gleisen, ein Tohuwabohu aus Eisenbahnzügen und Lokomotiven – der Rangierbahnhof. Und weiter hebt sich ein schwarzer Wald vom grauen Himmel in Zacken ab – Kurakina Datscha. Es ist aber gar keine Datscha, nur ein verwilderter Park voll von Holunder und Eichen mit Ästen wie die Pranken eines Tieres. Im Winter ist es dort leer und etwas ungemütlich, im Sommer aber heiter. Es gibt viele blumenähnliche Schmetterlinge und Blumen, die wie Schmetterlinge aussehen. Und viele Kinder mit ihren Omas, und in der Nähe klingeln die Straßenbahnen ...

Ich warte auf Mama, die von der Arbeit kommen soll – sie ist Kassiererin beim Wohnungsamt – und auf die kostenlose Eintrittskarte, die ihr von Zeit zu Zeit ein Anwohner aus dem Haus gegenüber bringt. Er ist Künstler in der Oper und heißt Lissin. Wenn es Karten gibt, ist es ein Fest. Die Klappstühle im Parkett nennen sich ›Strofante‹. Im Theater kauft Mama mir ein Teigröhrchen mit Cremefüllung. Und so tauche ich für zwei oder drei Stunden in eine ungewöhnliche Welt hinein. Und das wiegt die kleinen Unannehmlichkeiten hundertfach auf, etwa meinen engen Matrosenanzug, Schuhe, die drücken, und Mamas böse hingeflüsterte Bemerkungen: »Nicht mit dem Finger zeigen!«, »Wo hast du dein Taschentuch?«, »Sprich leise!« …

Das Ballett ›Coppelia‹ schauen wir uns zum zweiten Mal an – es hat sich so ergeben, man konnte ja nicht nein sagen! Die Augen halb geschlossen, genießt Mama die Musik, ihr Leben hat sich nicht so gestaltet, wie es sollte; sie wollte Sängerin werden, mein Vater hat aber alles verpfuscht. Er gab sich nicht der Familie, sondern der Partei hin, geriet auf Irrwege und landete in der Nagajew-Bucht – »ohne das Recht auf einen Schriftwechsel«. Und ich fange langsam an, mich darin zurechtzufinden, was sich auf der Bühne abspielt. Ich möchte den jungen Mann da warnen, der sich in eine aufziehbare Puppe verliebt, die der tückische Meister Coppelius sehr geschickt gebaut hat, und der einem richtigen Mädchen den Rücken zuwendet, das seiner Liebe würdig wäre. Wie warnt man aber? Im Ballett spricht man doch nicht, man singt nicht einmal wie in der Oper – man tanzt nur. Die Taubstummensprache sollte man kennen! Ich habe einmal gesehen, wie die sich unterhielten.

»Hör auf, mit den Händen rumzufuchteln!« flüstert Mama.

Auf dem bei der Platzanweiserin gekauften Programm steht unter dem Titel kleingedruckt: »Nach einem Märchen von E. T. A. Hoffmann.«

Ich kenne schon einige Märchen von Andersen, den Brüdern Grimm und Perrault. Im Radio habe ich schon mehrere Male das Märchen über Buratino gehört und Märchenstücke über die drei Dickwänste und noch über den Kaschtschej, der drei böse braune Hunde mit den komischen Namen Ger, Geb und Gim hatte.

»Ma, Hoffmann – welcher ist das? Der da tanzt?« »Red keinen Unsinn!«

In der Garderobe sprechen alle laut, nur Mama flüstert auch hier, während sie mich in meinen wattierten Mantel verpackt und mir den rostbraunen Baschlyk um Kopf und Hals wickelt, einen in der

Mitte zusammengenähten dicken Schal, über den die Nachbarsjungen lachen.

»Hat Hoffmann nur dieses Märchen ausgedacht?«

»Nein, was denkst du! Weißt du noch, wir haben den ›Nußknacker‹ gesehen? Das ist auch ein Märchen von Hoffmann.«

An den ›Nußknacker‹ kann ich mich schlecht erinnern, nicke aber.

»Wo hat er gelebt? In Moskau?«

»Hoffmann lebte in Königsberg, einer alten großen Stadt.« »Ist sie größer oder kleiner als unser Leningrad?«

»Weiß ich nicht. Hör auf mit dem Gequatsche. Draußen ist Frost ...« Nachts träume ich von Hoffmann, der einmal jener junge Mann ist, der mit der Puppe tanzt, ein andermal Meister Coppelius, der eine Brille über der spitzen Nase und einen Wuschelkopf hatte und sich auf bösen Zauber verstand.

All das blieb mir in der Erinnerung, weil ich nach der ›Coppelia‹ eine Lungenentzündung bekam und lange krank war. – Mama behandelte mich selbst mit Wodka-Umschlägen. Ich wurde auch danach oft krank, versäumte den Schulunterricht, aber dafür hörte ich tagelang Radio – der Lautsprecherteller stand gleich daneben, auf der Kommode, und einmal brachte man Hoffmanns Erzählung über Martin den Küfner und seine lustigen Gesellen. Ich habe vieles nicht verstanden, und die Erzählung gefiel mir nicht.

2. ›Vom sowjetischen Informbüro! ...‹

Im Dezember 1941 hausen wir in der Küche einer leerstehenden Gemeinschaftswohnung. Leichter Frostnebel füllt die Räume, die Heizkörper sind längst geplatzt, Eiszapfen hängen herunter, in der Küche kann man aber noch ganz gut leben: Das Fenster ist mit einer Schlafdecke verhangen, der Kanonenofen summt und wird sehr schnell glühend rot, besonders wenn man nicht mit Büchern, sondern mit zersägten Stühlen heizt – die Bücher brennen schlecht, geben viel Asche, so daß alles verstopft … Wir schlafen zu dritt in einem Bett, das wir hierher herübergeschleppt haben – so hat man es wärmer. Die Oma steht nicht mehr auf und spricht kaum verständlich. Mama und ich gehen abwechselnd zum Bäcker unsere dreihundertfünfundsiebzig Gramm Brot holen – man kann es auch auf die Marke für morgen bekommen, aber günstiger ist für gestern, dann hat man ›morgen‹ als Reserve.

Der Lautsprecherteller auf dem Fensterbrett am Kopfende verstummt manchmal und bleibt mehrere Tage lang tot, dann wieder tauchen Musikklänge auf, seltener Berichte von der Front … Eines Abends, als Omas Atem ins Röcheln überging, war im Lautsprecher eine leiernde Frauenstimme zu hören, die dann fester wurde:

»Vom sowjetischen Informbüro! … Im Laufe des heutigen Tages gab es keine Veränderungen an den Fronten des Großen Vaterländischen Krieges. Es gibt Kämpfe von lokaler Bedeutung, und die Fahndung nach feindlichen Kundschaftern geht weiter. Die ruhmreichen Piloten der baltischen Rotbanner-Flotte flogen einen erfolgreichen Angriff auf das Territorium des faschistischen Deutschlands und bombardierten eine Reihe von Objekten der Festung Königsberg. Königsberg steht in Flammen. Alle Flugzeuge sind unversehrt zu ihrem Fliegerhorst zurückgekehrt …«

»Ma, hast du gehört? Königsberg! Das ist doch, wo Hoffmann war, ja?«

»Wovon redest du da? Gib der Oma zu trinken, solange ich ihr die Beine einreibe, du siehst doch, sie versucht, sich die Lippen abzulecken.«

3. Schwarzer Schnee

An der Station Prochladnaja, wo der Zug fast vierundzwanzig Stunden hielt, gelang es Mama, den Zugchef und den Lokführer zu überreden, daß sie uns im Kohlewagen mitfahren ließen, wo es, wie es schien, wärmer war – bis Gudermes waren wir auf dem Waggondach gefahren. Wir hatten Glück. Mama sprach bei allen denkbaren Stellen vor, und so gelang es, als wir schon evakuiert und am Rand der Salski-Steppe am Terek waren, ihren älteren Bruder, meinen Onkel, zu finden, der früher in Sewastopol als Maschineningenieur auf dem Kreuzer ›Tscherwona Ukraina‹ gedient hatte. Nun stellte sich heraus, daß er in Sotschi Chef einer Reparaturwerft war. Eine offizielle Einladung erreichte im Januar 1944 das Kosakendorf, wo wir lebten, und bald kam auch die offizielle Umzugsgenehmigung.

Die Kohle war feinkörnig, sie lag zu Klumpen zusammengefroren in dem riesigen Eisenkasten des Kohlewagens und schien durch den treibenden Schnee durchzuschimmern, so daß dieser grau aussah. Schwarz vor Ruß, rostbraun vor Urin und Wasser, das die Autoreifen verspritzten, war der Schnee in Leningrad und dann auf dem Ladoga-See gewesen, wo ich ein im Eis festgefrorenes Baby gesehen hatte, sowie auf dem Mutterland, wo alles von Krähenschwärmen, von Qualm und Asche der Lagerfeuer schwarz war. So war es auch in Tichwin, in Poworino und bei Stalingrad … In den darauffolgenden Wintern – in den Kosakendörfern, wo an Männern nur alte Leute, Krüppel und Parteibonzen da waren und der Schnee in schwarzen Flicken unter der Warteschlange vor der Kantine und unter den schnellen Rädern der Droschke des Bezirksparteichefs taute ... Vielleicht kam der Ruß von den Bränden auf den Ölfeldern von Grosny, die im Herbst den halben Himmel beleuchteten?

Ein Wachsoldat mit bretterförmigen, karmesinroten Schulterstükken des Innenministeriums, ein lustiger, stupsnasiger Kerl mit einer abgeschabten Maschinenpistole, brachte einen gefangenen Deutschen auf die Lokomotive. Der Lokführer, sein Gehilfe und wir betrachteten mit schweigendem Interesse, wie sich der Deutsche an die heißen und ölverschmierten Rohre schmiegte, wie er am ganzen Körper zitterte, obwohl er sichtlich bemüht war, dieses Zittern so gut es ging zu verbergen. Er sah genauso aus wie im Dokumentarfilm ›Zerschlagung der Deutschen bei Moskau‹, der mit Verspätung im Kulturhaus der Bezirksstadt Schelkowskaja lief: mit heruntergekrempelter Fliegermütze, einem einst hellblauen, jetzt aber unvorstellbar dreckigen Rock ohne Schulterstücke und Erkennungszeichen, aber mit einem eingestickten Adler über der rechten Brusttasche und in äußerst ausgetretenen Überschuhen, die oben mit Bindfaden festgezurrt waren.

»Der soll nach Tuapse«, erläuterte der Wachsoldat, indem er eine selbstgedrehte Zigarette aus dem von den Eisenbahnern angebotenen hausgemachten Tabak anzündete. »Ein Flieger … dazu noch Major. Könnt ihr euch das vorstellen? Es war noch kein Krieg, und er flog schon über Moskau! So ein Mistkerl! Hat es selbst erzählt. Der kommt aus Königsberg …« Bei dem vertrauten Namen ließ der Deutsche die Blicke um sich schweifen und zog die Luft mit der Nase ein. Er hatte sich etwas gewärmt, nahm die Fliegermütze ab, wobei er seine schütteren Haare entblößte, und schaute seine mit Kohlenstaub verschmutzten Hände an. Er sah recht sympathisch und gar nicht furchterregend aus. Mir fiel ein, wie wir vor zwei Jahren einen Fliegerangriff in einem Zug erlebt hatten – ein Flugzeug mit schwarzen Kreuzen an den Tragflächen überflog den Zug ganz tief, machte kehrt und kam wieder. Der Zug hielt, wir sprangen aus den Viehwaggons, rannten zum nahen Wäldchen, die Lokomotive hupte, die Schutzeinheit hatte das Dach ihres Wagens wie den Deckel einer Truhe hochgeklappt und feuerte aus einem doppelläufigen Maschinengewehr. Das Flugzeug schoß einen nicht weit entfernten Wasserturm weg, gab aber keinen einzigen Schuß auf den Zug ab und flog weg.

Einer aus Königsberg, ein lebender Mensch, der in einer Stadt gewohnt hatte, die wie Nebel war – sie ist da, und gleichzeitig ist es so, als würde es sie nicht geben … Ich wollte mich bemerkbar machen, ihn ansprechen, ausfragen. – Aber wie konnte ich es tun? Wir hatten Deutsch in der Schule, aber außer »Anna und Marta baden« fiel mir nichts ein, aus den Zeitungen tauchten allerlei »Halt!« und »Hände hoch!« auf. Ich strengte mich an und brachte stotternd hervor:

»Deutschland über alles ... «

Der Wachsoldat schielte mit zugekniffenen Augen nach mir. »Was murmelst du da, Kleiner?«

Mama zog mich an der Hand, und der Deutsche rümpfte seine rosige Nase mit der abblätternden Haut und sagte auf russisch:

»Choroschij Maltschik. Ich habe auch zwei Maltschiks, dort in Königsberg. «

4. Wir, Kinder der Sieger

Der von einer hohen Mauer eingezäunte Hof vor einem zweistökkigen grauen Haus ist von einer schweren, mit Feuchtigkeit und würzigen Gerüchen des angewelkten Grases durchtränkten Hitze wie von einer Glocke zugedeckt. Und wir, rund einhundert Halbwüchsige, suchen Zuflucht in dem dünnen Schatten, der natürlich für alle nicht reicht. Der Hof ist kahl, festgetrampelt, und hinter der Mauer wuchert das Grün: Mandarinen- und Apfelsinenplantagen, Reihen von Tungbäumen, das Dickicht der Brombeersträucher und das Geflecht der

Gräser. Die Berge türmen sich gen Himmel, aber wenn man in Richtung der türkischen Grenze schaut, erblickt man ein Tal, die Schleife des Tschoroch-Flusses und rechts, bis zum Horizont das Meer. Früher war hier eine Schule für Grenzsoldaten, jetzt wird es die Schiffsjungenschule der Schwarzrmeerflotte sein, wo es meinem Onkel gelungen ist, mich unterzubringen.

Die künftigen Seeleute wurden unter Waisenkindern zusammengesucht – Zöglinge von Schiffsbesatzungen und Truppenteilen, ›Söhne der Regimenter‹, einige hat man aus Kinderheimen für Obdachlose geholt, und nur wenige sind wie ich selbst gekommen. Wir haben noch keine Uniformen, schlafen auf rostigen Drahtnetzen, sind verdreckt und verlaust, aber wir werden schon verpflegt. Und wir sind – das hat sich ganz von allein ergeben – in drei Gruppen aufgeteilt: die Ganoven und jene, die so tun, als wären sie welche; die ehemaligen Zöglinge und das ›Hausvolk‹. Die Ganoven sind bunt, aber gut und mit Schmiß gekleidet. Sie geben mit der ›Fenja‹, dem Diebesjargon, und mit ätzenden Flüchen an, spucken durch die Zähne und gehen zu den Adscharen Mandarinen und Dattelpflaumen klauen. Viele haben Messer und Rasierklingen. Sie haben etwas Anziehendes an sich, zum Beispiel ihre unbekümmerte Art, aber auf solche wie mich schaut dieses Volk mit Verachtung herab.

Viel gutmütiger sind Jungs, die Marine- oder Armeeuniformen tragen. Sie rauchen alle, können virtuose Flüche loslassen, stellen außerdem stolz zur Schau, daß sie auf dieser Welt schon einiges erlebt haben – einige haben sogar Medaillen: ›Für die Verteidigung Sewastopols‹, ›Für die Verteidigung der Polarregion‹, ›Für militärische Verdienste‹. Manche haben es schon fertiggebracht, die Medaille ›Für den Sieg im Großen Vaterländischen Krieg‹ zu bekommen. Als sie hören, ich sei Leningrader und in der Blockade gewesen, werde ich in die Runde aufgenommen. Der schwarzhaarige und hagere (er wird von Malaria geplagt) Borka Kuschman saugt an einer selbstgedrehten Zigarette, spuckt aus, zischt zwischen den Zähnen und erzählt schleppend über Königsberg:

»Die hatten sich alle in den Kellerräumen verkrochen, da war es gefährlich hinunterzusteigen. Und da sitzt eine Frau direkt in der Hütte, vielleicht hatte sie Angst um ihre Sachen – nicht mehr jung, blond.

Sie sieht mich und springt auf. Und ich mache Klick mit dem Verschluß. ›Hinlegen‹, sage ich. Die sagt: ›Nein!‹. Dann ramme ich ihr den Lauf in den Wanst: ›Umdrehen, bücken!‹. Sie macht's, das Luder. Da habe ich sie von hinten genommen. Sie sagte ›danke‹, das heißt ›spassibo‹ …«

Alle lachen.

Der Borka ist klein, er trägt eine sorgfältig geänderte khakifarbene Uniform und grüne Stiefelchen aus Planenstoff. Und das, was er über eine nicht mehr junge Frau sagt, und ebendiese wecken in mir Abscheu und richtigen Haß gegen ihn.

Leicht hinkend kommt unser Politoffizier, Kapitänleutnant Pristupa, daher, der früher auf einem U-Boot gedient hat, und die Zeichnungen an seiner Brust klimpern leise – wie die heilige Ikonenwand in der Kirche. Er hebt die Hand, wir treten näher und scharen uns dicht um ihn.

»Achtung! Soeben ist die Nachricht gekommen: Das militaristische Japan hat kapituliert! Ich gratuliere euch, Kindern des siegreichen Volkes! Hoch lebe der große Stalin – Hurra!«

Und wir schreien einmütig: »Hurra-a-a!«

5. Der rostige Kofferdamm

Kofferdämme heißen die Zellen, in die der Innenraum eines Beutekahns der Landetruppen eingeteilt ist, um seine zu erhöhen. Seinerzeit hatten die Deutschen eine Unmenge Fahrzeuge für die Landung in Großbritannien gebaut, dann die meisten von ihnen auf Seekriegsschauplätze in Rußland umgeleitet. Schnell, wendig, mit hoher Tragfähigkeit ausgestattet, die Beutekähne eigentlich eine Neuerung in dieser Klasse der Schiffe. Freilich waren die Neuerungen durch unsere Einsatzmethoden im Herbst 1947 zu schwimmenden Truhen geworden. Auf einer solchen Truhe, die zu einem Benzintransporter für Minenräumschiffe im Asowschen Meer umgerüstet wurde, diene ich als Maschinenführer. Wir tanken Benzin in Kertsch und fahren, auf den kurzen Wellen mit dem flachen Schiffsboden aufschlagend, nach Taman, Mariupol, Genitschesk und zu der Insel Birjutschi … Drei Deutz Diesel qualmen, reichen aber immer noch aus, um die Schiffsschrauben zu drehen.

Der Herbst ist warm und verregnet, und in der Freizeit möchte man nicht im engen und dunklen Mannschaftsraum sitzen. An Deck sitzt es sich auch nicht gerade schön: Aus dem Maschinenraum zieht es den Dunst hoch und aus dem Laderaum die Benzindämpfe, von denen man einen Rausch bekommt. Ich habe eine Beschäftigung gefunden, die sogar vom Bootsmann voll gebilligt wird: Ich prüfe den Zustand aller Zellen, der Kofferdämme; es sind vierundsechzig an der Zahl, und in jede der aus drei bis vier Zellen bestehenden Sektion führt eine eigene, mit verrosteten Knebelgriffen verschlossene Klappe. Es gibt eine Menge zu tun, in den eisernen Labyrinthen kann man sich den Kopf an den Ständern und Querverstrebungen einschlagen oder die Haut an den Rostschwülsten abschürfen. Der dämmrige Lichtkegel der Taschenlampe greift manchmal interessante Dinge aus dem Dunkel heraus: eine Plane mit aufgedrucktem Siegel mit Adler, Hakenkreuz und Anker; einen Original-Schraubenschlüssel; ein neues Knäuel Manilaseil; einen Kriegsmarineknopf, aus Glas und mit einem Anker, von einer sehr festen Bronzefarbe überzogen …

In der Bugzelle, die so niedrig ist, daß man kriechen muß, entdekke ich mehrere noch ganze Patronen für die Maschinenpistole, einen Klumpen, der einmal Mullbinden darstellte, mit rostbraunen, in der Dunkelheit verblaßten Flecken und eine Brieftasche aus Kunstleder. Das stelle ich allerdings erst hinterher fest, als ich meine Funde im Mannschaftsraum auspacke. Der Obermaschinenführer Grigori Anissimowitsch Schuk nörgelt, man solle nicht allerlei Mist auf den Tisch legen, wo gegessen wird, zeigt aber auch müdes Interesse. Das Kunstleder ist verschimmelt und verzogen, aber es gelingt, den Knopf in der Mitte aufzukriegen, ohne die Brieftasche zu zerreißen.

Innen ist kein Schimmel. Auch nichts Wertvolles – entgegen der Erwartung. Ein winziger Elefant aus Fischbein oder Kunststoff, eine Brosche, und ein zerknautschtes, viereckiges Stück Papier, eine Weihnachtskarte, wie sich schließlich herausstellt, datiert auf den Dezember 1938. Mit Mühe läßt sich die Anschrift entziffern. Hans-Dietrich Bäumer, Luisenstraße 61, Königsberg, Ostpreußen …

»Ich war dort«, sagt Schuk gähnend und kratzt sich an der breiten, von einem Matrosenhemd überspannten Brust. »Eine langweilige Stadt, nur Ruinen. Und in den herrschaftlichen Häusern, die noch ganz sind, da hat sich die Obrigkeit eingerichtet. Wohin hat man eure Schiffsjungenschule aus Batumi verlegt, nach Tilsit? Tilsit ist viel angenehmer … Schmeiß das alles zum Teufel!«

Mir fällt die Bucht von Genitschesk ein, buchstäblich voll von solchen halbversenkten, ausgebrannten oder verunstalteten Landekähnen vom selben Typ wie unserer – es sind mehrere Dutzend, die von einem großen Fliegerangriff überrascht wurden. Vielleicht ist unser Kahn als einziger von dieser Truppe zufällig unbeschädigt geblieben? Wer war dieser Hans-Dietrich Bäumer, der eine Weihnachtskarte aus dem letzten Friedensjahr aufbewahrte?

Ich ertappe mich dabei, daß ich nicht mehr in rostigen und dunklen Zellen herumkriechen möchte, wo es sich so schwer atmen läßt.

6. Das Echo des Vergangenen

Boris Jermilowitsch Tichomolow ist ein Held der Sowjetunion. Den Goldenen Heldenstern verdankt er dem Umstand, daß er Pilot jener Maschine war, in der Stalin 1943 aus Baku nach Teheran flog. Tichomolow schreibt Bücher über den Krieg, über Fernflieger, sein Bild prangt zwischen den Bildern anderer Heldenschriftsteller im Zentralen Literatenhaus in Moskau; und er hat mir eine Empfehlung für die Aufnahme in den Schriftstellerverband der UdSSR gegeben. Freilich werden noch viele Jahre vergehen, bis ich in diese ehrenvolle und ruhmreiche Kohorte aufgenommen werde.

Und jetzt ist er von einer neuen kreativen Reise zurückgekehrt und bewirtet mich mit ›Kristall‹-Wodka und Räucheraal, tippt sich mit dem kleinen Finger an den schwarzen Schnauzer, der sehr gut zu seinem weißhaarigen Kopf paßt, und schaut mich mit freundlicher Nachsicht an.

»Also, willst du nicht nach Leningrad zurück? Schwere Erinnerungen? Na gut, Sotschi bietet natürlich keine Chancen für die Zukunft, obwohl es da warm und schön ist … Es gibt viele Städte in der Union. Geh aber bloß nicht nach Kaliningrad!«

»Warum? Gerade an Kaliningrad-Königsberg denke ich, sage es aber keinem. Eine hauchdünne Saite zieht sich seit langem von meiner Seele zu dieser Stadt, klingt leise und macht mich unruhig. Außerdem wächst mein Sohn heran, was gibt ihm der Süden? Und dort gibt es eine junge Universität, die immerhin dort ist, wo einst das Albertinum mit Kant und Eiler war ... Dort gibt es mehrere Marine- und Heeresschulen.«

»Warum? Du fragst, warum?« Tichomolow duckt sich etwas und spricht leiser. »Verstehst du, dort schauen sich alle um beim Gehen! Sie laufen und schauen sich um! ... Ich habe im Hotel gewohnt. Da schloß ich die Augen und hörte jemanden deutsch sprechen – wie ein unsichtbares, ein fremdes Leben, die Geister! Ich machte die Augen auf – nichts da! Eine Stadt in der Stadt – die eine sichtbar, die andere unsichtbar! Kannst du dir das vorstellen? Vielleicht blicken sich alle um, weil sie etwas fühlen und es nicht erklären können ... Nein! Es ist doch eine fremde Stadt, dort kann es kein Glück für einen russischen Menschen geben! Es ist doch dasselbe, als würde man unter einem fremden Namen in einer Wohnung leben, aus der man den Besitzer vertrieben hat ... «

»Ich habe ihn aber nicht vertrieben«, sage ich leise.

»Einer, der dein Vater hätte sein können, hat ihn vertrieben, es ist egal! Denkst du, so etwas wird vergessen?«

Nein, das denke ich nicht, aber ich verspüre keinen Haß gegen die Deutschen, gegen Deutschland dafür, daß ich der Möglichkeit beraubt wurde, in meine Heimatstadt zurückzukehren. Allerdings betrifft das nur mich – andere sind zurückgekehrt und tun es immer noch. Wohin will ich nun zurückkehren? Zu den Märchen meiner Kindheit?

7. Das Land jenseits des Spiegels

In der Woche, in der wir Angebote für den Wohnungstausch zwischen verschiedenen Städten studieren, wohnen wir bei unseren alten Freunden – fünfzehn Jahre später werden sie nach Israel ausreisen –, ein verwahrlostes Haus, das aber äußerlich an ein kleines Schloß erinnert; ein Kachelofen, der mit Kohlen geheizt wird; eine Schiebewand zwischen zwei Zimmern ...Wie heißt die Straße? Kirowa. Und früher? Wohl Grenadierstraße.

Kopfsteinpflaster, die Backsteingotik eines Hauses ... die Militärstaatsanwaltschaft ... Hier war das ostpreußische Ackerbauministerium, dort das Landgericht ... Spitze Türme kratzen am niedrigen Winterhimmel. Eben hat es geschneit, und schon taut es. Ein Scherz:

»Wenn Sie das Wetter in Kaliningrad nicht mögen, warten Sie fünfzehn Minuten, es wird schon anders ... « Junge Leute nennen die Stadt »Kenig«. In diesem schönen großen Haus war die Gestapo, jetzt sitzt das KGB drin; dort war ein Gefängnis, jetzt auch. An den Gullydekkeln sieht man lateinische Buchstaben, die Trafohäuschen erinnern an kleine Kapellen. In den engen Reihen der betont europäischen Architektur – eine etwas düstere, solide Bausubstanz unter Ziegeldach – tauchen mehrstöckige sowjetische Wohnkasernen auf, die in unendlichen Vierteln das ganze Land füllen.

Nein, mir war nicht aufgefallen, daß sich hier alle umblicken, aber der Schriftsteller Tichomolow hat recht: Die riesige Stadt existiert gleichsam in zwei Dimensionen, und man kann mit keinerlei Umbenennungen und Anstrengungen das ausradieren, was Jahrhundert um Jahrhundert existiert und eine unsichtbare, aber lebendige Aura hinterlassen hat. Doch warum unsichtbar? Da sieht man an der alten Hausmauer deutsche Lettern und die Jahreszahl: 1868.

Dort wiederum unter dem Dachfirst ist die deutsche Inschrift erhalten geblieben, die über das Jahr der Errichtung des Hauses Auskunft gibt: Anfang des Jahrhunderts ... Ungewohnte Plastiken und Reliefs fallen ins Auge, sie schauen einen von den Fassaden und Hauspforten an. Und obwohl an dem spitz überdachten, in die Höhe strebenden Kirchengebäude ›Sporthalle‹ steht, ist es trotzdem eine deutsche Kirche. Und es scheint, als würde man zwischen den Bühnenbildern eines längst zu Ende gespielten Theaterstücks, genauer gesagt einer Tragödie, wandeln.

Die Adressen aus der Kartei der Wohnungstauschstelle bieten die Möglichkeit, durch verschiedene Wohnungen zu gehen. Es gibt eine Regelmäßigkeit: Ausziehen möchten vor allem jene, die in den ehemaligen deutschen Wohnungen leben. Warum? Niemand sagt etwas Einleuchtendes, man zuckt mit den Schultern und macht dumme Witze. Man gibt hiesige Legenden und Anekdoten zum besten. Alte Leute, die Erstsiedler, erzählen, wie Razzien auf obdachlose deutsche Waisenkinder gemacht wurden, wie deutsche Frauen den Bürgersteig vor ihrem Haus geschrubbt haben, wie die Deutschen 1947 vertrieben wurden ... Ein psychologisches Rätsel: Menschen, die in jener Zeit geboren wurden – in den zurückliegenden dreißig (!) Jahren –, sind erwachsen geworden, sie haben inzwischen ihre eigenen großen Kinder; es gibt keine Ruinen, es gibt auch längst keine angestammten deutschen Einwohner mehr, neue Häuser sind straßenweise gebaut worden, überall herrscht die sowjetische Lebensweise, neue Wirtschaftszweige sind entstanden, es sind sogar neue Legenden erdichtet worden: über die Kosmonauten Leonow und Pazajew, die hier gelebt und studiert haben; über die ersten Expeditionen in die Antarktis, die vom Kaliningrader Hafen ausliefen; über die ersten Fischereifahrten in den Atlantik … Aber mit unermeßlich größerem Interesse wird über geheimnisvolle unterirdische Räume berichtet, über die Suche nach dem Bernsteinzimmer, über Tanzdielen, die auf Friedhöfen gebaut wurden, über vergrabene Schätze, die gefunden wurden, über Minen, die bis heute hier und da in den Wäldern hochgehen … Das alles hat aber etwas Faszinierendes, nahezu Mystisches an sich. Wessen Erben sind wir nun in dieser riesigen und sonderbaren Stadt? Derjenigen, die im April 1945 hierher kamen? Man sagt uns: ja! Oder jener Russen, die hier zusammen mit den Deutschen lebten – es waren nicht viele, aber es gab sie – unter den Kurfürsten, unter Bismarck und unter Erich Koch … Von Erich Koch wird man einem neu Zugereisten übrigens auch unbedingt erzählen: Er sei im benachbarten Polen im Gefängnis zum Tode verurteilt worden, aber noch am Leben, weil er irgendwelche wichtigen Geheimnisse kennt und sicher alles über das Bernsteinzimmer weiß. Und in den Grünanlagen stecken immer noch die ›Koch-Töpfe‹ – Einmannfeuernester aus der Zeit der Erstürmung Königsbergs. Das illegale, maschinegeschriebene Tagebuch des letzten Kommandanten von Königsberg, General Lasch, wird von Hand zu Hand gereicht, es sind seine Erinnerungen an die sowjetische Gefangenschaft. Man sagt, in Westberlin stehe am Bahnhof ›Zug Berlin–Königsberg vorübergehend nicht im Fahrplan‹. Kommt man überhaupt in das Land jenseits des Spiegels?

Und ich ertappe mich bei dem Gedanken, daß ich zur Sehnsucht nach dieser Stadt verurteilt sein werde, sollte ich hier nicht leben können. Wir geben die Tauschzusage den Besitzern einer Wohnung in einem sowjetischen Haus – einem ›Chruschtschow-Slum‹, wie solche Häuser genannt werden. Warum sollten wir nicht in einem deutschen Haus leben, wo man es in der Regel wärmer und bequemer hat? Vielleicht aus Angst, die Stimmen der früheren Besitzer zu hören? Kann sein, daß es stimmt.

8. Spuren im Sand

Jeder Mensch durchlebt mehrere Leben, er bekommt es aber meistens nicht mit, wann genau eine neue Wende des Schicksals eintritt. Wahrscheinlich ist es besser so, nur was ist dann unsere Willensfreiheit wert?

... In Kaliningrad bekommen wir neue Pässe, die gerade erst eingeführt wurden – ich, meine Frau und meine Mutter. Vierzehn Jahre später werden es skurrile Pässe eines nicht mehr existierenden Staates sein. Meine Mutter wird es nicht erfahren, sie wird früher sterben und im Sand am sechzehnten Kilometer vor Kaliningrad in Richtung Swetly ihre Ruhe finden.

... An der Küste in Swetlogorsk-Rauschen hebe ich aus dem Gewirr von Algen, die gerade vom Sturm angeschwemmt wurden, einen Honigtropfen auf – ein Körnchen Bernstein.

... Der verantwortliche Sekretär der Kaliningrader Abteilung des Schriftstellerverbandes der Russischen Föderation, dem ich jetzt angehöre, Juri Iwanow, ist ein typischer Kaliningrader, obwohl er wie ich in Leningrad geboren wurde und die Blockade überlebt hat. Zusammen mit seinem Vater, der als Offizier mit seinen Männern Königsberg erstürmt hatte, blieb er gleich nach der Kapitulation hier, studierte, fuhr zur See, wurde Berufsschriftsteller und Autor vieler gern gelesener Bücher. Bei der Suche nach dem verschollenen und zu einer Legende hochstilisierten Bernsteinzimmer ist er einer der am besten vorgebildeten Fahnder und obendrein eine richtige Fundgrube von Geschichten aus der Nachkriegszeit geworden.

Hier eine seiner Geschichten: Im April 1945 wandelt ein sowjetischer Siegersoldat zwischen den Ruinen, eine altägyptische Mumie auf der Schulter, und ist bereit, sie für eine Flasche Wodka wegzugeben ...

Noch eine Geschichte: Mit dem Abriß des Schlosses, das zum ›Herzen des Nestes der Aggression und des deutschen Militarismus in Ostpreußen‹ abgestempelt und von den Siegern zur Vernichtung verurteilt worden war, hatte man schon 1945 begonnen. Es war halb ausgebrannt und durch den Sturm teilweise zerstört, man hat sich noch fast ein Vierteljahrhundert daran zu schaffen gemacht, und man konnte es nicht kaputtkriegen. Dann wandte man sich an die Zigeuner, die durch das Gebiet zogen, und sagte ihnen: Wenn ihr den Rest abreißen könnt, gehört alles, was ihr findet, euch, und das Baumaterial könnt ihr auch haben! ... Und es wurde noch fast zehn Jahre lang abgerissen.

... Die erste Umsiedlerwelle kam aus den Gebieten und Republiken der UdSSR, über die die Feuerwalze des Krieges gerollt war; jene, die aus der Armee entlassen wurden und kein Ziel für eine Rückkehr hatten, mischten sich unter die Neusiedler. Diese Menschen waren hartnäckig und von Hoffnung auf ein neues Leben erfüllt. Die zweite Welle bestand in ihrer Mehrheit aus gescheiterten Kreaturen und Glücksrittern, denen zu Ohren gekommen war, man könne hier verlassene und noch nicht angerührte Bauernhöfe finden, von Wohnungen und möglichen Schätzen ganz zu schweigen ... die dritte und die darauffolgenden waren weniger umfangreich: Sonderanwerbungen von Fachkräften, die bei der Fischereiflotte arbeiten wollten, wo man mehr verdiente.

Der erste Sekretär des Gebietsparteikomitees der KPdSU, Konowalow, hatte angeordnet, daß die Kurische Nehrung und das Kurische Haff Kursker Sandbank und Kursker Meerbusen genannt werden sollten. »Was für Kurschen? Es ist ein russisches Gebiet mit russischen Namen!« Im Gebietsmuseum wurden entsprechende Änderungen vorgenommen, desgleichen in neu verlegten Büchern.

... Mein vierzehnjähriger Sohn schleppte einen vor Erdnässe triefenden schwarzen menschlichen Schädel mit einem Einschußloch zu Hause an. Ich legte ihn auf den Balkon und vergrub ihn dann unweit des Hauses. Nach einiger Zeit brachte der Sohn einen durchgeschlagenen deutschen Stahlhelm und Metallteile eines alten Degens nach Hause. Die Klinge und der Knauf waren stark durch Feuer und Feuchtigkeit beschädigt. Ich habe all das, so gut ich konnte, restauriert.

... Das Kaliningrader Gebiet mit der Samland-Halbinsel ist die einzige echte europäische Enklave, die vorwiegend von Russen besiedelt ist und bis auf weiteres Rußland gehört. Es gibt noch Wyborg, aber das ist schon Karelien. Wir versuchen seit vierzig Jahren, Ostpreußen zu ›verdauen‹, und dieses Ostpreußen ›verdaut‹ unmerklich uns, indem es ein Teil unser selbst wird. In der Luisenkirche spielt ein Puppentheater, aber die Kirche ist ja erhalten, in einem hervorragenden Zustand; desgleichen die Konzerthalle, sehr viele Bauten in Kaliningrad, in Sowjetsk-Tilsit, in Tschernjachowsk-Insterburg, Nesterow-Ebenrode … Sammler tragen wunderbare Raritäten aus der Vergangenheit zusammen, Liebhaber suchen und tauschen deutsche Möbel, Geschirr und Musikinstrumente. Wenn ein Saugbagger den Boden des Pregels und des Kanals reinigt, tummeln sich Raritätensammler um die Schlammhalden und sie finden etwas!

… Über vierzig Jahre hatte die Figur des mittelalterlichen dichtenden Ritters Walther von der Vogelweide in der Erde gelegen – jetzt steht sie nicht weit vom Kant-Grab entfernt, an der majestätischen Domruine. Aber fast gleichzeitig wird ein altes Haus abgerissen, wo Käthe Kollwitz geboren wurde und lebte – es stand dem Bau des Palastes der Räte im Weg, an dem schon seit achtzehn Jahren gebaut wird.

… Hinter der Linie der alten Befestigungen des Litauenwalls sah ich ein Grab, das schon lange aufgebuddelt war, etwas abseits lag ein Grabstein mit dem Davidstern … An den Hausmauern sieht man manchmal frisch drangemalte Hakenkreuze und SS-Runen … Soll man sich umschauen? Oder lieber nicht? Vielleicht erblickt man etwas, was der Seele für lange Zeit die Ruhe nimmt! Aber woher sollte heute die Seelenruhe auch kommen?

Hier ist wohl am besten zu sehen, wie mit uns das passiert, was einmal mit den Mongolen geschehen ist, die Rußland besiegt und in russischen Städten und Dörfern ihre Garnisonen mit den Baskaken stationiert hatten. Die slawische Zivilisation war damals der tataromongolischen überlegen, sie besaß eine Reihe von attraktiven Seiten, und es dauerte dreihundert Jahre, bis die Herrschaft zersetzt wurde, zurückwich und fiel. Die Sowjetunion, vor allem aber Rußland, einschließlich Klein- und Weißrußlands, verteidigte sich gegen den deutschen Angreifer, aber Krieg geführt wurde gegen Europa, gegen den europäischen Geist und Buchstaben. Wir haben gesiegt und dann angefangen, uns selbst zu zersetzen und zurückzuweichen. Auf dem Boden, der Kaliningrad getauft wurde, ist dies um so augenfälliger, weil uns dort nicht Menschen entgegentreten, sondern Dinge, Erinnerung und Geist …

Man erzählt, daß Deutschstämmige vom Altai, aus Kasachstan und aus anderen Regionen in unser Gebiet übersiedeln …
In Moskau fragte man mich in einem Verlag allen Ernstes: »Wie sind dort bei Ihnen die Beziehungen mit den Deutschen?« Mit welchen? Mit den Königsbergern natürlich! Es ist doch Königsberg! Was, schon 1947 ausgesiedelt? Schau einer an! Das ist ja ein Ding!

9. Ein Denkzettel

Zusammen mit dem Chefregisseur des Kaliningrader Dramentheaters, Juri Tschernyschow, schreibe ich die Komödie ›Sonderobjekt Z‹, die auf historischen Tatsachen aus der Zeit des Königsberg-Sturms aufgebaut ist, als es gelang, den hiesigen einmaligen Zoo zu retten, der sich auch heute noch auf dieselben wissenschaftlichen Grundsätze und Methoden stützt wie einst. Es ist ein Heldenstück, ideologisch natürlich in Ordnung, aber mit dem Versuch, wenigstens etwas wirklich Wahrheitsgetreues zu sagen. Unter anderem will ein siegreicher Soldat eine junge Deutsche vergewaltigen. Die Flugblätter hatten ja dazu aufgerufen, den Rassendünkel der blonden Bestien zu brechen!

Schon die Premiere des Stücks löst die Wut eines der rabiatesten Regimeanhänger aus, Anatoli Darjalow, Leiter der Kulturredaktion der ›Kaliningradskaja Prawda‹ Unsere Soldaten haben keine deutschen Frauen vergewaltigt! Es ist eine Verleumdung der Roten Armee! Was? Gulag? Zwölf Millionen? Das kann nicht sein. Es ist eine Lüge!

Eine Gruppe von Veteranen, die am Sturm auf Königsberg teilgenommen hatten, wurde gebildet, man führte sie ins Theater, wonach sie einen Brief an das Gebietsparteikomitee unterschrieben. Das Stück wurde nach der siebten Vorstellung verboten. Bald ließ sich auch der Regisseur in ein anderes Gebiet versetzen.

Mir fiel das alles in der Gemeinschaftsküche unserer provisorischen Wohnung ein, in die ich mit meiner Frau nach einem Wohnungstausch gezogen war, um der Familie meines Sohnes ein eigenes Zuhause zu bieten. Der betrunkene Nachbar, Onkel Lonja, ein pensionierter Anstreicher, verschmierte den Rotz mit dem Handrücken über das Kinn und erzählte, wie sie, eine Horde halbwüchsiger Kinder, im Nachkriegs-Königsberg einen genauso halbwüchsigen Deutschen erschlagen hatten. Wegen nichts, einfach so, nur weil er ein Deutscher war.

»Wir haben ihn geschlagen, und dann hat sich herausgestellt, daß er tot war … Die anderen haben sich herausgeredet, und ich habe zehn Jahre gekriegt. War im Norden. Erst haben sie die Bewachung abgeschafft, und dann habe ich selbst bei den Wachtruppen gedient … Egal! Ich hab überlebt!«

Dabei ist in Onkel Lonjas Familie niemand im Krieg gegen Deutschland gefallen, niemand ist zu Schaden gekommen, sie lebten alle im Gebiet von Gorki, wo keine einzige Bombe gefallen war.

Es ist auch kein Wunder, daß Heinz Godau, der im April 1945 in Königsberg verwaist war, alles tat, um diese Gegend zu verlassen, er ging über Tilsit und die Memel nach Litauen, verlebte dort fast sein ganzes Leben und fing erst 1991 an, Verwandte in Deutschland zu suchen. Und er fand sie! Das Schicksal dieses Mannes habe ich in der Zeitung »Königsberg- Kurier« erzählt.

10. Eintrittskarte für das eigene Begräbnis

In einer kleinen Straße neben dem Hotel ›Moskwa‹, dessen Ziegelmauern man überpinselt hat, auf denen man aber trotzdem die vorstehenden Stadtwappen von Königsberg und Danzig erkennen konnte, sah ich eine in deutsch und russisch beschriftete Gedenktafel und etwas angewelkte Blumen. Die Gedenktafel war zum Andenken an Agnes Miegel angebracht, von der Gesellschaft der Verehrer dieser Dichterin in Deutschland bezahlt und von den Freunden der Dichtkunst und den Gebietsbehörden Kaliningrads gutgeheißen worden. Großer Gott! Wie konnte ich das bloß vergessen? Diese Gedenktafel war ja auch schon einmal gestohlen worden, aber zum Glück nicht aus politischen Motiven, sondern des wertvollen Buntmetalls wegen … In Deutschland werden die politischen Verirrungen der talentierten Dichterin nicht verschwiegen, aber sie wird auch nicht gebrandmarkt – was einmal war, ist gewesen, mit der Vergangenheit ist Schluß, und die Dichtung bleibt! Wir gestrigen Kommunisten und heutigen Demokraten aber ähneln Menschen, die brusttief im Morast stecken: Es ist gefährlich, aber bis auf weiteres schön weich … Wozu also die unnötigen Scherereien und Erklärungen? Sind denn unsere eigenen Dichter in ihrer Mehrheit ohne Sünde?

Kaliningrad lebt ein neues Leben, an das man noch vor drei Jahren unmöglich hätte glauben können – und ist es denn in vollem Maße noch Kaliningrad? Ist es nicht doch schon wieder Königsberg? Noch ragt vor dem Hauptbahnhof das Denkmal für Michail Kalinin hoch, aber der Zug Königsberg–Berlin fährt schon, und in der Nähe bietet ein Laden der Gesellschaft ›Eintracht‹ bunte Wappen ostpreußischer Städte feil. Nicht weit davon rangieren riesige Autolastzüge mit Kennzeichen und Namen deutscher Städte und Länder. Die Auslagen der Geschäfte sind von deutschen Waren und Lebensmitteln brechend voll, am Zeitungsstand kauft man ›Express‹ in deutscher Sprache mit einem Appell an deutsche Unternehmer.

Der Dom wird wiederaufgebaut, über der Kapitänsbrücke eines Schwimmhotels am Pregel prangt in lateinischen Buchstaben der Name ›Hansa‹, vor dem Hotel Kaliningrad drängen sich Autos mit deutschen Kennzeichen, man hört deutsche Gesprächsfetzen, nach denen sich russische Prostituierte mit lächelnder Bereitschaft umwenden.

Ging ich nun eben über den Friedensprospekt – oder die Kaiserallee? Ich wartete, bis ein Volkswagen-Kleinbus der Neuapostolischen Kirche vorbeigefahren war und nach ihm ein russisches Kippfahrzeug, in dessen Fahrerhaus ein mit dem Wappen Königsbergs geschmückter Souvenirwimpel befestigt war. Wir hatten es schon lange satt, Kaliningrader zu sein, wir wollten Königsberger werden … Auch Peter I., dem hier einst das Bernsteinzimmer geschenkt wurde, lernte Deutschland, das Ausland, eben in Pillau, in Königsberg kennen. Was hatte eigentlich Stalin im Sinn, als er den begabten und ruchlosen Alexej Tolstoi einen Roman über Peter den Großen und seine Liebe zu Deutschland schreiben ließ?

Mir war, als hätte ein lächelnder Mann in einem blauen Wams, in weißen Strümpfen und mit einer weiß gepuderten Perücke hinter der Litfaßsäule hervorgeschaut und sich sogleich wieder versteckt. Es ging so schnell, daß ich nicht ausmachen konnte, wer es war, der Sandmann, Coppelius oder der Märchenerzähler Ernst Theodor Amadeus Hoffmann selbst.

TRÄUME, TRAUER UND BESCHWÖRUNGEN

Mein Dom

AGNES MIEGEL

Aus einem Brief der Dichterin an die Redaktion:
Mit recht bedrücktem Gewissen schreibe ich Ihnen heute und übersende Ihnen die Erinnerungsblätter an den Dom von Königsberg. Es gelang mir nicht, etwas ›Historisches‹ zu schreiben. Ich habe es immer und immer wieder versucht – und immer mußte ich es aufgeben! Allzu stark ist meine persönliche Bindung, um etwas Objektives schreiben zu können. Und ich habe in meinem langen Leben gefunden, daß eine der dümmsten Lügen die vom Vergessen ist. ›Zeit bringt Rosen‹ konnte bloß eine Spießerseele sagen über ihre kleinen Seelenwehwehs. Die Heimat zu verlieren, sie vernichtet zu sehn, geschändet, verwandelt, ferne alt zu werden, das eigne Volk zerstreut – was das bedeutet, wußten die alten Propheten, wußten Homer und Vergil …

Noch einmal soll ich von dir reden zu andern, zu jenen, die dich noch kannten, wie ich, und den andern, denen du nur Sage wurdest, wie Ilion den Karthagern.

Immer warst du in meinem Leben, mein Dom, wie Vater und Mutter, warst vertraut wie die Stimme deiner Glocken, die mich in den ersten Schlaf sangen.

Wenn ich zu dir emporblickte, schwindelnd vor der Höhe deiner riesigen, speichergleichen Front, sah ich im Wind die Wolken über dir wandern, über hohen Nord- und niedrigen Mittelgiebel und über den spitzen grünen Turm mit der blinkenden Wetterfahne, mit der großen Uhr, deren Schlag ich liebte wie ein Ammenlied. Noch trugst du über deinem Purpur den grauen Mantel des Alters und der Armut, wie die heilige Elisabeth den Bettlermantel überm fürstlichen Gewand. Aber kein Gips und kein Kalkpinsel, der über deine Wände und Pfeiler fuhr, von Nüchternheit und Dürftigkeit der Herzen geführt, hatte ganz die edle Schönheit deiner Halle, deiner schönen Bogen verwischen können.

Aber ich liebte dich auch in dem Staub des Alltags, als ich endlich zu dir durfte, nicht nur durch die offne Tür nach Kerzenschein und goldfunkelndem Altar spähen konnte. Und wie jedes Kind einmal andächtig gehörte Legende im Herzen weiterspinnt, so glaubte ich, daß du an dem Tag, als der heilige Adalbert hier den samländischen Fischern und den Natanger Bauern predigte, auf sein Geheiß aus dem Gras und Röhricht der Fährmannsinsel gestiegen wärst, aufwuchsest wie eine der uralten, riesigen Eschen des heiligen Hains der Steilküste, und daß dann das vielfältige bunte Leben deiner Stadt von dir geweiht wurde, wie der alte Baum tausendfältiges Leben aus seinem Samen sprießen und in seinem Schutz aufwachsen läßt zu rauschendem Wald.

Schwer wurde es dem Schulkind zu verstehn – als mühsam erlernte Geschichtszahlen zu lebendiger Wirklichkeit wurden – Liebgewordenes aufzugeben, und einzusehen, daß Jahrhunderte vergingen seit jenem Tag. Daß der Märtyrer schon lange in seinem Silbersarg schlief und sein Freund, der kaiserliche Jüngling, die Ottonenkrone weitergegeben hatte an die Salier, daß Kaiser auf Kaiser sie getragen hatte in dem großen deutschen Reich jenseits der großen Ströme, bis der schwarze Reichsadler der Staufen über diesem weiten grünen Land an der Ostsee stand wie der Seeadler über dem Kiefernwald der Nehrung. Schwer zu glauben war es, daß diese Stadt, die an den Lehmhängen des Waldberges – auf dem nun die Ordensburg mit Wällen und Toren lag – mit Häusern und Wetterfahne, mit der großen Uhr, deren Schlag Höfen gaßauf und gaßab kletterte, mit Mühlen und Brauhäusern am Bach des Burgbergs erwuchs, ja über die Holzbrücken vom Nordufer bis zum Westkai der Pregelinsel fand – erst als sie fast 80 Jahre lang ihren stolzen Namen ›Königsberg‹ führte, daran ging, hier, auf dieser Insel die Eichenpfähle in den Sumpf zu rammen für den Rost des Domes. Den sie den ›neuen‹ nannten – aber nur kurze Zeit, denn sie vergaßen bald den erstbegonnenen drüben in der jenseitigen Altstadt. Die größte und schönste aller Kirchen im Ordensland sollte er werden, Herz dieser wachsenden jungen Stadt.

Noch lebte Erinnerung langer und harter Kämpfe im Herzen seiner Erbauer, und die Ostwand des Hohen Chors spiegelte sich in dem tiefen Pregelarm mit ihrem Wehrgang mehr wie eines der ›Festen Häuser‹ des Ordens in den Grenzwäldern, als die Mauer einer Kirche. Aber Ludger von Braunschweig, der fromme Hochmeister, war ein weiser Bauherr und allem Friedenswerk und -künsten hold. Und so wuchsest du, mein Dom, auf zu dem edlen hohen Gotteshaus, das er sich wünschte.

Als du schon ein Greis warst und näher dem Vergehn, als wir, die dich verehrend liebten, es ahnen konnten – da tauchte unter Mörtel und Putz an der Türwand der uralten Dorfkirche zu Pobethen im Samland, hinter dem riesigen, flammenbärtigen Christophorus, der ein wohlbewärmtes Christuskind schwer watend durch die graugrünen Ostseewellen trug – statt dem Kapellchen des Einsiedlers dein Bild aus der hellen Wand. So, wie die Lebenden jener Zeit dich sahen, wenn auch dem zarten Umriß die Farbe fehlte.

Aus dem schweren Lehm unseres Landes brannten die Ziegeleien des Ordens die langen Backsteine, denen geheimgehaltener Brauch die Härte gab, heiße Sommer und eisige Winter zu ertragen, und sie in einem Purpur leuchten ließ, wie ihn auch die verwandten Backsteinbauten der Ostseestädte, die Kirchen der grünen Niederungen jenseits der Weichsel nicht besaßen.

Prächtig wie die Remter der Marienburg war deine Halle mit den buntausgemalten Wänden, den geschmückten Rippen der Pfeilerbogen, die das hohe Gewölbe trugen wie der Buchenwald am Haff die verflochtenen Kronen. Im weiten Hohen Chor hinterm Hochaltar, wo die Gebietiger des Ordens tagten, legte sich als erster dein Erbauer zum Schlaf. Über seiner Grabnische lag das buntbemalte Abbild, das ihn zeigte, wie spätere ihn sich dachten, bärtig und puppenstarr.

Fremder und kälter als dies Bild vorgetäuschten Lebens wirkte in der stillen Dämmerung des Kirchenraums das große, prunkende Marmorepitaph an der Ostwand, das Albrecht, der letzte der Hochmeister und erste Herzog des Landes, hier schon zu seinen Lebzeiten errichten ließ. Der blasse Stein, die damals neue, erklügelte Regelmäßigkeit waren nicht unserer Art verwandt, während doch die moderbereifte reiche Schnitzerei an dem Holzgestühl des Hochmeisters und Gebietigers mit der heiteren Fabelei, die aus ihrem Rankengewirr blickte, immer noch vertraut blieb, wie ein nie vergessener Kinderreim.

Denn du, mein Dom, kanntest nie die strenge Düsternheit andrer berühmter Kirchen, sowenig wie puritanische Schmucklosigkeit. Als schon seit dem Weihnachtstage 1523 deutsche Predigt von deiner bunten Kanzel klang und Luthers Lehr in die Dorfkirchen einzog – da behieltest du noch den goldnen Hochaltar, und von der Wand des

Nordchors lächelte immer noch die zarte junge Gottesmutter – letztes deiner Madonnenbilder, von Lucas Cranach gemalt.

Die lebensfrohe Zeit des nächsten Jahrhunderts ließ hier in dem Land, das der fürchterliche Krieg verschonte, der dreißig Jahre lang das heilige deutsche Reich verheerte, nicht nur das Kirchenlied neu erblühn durch deinen Organisten Heinrich Albert und die Dichtkunst durch seinen Freund, den Magister Simon Dach, der im Schatten deiner Mauern, deiner Friedhofslinden lebte – sie konnte sich nicht genug tun in prächtigem Schmuck ihrer alten Kirchen. Um den kantigen Schrein des Altars mit dem Weltrichter legte sie die üppigen Girlanden goldenen Schnitzwerks, und die Kapelle der Nordwand mit dem uralten Taufstein wurde durch eine Säulenreihe vom Gang getrennt, auf deren Sims blühende junge Mütter rosige pausbäckige Brustkinder in den runden Atmen hielten. Aus dem Orgelchor, der sich wie ein Schiffsbug vorwölbte, an dem wie eine Galionsfigur das Schild mit der Kogge hing, wuchs das silberne Pfeifengewirr, geniengeschmückt, funkelnd und tönend, strahlend heiter noch, als die Nüchternheit superkluger Aufklärungszeit und mißverstandner Ordnungssinn schlimmer als Kalkputz und Staub über dich hingingen, mein Dom! Aber selbst in den Jahrzehnten der Verarmung durch allzu schwere Kriegszeiten, durch Seuchen und Feuersbrünste, die den Reichtum deiner Stadt vernichteten wie ihre Menschen, behieltest du immer noch etwas von der edlen Würde deiner Jugend, von der Schönheit vergangner Zeit.

Und als dann nach Jahrzehnten des Stillstandes mit dem reich werdenden Preußen auch zu dieser Stadt neuer Wohlstand kam, wieder fremde Schiffe in ihren Hafen fanden – da zogen die Kaufleute, die Notare, die Gelehrten fort von der alten eng gewordnen Pregelinsel, von den Beischlägen der Langgasse, den Holzveranden der saalartigen Plätze, den Giebelhäusern am Kai – hinauf in die vielstöckigen Wohnhäuser in den neuen Straßen der Oberstadt um Schloß und Schloßteich, nahe zum Theater und dem hellen Backsteinbau der Universität am Paradeplatz. Nur wer hier wohnen mußte um Handels und Erbes willen, oder wer nicht fortfand aus den alten Gassen, an denen sein Herz hing, blieb hier noch auf der alten Kneiphofinsel, die mit dem neuen Jahrhundert immer mehr zur ›City‹ wurde. Am Tag vom Lärm und Feilschen des Marktes, der Läden, der Kontore hallend – am Abend aber verstummt und menschenleer, nach dem Abendlied des Schloßturms in Schlaf versunken wie die hohen, fachwerkbunten Speicher der Lastadie, wie die planverhangnen breiten Holzkähne auf den Pregelarmen.

Aber auch die Straßen der Oberstadt wurden stiller. Viele zogen hinaus in die grünen Vororte, die draußen jenseits der geschleiften Wälle entstanden, deren düstere Glacis an Gräben und Teichen sich zu schönen Parks wandelten.

Aber doch vergaßen sie dich nicht, mein Dom! Immer noch bliebst du für Arme wie Reiche die ersehnte Hochzeitskirche, mehr noch als die Schloßkirche. Immer noch führten deine Pfarrer – von denen der erste im Volksmund noch ›der Domchen‹ genannt wurde – eine so große Schar von weißgekleideten Mädchen und dunklen Bruderpaaren am Morgen des Einsegnungstages über den weiten Platz vom Pfarrhaus zu deiner weit offenen Tür, wie die kleine Gemeinde der Pregelinsel und -ufer sie allein doch nicht zu dir in die ›Kinderlehr‹ schicken konnte. Immer noch warst du am Heiligen Abend, wenn die großen Waldtannen zur Seite des Altars im Kerzenglanz standen, übervoll von Menschen, die durch den eisigen Ostwind, durch treibenden Schnee zu dir wanderten aus allen Stadtteilen, allen Vororten, um in deiner Halle – die nun wieder in bunter Pracht strahlte wie in deiner Jugend, wie du wieder dein altes Purpurkleid trugst – die alten Lieder zu singen in dir, wie aus deinem Mund die Weihnachtsgeschichte zu hören! Und wo – und wäre es die größte und schönste Konzerthalle gewesen – hätten wir das Osterlied der Matthäuspassion hören mögen als in dir?

Aber es kam ein Abend nach heißem Augusttag – da lagen Platz und Gassen um dich so still, so menschenleer, wie sonst erst in der Dämmerung. Da stand ich vor der Anschlagsäule zwischen deiner Südwand und den alten Linden und versuchte das Wort zu fassen, das meine Augen lasen – aber mein Herz nicht faßte.

Ein junger Arbeiter kam von der Brücke her und las es wie ich – und sein junges, sonngebräuntes Gesicht wurde wachsweiß, als seine Lippen es formten: ›Kriegserklärung!‹ Und nun erhob sich über uns das Gedröhn des großen Geläuts all deiner alten Glocken, denen die andern vom Schloßturm, vom Löbenicht, von allen alten Kirchen auf den Hügeln der Oberstadt, vom Haberberg, aus den Vororten antworteten. Einfallend in dein Sturmläuten, mit ehernem Mund Klage rufend über Stadt und Land, über Haus und Hof, über Hafen und Speicher, über Tier und Mensch, über Tote und Lebende, über uns beide, die Alternde und den Jungen, die sich nicht kannten und die hilflos und fast verwundert in dem Gewoge dieses Geläuts bangten, wie Ertrinkende in der Brandung. –

Einmal noch, o mein Dom, habe ich dich so klagen hören – dreißig Jahre nach jenem Augusttag. Aber kein Abendschein war es, der deine Backsteinwand aufglühen ließ, kein Kerzenglanz, der deine bunten Fenster erhellte – Feuer, das im Getöse der Apokalyptischen Reiter niederstürzte und deine Stadt vernichtete, ließ auch dich aufstrahlen in seiner Höllenglut. Fern von dir, nahe dem Hufenbach, nahe den grünen Friedhöfen wohnte ich. Und als ich dann endlich mit Nachbarn und Freunden hinauslief aus dem Keller in die plötzliche Stille, in der nun nur das Knistern zu hören war von Flammen und berstenden Mauern, da sahen wir, erstarrt von Grauen, zu entsetzt, um zu weinen – nur den roten, aus Rauch und Gewölk widerstrahlenden Schein des Feuers, in dem unsre Stadt verging.

Und dann über dem Sausen, dem Knistern hörten wir den Todespsalm, den die Glocken der sterbenden Kirchen, geschwungen vom Feuersturm, dieser Stadt sangen. Und ich hörte, mit der Gewißheit, die Liebe gibt, aus dem Chor der zerschmelzenden Todverfallnen den Ruf deiner Glocken, mein Dom! Vaterstimme, noch im Sterben tröstend mit heiligem Spruch, hinweisend über Vergehn des Vergänglichen zu dem Ewigen, zu ›dem bestirnten Himmel‹, der auch über diesen Brandwolken stand in aller Herrlichkeit der Augustnacht, so wie er heute steht über mir in dem erntemüden Land im Westen und über der leeren Totenstadt deiner Insel, über deinen geborstenen Mauern, mein Dom!

Königsberg 1955

WALTER NEEGELN

Es war einmal: Posaunenbläser stiegen Abend für Abend den Turm des Königsberger Schlosses empor, und oben vom Umgang erklang dann nach altem Brauch die Weise ›Nun ruhen alle Wälder‹. Die Menschen in den Straßen verhielten ihren Schritt, und selbst die großen Seedampfer auf dem Pregel fuhren, so schien es, ein wenig langsamer. Heute wäre ein solches Lied, könnte es dort einmal geblasen werden, wie ein schauriges Hohngelächter. Die Bläser sahen zu ihren Füßen ein blühendes Gemeinwesen, und am Horizont blauten die friedlichen Wälder des Samlandes. Jetzt aber ist die Stadt zerstört, und der Wald, der von allen Seiten in sie hineinwanderte, ist ein Wald des Grauens. Als in jenen beiden Augustnächten 1944 die alte Haupt- und Residenzstadt in einem Bombeninferno in Trümmer sank, als dann im März und im April 1945 durch die Belagerung das Zerstörungswerk fortgesetzt wurde und nach der Eroberung willkürlich angelegte Brände es vollendeten, da waren mit einemmal Disteln und Brennesseln da, allerlei Unkraut, Gestrüpp und bald auch Bäume. Selbst aus den Resten der Dächer wuchsen Büsche, auf hängengebliebenen Balkonen Bäume. Heute wogt rings um den Stumpf des Schloßturmes auf und in den Ruinen ein grünes, grausig phantastisches Meer aus Pappeln, Espen, Birken und Büschen aller Art – bis zu fünfzehn Meter Höhe sind die Bäume schon emporgeschossen.

Durch die Innenstadt fährt auch heute noch – im Zuge der früheren Hauptstraßen – eine Straßenbahn vom Norden nach dem Hauptbahnhof. Aber kein Russe verspürt Lust, von diesem Wege abzuweichen und nach rechts oder links in die Welt der Ruinen und der grünen Wildnis einzudringen. In manchen Kellern hat sich lichtscheues Gesindel eingenistet, das vor nichts zurückschreckt, und wer dort einen Gang wagt, dem könnte es geschehen, daß er seiner Kleidung und seiner Stiefel beraubt wird und nackend weitergehen muß. Selbst in dem heute bewohnten Teil der Stadt haben sich in einem Jahr zwanzig Überfälle allein auf Offiziere ereignet, und vier von ihnen wurden dabei erschlagen.

Und auch Weiden gibt es in Königsberg. Bis vor drei Jahren noch wurden sogar Hunderte von Kühen gehalten, die Hirten sammelten in den Straßen ihre Herden und suchten sich mit ihnen irgendwo einen Futterplatz. In den letzten Jahren ist die Zahl dieser Herden stark gesunken; einige sind geblieben, vor allem im Norden der Stadt, in Juditten und in Maraunenhof. Auch auf Friedhöfen sieht man Kühe grasen; die Gräber dort sind verfallen, alles ist mit Gras und Unkraut bedeckt, und so finden sie dort ihr Futter. Pietät, Ehrfurcht vor den Toten sind unbekannte Begriffe: Die Grabsteine sind herausgerissen worden, sie wurden zur Pflasterung von Fußwegen benutzt, als Bodenbelag, als Fußabtreter. Die Kirchen aber wurden abgetragen, wie etwa die älteste, die vom Steindamm, oder sie dienen, wie die von Ponarth, als Magazin. Von einem kirchlichen Leben ist in der Stadt nichts zu spüren.

Einst wohnten in Königsberg 370000 Deutsche, heute sind es fünf, und mit den fünf meinen wir nicht etwa fünftausend, sondern fünf einzelne Menschen. Die Deutschen sind fort, sämtliche 370000, sie sind verweht, als hätte es sie niemals in dieser Stadt gegeben. Als Königsberg fiel, lebten in seinem Bereich noch etwa hunderttausend Deutsche – Königsberger und solche, die aus der Provinz in die Stadt geflüchtet waren. Im Juni 1945 waren es nur noch etwa 75000, im Frühjahr 1946 etwa 45000, ein Jahr später vielleicht 25000. Die 75000 nun waren in jenen beiden Jahren nicht etwa fortgezogen, sie hatten ja keine Bewegungsfreiheit; sie waren in einem grauenvollen Totentanz verhungert, erfroren, an Krankheiten gestorben. Der Rest erhielt endlich in den Jahren 1947/48 von den Russen die Erlaubnis, nach Westen zu gehen, nach Deutschland. Als die Transporte beendet waren und so nach dem Willen der Russen keine Deutschen mehr in Königsberg lebten, da sickerten allmählich doch noch einige wenige in die Stadt ein, solche, die aus der Provinz kamen oder die ihre ›Strafe‹ abgebüßt hatten und aus den Gefängnissen entlassen waren. Im Sommer 1954 lebten 24 Deutsche in Königsberg; sie verdienten sich ihren Unterhalt meist als Bauarbeiter; neunzehn von ihnen sind inzwischen nach langen Bemühungen einzeln in den Westen gekommen – der letzte im September 1955. Von ihnen wissen wir, wie es heute in Königsberg aussieht.

»Beinahe überall ist immer ein großer Radau«, sagte einer der Entlassenen. Nicht die gesamte Stadt ist zur Ruinenwüste geworden; Maraunenhof, die Hufen und andere Wohnviertel und Villenvororte, die im Norden der Stadt außerhalb der alten schon vor Jahrzehnten abgetragenen Festungswälle liegen, blieben unzerstört, und hier vor allem wohnen die Menschen, die aus allen Teilen der Sowjetunion gekommen sind. Hier und in den zahlreichen Kasernen am Rande der Stadt, die fast alle erhalten geblieben sind, und dann in einigen heil gebliebenen Inseln in anderen Teilen. Von den Russen kann man hören, daß sich heute etwa dreißigtausend Zivilisten in Königsberg befinden. Da, nach dem Straßenbild zu urteilen, etwa zwei Soldaten auf einen Zivilisten kommen, mag die Einwohnerzahl bei etwa hunderttausend liegen. Wenn die Stadt auch keineswegs nur ein Heerlager ist, wie das oft fälschlich behauptet wurde, so ist es doch eine Stadt der Soldaten vor allem und dann eine Stadt der Arbeiter. Moskau hat alles darangesetzt, die Industriebetriebe wieder in Gang zu bringen, und bald nach der Eroberung arbeiteten die beiden Zellulosefabriken, die Schiffswerft, die Waggonfabrik, die Mühlen und Gießereien und manche anderen industriellen Betriebe wieder – in der ersten Zeit vorwiegend mit deutschen Kriegsgefangenen und mit festgehaltenen Zivilisten. Dann wurden Arbeiter aus dem Innern Rußlands herbeigeschafft, denen man Prämien von dreitausend Rubeln versprochen hatte. Heute ist das nicht mehr nötig, heute kommen sie ohnehin gern nach Königsberg. Denn wenn dort die Lebensbedingungen, an westeuropäischen Verhältnissen gemessen, schwer und sehr primitiv sind, so sind sie, was die Ernährung angeht, doch erträglicher als in vielen Teilen der Sowjetunion.

Königsberg ist nämlich ein großer Fischereistützpunkt geworden. Der Seehafenverkehr, der früher so lebhaft war, hat vollständig aufgehört, aber an den Kais liegen heute moderne Fischdampfer und Fischkutter, die bis nach Island fahren. Sie bringen die sehr begehrten Fische, Heringe vor allem; diese gibt es zu jeder Jahreszeit in Königsberg zu kaufen, und man kann den irgendwo in der Sowjetunion lebenden Angehörigen sogar Heringspakete schicken.

Von Königsberg als von einer Handelsstadt kann man auch nicht mehr sprechen. Wo einst die großen Hallen der Deutschen Ostmesse standen, da findet heute der tägliche Markt statt, der sogenannte Basar; hier standen einst auch die Ställe der Wrangelkürassiere mit den rassigen Trakehnern. Der Basar ist außerordentlich beliebt und besucht. Einmal, weil er eine willkommene Abwechslung in das sehr eintönige, genormte Leben bringt, und dann, weil jeder bestrebt ist, seinen kargen Verdienst durch irgendein Geschäft aufzubessern; jeder ist bereit, mit allem und jedem zu handeln. Auf dem weiten Platz schieben und drängen sich unter freiem Himmel Tausende zwischen den Buden und Verkaufstischen. Es gibt allerlei Trödelkram zu kaufen, alle möglichen Ersatzteile, alte und neue Kleider, Möbelstücke, die einmal in irgendeinem deutschen Haus gestanden haben. Und von den Kolchosen werden Brot und Weißkäse, Eier, Milch, Butter und Fleisch auf den Basar gebracht und zu Preisen verkauft, die viel höher sind als die in den Magazinen. Sehr beliebt sind, neben sauren Gurken, vor allem Sonnenblumenkerne; jeder kaut sie und spuckt den Rest auf die Erde, und überall, wo Menschen in großer Zahl zusammenkommen, in den Kinos, in den Straßenbahnen, auf dem Basar, überall sieht man auf dem Boden diese Reste in dicker Schicht.

Dutzende von Flickschustern arbeiten auf dem Basar; die Kunden ziehen ihre Stiefel aus und warten dann sehr geduldig, bis die Reparatur beendet ist. Und Polizisten sind in der Nähe, um von diesen ›Unternehmern‹ die fällige Abgabe zu kassieren.

Natürlich stehen auf dem Basar auch die ›Palatkes‹, genauso wie an jeder Straßenecke. Es sind die hölzernen Buden, aus denen sich der Russe seine Wodka-Seligkeit holt, meist mit einem fürchterlichen Holzsprit; oft ›steht man Schlange‹ vor den Buden. Und wenn auch jeder wohl immer etwas zum ›Zubeißen‹ kauft, einen Hering etwa, ein Stück geräucherten Fisch oder womöglich sogar etwas Wurst oder Käse, die es in diesen Buden genauso gibt wie die üblichen Papirossi, und wenn durch diese Gewohnheit die Wirkung des Alkohols zwar etwas gemildert wird, so dauert es doch bis zum Rausch nicht lange.

Auch die Bettler, die sich vor dem Basar in großen Scharen sammeln, meist sind es Kriegsinvaliden, legen ihre erbettelten Kopeken am liebsten in Schnaps an.

Königsberg ist also, was die Menschen angeht, heute eine ganz und gar russische Stadt, die auch irgendwo am Ural liegen könnte. Und die Russen, die hier wohnen, sollen glauben, daß sie sich auf russischem Boden befinden, und sie tun es auch. Nicht nur die Kinder werden in nationalistischem Geiste erzogen; auch die Erwachsenen meinen, Ostpreußen sei ein urslawisches Land gewesen, das jetzt nur wieder zu Rußland zurückgekehrt sei. Alles, was an die deutsche Vergangenheit noch erinnern könnte, ist beseitigt worden, auch die letzten Firmenschilder hat man nicht vergessen, und wenn man das Denkmal des ›Freiheitskämpfers‹ Schiller hat stehen lassen, so wurde doch sein Name mit kyrillischen Buchstaben in den Sockel gemeißelt. Auch das Kantdenkmal ist fortgeschafft worden, wie es heißt, in ein Moskauer Museum. Dafür hat man vor dem Stadthaus ein gewaltiges Stalindenkmal errichtet, dessen Sockel allein siebzehn Meter hoch ist: Stalin im Militärmantel, mit der Mütze in der Hand; in der Nacht wird das Denkmal von Scheinwerfern angestrahlt. Propagandasprüche und Hetzkarikaturen auf hohen Bretterwänden, Transparente und vor allem Lautsprecher an allen Ecken und Enden hämmern den Russen ohne Unterlaß ein, daß die Sowjetrepubliken friedliebend und aufbauwillig und die kapitalistischen Länder böse seien und daß es die Arbeiter dort schlecht hätten. So ist es denn kein Wunder, daß keiner der Russen glaubt, in den noch stehengebliebenen Siedlungshäusern der Schichauwerft hätten Arbeiter gewohnt und nicht, wie sie meinen, Kapitalisten.

Eine Fülle von Einzelheiten wäre noch zu erzählen: von dem Kulturpark etwa (zu dem Luisenwahl geworden ist), der mit seinen Fallschirmtürmen, Luftschaukeln und den Wodkabuden nichts anderes darstellt als einen Rummelplatz; von dem Tiergarten mit seinem sehr dürftigen Bestand, der wie eine Karikatur des alten, herrlichen Gartens wirkt; von den ganz wenigen Häusern, die im Zuckerbäckerstil erbaut oder oft nichts anderes sind als notdürftig gedeckte Ruinen; von dem ›Trampelpfad‹, der über meterhohe Schutt- und Geröllmassen am Pregel entlangführt, da, wo früher Seedampfer und Flußschiffe lagen und sich ein sehr geschäftiges Leben abspielte; von den Stätten des geistigen Lebens, wie der Universität und dem Opernhaus, die zerstört worden sind; von den Ruinen des Schlosses und des so ehrwürdigen Domes; von dem Schloßteich, der Freude und dem Stolz aller Königsberger, der heute nichts weiter ist als ein übelriechender Pfuhl – alles das kann das grausig-düstere Bild der einst so aufrechten und nun so geschändeten Stadt nicht heller machen. Die Russen spüren, wie schön diese Stadt einmal gewesen ist, und selbst manche Funktionäre, die hier in großer Zahl leben, sagen es; aber sie verschwenden nicht viele Gedanken an die Vergangenheit, sie meinen, daß ihnen an diesem Ort, wie überall sonst, die Zukunft gehört.

In den Herzen der Menschen aber, die mit ihren Vorvätern Königsberg in sieben Jahrhunderten geschaffen haben, denen diese Stadt Heimat war und auch heute noch Heimat ist, wird niemals die Sehnsucht verlöschen, die Sehnsucht nicht und die Hoffnung nicht.

Sturmnacht

AGNES MIEGEL

Es führte an ihren Toren
Drei Wappen die alte Stadt, –
Ich bin auf der Insel geboren,
Die den Arm im Schilde hat.

Er hebt aus den grünen Wellen
Eine Krone empor ans Licht, –
Manch Wappen sah ich prunken,
Ein schöneres sah ich nicht.

Tauwind jagte die Wolken
über Maste und Giebeldach, –
Da sangen die Sonntagsglocken
Des Doms meine Seele wach.

Nun schrecke ich auf in dem fremden
Land bei des Weststurms Wehn,
Mir ist, ich hört die geborstenen
Glocken wieder gehn.

Mir ist, als hebt aus dem Dunkel
Ein Arm eine Krone empor, –
Das bist Du, ruhmgekrönte
Heimat, die ich verlor.

Zur Neujahrsnacht 1960/61

AGNES MIEGEL

Der Zeiger wandert an der Uhr,
so schwer das Herz, so schwer der Sinn,
O Herr, noch eine Stunde nur,
dann geht auch dieses Jahr dahin,
Und aus der spielenden Kinderhand
des spät erschaffenen Engels Zeit
Verweht ein Stäubchen Sternensand
ins dunkle Meer Unendlichkeit.

In dieser stillsten Stunde Bann,
der Schwelle zwischen Jahr und Jahr,
Sieht einen Herzschlag lang uns an,
aus gleichem Bild, was ist und war.
Der Zeiger rückt zur Mitternacht,
so langsam schleicht das alte Jahr,
Was es uns nahm, was es gebracht,
O Herr, nur Dir ist's offenbar!

Wir glauben heut, zu Dir gewandt,
an Trennung und Vernichtung nicht,
Wir sehn verlornes Heimatland
vor uns im blassen Sternenlicht,
Sehn unsre Stadt, die Krone trug,
die hochgebaute, überm Strom,
Und sehn das Herz, das in ihr schlug,
das Dir geweihte, unsern Dorn!

Tief tranken wir in Reu und Leid
vom bittren Wein der Wirklichkeit.
Wohl wissen wir, was uns gehört,
liegt fremd geworden und zerstört, –

Stumm schläft die tote Inselstadt,
Eisscholle nagt am Brückenstumpf,
Von ungewohnten Tränen matt
sankst Du, Dom, in den Pregelsumpf,
Vom frostgen Nebel eingehüllt,
bedeckt von weißem Leichentuch,
Vergehst Du wie ein Riesenwild,
das einsam starb im Erlenbruch!

Wir aber sehn in dieser Nacht
Dich purpurn wieder vor uns stehn,
Der Zwillingsgiebel wuchtige Macht,
auf spitzem Turm der Fahne Drehn,
Zum Strome schiebt der Hohe Chor
das tiefe Dach ins Dunkel vor
Wie eines Orlogschiffes Bug,
das edle Fracht zum Hafen trug.
Bunt blüht der hohen Fenster Flor, –
O tu Dich auf, gewölbtes Tor!
Und laß uns sehn ein einziges Mal
den pfeilerbunten Gottessaal, –
Aus schwebendem Leuchter fällt der Schein
golden auf goldnen Altarschrein, – –

Es schlägt die Uhr, vorbei! vorbei!
Es ging ein Jahr. Ein Jahr kommt her,
Und über Festlärm und Geschrei
ausbrandend braust das Glockenmeer,
Und aus der spielenden Kinderhand
des späterschaffenen Engels Zeit
Verstäubt ein Körnchen Sternensand
ins dunkle Meer Unendlichkeit.
O Herrscher über Raum und Zeit,
bis hierher gabst Du uns Geleit,

Wir danken Deiner Vaterhand
wie einst an Deines Doms Altar,
Daß Krönungsstadt und Ordensland
Dein Gleichnis uns und Heimat war!
Du Ewiger, wir danken Dir,
wohin auch unser Weg hier geht,
Daß über uns und über ihr
noch Dein bestirnter Himmel steht!

Auf der Suche nach Karalautschi

ELISABETH SCHULZ-SEMRAU

[…] Kaliningrad erhielt am vierten Juli neunzehnhundertsechsundvierzig seinen Namen nach dem zweiten Staatsoberhaupt der SU, Michail Kalinin. Sein Denkmal steht vor dem, wie Juri erzählte, kaum veränderten Hauptbahnhof.

Das Wappen: drei Flügel über einem von Felsbrocken getragenen Ring. Es symbolisiert die drei Waffengattungen, die von drei Seiten den Verteidigungsring um Königsberg durchbrachen. Stiege man im Hauptbahnhof in eine Straßenbahn, so ließe sich mit Karalautschikenntnis die Hauptverkehrsstrecke Kaliningrads verfolgen.

Da ist der Fluß mit seinen Armen, Schlagader dieser Stadt wie der früheren.

Sehe ich noch die Ruine des Doms von der Dominsel in den Himmel mahnen? Lange Zeit hat man durch Konservierung aufrechterhalten, was die anglo-amerikanischen Bomber in der Augustnacht übrigließen.

Über den früheren Kneiphof führt eine Hochstraße, die Esplanade-Most zur Dominsel, vor dem Angriff mit alter Universität und vielen Bauwerken bestanden, heute Grünfläche. Die alte Börse an der Grünen Brücke ist ein Kulturpalast für Seeleute geworden. Die Trümmer des Schlosses wurden neunzehnhundertsiebzig abgetragen.

Da führe man nun ein ganzes Stück durch eine völlig neue Stadt, durch den ehemaligen Steindamm, heute Leninprospekt, aber dann gibts wieder ein paar Anhaltspunkte. Das alte Stadthaus gegenüber dem Nordbahnhof ist heute Sitz der Bezirksregierung. Links vom

Bahnhof steht ein großes Lenindenkmal, hier finden Kundgebungen und Maidemonstrationen statt. Im ehemaligen Polizeipräsidium sitzt die Miliz, und die nun folgende Hufenallee heißt Prospekt Mira. Das ist die Hauptstraße Kaliningrads.

Nie hat es in meiner Stadt eine Straße des Friedens gegeben. Daß es sie jetzt gibt und daß sie einst meine Lieblingsstraße zu Tante Ella war, nehme ich als gutes Omen.

Vielleicht verlasse ich die Straßenbahn auf dem Kundgebungsplatz, gehe, diesmal nicht mehr das Kind mit verhaßtem Turnbeutel, den Prospekt Mira entlang.

Das Landgericht rechts von mir ist – viel sympathischer – ein Fischereiinstitut geworden und – es stimmt, was Juri Iwanow schon in Leipzig erzählte – die für eine Zeit im Tiergarten ausgelagerten kämpfenden Wisente haben hier wieder ihren Platz gefunden.

Das Schauspielhaus hat ein neues Säulenportal in neoklassizistischem Stil erhalten. Wo einst Emil Jannings, Agnes Kraus und Paul Wegener mit ihren Schauspieltruppen auftraten, führen ihre sowjetischen Kollegen gute Traditionen weiter. Auf den Spielplänen findet man seit fünfundvierzig immer wieder den Deutschen Friedrich Schiller, den Sänger der Freiheit und Menschlichkeit, wie es heißt. Würde ich, was ich zu Hause nie täte, dem Dichter Blumen unter sein Denkmal legen, dasselbe, unter dem ich als Kind spielend einherging? Es schiene mir fast berechtigt.

Nun liegen links, wie erwähnt, das Stadion Baltisk, es folgt der Leninpark (Luisenwahl) und auf der rechten Seite der Tiergarten. Er ist Kinderglück, wie zu meiner Zeit, ob nun der Elefant Jenny oder einfach Slom gerufen wird.

Ich gebe zu, daß ich weiterginge. Suchte, nach dem Doppelhaus, vor dem einst in zwei Steingärtchen ein fröhlich bunter Blütenfries wucherte. Würde verweilen, wo ich den Ziethenplatz wüßte. Selbst, wenn es ihn als Platz nicht mehr gibt. Ob ich die Tore aufsuchte, die heut in Kaliningrad unter Denkmalschutz stehen, weiß ich nicht, ich habe ihre Baulichkeiten irgendwie nicht gemocht. Sie müssen mich wohl zu sehr an meines Vaters Heldenahnen gemahnt haben.

Die Tore haben also überlebt. Das Brandenburger Tor am Hauptbahnhof, das Königstor mit den drei Standbildern, dem des Ottokar von Böhmen, der zwölfhundertfünfundfünfzig Königsberg gründete, des Herzogs Albrecht, der fünfzehnhundertvierundvierzig die Universität Albertina stiftete, und des Friedrichs des I., der siebzehnhunderteins in Königsberg gekrönt wurde. Das Roßgärther Tor, das Wrangel- und das Donartor.

Sicher aber ginge ich zu dem, der eine geistige Brücke von der ehemaligen deutschen Stadt Königsberg zur sowjetischen Stadt Kaliningrad schlägt.

Zu Immanuel Kant.

In einem Buch finde ich die Abbildung des Grabmals Immanuel Kants in Kaliningrad, das dort als Sehenswürdigkeit gezeigt wird. Der Begründer der klassischen deutschen Philosophie hat hier seine Heimstatt behalten.

Ich erinnere mich, wie mich mein Vater an dieses Grab neben dem Dom führte, und sicher hat er mir zitiert, was ich ja in gekürzter Form schon von ihm kannte:

»Zwei Dinge erfüllen das Gemüt mit immer neuer und zunehmender Bewunderung und Ehrfurcht, je öfter und anhaltender sich das Nachdenken mit ihnen beschäftigt: Der bestirnte Himmel über mir und das moralische Gesetz in mir.

Beide darf ich nicht in Dunkelheit verhüllt oder im Überschwenglichen, außer meinem Gesichtskreise, suchen und bloß vermuten; ich sehe sie vor mir und verknüpfe sie unmittelbar mit dem Bewußtsein meiner Existenz.«

Aber der nüchterne Steinsarkophag mit schwarzer Inschrift darüber, Immanuel Kant, 1724–1804, und die lehrhaften Erklärungen meines Vaters entzündeten kaum meine Phantasie, mir den Mann vorzustellen oder gar stolz darauf zu sein, daß er in meiner Stadt gelebt und Bedeutendes erdacht und aufgeschrieben haben sollte.

Ich kannte natürlich das kleine Mannchen. Auf dem der Oper gegenüberliegenden Teil des Paradeplatzes stand es ja auf so einem Marmorsockelchen. Vielleicht bewirkte es das pompöse Reiterdenkmal Friedrich Wilhelms des III. vor der Universität, daß die Gestalt Kants, obwohl ein gutes Standbild von Christian Rauch, besonders unaufdringlich und zerbrechlich wirkte.

Man könnte in den beiden Standbildern ein Symbol für das Verhalten und Ansehen von Geist und Macht gesehen haben. So wie es sich ja sogar in der Person meines Vaters materialisierte.

Kant nun stand, seine mageren Füße steckten in Schnallenschuhen, die dünnen Waden wurden fast von einem langen, halb zugeknöpften Mantel bedeckt, und hob mahnend seine rechte Hand, während er in der linken Dreispitz und Stock hielt. Der Kopf unter der Zopfperücke hatte eine aufgewölbte, geräumige Stirn mit einem spitz zulaufenden, länglichen Gesicht, darin eine lange Nase. Ein voller Mund, der durch diszipliniertes Zusammenschieben der Mundwinkel, das schon von den Wangen her begann, klein, aber für das ganze Gesicht sprechend geriet.

Ist vielleicht dort unter dem Schatten großer Bäume spaziert, ab und zu verharrend, denn nie hat er in Schweiß geraten wollen, wie er überhaupt seine Gesundheit, die er stark vom Wetter abhängig glaubte, sehr in Zucht zu halten suchte, so als habe er sich und seine Zeit genau einzuteilen, um in seinem einen Leben dieses enzyklopädische Werk zu schaffen.

Hob vielleicht gar nicht mahnend die Hand, bewegte sie erklärend zu einem seiner Schüler. Oder ein Freund begleitete ihn, Hamann, dieser seltsame Mann, in dem faustischer Drang und Friedlosigkeit rangen, oder der Bürgermeister Hippel, der heimliche Dichter. Ging vielleicht durch den Königsgarten, wie der Paradeplatz zu seiner Zeit hieß, hinüber ins Haus des Buchhändlers Kanter, wo er, ehe er sich ein eigenes Haus leisten konnte, von 1766 bis 1768 Quartier bezogen hatte.

Hat ihn auch malen lassen, der Herr Buchhändler Kanter, vom damals bekanntesten Porträtmaler Königsbergs, Becker.

In seiner Buchhandlung im Löbenichtschen Rathaus traf sich die geistige Elite der Stadt mit Kant an der Spitze. Später zog die Kantersche Buchhandlung der Universität, die von 1844–1862 im Königsgarten neu erbaut wurde, hinterher, wurde zu ›Gräfe und Unzer‹, richtete sich in einem großen fünfstöckigen Haus als eine der größten Buchhandlungen Europas ein. Alle Königsberger Schulkinder kauften dort ihre Schulbücher, und Kants Bild hatte noch in meiner Zeit da seinen Ehrenplatz. Kant aber studierte, promovierte, lehrte und wirkte als Professor und zeitweiliger Rektor an der alten, 1544 neben dem Dom erbauten Universität.

Erst 1787 kauft Kant ein eigenes Haus, das, nahe dem Schloß gelegen, neben sieben Zimmern einen geräumigen Hörsaal hat. Nun kann der Professor seinen strengen Tagesablauf einhalten, der um fünf Uhr morgens mit dem Wecken durch den Diener Lampe, einem ausgedienten Soldaten von »eingeschränktem« Verstande, beginnt und Schlag zweiundzwanzig Uhr endet.

Der einzige Komfort, den sich Kant leistet, den er sogar als eine seiner Lebensmaximen pflegt, ist ein geselliges Mittagessen. Täglich werden drei bis vier Freunde dazu geladen, und der Herr Professor legt eigens das Tafelsilber dafür heraus, von dem er nur sechs Bestecke besitzt, die er wie einen Schatz hütet.

Da es seine einzige Mahlzeit am Tag ist, werden mehrere Gänge geboten, und neben jedem Gedeck steht eine Viertelliterflasche Wein. Die Herren plaudern über Wissenswertes aus allen Lebensgebieten, nur über die Philosophie möchte der Professor nicht reden hören.

Auf diese anekdotenhaften Geschichten bin ich erst durch mein Suchen nach Karalautschi gestoßen.

Auch vom Magus im Norden, wie der ihn verehrende Zeitgenosse Carl von Moser Georg Hamann nannte, las ich erst jetzt. Von diesem eigenwilligen Mann, der trotz beschränkter Lebensverhältnisse als Zöllner im Pregelhafen mit den Besten seiner Zeit bekannt war, mit ihnen korrespondierte und von ihnen verehrt wurde – Kant, Hippel, Scheffner, Christian, Jakob Kraus, um nur einige zu nennen. Mit Gottfried Herder vor allem verband ihn eine innige Freundschaft, ihr Briefwechsel soll den Briefgesprächen zwischen Goethe und Schiller an Größe und Tiefe des Gedankens nicht nachgestanden haben.

Hamanns Gedankenströme führen bis zu den deutschen Romantikern, Brentano und Arnim. Mir scheint, mit dem Mann werde ich mich noch intensiver beschäftigen wollen. Oder müssen?

Welchen Einfluß hatte er auf E. T. A. Hoffmann, der 1776 in der Französischen Straße fünfundzwanzig in ebendieser Stadt geboren wurde? Der Spukhoffmann, dessen poetische Märchen, wie ›Nußknacker und Mäusekönig‹ oder ›Das fremde Kind‹, ich damals verschlang, ohne zu wissen, daß er durch dieselben Straßen gegangen sein könnte wie ich.

In ihnen, dem Kant, dem Hamann, dem E. T. A. Hoffmann, ist die siebenhundert jährige Stadt aufbewahrt. Dauert sie.

Hör doch mal, wie es heute dort aussieht, sage ich zu meiner Freundin Christl und mache sie mit dem eben Geschriebenen, mit diesem ›Baedekerteil‹ um Kaliningrad bekannt.

Nach einer Weile sagt Christl: Wenn du ganz alt bist, wirst du vielleicht denken, du warst wirklich dort …

Alla Strunz

KALININGRADER EPISODEN

Die folgenden kleinen Begebenheiten wurden mir von Eltern und Bekannten in den achtziger und Anfang der neunziger Jahre erzählt. Mit der Öffnung des Gebiets- und des Parteiarchivs konnte die ›Kaliningradskaja Prawda‹ 1991 vieles bis dahin Unbekannte und Vergessene aus den ersten dreißig Jahren der Stadtgeschichte Kaliningrads publizieren. In meiner langjährigen Tätigkeit als Leiterin der Tschechow-Bibliothek in Kaliningrad gelangten so immer wieder Berichte über interessante und kuriose Situationen und Geschehnisse aus diesem Abschnitt der Stadtgeschichte in meine Hand. Da die lokalen Ereignisse im Westen überwiegend unbekannt geblieben sind, habe ich einige für das vorliegende Lesebuch zusammengestellt.

Sommer 1945. Nur drei Monate lagen die Kämpfe, lag der Sturm auf Königsberg zurück. Die Stadt sah schrecklich aus. Genauso schrecklich war das Leben derer, die hier wohnen mußten. Die Wasserleitungen, die Kanalisation, die elektrischen Versorgungsleitungen – alles war zerstört. Die nicht mehr funktionierenden Abwassersysteme brachten Rattenplagen mit sich. Die Ratten waren so hungrig, daß sie selbst die Menschen anfielen. Sowohl die Deutschen, die noch in der Stadt wohnten, als auch die ersten wenigen Neusiedler konnten sich angesichts der Verwüstung und des allgemeinen Chaos nicht vorstellen, daß sie hier noch lange bleiben würden oder daß es gar eine Zukunft für sie und für die Stadt überhaupt gäbe. Zumindest die Hauptstraßen waren vom gröbsten Trümmerschutt befreit; in den Nebenstraßen spazieren zu gehen, war dagegen lebensgefährlich – nicht nur wegen herabfallender Gebäudeteile, genauso oft war der Boden unterhöhlt, so daß man einbrach. Nicht zuletzt lagen viele Blindgänger herum, die oft explodierten und weitere Todesopfer forderten.

Doch gab es in den Ruinen der Stadt noch viel Hausrat, Schmuck, Bücher, Möbel und andere Gegenstände zu finden. Das zog allerlei kriminelles Gesindel an. Eine seltsame ›Unterwelt‹ entstand. Deserteure der Roten Armee, extra aus Moskau und anderen russischen Städten angereiste Kleinkriminelle wie auch deutsche Soldaten, denen es gelungen war, irgendwie der Kriegsgefangenschaft zu entgehen und die gleichsam inkognito in der Stadt lebten, lieferten sich erbitterte Bandenkämpfe, wenn es darum ging, die Reste der Stadt materiell zu verwerten. Schießereien mit Todesfolgen waren häufig.

Die neuen Herrschenden gingen etwa ab September 1945 daran, Königsbergs Straßen umzubenennen. Dieser Prozeß war ziemlich aufwendig und langwierig, denn man wollte und konnte nicht jeder Gasse einen neuen sowjetischen Namen geben, sondern wollte in jedem einzelnen Fall dezidiert prüfen, inwieweit sich in dem jeweiligen Straßennamen die NS-Ideologie niedergeschlagen hatte. Weil man sich die Arbeit nicht leicht machte, konnte man im Herbst 1945 aber immer noch Schilder wie ›Horst-Wessel-Straße‹ lesen. Andererseits war aber die Not in der Stadt so groß, daß man in der Tat andere Sorgen als diese hatte. Die ganze Umbenennungsaktion zog sich weit bis in die fünfziger Jahre hin. Und so stand eben an einer Hausruine viele Jahre noch zu lesen ›Wir kapitulieren nie‹, ja sogar ›Eingang für Juden verboten‹. Ein Antiquitätenhändler verkaufte Anfang 1946 die bis Kriegsende gültigen Briefmarkensätze mit Hitlers Konterfei, die aus den Ruinen der Hauptpost stammten. Insbesondere bei Offizieren fanden diese als besonderes Souvenir reißenden Absatz. Für den Händler selber war dieser Verkauf etwas ganz Normales, denn schließlich handle es sich, so seine Haltung, bei Hitler um eine historische Persönlichkeit. Doch eines Tages war dieser Händler verschwunden, und er tauchte nie wieder auf.

Auch nach den Beschlüssen der Potsdamer Konferenz, nach denen Königsberg und das nördliche Ostpreußen an die Sowjetunion fielen, war keineswegs klar, was tatsächlich mit dem Gebiet werden solle.

Zwar war es zunächst ganz eindeutig als Kriegstrophäe der UdSSR einverleibt worden, doch fragte man sich, wie lange dieser Zustand Bestand haben würde. Viele der Neusiedler hatten deshalb gar keine Lust, mit irgendeiner Art des Wiederaufbaus zu beginnen, denn bald, so meinten sie, würden ja die Deutschen zurückkehren und sie selbst zurück nach Rußland gehen müssen. So entschlossen sich viele Menschen, insbesondere die Offiziere – die die besten Möglichkeiten für dieses Vorhaben hatten –, aus den Häusern, aus dem Gebiet herauszuholen, was herausgeholt werden konnte – egal, mit wieviel weiterer Zerstörung das verbunden war und unabhängig von der Frage, ob man es tatsächlich verwenden konnte – und es in Sicherheit in ihre jeweiligen ursprünglichen Heimatregionen im eigentlichen Rußland zu bringen. Aus diesem Grund ist im heutigen Kaliningrad so gut wie nichts mehr vorhanden, was den einstigen Bewohnern gehörte, anders als beispielsweise in Breslau, Danzig oder Stettin. So erfolgte bis weit in die sechziger Jahre kein größerer Wiederaufbau oder Wohnungsneubau. Aber etwas wurde doch gebaut: das erste Denkmal in der Sowjetunion überhaupt, das den Gefallenen des ›Großen Vaterländischen Krieges‹ gewidmet war. Schon am 30. September 1945 wurde es eingeweiht – für die 1200 beim Sturm auf die Stadt gefallenen Gardesoldaten.

Ein Oberleutnant eines Transportbataillons erzählte, wie er im Sommer 1945 eine sehr wichtige Aufgabe bekommen hatte. Er wurde zu absoluter Verschwiegenheit verpflichtet, weil er eine bedeutende Person aus Königsberg nach Berlin zu bringen hatte. Mit einem LKW und einem Trupp Soldaten fuhr er zu einer unzerstörten Villa im Stadtteil Auf den Hufen, die jetzt Offiziersclub war. Dort wartete eine Frau von etwa 25 Jahren. Sie war abgemagert, schlecht gekleidet, strahlte aber Würde aus. Der Oberleutnant hätte gerne gewußt, um wen es sich bei dieser Frau handelte, traute sich aber nicht, seinen Vorgesetzten zu fragen. Ein KGB-Mann erklärte ihm schließlich, daß die Frau eine Nichte Wilhelm Piecks sei. Der Oberleutnant war stolz, daß er eine Verwandte eines großen deutschen Kommunistenführers zu eskortieren hatte. Piecks Nichte nahm drei Koffer und ein Klavier, mit dem sie in den Monaten zuvor in einem Lokal für sowjetische Unteroffiziere zur Unterhaltung hatte aufspielen müssen, auf die Reise mit.

Am 7. April 1946 wurde eine offizielle Verlautbarung für die Bewohner Königsbergs herausgegeben, in der verkündet wurde, daß die Sowjetunion ein neues Gebiet zu ihrem Territorium hinzubekommen habe. Der Name dieser Region war ›Kenigsbergskaja Oblast‹, Königsberger Gebiet. Aber am 4. Juli 1946, kurz nach dem Tod des Michail Kalinin, erfolgte ihm zu Ehren die Umbenennung in ›Kaliningradskaja Oblast‹. Und nun erst setzte in großangelegtem Stil der Zuzug von Neusiedlern ein. Diejenigen, die schon 1945 gekommen waren, sind fast ausschließlich Militärangehörige gewesen oder Spezialisten, die verschiedenste Aufträge zu erfüllen hatten wie etwa die Suche nach dem Bernsteinzimmer oder nach Beutekunst. Mit viel Werbung, mit Plakaten, die leere, aber gut erhaltene Häuser mit Hausrat und Garten zeigten, wurde den Interessierten in der ganzen Sowjetunion der Zuzug nach Kaliningrad schmackhaft gemacht. Doch viele der Neuankömmlinge kamen nicht freiwillig in die Stadt, Stalin schickte unter anderem auch ehemalige Kriegsgefangene, Zwangsarbeiter oder russische KZ-Häftlinge, die aus Deutschland zurück nach Rußland wollten, zunächst nach Königsberg. Sie wurden in speziellen Lagern überprüft und mußten überwiegend in der Stadt bleiben, egal ob sie wollten oder nicht. Und es gab keine Möglichkeit, zumindest in diesen Jahren, unkontrolliert aus dem Gebiet herauszukommen.

Doch die Realität in der Trümmerstadt war auch für die, die freiwillig hierher gekommen waren, anders als propagiert. Die vielen Neusiedler, die aus den zerstörten Städten der UdSSR wie Smolensk, Stalingrad oder Minsk in der Hoffnung auf einen Neuanfang in einem einigermaßen vom Krieg verschonten Gebiet nach Kaliningrad gekommen waren, erwartete hier ebenso eine vom Krieg völlig zerstörte Stadt. Viele wollten daher wieder in ihre Heimat zurück. Doch auch das war unmöglich.

Anläßlich des 29. Jubiläums der Großen Sozialistischen Oktoberrevolution wurde in Kaliningrad am 7. November 1946 erstmals nach Kriegsende der Straßenbahnbetrieb wieder aufgenommen. Man stellte dabei einige alte deutsche Waggons wieder notdürftig her, verzichtete dabei auf die Verglasung der Fenster und merkwürdigerweise auch auf definierte Haltestellen. Zwar hielt die Bahn ab und zu, doch niemand wußte genau die Stellen. Da die Bahn aber verhältnismäßig langsam fuhr, sprang man, wenn sie sich näherte, einfach während der Fahrt auf und wieder ab, wenn man sein Fahrziel erreicht hatte.

Das Leben schien sich dennoch kaum zu normalisieren, auch die Infrastruktur gewann kaum wieder Gestalt. Noch anderthalb Jahre nach Kriegsende gab es keine Straßenbeleuchtungen, und mit dem Einsetzen des Frostes, in Ostpreußen meist schon ab November, froren die wenigen funktionierenden Wasserleitungen zu. So mußte jeder zusehen, woher er Trinkwasser bekommen konnte. Und Todesfälle durch Hunger waren bis zum Frühjahr 1946 keine Seltenheit. Denn die Landwirtschaft rund um die Stadt lag lange brach.

Der Vorsitzende des Gebietsparteikomitees, Pjotr Iwanow, bekam wegen dieser unerträglichen Situation viele Briefe aus dem ganzen Gebiet. Man schrieb voller Unruhe und Wut an ihn, daß man den Krieg überlebt habe, die Deutschen besiegt seien und man jetzt dennoch im vormals deutschen Gebiet Hungers sterben müsse. Wegen dieser Bedingungen wolle man wieder das Gebiet verlassen. Die vielen Anfragen und Briefe ließen Iwanow ratlos werden. Und er beging nun einen Fehler, in dem er seinerseits einen Brief an das ZK der KPdSU in Moskau schrieb.

Er führte darin berichtend aus, daß die Neusiedler zwar mit Lebensmittelkarten und -bezugsscheinen in die Region kämen, doch gäbe es schlichtweg nichts, was sie für diese Scheine eintauschen können. Viele Sowjetbürger stürben an Unterernährung und an den Folgen der körperlichen Schwächung. Pjotr Iwanow fragte an, wie man im ZK zu dieser unhaltbaren Situation stehe. Doch Moskau antwortete zunächst nicht. Stalin hatte den Brief dennoch erhalten und war darüber sehr zornig geworden. »Ein guter Boleschewik jammert nicht und klagt nicht!« – So äußerte er sich im Zentralkomitee. »Was ist dieser Iwanow überhaupt für ein Kommunist? Was hat er für eine Haltung?« Stalin schickte im Juni 1947 zur Überprüfung des Sachverhaltes den damaligen Vize-Ministerpräsident Alexej Kossygin nach Kaliningrad. Am 18. Juni sollte eine Begegnung zwischen den Delegierten der Gebietsduma, Kossygin und Iwanow stattfinden. Doch dieser erschien nicht zu der anbefohlenen Aussprache. Dann kam die Mitteilung, daß er in der vorhergehenden Nacht Selbstmord begangen hatte. Alle waren überrascht. Gründe wurden nicht genannt, auch innerhalb der Bevölkerung gab es nicht einmal Gerüchte. Als Vermutung bleibt, daß Iwanow wohl damit gerechnet hatte, durch den Besuch Kossygins ohnehin seines Amtes enthoben und wegen des kritischen Briefes liquidiert zu werden. Iwanow war bei der Bevölkerung sehr beliebt, und er wurde allseits betrauert. Doch nie wurden die näheren Umstände seines Selbstmords bekannt.

Kossygin besuchte mit seinen Getreuen während dieser Reise auch Palmnicken (Jantarnyi). Während heute die Bernsteingewinnung ein ganz wesentlicher Faktor für die Kaliningrader Wirtschaft ist, wußte man in der unmittelbaren Nachkriegszeit wenig mit den Vorkommen anzufangen. Die Moskauer Funktionäre fragten an, auf welche Weise denn dieser große Tagebau und sein gefördertes Material der sowjetischen Wirtschaft dienen könne. Denn man war der Meinung, daß mit Ketten und Broschen das Volk nicht satt werde. So verwendeten die neuen Bewohner von Palmnicken den Bernstein nicht selten als Heizmaterial, da sie keine anderen Brennstoffe zur Verfügung hatten und nicht wußten, welch einzigartigen Rohstoff sie da vor sich hatten.

Der Direktor des Tagebaus, Rizajew, war ein Offizier, der an der Schlacht um Königsberg teilgenommen hatte und im Gebiet geblieben war. Er war im Zivilleben Ingenieur für Buntmetallurgie und wußte daher genau, welch wertvolle Substanz Bernstein ist, wußte um die kulturhistorische Bedeutung, wußte daß dieses ›Gold der Ostsee‹, wie es die Deutschen nannten, ein teures, gut zu verkaufendes Rohmaterial ist und daß man Bernstein gemäß einer damals neuen Theorie als Indikator für Radioaktivität verwenden könne. Daraufhin wurde der Bernsteintagebau direkt dem Innenministerium unterstellt. Das hatte zur Folge, daß für das Bernsteinwerk ein großes Kontingent an kostenlos arbeitenden Strafgefangenen zur Verfügung gestellt wurde. Gut 5000 Sträflinge kamen deshalb 1948 in Palmnicken an, um Bernstein abzubauen. 1953, nach Stalins Tod, wurde Palmnicken aus der Verwaltung des Innenministeriums herausgenommen und einem Kombinat Steine und Erden unterstellt. Dabei wurden die Sträflinge sämtlich abgezogen. Rizajew konnte bis 1961 Direktor bleiben.

Am 1. Februar 1949 erhielt Stalin ein Telegramm aus den USA. Darin stand eine Einladung von US-Präsident Truman, der sich mit dem Generalissimus gerne in Washington treffen wollte. Sollte Stalin dieser Ort nicht zusagen, so möge er einen anderen seiner Wahl vorschlagen – Truman jedenfalls wolle sich so schnell wie möglich mit ihm treffen, um die politische Weltlage zu besprechen. Stalin bedankte sich bereits am nächsten Tag für die Einladung und führte aus, daß ein solches Treffen in Washington schon seit der Konferenz von Jalta ein innigstgehegter Wunsch von ihm sei. Nur verbiete ihm im Augenblick sein angeschlagener Gesundheitszustand eine längere Reise. Er schlug seinerseits deshalb ein Treffen in der UdSSR vor und gab Truman drei Städte zur Auswahl: Moskau, Leningrad und – Kaliningrad. Diese Einladung Stalins wurde weltweit in den Zeitungen veröffentlicht. Für die Amerikaner war Kaliningrad der gewünschte Ort für eine Begegnung. Moskau und Leningrad kannte man irgendwie, aber Kaliningrad erschien interessant, erstens wegen seiner deutschen Vergangenheit und zweitens, da es bereits auch für Sowjetbürger eine geschlossene, verbotene Stadt war und die Amerikaner ungeheuer neugierig auf diesen geheimnisvollen Ort waren. Im ZK war man erstaunt, warum Stalin Kaliningrad mit in das Angebot aufgenommen hatte. Wußte er denn wirklich nicht, wie es dort immer noch aussieht? Wenn die westliche Delegation in die Ruinenstadt kommt, geht doch der Schuß nach hinten los. Denn nach einem Besuch in der Trümmerwüste wird die antisowjetische Propaganda des Westens besonders blühen. Die Stadt war außerdem ein für Zivilisten und ›normale Reisende‹ verbotenes Militärgelände. Und den Amerikanern könne man da doch nicht verbieten zu fotografieren oder Fragen zu stellen. Was sollte aus diesem Vorschlag werden?

Im Gebietsparteikomitee von Kaliningrad machte sich größte Unruhe breit. Was wird werden, wenn die Amerikaner dorthin kommen? Wie kann man den Besuch so organisieren und gestalten, daß niemand sein Gesicht zu verlieren braucht? Wo werden sich geeignete Unterkünfte für die vielköpfige amerikanische Gruppe finden? Unvermutet sagte jedoch Truman wenige Tage später den Besuch ab. Ohne Gründe. So besuchte Stalin niemals Königsberg-Kaliningrad.

Am 29. April 1953 wurde auf dem Siegesplatz vor dem Nordbahnhof, vormals Hansaplatz, auch in Kaliningrad ein Stalin-Denkmal eingeweiht, eine Kopie des Stalin-Denkmals vom Wolga-Don-Kanal. Aber dem Denkmal waren nur fünf Jahre beschieden. Denn 1958 wurde Stalin vom Postament entfernt – und Lenin kam an seine Stelle. Stalin wurde aber nicht verschrottet, er wurde für einige Zeit an die Teatralnaja Ul. gebracht und fand einen Platz dort, wo heute Mütterchen Rußland vom Postament grüßt. Chruschtschow verurteilte bekanntermaßen auf dem 20. Parteitag der KPdSU den Stalinkult, und so verschwand Stalin alsbald vollständig aus der Stadt. Der Stalinprospekt wurde zum Prospekt Mira (ehemals Hufenallee). Auch am Denkmal für den Großen Vaterländischen Krieg wurde das Stalin-Relief entfernt. Die Frage nach dem Verbleib Stalins ist von Mythen umwoben. Eine Gruppe alter Stalin-Anhänger soll ihn an einem der Allgemeinheit unbekannten Platz im Stadtgebiet vergraben haben. Nach einer halboffiziellen Erklärung ist das fünfeinhalb Tonnen schwere Denkmal aus Bronze der Waggonfabrik im Stadtteil Rathshof zugeführt worden und dort dann zum Zwecke der Metallgewinnung eingeschmolzen worden.

Chruschtschow übrigens war dreimal in Kaliningrad, die Stadt war jedoch stets nur Durchgangsstation auf seinen Reisen in den Westen. Das erste Mal kam er im April 1956. Er wurde am Hauptbahnhof empfangen und fuhr alsdann im offenen Wagen durch die Stadt, hielt an vielen Stellen an und sprach auch mit der Bevölkerung. Er erkundigte sich nach dem Leben in der Stadt und nach der Qualität der Wohnungen. Niemand wagte es natürlich, über die Mißstände zu reden, und alle Befragten sprachen sich lobend über das Leben in der Stadt aus. Chruschtschow war hoch erfreut und versprach den Bürgern deshalb in Bälde ein noch besseres Leben und noch bessere Wohnungen. Von großer Bedeutung war, daß er es nicht versäumte, die Bevölkerung bei diesem Besuch bezüglich eines ganz bestimmten Problems zu beruhigen. Denn alle Neusiedler waren seit 1947 überwiegend der Meinung, daß sie doch nicht lange bleiben würden, und die Frage nach jedes einzelnen Zukunft stand seit Jahren ungelöst im Raum. Deshalb stellte Chruschtschow bei einer Rede an die Bürger fest, daß die Kaliningradskaja Oblast auf ewig Teil der Sowjetunion bleiben würde und jeder damit aufgefordert sei, sich hier seine endgültige Heimat zu gestalten.

Während dieses Aufenthaltes kam es zu einem besonderen Vorfall. Chruschtschow fuhr über den Stalinprospekt, dem heutigen Prospekt Mira, als sich plötzlich seine Miene verdüsterte. Er stellte fest, daß die kaum zerstörte Luisenkirche auf der Turmspitze noch ein Kreuz hatte. Er ließ anhalten und ordnete die sofortige Entfernung des Kreuzes an. Zu dieser Aufgabe wurde eine Gruppe von Bergsteigern abkommandiert, die mit Seilen und Haken auf den Kirchturm kletterten; einen Kran gab es nicht. Nur mit viel Mühe gelang es ihnen, das Kreuz abzubauen. Die Bergsteiger nahmen übrigens für diese Arbeit keinen Lohn an, da sie für diesen, wie sie meinten, unmoralischen Akt nicht bezahlt werden wollten.

Um die besondere geographische Position des Kaliningrader Gebietes war man sich schon in den fünfziger Jahren klar. Denn keine andere Region der Sowjetunion lag so nahe zu den Ländern des Westens. Vielen Jugendlichen war es deshalb möglich, die ›feindlichen‹ Radiosender des kapitalistischen Auslands zu hören. Man traf sich dazu fast konspirativ abwechselnd in verschiedenen Wohnungen, trank Wein, diskutierte über die Weltlage und hörte eben westliche Musik. Es war die Zeit, in der Elvis Presley auf dem Gipfel seiner Popularität stand. Und natürlich kannte man ihn auch im Kaliningrader Gebiet, wußte man aus dem Radio, daß er gerade als Fahrer bei den amerikanischen Truppen in Hessen stationiert war. Die ausgelassene Stimmung bei einem solcher Treffen führt eines Tages bei einer Gruppe Jugendlicher zu dem Entschluß, Elvis anläßlich seines 25. Geburtstags einen Brief zu schreiben. Der Brief wurde adressiert an: Elvis Presley, Bad Nauheim, Deutschland und in holprigem Englisch mit allen guten Wünschen zum Geburtstag versehen. Einem sowjetischen Seemann, der kurz vor einer Schiffsfahrt in den Westen stand, wurde der Brief mitgegeben. Er sollte ihn in Kiel, wo sein Schiff für kurze Zeit vor Anker gehen sollte, in den Briefkasten werfen. Dieser Seemann fuhr oft zwischen der Sowjetunion und westlichen Häfen hin und her und war aufgrund zahlreicher kleinerer Schmuggelaktionen den russischen Zollorganen kein Unbekannter. Denn oft genug brachte er westliche Popmusik auf Platten mit und verkaufte diese gegen harte Währung. Unglücklicherweise wurde er am Tag seiner Abreise deshalb vom russischen Zoll kontrolliert, und unter anderem wurde auch der Brief an Elvis Presley gefunden. Der Brief trug zwar keinen Absender, da er aber nach Westdeutschland adressiert war, begann sich der Geheimdienst für den Fall zu interessieren. Der Matrose mußte deshalb die Namen der Jugendlichen nennen. Der KGB ließ sie vorführen, worüber sie ganz erstaunt waren und nicht wußten, was sie denn Falsches gemacht haben sollten. Da klärte man sie darüber auf, daß sie den Kontakt zu einem amerikanischen Soldaten aufgenommen hätten, einem Soldaten der NATO, die der Hauptfeind der Sowjetunion sei. Glücklicherweise waren die Eltern der Jugendlichen in gewissen gesellschaftlichen Positionen, so daß sie zumindest nicht zu Haftstrafen verurteilt wurden. Allerdings wurden sie aus dem Komsomol ausgeschlossen, durften ihre höhere Schule nicht beenden, und letztlich verließen die Familien nach einigen Jahren das Kaliningrader Gebiet und zogen ins zentrale Rußland.

Im Jahr 1967 kam Ministerpräsident Kossygin auf der Rückreise von einem Urlaub erneut nach Kaliningrad. Er besuchte den Hafen, und insbesondere interessierten ihn die Reste des alten Königsberger Schlosses, die achtzehn Jahre nach Kriegsende immer noch standen. Dabei entschied er, daß dieses, wie er sagte, ›Nest des preußischen Militarismus‹ endlich ausgeräuchert werden müsse. Der Fortbestand der Mauern des alten Ordens- und Königsschlosses geriet zur höchsten Staatsangelegenheit. Da ein wesentlicher Teil des Rußlandfeldzuges 1941 von Königsberg aus geleitet worden war, sah man gerade in dieser Stadt und insbesondere im Schloß der Hohenzollern die Wurzel allen Übels.

In der Stadt fand das geplante Vorhaben, die Schloßruine vollständig zu beseitigen, nicht überall Zustimmung. Eine Gruppe junger Intellektueller – Künstler, Schriftsteller, Architekten – engagierte sich längere Zeit schon für den Erhalt der Ruine. Sie beschloß, einen Brief an das ZK in Moskau zu senden, um den Abriß zu verhindern. Die Initiatoren veranstalteteten ein Treffen, bei dem jeder, der wollte, den Brief auch unterschreiben konnte. Auch sollte am nächsten Tag ein Artikel in der ›Iswestija‹ erscheinen, in dem über diesen Fall diskutiert werden und die Öffentlichkeit aufgeklärt werden sollte, warum der Abriß des Schlosses eine Kulturbarbarei sei. Doch versteckte Agenten des Geheimdienstes, die sich bei diesem informellen Treffen eingeschmuggelt hatten, leiteten Gegenmaßnahmen ein: Der Artikel erschien nie. Zwar kam der Brief in Moskau an, jedoch auch ebenso schnell wieder zurück. Denn die Gebietsparteileitung entschloß sich zusammen mit dem Geheimdienst, die Unterzeichner einer peinlichen Befragung zu unterziehen. Einige der jungen Leute zogen nun ihre Aktivität zurück, gaben an, nicht recht gewußt zu haben, was sie da eigentlich unterschrieben hatten, doch blieben 15 Personen übrig, die sich zu dem Brief bekannten. Es war die fast vollständige Redaktion der lokalen Komsomol-Zeitung. Sie sind alle religiert worden, haben in ihrem Bereich nie mehr Arbeit gefunden, mußten den Beruf wechseln und haben dann – dies war nun möglich – Kaliningrad verlassen.

Ideologische Gründe also ließen das alte Schloß verschwinden. Es war zwar 1945 stark beschädigt worden, hätte aber ohne weiteres wieder aufgebaut, oder zumindest die Ruinen hätten konserviert werden können. Knapp eine Tonne Sprengstoff ließ einen Bau verschwinden, der seinen Ursprung im 13. Jahrhundert hatte, und der zusammen mit den Schlössern von Berlin und Potsdam eines der drei großen alten Hohenzollernschlösser war. Sie alle sind in der Nachkriegszeit aus ideologischen Gründen abgetragen worden.

Nur wenige Personen der Sowjetprominenz haben Kaliningrad besucht. Es schien bis 1990, als genieße die Stadt in Moskau nur minimales Interesse. Im Mai 1967 kam Juri Andropow in seiner damaligen Funktion als KGB-Chef in die Stadt, um die Sperrzone zu inspizieren. Dabei kam es zu einem Treffen von KGB-Mitarbeitern sowohl aus dem Kaliningrader Gebiet wie auch aus den baltischen Sowjetrepubliken, wobei ganz allgemeine Fragen erörtert wurden. Andropows Aufenthalt dauerte nur einen Tag. Und dieser Besuch war, soweit bekannt, der letzte eines hohen Politfunktionärs vor dem Ende der Sowjetunion. War das Kaliningrader Gebiet in den letzten 25 Jahren vor dem Ende der Sowjetunion für die Partei zu einem ungeliebten Kind geworden, das einem mehr Verdruß als Freude zu machen schien? Eine Frage, die sich in Bezug auf Rußland wegen des komplizierten Exklavenstatus auch heute stellt.

ERSTE BEGEGNUNGEN: NACH DER ÖFFNUNG

Kant oder Lenin – Zur Entwicklung in Kaliningrad

RUTH KIBELKA

Die territoriale Siegesbeute hatte nach dem Zweiten Weltkrieg für Stalin und die Rote Armee hohen symbolischen Wert, doch im ersten Nachkriegsjahr verfügte Moskau über keinen konkreten Maßnahmeplan für das Gebiet. Vorläufig regierte das Militär. Eine politische Idee bezüglich des Gebietes entstand erst nach dem Anschluß an die UdSSR. Die sowjetische Regierung wollte hier ein Musterland des Kommunismus schaffen und glaubte, in dem Gebiet geeignete Voraussetzungen dafür zu finden. Ab Herbst 1946 wurde die sowjetische Zivilbevölkerung auf Kommando angesiedelt. Unter den ›Kolonisten‹ – wie die Moskauer Behörden die Neubewohner betitelten – befanden sich auch kleine Gruppen verschiedener nationaler Minderheiten, beispielsweise Tschuwaschen und Mordwinen. In den ersten Nachkriegsjahren gestand man ihnen noch eigene Schulen zu, später waren nationale Gruppierungen nicht mehr erwünscht. Trotzdem erhielten sich kleine Sprach- und Kulturinseln innerhalb der Region.

Im neuen Kaliningrader Gebiet konnte der Staat mit Menschen operieren, die keine Ansprüche an Althergebrachtes stellen konnten, da sie kurz zuvor geographisch und bindungsmäßig entwurzelt worden waren. Stalin wünschte sich seine Kriegsbeute als kommunistisches ›Musterländle‹, besiedelt mit atheistischer Bevölkerung sowjetischer Nationalität.

Trotz der territorialen Einbindung war das Gebiet während der letzten fünfzig Jahre so weit von der gesellschaftlichen Entwicklung der russischen Zentren abgeschnitten, daß es schien, der Geist von Glasnost und Perestroika würde die westlichste Stadt der UdSSR niemals erreichen. Kaliningrad galt auf Grund seines hohen Militarisierungsgrades nicht nur als ›größter sowjetischer Flugzeugträger‹, sondern verbreitete selbst in den Endachtzigern noch das Flair des letzten Biotops der Breżnev-Ära. Das ideologische Korsett hielt hier sogar lange über den August 1991 hinweg – das Gebiet war wie eine Insel, auf der noch nach sozialistischer Art Recht und Ordnung herrschten und sozialer Frieden bestand, während anderenorts die sowjetische Gesellschaft, die pax sovietica, schon auseinanderzubrechen drohte. Jahrzehntelang wucherten unter den neuen Siedlern üppige Mythen über die ehemaligen deutschen Bewohner, richtete man sich eher provisorisch ein. Die Legende von den Deutschen, die doch zurückkommen würden, hielt sich zäh am Leben. Schon lange bevor die ersten Deutschen kamen und man am Pregel vom Wiederaufbau des Doms laut zu träumen begannen, hieß es in Kaliningrad, die Russen müßten fort, wenn erst wieder ein Dach auf dem Dom sei.

Als die ersten Touristenbusse 1991 anrollten, standen die Bewohner vor einer psychisch kaum zu bewältigenden Situation, auf die sie niemand vorbereitet hatte. Ihr Leben lang waren ihnen monolithische Denkstrukturen und polarisierende Wertehierarchien propagiert worden, was selbstverständlich durch mehrere Generationen hindurch Spuren hinterlassen hatte: Die sinnstiftende Befriedigung des menschlichen Harmoniebedürfnisses war an relativ eindeutige Wertezuweisungen gekoppelt worden. Dieser metageschichtliche Maßstab hatte die eigene Orientierung erleichtert. In diesem Muster galten die früheren deutschen Bewohner als Faschisten. Dieses der menschlichen Psyche eher bequeme, undifferenzierte Schwarz-Weiß-Schema war geeignet, sich im Massenbewußsein zu verfestigen und als stabiles Aneignungsmuster bis zum Zeitpunkt der Öffnung des Gebietes weiterzuwirken. Verstärkt wurde diese Sichtweise zudem durch einen einseitig ausgeprägten Antifaschismus, der im kommunistischen System eine wichtige Rolle spielte, sowie durch die familiären und gesellschaftlichen Muster in der Tradierung des Zweiten Weltkrieges.

Die Heimwehtouristen – allein 60 000 in der ersten Saison – gaben sich nicht mit der Besichtigung der sozialistischen Errungenschaften Kaliningrads zufrieden. Sie fuhren in die Kleinstädte und Dörfer, besuchten ihre Geburtshäuser und einstigen Schulen. Plötzlich fühlten sich die jetzigen Bewohner gezwungen, die Verkommenheit ihrer neuen Heimat zu rechtfertigen. Erst die Begegnung zwischen einzelnen Personen oftmals gleicher Jahrgänge, das private Gespräch und die persönliche Erfahrung, daß die früheren Ostpreußen ihr Hab und Gut nicht zurückforderten, bot den Ansatz zu einer Entspannung, die vor allem nicht als Stellvertreterpose auf dem Podium stattfand, sondern als Geste von Tausenden zwischen Pregel und Memel erlebt wurde.

Mit der Öffnung des Gebietes konnte endlich ein Schlußstrich unter die Nachkriegszeit gezogen werden, ließen sich die Ereignisse der Geschichte zuordnen, konnte aufgrund der nun existierenden Zäsur eine Aufarbeitung einsetzen. Hieß es noch 1995 in Deutschland, anläßlich der historischen Tagungen und Kolloquien zum Jahr 1945: ›Flucht und Vertreibung in der Mitte und im Osten Europas am Ende des Zweiten Weltkriegs entziehen sich noch immer dem geschichtlichen Urteil‹, läßt sich mittlerweile für das Kaliningrader Gebiet konstatieren, daß der immens verspätete Beginn der historischen Aufarbeitung innerhalb der Region aus eigenem Impetus beachtenswerte Fortschritte zeitigt.

Jetzt, im achten Jahr der Öffnung, schreitet die Normalisierung der Kaliningrader Lebensverhältnisse, im Sinne einer Angleichung an die Situationen anderer russischer Großstädte, voran – stellenweise im Verborgenen, anderenorts hingegen deutlich wahrnehmbar. Die pax sovjetica ist nun auch hier implodiert. Kaliningrad erfährt soziale Umbrüche, die auch eine sich rasch ausbreitende Kriminalität bewirken – sie ist immerhin eine Großstadt mit allen Nuancen.

Die Normalisierung der Region besteht aus zwei Gegenbewegungen: Einerseits wird der alte sowjetische Denk- und Repräsentationsstil fortgesetzt, der inzwischen schon zur Tradition mehrerer Generationen geworden ist, wenn auch ohne den früheren ideologischen Druck. Andererseits unterwirft sich die Bevölkerung gierig allen nur erdenklichen neuen Einflüssen und durchbricht bisher bestehende Verbote, wodurch plötzlich der Eindruck entsteht, es existierten zwei verschiedene Zeitrechnungen nebeneinander.

Das Gebiet ist voller lokaler Asynchronitäten und kultureller Kontraste. Lenin, der von den Kriegsveteranen und älteren Bürgern sowjetischer Prägung traditionell sehr verehrt wird, wurde am gleichen Tag geboren wie Immanuel Kant, der bekannteste Bürger Königsbergs, wenn auch 124 Jahre später. Am 22. April scheiden sich regelmäßig die Geister der Stadt Kaliningrad. Während die eine Gruppe mit Blumen und Spruchbändern zum Denkmal Lenins an den ehemaligen Nordbahnhof zieht, versammeln sich die anderen – gleichfalls mit Blumen – am Sarkophag Kants. Da die beiden Veranstaltungen zeitgleich stattfinden, müssen sich Anhänger beider Persönlichkeiten für eine von beiden entscheiden.

Im Mai 1995 wurde ein Gesetz erlassen, demzufolge alle Lenindenkmäler – obligatorische Ausstattung jeder Rayonstadt – unter Denkmalsschutz gestellt wurden. (In anderen Regionen Rußlands haben die Stadtverwaltungen ihre Lenin-Denkmäler schon vor Jahren für Devisen ins Ausland verkauft. Dieser Erlaß betrifft nicht die Denkmäler für Kalinin in Stein und Buchstaben, aber noch wird offiziell die Erinnerung an den engen Freund Stalins gepflegt. An der Peripherie zahlreicher Marktplätze, die bis heute von Lenindenkmälern beherrscht werden, finden heute Rekonstruktionsarbeiten an alten deutschen Kirchenruinen statt. An solchen Orten wird deutlich, daß sowjetische und deutsche Vergangenheit eine kuriose Symbiose eingehen.)

Viele hochrangige ehemalige Eroberer von Königsberg wohnen bis heute in nobel möblierten Wohnungen nationalsozialistischer Funktionäre, mit Volksempfänger, schweren Herrenzimmermöbeln oder kitschigem Glasnippes, die im April 1945 beschlagnahmt wurden. Weder die pensionierten Offiziere noch die russischen Kolchosbauern, die 1947/48 rasch die Hinterlassenschaften der ausgewiesenen Deutschen unter sich aufteilten, verfielen jemals auf die Idee, daß dieser Zuwachs in ihrem meist ärmlichen Privatbesitz ideologisch bedenklich sein könnte, hob er doch Wohlstand und Lebensgefühl. (Seit Frühjahr 1995 kann man übrigens in der Dauerausstellung des Kaliningrader Geschichtsmuseums auch ein deutsch-russisch eingerichtetes Wohnzimmer als typisches Symptom der Nachkriegszeit bewundern.) Große Mengen Geschirr, Kunstwerke und Schmuck sind auf mehr oder weniger verschlungenen Wegen in die Hände der Neubewohner gelangt und werden von ihnen in Ehren gehalten. Auf diese Weise ist ein Stück Geschichte am Ort geblieben und wird nun auf ganz eigene Weise tradiert.

Allmählich legen die Einwohner die ihnen verordneten sowjetischen Tarnkappen ab, um wieder Ukrainer, Polen, Mari, Tschuwaschen, Juden, Litauer und auch Deutsche zu sein. Es existieren bereits zahlreiche Kulturvereine, Sonntagsschulen, nationalsprachliche Kindergärten und Schulklassen. Nach und nach entwickelt sich in den Städten auf diese Weise eine responsive Umwelt, die auch eine persönliche Identitätsfindung wieder ermöglicht, nachdem die in der Sowjetunion existierenden Muster an kollektiver und ideologischer Identität zusammengebrochen sind. Es ist eine interessante Basis für eine multikulturelle Gesellschaft entstanden: Kinder aus gemischten Familien – und deren Situation überwiegt – können sich heute schwer für eine Volkszugehörigkeit entscheiden, da sie zu den Heimatregionen ihrer Eltern kaum Beziehungen haben. Jugendliche des Gebietes wissen heute häufig kaum mehr etwas über die ursprüngliche Herkunft ihrer Großeltern vor 1946; sie sind in der Region verwurzelt. Am liebsten würden sie ›Kaliningrader‹ als Nationalität in den Paß eintragen lassen. Ganz im Gegensatz zu ihren Großvätern, den Eroberern von Königsberg, die Ostpreußen immer noch mehr als Siegestrophäe denn als Heimat ansehen.

Obwohl in Gesamtrußland die Bevölkerungszahlen sinken, kann die Kaliningrader Region Zuwachs vermelden. Der erste polnische Konsul in Kaliningrad, Jerzy Bahr, hat vor zwei Jahren resümiert, daß immer mehr Menschen hier trotz aller Schwierigkeiten eine Zukunftschance für sich entdecken. So siedeln sich ständig weitere Bürger der GUS, vor allem aus den mittelasiatischen Krisenregionen, an.

Aus diesen Gebieten zählte Ostpreußen bisher keine Zuwanderer. Heute ist Kaliningrad ein melting pot, der weniger durch ein nationales Bewußtsein charakterisiert werden kann als vielmehr durch eine regional determinierte kollektive Identität.

Im Kaliningrader Gebiet schwelt seit Jahren, spätestens seit der Öffnung der Region für Ausländer (1991), ein Generationskonflikt. Die ältere Generation wurde hier in den Nachkriegsjahren demobilisiert und angesiedelt, nachdem sie erbittert gegen die Deutschen gekämpft hatte.

Die Jungen wuchsen in Kaliningrad – fern von Rußland – auf und können sich nicht mehr recht mit der Heimat ihrer Eltern identifizieren. Moskau, Kasan und die Wolga kennen die meisten nur von Postkarten. Die Silhouetten alter russischer Städte mit ihren Zwiebelturmkirchen, die Weite der russischen Landschaft erscheinen Studenten der heutigen Generation fremd. Kaliningrader Schüler malen rote Ziegeldächer auf ihre Häuser, was völlig atypisch für russische Kinderzeichnungen ist.

Die Kinder der Veteranen stießen zunächst überall auf deutsche Hinterlassenschaften und Spuren, später auf die Tabus der Vor- und

Nachkriegsgeschichte. Derzeit betont die junge Generation die deutsche Vergangenheit des Gebietes und hofft auf einen wirtschaftlichen Aufschwung mit europäischer und deutscher Hilfe. (Trotzdem sind die wenigsten rein deutsch fixiert. Englisch bleibt die beliebteste Fremdsprache, denn im Kontakt mit der anglophilen Welt sehen die Jugendlichen die besten Perspektiven für eine berufliche Zukunft.)

Erst 35 Jahre nach Stalins Tod konnte der erste orthodoxe Priester sein Amt in der Kirche von Juditten/Kaliningrad antreten. Heute sind Gotteshäuser verschiedener Konfessionen sehr gut besucht und russisch-orthodoxe Trauungen gehören unter jungen Leuten bereits zum guten Ton. Religion und Gottesdienst stellen machtvolle Instrumente dar, typisch für ein Gebiet, das vierzig Jahre durch strikt verordneten Atheismus glänzte. Die russische orthodoxe Kirche hat ihre Möglichkeiten, aber auch ihre Konkurrenten rasch wahrgenommen. Aufmerksamen Beobachtern fällt sofort auf, wie eng sich die Beziehungen zwischen den Funktionären dieser Kirche und den Kräften der früheren Kommunisten gestalten. Die orthodoxe Kirche ist ein Instrument der russischen Etatisten und führt so einen Glaubenskrieg gegen alle anderen Religionen, die sich bemühen, im Gebiet Fuß zu fassen. Damit stellt sie eine Russifizierungsmaßnahme anderer Art dar.

Die Bewohner des Gebietes wissen um die wirtschaftlich miserable Situation der russischen Exklave, dieses Stiefkindes der Moskauer Verwaltung. Allein dreimal während der Jahre 1990 bis 1993 wurden Strategien der regionalen Entwicklung verändert. Das Vertrauen zum Kreml ist gering, das Wissen um die autoritären Strukturen und dogmatischen Führungsansprüche Moskaus um so größer. 50 Jahre nach dem Anschluß des Gebietes an die UdSSR hat man sich vor Ort in der Situation eingerichtet – aber nicht mit ihr abgefunden. Die neue Generation, die in der Normalisierungsphase erwachsen geworden ist und sie als eine Befreiung erlebt, besitzt zweifellos die Chance, sich über das Erbe ihrer Großväter hinwegzusetzen und eine neue Phase der Entwicklung einzuleiten.

Im Übergangsstadium vom verordneten Internationalismus zur Selbstfindung bleibt als Anker nur das Heimatgefühl zur Region, der Wunsch, Kaliningrader zu sein.

Bei den früheren Funktionären hingegen hat sich ›regionale Identität‹ schon zum Unwort entwickelt, man wittert dahinter so etwas wie ›schleichende Regermanisierung‹. Dieser Begriff wurde inzwischen von den Kommunisten zur hauptsächlichen Verbalwaffe gegen ausländische Einflüsse hochstilisiert, die einen Windhauch von Demokratisierung mit sich bringen könnten. Sie beharren auf der russischen Prägung des Gebietes und auf der russischen Nationalität seiner Bewohner; der multinationale und multikulturelle Charakter der Einwohnerschaft wird von ihnen ignoriert. Es fällt den Kommunisten schwer, ohne konkrete und gültige Feindbilder leben zu müssen und innerhalb der jetzt existierenden diffusen Umgebung noch eine eigene Meinung zu artikulieren.

Der vom ehemaligen DDR-Außenministerium so beliebte Terminus ›Einmischung in innere Angelegenheiten‹ wurde seinerzeit von Moskau in Umlauf gesetzt und erfreut sich dort noch reger Verwendung.

Die jahrelange interne Kaliningrader Diskussion um eine Namensänderung der Stadt brach in jenem Moment ab, als Gräfin Dönhoff auf der Titelseite der ZEIT eine Umbenennung der Stadt forderte. Nun konnte eine Umbenennung nicht mehr stattfinden, denn es hätte immer so ausgesehen, als seien die Russen einem deutschen Vorschlag gefolgt. Um weiteren Vorschlägen zur Umbenennung aus dem In- und Ausland einen Riegel vorzuschieben, verabschiedete die Duma 1994 ein Gesetz, laut dem geographische Bezeichnungen des Kaliningrader Gebietes nicht verändert werden dürfen. (Ein neuerlicher Grund dafür, daß die Region heute äußerlich sowjetischer wirkt als der Rest Rußlands. Solche Erlasse, die der Konservierung des Zustandes dienen, sollen eigentlich nur vertuschen, daß die Entwicklungen in dem Gebiet voranschreiten.) Nachdem das Ausland nun zum Namensthema schweigt und man den Eindruck gewonnen hat Moskau wolle den Namen der Stadt Kaliningrad auf ewig konservieren, schreiten die russischen Initiativen in Kaliningrad zu einer Umbenennung voran. Russische Historiker stellten vor einigen Jahren fest, daß es seinerzeit auch eine russische Variante des Namens Königsberg ›Korolowiec‹ gegeben habe und versuchen nun diesen Vorschlag zu propagieren.

Im Gegensatz zum russischen Landesinneren – wo der Zusammenbruch der Sowjetunion schwierigere Lebensbedingungen schuf und die

Bürger sich an die Brežnev-Ära als eine gute Zeit erinnern – sind im Westen des Imperiums durch den Reiseboom der letzten Jahre weite Schichten der Bevölkerung zumindest oberflächlich mit anderen Denk- und Lebensformen konfrontiert worden. Hinzu kommt, daß sich die postkommunistische Nostalgie in Kaliningrad auf Funktionäre und Militärs beschränkt, da der Rest der Bevölkerung nicht sonderlich privilegiert war und ursprünglich auch viele nicht freiwillig hierher gefunden hatten. Im Gegensatz zu denjenigen, die in der russischen Heimat blieben, glauben die Kaliningrader an eine – wie auch immer geartete – Perspektive, da sie wissen, daß ihre Region international im Gespräch ist.

Verbleibt nur noch zu hoffen, daß der Weg in die Zukunft Russisch-Ostpreußens in einem Wechselspiel außen- und innenpolitischer Faktoren verläuft – quasi als zweifache Internationalisierung – innerlich und äußerlich. Die Chancen für einen innenpolitischen Pluralismus sind höher, als es im ersten Moment erscheinen mag. Aber noch leben die Kriegsveteranen, die Eroberer von Königsberg.

In den ersten Jahren der Perestroika gab es im Kreml keine Kaliningrad-Politik. Pragmatische russische Interessen wurden erst nach dem Zerfall der UdSSR artikuliert. Heute hat Rußland nicht nur immense wirtschaftliche Probleme. Die Russen befürchten, international weiter an Einfluß zu verlieren und trauern den Zeiten hinterher, als sie noch eine unumstrittene Großmacht waren. So ist Moskau sehr darauf bedacht, nicht noch mehr Territorium zu verlieren und nicht allzu stark unter ausländischen Druck zu geraten – im Grunde eher eine Idee fixe, die aber das mangelnde staatliche Selbstvertrauen der Russen demonstriert.

Im Kaliningrader Kontext, in den Gesprächen und Diskussionen um die Zukunft des Gebietes, gibt es wieder ein neues Modewort – das der ›Geopolitik‹. Die russischen Militärs reden sogar von geostrategischen Überlegungen. Man spricht in Moskau von der ›politischen Insel‹ Kaliningrad oder fürchtet um den russischen Einfluß in der ›baltischen Enklave‹.

Sowohl im russischen wie auch im europäischen Interesse muß die Doppelgesichtigkeit der Exklave vorläufig politisch gewahrt bleiben, damit die potentielle Brückenfunktion des Gebietes, die es zweifelsohne aus geographischen und politisch-historischen Gründen besitzt, auch wirksam werden kann. Aber, zieht man eine historische Parallele zum früheren Westberlin, besitzt Kaliningrad eine andere Insellage. (Westberlin und Kaliningrad ist gemein, daß sie geographische Kuriositäten verkörpern: Von Westberlin konnte man – in welche Himmelsrichtung auch immer – nur nach ›Osten‹ schauen. An der jahrhundertealten Grenze in Kybartai/Eydtkuhnen verlief der Weg immer ostwärts gen russisches Territorium, heute fährt man westwärts Richtung Rußland.) Polen und Litauen sind direkte Nachbarn mit unterschiedlichem politischen Klima. In den letzten Jahren kam es beispielsweise zu Situationen, in denen die Litauer die Transitregelungen für Russen sehr verschärften. In solchen Momenten bot Polen günstigere Varianten an.

Bevor Moskau nicht eigene Fragen geklärt hat, kann auch die Kaliningrader Entwicklung nicht wesentlich vorwärts schreiten. Schon einmal – zwischen 1945/1946 – hat das Gebiet schweren wirtschaftlichen Schaden erlitten, durch Steuerungsprobleme des Kreml, die zu einem Entscheidungsvakuum führten. Die Selbstdefinition der Russischen Föderation ist noch nicht abgeschlossen. Soll sie sich als Nation begreifen oder als Imperium mit dem Auftrag, die GUS-Staaten wieder einzugliedern? Soll sich Rußland mehr an den Westen anlehnen – im Muster einer prinzipiellen Wertegemeinschaft – oder eine eigene spezifische eurasische Identität entwickeln und sich dabei chinesischer, indischer und japanischer Entwicklungsmodelle bedienen?

Hinsichtlich materieller und ideeller Unterstützung für innere Transformationsprozesse ist für Kaliningrad nur Anlehnung an den Westen denkbar. Sollte Moskau mehr zu einem eurasischen Modell tendieren, wird Kaliningrad irgendwann im ideellen Spagat leben müssen, der sich in anderer Weise schon jetzt abzeichnet.

Kaliningrad war bisher Beispiel par excellence für den russischen Versuch, innere Probleme durch äußere Expansion zu lösen, anstatt eine Modernisierung des Landes zu betreiben. Falls künftig an der Ostsee tatsächlich eine Modernisierung stattfinden sollte, könnten bisherige Akzente gleichsam verschoben werden und Kaliningrad als Antrieb für Veränderungen in Rußland wirken.

Ziele

SEM SIMKIN

1
Stadt, geschenkt vom Schicksal mir, und sieh:
Auferstanden neu und inspiriert,
Ist sie Meisterin mir und Jury,
Freundin,
›deren Antlitz irritiert‹.
Stadt, die mich erzog mit kluger Hand
(meinesgleichen hat sie Legionen),
hielt mich würdig für den Fischerstand,
salzte mich im Meer ein wie am Strand,
dirigierte mich zu meinen Molen.
Schiffsgestalt in Liebe mich versetzt.
Heimathafen –
seit ich angekommen,
hier ist meine zweite Heimat jetzt:
Zeit
und Raum
und Handlung, unbenommen.
Unsre Zeit, das sind wir überall,
heilger Ort bleibt nicht für immer Wüste.
… Neues brandet farbig an mit Schwall,
und
die Stadt
im Dunstblau sich verflüchtigt.
Dein Verliebtsein eile jedoch nicht,
leichthin wie die Kippe
auszudrücken.
Aus den Felsen ihrer Seele spricht
Unser Gestern, Lebens Ziel und Glücken.

2
Obgleich kein Hiesiger, will ich hier leben.
Ins Wesen meiner Fehler bring ich Licht,

wenn ich besuche all die Massengräber,
die für mich sind ein Kollegialgericht.
Ich kam nicht um,
war niemals nicht dabei,
als wärmte nur das Feuer dort im Feld.
Doch über Gräbern neigte sich der Himmel,
wie eine Schwester mild die Hand dir hält.
Doch über Gräbern ging sie auf, die Sonne.
Entlang den Gräben,
wo ihr Weg verlief,
verlegten wir das Gas auf eigne Weise,
damit der Mensch
auf seiner
Zeitenreise
dies Feuer sich bewahr
im Herzen tief.
Geflügelt – jeder Stein im Flammenschein …
In Reih und Glied sie liegen, viele tausend,
ganz still und nicht vor Ruhm und Rache brausend.
Voll Hoffnung blicken sie auf mich, mein Sein.

3

Es geht vorbei ein Fischer, blau die Augen.
Gebrannt vom heitern
Gespräch noch leicht,
Kastanienkerzen im flammenden Bad.
Ein Seemannslied ist zu vernehmen,
so schön wie zum Einzug die Feiern.
Dies alles ist –
Heimat in der Heimat –
Kaliningrad.
Doch wieder so reich sind die Fänge.
Wir wagen es wieder.
Wir brauchen die Fänge –
wie Brot und ein Dach überm Kopf.
Und gleich noch auf Deck dann

wir teilen das Mahl aus dem Meer,
den Herrgott verfluchend,
die Buchhalter alle gleich mit.
Und wieder vom Deck dort
hör ich dein gemessenes Brausen.
Und wieder vom Schiffer am Netz
das Kommando: »Ei-ein-ho-o-len!«
Das Meer wir verließen.
Und doch bleibt es treu unser Handwerk.
Und wir kehrn zurück stets zum Meer noch.
Und woll uns kein anderes Schicksal einholen …

4
Aus Kaliningrad stammt meine Kleine! –
Steht in ihrem Ausweis, und das zählt.
Sieht man heimlich sie sich an bisweilen:
daß der Apfel weit vom Stamm nicht … fällt.
Wenn sie aufsteht, wie im Gras ein Blatt,
oder sich in Großaufnahme wendet,
rauschen auf sogleich hier in der Stadt
die Kastanienbäume ohne Ende.

Frei und glücklich möge sie hier sein.
Leiden möge sie und etwas wagen,
möge sie hier kennen jeden Stein
und die Stadt auf Vogelschwingen tragen.
Ziele, Ziele dieser Stadt, die richtig
in uns sind,
wie Hoffnung und das Herz,
dauerhaft,
wie Schmerz wird zu Geschichte,
wie Geschichte wurde uns zu Schmerz.

Hannah Arendts Stadt

KARL SCHLÖGEL

Kaliningrad ist eine große Stadt mit fast einer halben Million Einwohnern. Sein Hafen ist einer der größten der früheren Sowjetunion. Es gibt eine Universität, mehr als ein Dutzend Hochschulen und Institute, es hat Theater, Stadien, Museen, mehrere Bahnhöfe und einen Flughafen, eindrucksvolle Parkanlagen. Der Tierpark ist einer der ältesten in Europa. Die Stadt ist stolz auf den ›größten Sohn der Stadt‹, Immanuel Kant, ihren Botanischen Garten und die Bernsteinindustrie, deren weltweites Zentrum sie ist. Die Straßenbahnen und Busse sind überfüllt, in den leeren Geschäften drängen sich wie überall in sowjetischen Städten die Menschen und vor den wenigen Diskos abends die Jugendlichen der Stadt. Man kann hier mehr ausländische Autos sehen als in Riga oder Sankt Petersburg. Die Seeleute haben sie aus Antwerpen und Hamburg mitgebracht. Die Hauptstadt des Kaliningrader Gebiets, das nach der Auflösung der Sowjetunion zur Exklave geworden und durch Litauen von Rußland getrennt ist, bekommt die Krise des ehemaligen Reiches besonders zu spüren, aus dem einstigen militärischen Sperrgebiet, der ›sowjetischen Faust an der Ostsee‹, soll eine Freihandelszone werden. Die Stadt, die mehr als vier Jahrzehnte für Fremde geschlossen war, ist jetzt für Fremde geöffnet. Die Einkaufsreisen per Bus über die polnische Grenze sind ausgebucht. Das Tragflächenboot braucht nach Elbing knapp zwei, nach Danzig vier Stunden. Ein deutsch-russisches Konsortium arbeitet in Sonderschichten an der Fertigstellung der Berlinka, wie die alte Autobahnverbindung nach Berlin heute genannt wird. Baltijsk, bisher streng geschlossen, wird demnächst von Linienschiffen angelaufen werden. Kaliningrad blickt nach Westen und rückt auf den Westen zu. Damit treten die Stadt, die Königsberg war, und das Land, das nördliches Ostpreußen hieß, wieder in den Horizont der Deutschen – ob sie wollen oder nicht.

Die unsichtbare Stadt

Die deutschen Besucher Kaliningrads, die mit dem Flugzeug über Riga, mit dem Zug über Wilna oder nach 13stündiger Fahrt im gecharterten Königsberg-Expreß aus Berlin gekommen sind, sind Reisende besonderer Art. Ihre Augen sehen, was gewöhnliche Reisende mit bloßem Auge nicht erkennen. Sie kennen die Stadt, obwohl sie ihnen gänzlich fremd ist. Ihr Blick zielt auf etwas, was niemand außer ihnen sieht. Sie kennen das Gelände besser als jeder Stadthistoriker. Die Fremden erzählen den Einheimischen, die nur Kaliningrad kennen, von der Stadt, die es gab, bevor es Kaliningrad gab. Die Sicherheit, mit der sich diese Reisenden in der fremden Stadt bewegen, verrät, daß sie sie so gut kennen wie die, die dort leben. Sie steuern Zielpunkte an, die es gibt, obwohl sie nicht mehr existieren. Wo die gewöhnlichen Reisenden nur einer gewöhnlichen Straße folgen, sind sie auf einer Spur. Sie folgen Fährten, auf denen ihnen niemand folgen kann. Ihre Augen kreisen in ständiger Suchbewegung, als ob es nicht doch einen Halt geben könnte inmitten der unendlichen Ansammlung von Plattenbau-Hochhäusern. Sie fixieren ein Gebäude, so als wollten sie vergleichen, ob es das ist, das sie im Kopf haben. Sie schlagen die Augen nieder und gehen resigniert weiter, wenn ihre Erinnerung keinen Anhaltspunkt gefunden hat. Ihre Hände, auf etwas am Horizont weisend, suchen einen Fixpunkt, von dem aus der Raum geordnet, gegliedert werden könnte. Die größten Aufregungen verursacht das Detail, das bei Besuchen in anderen Städten keine Rolle spielt: der gußeiserne Kanaldeckel, der Hydrant mit der Aufschrift ›Steinfurt‹. Vor dem verbeulten Briefkasten mit deutschen Lettern bleiben sie wie angewurzelt stehen. Sie halten an einer Straßenbiegung an, genau dort, »wo es immer quietschte, wenn die Straßenbahn in die Kurve ging«. Sie deuten mit dem Finger in die Luft, in der nichts zu sehen ist. Aber dort war die Praxis des Zahnarztes oder die Wohnung der Freundin. Ihr Tagesprogramm ist hart, denn sie messen zu Fuß die Straßenzüge ab, in die sich sonst kein Fremder verirrt. Sie legen im hohen Alter noch einmal die Schulwege zurück, die sie als Kinder gegangen sind. Wo andere nichts ausmachen können, deuten sie auf die Pelikanklause. Beim Kaffee, den sie im Hotel Kaliningrad nehmen, ist noch etwas anderes im Spiel: die Abwesenheit des Gesekusplatzes, auf dem heute das Hotel steht. Vom Schlittschuhlaufen auf dem Schloßteich sprechen sie mitten im Sommer. An den Hängen des alten Glacis kommt alten Leuten die Idee, daß man hier ganz gut rodeln könnte. Es ist die Rede von der Elefantendame Jenny und dem Elefantenbullen Hans im Tiergarten, als wären sie noch da.

Sie nennen Namen, die keiner mehr kennt: von Alten, die erschlagen, von Kindern, die verschleppt und von Frauen, die vergewaltigt worden sind. Sie sprechen von Straßenbahnhaltestellen, die es nicht mehr gibt, und verabreden sich an Straßenecken, die längst andere Namen haben. Sie suchen die Friedhöfe auf, die zu Parks geworden sind und stehen vor der Kirche, die ein Puppentheater ist. Die Brücken werden nicht nach ihrer architektonischen Anmut betrachtet, sondern es war »die letzte Brücke«, über die man entkam, oder »der letzte Zug«, der über sie hinwegfuhr. Die Böschungen an der Samitter Allee sind wie überall auch, aber sie boten einmal lebensrettenden Schutz, oder sie waren zu steil, als daß Entkräftete noch darüber hätten hinwegkommen können. Die schönen Klinkerbauten auf der Klinitscheskaja-Straße stehen nicht für die gute alte Zeit, sondern für das große Sterben der Verwundeten, die in den Kellern übereinanderlagen und wo die einzigen Helden, die es noch gab, Chirurgen waren. Unter dem holprigen Asphalt machen sie Fundamente gesprengter Häuser, in den natürlichen Vertiefungen die Bombentrichter und auf den Spielplätzen die Massengräber aus, in die die Leichen geworfen wurden. Sie kennen die Konditorei mit dem besten Königsberger Marzipan und das Kino, in dem sie noch den ›Tiger von Eschnapur‹ gesehen haben. Die Straße, über die sich der schwarze Menschenknäuel Richtung Pillau, zum rettenden Meer bewegte, wird jetzt vom Taxi aus noch einmal abgefahren. Man irrt sich mitunter, was die Entfernungen angeht; an den Märschen um die Stadt herum, veranstaltet, um die Plünderungen zu erleichtern, nahmen zu Tode Erschöpfte, nicht gewöhnliche Spaziergänger teil. Man ist sich nicht immer sicher, wann die große Synagoge auf der Lomse verschwand – es war 1938, nicht 1944. Die Besucher bewegen sich in einer von Gewalt markierten Topographie. Dort gibt es Orte der Vergeltung und Orte eines »gnädigen Schicksals«, Zonen, in denen die Abstammung, ein Querschläger, die Mordlust, der Alkohol oder der Besitz einer Uhr entschieden, ob man am Leben blieb. Der Himmel über Kaliningrad ist wolkenlos blau, aber in der Erinnerung liegt die Stadt, von der 1947 nur 25000 Einwohner überlebt hatten, wie versengt und von Verwesungsgeruch erfüllt. Wo jetzt die Menschen spazierengehen, wurden Menschen gejagt. In Kaliningrad regiert das Rechteck der Wohnblocks, im Königsberg im Frühjahr 1945 ragen die

Ruinen wie Fischgräten in den Himmel. Das einzig annähernde Bild von der Stadt, wie sie aussah im Untergang, ist ein superrealistisches Modell, das im Bunker unter dem Paradeplatz vor der Universität zu besichtigen ist; es ist aus Pappmache. Erholung für die Besucher, die müde sind von der Suche nach der Stadt, die es nicht mehr gibt, bietet die Stadt dort, wo sie unversehrt geblieben ist; in den gutbürgerlichen Wohnvierteln von Amalienau, Maraunenhof und Mittel- und Vorderhufen. Wenigstens dort heißen einige Straßen noch, wie sie damals schon hießen: Schiller- und Händelstraße zum Beispiel.

Am Rande des Canyons

Die Besucher Kaliningrads, die aus Königsberg kommen, tragen ein Geheimnis mit sich. Sie wissen etwas, was nur die zu Kriegsende in Ostpreußen Eingeschlossenen wissen können. Sie sitzen abends zusammen an den Tischen in der Bar des zum Hotel umfunktionierten Schiffes Georgi Dimitroff, das auf dem neuen Pregel schräg gegenüber der alten Börse festgemacht hat. Sie kommen vielleicht von einer Fahrt über Land zurück, aus Tilsit, das Sowjetsk, oder aus Insterburg, das Tschernjachowsk heißt. Sie empören sich, daß sie an der Demarkationslinie, die das alte Ostpreußen teilt, von polnischen Grenzbeamten zurückgewiesen wurden und über Litauen einreisen mußten, um von ihrem Heimatort in den Nachbarort zu kommen, der auf der russischen Seite liegt. Sie besprechen, wie sich die Zeiten geändert haben. Noch vor wenigen Jahren war das nördliche Ostpreußen, wie ein streng gehüteter Schatz, unzugänglich. Photographieren war soviel wie Spionage, obwohl es doch nur darum ging, ein Bild, das verblichen war, aufzufrischen. Sie haben ihre Stadt verloren, aber wenn sie von ihrem Hotel, ihren Reisen, Autos und ihrem Haus in Deutschland und von den leeren Geschäften Kaliningrads sprechen, wird zweifelhaft, ob nicht aus den Verlierern die Gewinner und aus den Siegern die Unterlegenen geworden sind. Es herrscht unter ihnen eine Vertrautheit, die nicht allein durch die gemeinsame Herkunft aus Königsberg gestiftet sein kann. Was sie eint, ist eher eine einzige entscheidende Erfahrung, ein einziger Augenblick, für den es nur ein Bild in der Erinnerung, kein Wort gibt. Es ist die Vertrautheit der Davongekommenen. Man erinnert vielleicht Einzelheiten – vom Treck, vom Lager Rothenstein, vom Tag im Jahre 1947, an dem der Aufruf zur Abreise kam, vom glücklich erreichten Durchgangslager in Pasewalk und vom Unglück derer, die – nach Pillau entkommen – in der Ostsee versanken. Aber all das sind nur Informationen, die nicht an das heranreichen, was geschehen war. Ein Interview wäre sinnlos. Wenn sie Jüngeren etwas verdeutlichen wollten, würden sie vielleicht hilflos sagen: Es war so wie die Bilder aus Osijek und Gorazde. Es kämen Ortsangaben und Begebenheiten zusammen, nicht der entscheidende Augenblick, da alles Zivilisierte vom Menschen abfiel und er zur Kreatur wurde. Den Kreis der Hölle überlebt man – oder nicht. Kein guter Wille von fremder Seite schließt ihn noch einmal auf, er ist nicht einholbar. Dieses schreckliche Privileg teilt die in der ›Festung Königsberg‹ eingeschlossene Zivilbevölkerung mit den Überlebenden von Warschau, teilen die Opfer von Witebsk mit denen von Gumbinnen.

Vielleicht ergeht es den Königsbergern in Kaliningrad wie den Touristen am Rande des Grand Canyon. Alles, was sie am Rande des Grand Canyon stehend sagen, kommt gegen die Leere nicht an. Es bewegt sich der Mund, aber kein Laut ist zu hören. Der ausgestreckte Arm deutet auf etwas in der Ferne, aber es ist nur eine hilflose Bewegung im unendlichen Raum. Über dem Abgrund kreist ein Flugzeug, aber es ist nicht einmal ein Summen zu hören. Wenn sie sich vom Abgrund abwenden und dorthin zurückkehren, wo die Menschen, die Touristen, die Andenkenstände und die Kinder sind, sprechen sie darüber. Aber es ist schon nicht mehr das, was sie gesehen haben.

Der Grundriß

Den Nachgeborenen bleibt die Stadt, wie sie ist, und Texte: die Aufzeichnungen des Festungskommandanten Lasch und das ›Ostpreußische Tagebuch‹ Hans Graf von Lehndorffs, die Erinnerungen der Gräfin Dönhoff und des Königsberger Juden Michael Wieck, der Bericht des Chirurgen Wilhelm Starlinger vom Leben und Sterben in Königsberg, die Dokumentationen zu Flucht und Vertreibung. Kaliningrad-Reisende sind in der Regel gut vorbereitet. Es gibt Stadtpläne in verschiedenen Ausgaben. Alt-Königsberger haben die Ergebnisse ihrer ersten Wiederbegegnung nach vierzig Jahren aufgezeichnet und in großformatigen Bildbänden dokumentiert. In Kaliningrad selbst wächst das Interesse an Königsberg. Die Lasch-Aufzeichnungen sind in einer billigen Rotaprint-Ausgabe auf russisch erschienen – mit gotisierenden Schriftzügen –, im Handel ist ein Stadtplan, auf dem die Straßennamen Russisch und Deutsch eingezeichnet sind; erschienen ist eine Geschichte Königsbergs, die wahrheitsgemäß 1945 endet. Alt-Königsberger und Neu-Kaliningrader fahnden gemeinsam nach verschollenen Denkmälern und Bibliotheken; so wirkt das Interesse derer, die ihre Stadt verloren haben, und derer, die – meist selber vertrieben – eine neue Stadt gebaut haben, glücklich zusammen.

Wer die unsichtbare Stadt nicht mehr kennt, hält sich an die sichtbare. Er wandert, ausgerüstet mit den Plänen, die die Stadt davor und danach zeigen, durch die Straßen. Die gegenwärtige Stadt zeigt ihm, was sie von der alten Übernommen hat. Das ist verschwindend wenig, aber doch so Elementares, daß klar wird: Kaliningrad ist die Fortsetzung der Stadt mit anderen Mitteln. Die Stadt vor 1945 hatte 700 Jahre Zeit zu wachsen, die Stadt nach 1945 nur knapp 50. Die eine hat im wilden Pruzzenland begonnen, die andere in einem Land, das aus der mitteleuropäischen Hochzivilisation zurückgebombt worden war in die Barbarei.

Die Stadt ist definiert durch ihre Lage. Die Altstadt, der Kneiphof, der Löbenicht liegen plan vor einem in reiner und nackter Form. Beseitigt ist fast alles, was in 700 Jahren sich da angelagert hatte. Es bedurfte dazu nur eines halben Jahres totalen Kriegs. Die Pregelarme und das Gefälle vom Oberteich zum Fluß hin definieren den Ort, der auch durch Überbauung nicht verändert werden kann. Selbst im verschwundenen Königsberg ist der genius loci nicht gestorben, er führte insgeheim Regie. Die Kneiphöfsche Langgasse, die durch die dichtbebaute Dominsel führte, ein Geschäft neben dem anderen, hat einer Hochstraße auf mächtigen Pylonen Platz gemacht. Aber selbst die monströse Hochstraße, die die Pregelarme und die Insel überwölbt, kann den Topos nicht verschwinden machen. Wir müssen immer noch merklich hinaufsteigen zu der Stelle, wo jetzt das Sowjethaus aus Beton und nicht mehr das Königsberger Ordensschloß steht. Die Hochstraße verändert den Maßstab und die Raumverhältnisse. Die Stadt, vor dem Krieg die östlichste deutsche Großstadt, wird durch die neue Maßstäblichkeit noch größer. Die Größe, die vor dem Krieg ausgeglichen war durch die parzellierte und kleinteilige Struktur, durch Abwechslung und Ablenkung, liegt jetzt offen vor einem. Die Straßenzüge sind nicht hineingebrochen in eine enge, verwinkelte Stadt, sondern neu angelegt in einem Gelände, in dem zuvor alle Ruinen niedergelegt worden waren – Geraden in einer Ebene. Und doch folgt das Straßennetz der neuen Stadt der alten mehr, als den Baumeistern der neuen Stadt lieb sein konnte. Die Fluchtpunkte sind geblieben: Wenn man vom Oberteich über den Schloßteich hinabblickt, stößt man auf das Sowjethaus, das, leicht versetzt, an die Stelle des mächtigen Schlosses getreten ist. Die Dominsel ist jetzt, da nichts als die Domruine auf dem leergeräumten Feld zu sehen ist, erst recht zur Dominsel geworden. In einer Stadt, in der die Bastionen und das Glacis der Festungsbauten so prägend geworden sind, treten jetzt, nachdem die alte Stadt, die sie integriert hatte, nicht mehr ist, als ihr eigentlicher Knochenbau hervor. Die Innenstadt, bebaut mit gleichförmigen fünfstöckigen Chruschtoschoby mit gelblichem Anstrich oder Wohnhochhäusern in Plattenbauweise späteren Datums, bekommt paradoxerweise ihre Form und ihren Zusammenhalt durch die alten Stadttore und Bastionen in tiefrotem Klinkerton. Das Brandenburger-, das Friedländer-, das Königs- und andere Stadttore an den Haupt- und Ausfallstraßen Königsbergs sind auch die Eingangspforten in Kaliningrads Innenstadt. Die Hauptlinien der Straßen führen entlang der alten Wälle, und viele von ihnen – wie der Litauer Wall – heißen auch heute noch so. Rest-Königsberg ist nicht das, was nach den alliierten Luftangriffen in der Nacht vom 26. auf den 27. August 1944 und nach der Schlacht um Königsberg geblieben war. Die 40 Jahre Neuaufbau, die auch eine Zerstörung waren, zeigen, daß nicht allein Bombentreffer bestimmten, was bleiben sollte und was nicht. Vom feinen Gewebe der Stadt der Bürger und Kaufleute, von den Geschäfts- und Warenhäusern, Cafés und Buchhandlungen ist nichts geblieben. Übernommen hat man das Elementare, das Gerüst.

Die gußeisernen Kanaldeckel sind so wichtig nicht allein wegen ihrer Aufprägungen ›Königsberg i. P.‹ oder ›Steinfurt‹, sondern weil sie zeigen, daß selbst die neugebaute Stadt ohne das lebenswichtige Röhrensystem der alten nicht auskam, während man glaubte, auf die Fassaden deutscher Bürgerhäuser verzichten zu müssen. Verwendung fand, was den Geist des ›anderen Deutschland‹ repräsentierte – das

Schiller-Denkmal, die Kant-Gedenkstätte –, auch was ›neutral‹ war: die monumentalen Speicheranlagen am Hafen, die Gasanstalt, die Schichau-Werft, die Fabrikanlagen von Waggonbau Steinfurt. Man hat einige der kostbarsten Kirchen abgerissen – aber auch hier sind bewundernswerte geblieben: die Luisenkirche, die katholische Kirche, die Rosenauer Kirche –, aber nicht die Kathedralen des 19. und 20. Jahrhunderts. So ist der monumentale Königsberger Hauptbahnhof erhalten und durch den weiten Vorplatz mit der Kalininstatue noch monumentaler geworden. Die Klinkerbauten am Hinterroßgarten und die Psychiatrie in der Alten Pillauer Landstraße sind nicht der preußischen Architektur zuliebe erhalten, sondern weil es sich um leistungsfähige und seinerzeit modernste Krankenhausbauten handelte, die man übernehmen mußte. Der Unschuld des Vergnügens, die ein Zoo-Besuch eben ist, verdankt sich wohl, daß die Eingangspforte erhalten blieb. Das kompletteste Ensemble findet sich dort, wo die Herrschaft übernehmen konnte, was sich die Herrschaft gebaut hatte, noch dazu in einem Stil, der dem eigenen verwandt war. Die Titel der Gebäude ändern sich, die Herrschaft bleibt. Umstellt ist der Hansa-Platz, alias Platz des Sieges, von dem monumentalen grauen Gebäude des Nordbahnhofs (Haus der Seeleute), dem Amts- und Landgericht, dem Polizeipräsidium und dem Stadthaus. Die Vorortzüge nach Rauschen und Cranz an der Ostsee gehen nach wie vor von diesem Platz ab. Dort wo einmal der Eingang zur ›Deutschen Ostmesse‹ war, steht jetzt eine Lenin-Statue mit dem Rücken zum Park, in dem hinter Bäumen versteckt das Tragheimer Pfarrheim liegt. Aber selbst der ruinierte Messeplatz erfüllt einen Teil der Funktionen, die ihm zugedacht waren. Am alten Wallring, in den Überresten der Deutschen Ostmesse und in dem von Ebert eingeweihten Haus der Technik macht sich der Markt breit. Gehandelt werden Melonen, DM, Gold, Trödel. Und die wenigen in der Stadt verstreuten Skulpturen – die kämpfenden Wisente vor dem Amtsgericht (für alte Königsberger: Staatsanwalt und Rechtsanwalt) oder der aus Tilsit stammende Elch im Tierpark – verdanken ihre Existenz wohl dem Umstand, daß sie ganz unideologisch »reine Natur« darstellen. Es blieben die Straßennamen, die unverdächtig waren: die Namen im Komponistenviertel, die Richard-Wagner-Straße, der Litauer Wall. Andere Namen aus der preußischen Geschichte waren sinn- und bedeutungslos geworden. An die Stelle Wrangels ist Tschernjachowski und an die Stelle Hindenburgs Bagration getreten. Amalienau, Hufen und Maraunenhof mit ihren ansehnlichen Villen und Wohnhäusern sind erhalten, nur der Farbton hat sich ins Grelle – Blau, Grün, Rot – russischer Städte geändert. Von der Synagoge an der Honigbrücke ist nichts erhalten, wohl aber das Gebäude des jüdischen Waisenhauses daneben. Das 1924 im Stil der neuen Sachlichkeit errichtete Kantgrab mit den hohen Pfeilern, ursprünglich sich anlehnend an die Südseite des Chors des Domes, hat das Bombardement nahezu unbeschädigt überstanden, während der Dom in Asche gefallen ist. Nun scheint sich die Domruine ans Kantgrab anzulehnen. So hat der tote Philosoph, der gegen den Wahn nichts ausrichten konnte, wenigstens die Ruine gerettet.

Stadt ohne Hannah Arendt

Mit dem horror vacui fertig zu werden, ist für alle Königsberg-Besucher, die die Stadt kannten, wie sie »davor« war, wie für die, die sich nur aus Texten und Bildern eine Vorstellung machen können, das größte Problem. Man kann die Leere auffüllen mit geschichtlichem Material und mit der Imagination von Bildsequenzen: Gründung durch den Deutschen Orden und den böhmischen König Ottokar II. im Jahre 1255, Königsberg als Zentrum des Humanismus und der Reformation unter Herzog Albrecht von Brandenburg-Ansbach, Gründung der Universität 1544, Königsberg im Goldenen Zeitalter Immanuel Kants, der hugenottischen und Salzburger Flüchtlinge. Wir stellen uns die veschwundenen Bibliotheken vor: die Wallendrodtsche im Südturm des Doms, die des Fürsten Radziwill, die Königliche Bibliothek. Wir bringen alle zusammen, die hier gelebt und gearbeitet haben: von Kristionas Donelaitis bis Käthe Kollwitz, von E.T.A. Hoffmann bis Thomas Mann, der in der Nähe sein Sommerhaus am Meer hatte. Wir stellen uns die Wucht der Kriegsmaschine vor. Doch es bleibt ein letzter, nicht auflösbarer Rest. Wer die Bilder von der Stadt, die nach dem alliierten Luftangriff im August 1944 in Trümmer gesunken war, sich angesehen hat, hat immer noch eine Stadt, eine Stadt in Ruinen, vor sich. Sie ist noch da, als zerstörte. Kaliningrad ist aber das, was kommt, wenn das andere verschwunden ist, eine Stadt, errichtet auf einem Plateau, das leergefegt ist. Wir möchten Zuflucht nehmen zur Dialektik, die uns über die tabula rasa hinweghilft. Aber sie ist hier nur ein Trick. Königsberg/Kaliningrad liegt im Planquadrat des totalen Krieges. Es ist das Ende und die Wiederbegründung menschlicher Wohnstätte auf verbrannter Stelle. Die monotone Stadt ist die Stadt nach dem Grauen. Es ist die Stadt der doppelt Vertriebenen: derer, die ihre Stadt verloren haben, und derer, die dort eine neue gebaut haben, nachdem Minsk, Gomel, Witebsk dem Erdboden gleichgemacht worden waren. Als Kant über seine Heimatstadt, die er niemals verließ, einmal bemerkte: » ... eine solche Stadt, wie etwa Königsberg am Pregelflusse, kann schon für einen schicklichen Platz zur Erweiterung der Menschenkenntnis als auch der Weltkenntnis genommen werden; wo diese, auch ohne zu reisen, erworben werden kann«, da war dies zugleich eine Selbstbeschreibung des Ortes der Aufklärung: »die Lage zum Seehandel«, die Verbindung zu »entlegenen Ländern von verschiedenen Sprachen und Sitten«, die weltoffene europäische Stadt.

Das Geheimnis Königsbergs/Kaliningrads bringt nicht Kant, der Philosoph des 18. Jahrhunderts, zur Sprache, sondern Hannah Arendt, eine Frau des 20. Sie kam gut 200 Jahre später – 1906 – zur Welt, noch hineingeboren ins »Zeitalter der Sicherheit« und bald hineingerissen in das heillose Jahrhundert. Sie sieht die Dämmerung des Lichts, das Kant erst heraufkommen sah. Für sie, die Enkelin von aus dem Russischen Reich nach Preußen eingewanderten Juden, gibt es weder in Königsberg noch in Kaliningrad ein Denkmal. Der Platz, an dem ihr Elternhaus gestanden hatte, Tiergartenstraße 6 – heute ebenfalls: Zoologitscheskaja –, unweit des guterhaltenen Gymnasiums an der Ecke zur Hufenallee, ist leer, möglicherweise der Erweiterung des Tiergartens zum Opfer gefallen. Vielleicht mußte man aus einem exzentrischen Landstrich des Deutschen Reiches kommen, aufgewachsen in einer reichen bürgerlichen Stadt, mit Wurzeln in den östlich gelegenen Raum hinein, um aus der Krise der bürgerlichen Welt auf die Zerstörungspotentiale schließen zu können, die freigesetzt werden, wenn die bürgerlichen Klassenverhältnisse und die europäische Staatenwelt erst einmal zusammengebrochen sind. »Die erste Explosion«, schreibt Hannah Arendt über den I. August 1914, »war wie der Starter einer Kettenreaktion, die bis heute nicht zum Halten gebracht werden konnte ... Nichts, was seit dem Ersten Weltkrieg sich wirklich ereignete, konnte wieder repariert werden, und kein Unheil, nicht einmal der Ausbruch eines zweiten Weltkrieges, konnte verhindert werden. Jedes Ereignis hatte die Qualität einer Katastrophe, und jede Katastrophe war endgültig.« Königsberg lag irgendwo im Epizentrum dieser von Hannah Arendt beschriebenen Katastrophen des totalitären Zeitalters, in dem die Besitzverhältnisse zerbrachen, Bürgerkriege tobten, Millionen umgebracht und Millionen zu Staaten- und Heimatlosen wurden. Königsberg erlebte die Deportationen nach Theresienstadt und die nach Workuta; die Stadt erlag dem Mob Erich Kochs, des Gauleiters in Ostpreußen, und sie war dem Wüten einer Armee ausgeliefert, die Hitler schlug; sie hörte in der altehrwürdigen Albertina zuerst die rassebewußten Vorlesungen eines Konrad Lorenz, dann die vom Sieg des Klassenbewußtseins. Königsberg, noch Anfang 1945 fast eine Insel innerhalb der europäischen Völkerwanderungen und Tötungswellen, wird am Ende selber von ihnen erfaßt; die europäische Erfahrung des Heimatlosgewordenseins, die der Flüchtling Hannah Arendt so eindringlich formuliert hatte, war damit definitiv auch zu einer deutschen geworden.

Mit Königsberg ging weit mehr verloren als eine schöne Stadt in einem wunderbaren Land, die Grenze, die dort besichtigt werden kann, ist nicht bloß ein völkerrechtlicher Tatbestand, sondern verläuft entlang einer historischen und zivilisatorischen Bruchstelle. Die Begegnung mit Königsberg/Kaliningrad ist die Begegnung, die den endgültigen Abschied, und der Abschied, der den Anfang nach einem Ende möglich macht. Es ist der zugespitzte Punkt, an dem sich erweist, ob eine Nation mit ihrer Geschichte, mit sich selbst ins reine gekommen ist und die Kraft besitzt, aus der Anerkennung des Verlustes etwas zu machen. In Kaliningrad wartet man wie überall sonst im östlichen Europa auf europäisches, auf deutsches Engagement, auf eine Bewegung des go east, nicht bloß auf einen aus Trauer und Anhänglichkeit gespeisten Tourismus.

Aber in Deutschland ist man auf den Neuanfang nach dem Ende der Weltkriegsepoche nicht vorbereitet: noch im unverhofft glücklichen Augenblick der Wiedervereinigung spielt man mit der polnischen

Grenze, und gegen den deutsch-tschechoslowakischen Nachbarschaftsvertrag, der den Weg in das Europa nach dem Krieg ebnen soll, werden Eigentumsansprüche aus der Zeit vor dem großen Krieg geltend gemacht. Armes Deutschland!

Nicht anders ist es mit Königsberg/Kaliningrad. Die fortschrittliche Öffentlichkeit beharrt auf ihrem Vorurteil, daß das Trauma von Vertreibung und unersetzlichem Verlust allein Sache der Vertriebenen sei – eine Grunderfahrung der Deutschen in diesem Jahrhundert der Flüchtlinge wird damit zu einem Exotikum, das man nicht weiter ernst nehmen muß. Die Vertriebenenfunktionäre sind an der Verwaltung des Traumas, nicht an dessen Auflösung interessiert – es ist ihr Beruf, sie beziehen daraus ihre Revenue. Beides ist obsolet. Für das Denken, das blockiert ist, und für die Mittel, die in alt gewordene Apparate fließen, gibt es längst neue Tätigkeitsfelder, auf denen es sich zu arbeiten lohnte: Königsberg/Kaliningrad zum Beispiel.

Kaliningradskaja Oblast – Der doppelte Alptraum

RALPH GIORDANO

Die Fahrt in den russischen Teil Ostpreußens beginnt mit einem Mißklang.

Der Journalistenkollege, Redakteur einer großen Kaliningrader Zeitung, der seine Begleitung wegen möglicher Schwierigkeiten beim Grenzübertritt angeboten hatte, erscheint nicht am Olsztyner Treffpunkt. Zu übersehen wäre er nicht gewesen, dieser Bär von einem Mann, gut für manche der Klischeevorstellungen, die sich Westeuropäer von Russen zu machen pflegen. Gab es doch gleich beim ersten Treffen mit ihm in der Redaktionsetage der ›Gazeta Olsztynska‹ Umarmung, Bruderküsse und massenhaft Toaste auf die Freundschaft zwischen der Föderativen Russischen Republik und dem neuen Einheitsdeutschland. Mag sein, daß den offensichtlich Trinkfreudigen meine Abstinenz geschreckt hat oder ihn mein Versäumnis, dann wenigstens für Wodkanachschub zu sorgen, verärgerte – nach halbstündigem Warten wird die Fahrt an die Grenze ohne ihn angetreten.

Die ist über Dobre Miasto, Lidzbark Warmiński, Górowo Iławieckie in der Herrlichkeit eines sonnentrunkenen ermländischen Sommermorgens noch vor Mittag erreicht – die Uhr zeigt 11.45 an.

Auf der polnischen Seite – eine Autoschlange, Pkw und Laster, der Schlagbaum unten. Nichts tut sich. Immerhin erscheint bald ein Uniformierter und beordert meinen Wagen durch die Schranke bis zu einer Überdachung, unter der sich Schwalbenschwärme eingerichtet haben. Halt.

Links, auf der Gegenspur, ein Mann und drei Frauen, die aus dem russischen Teil kommen. Sie müssen Stück für Stück auspacken, jedes einzelne, restlos, auch den Inhalt des Handschuhfachs. Ob ich will oder nicht, Sarkasmus kommt in mir hoch: Europa – wo? Das große Nichtraucherschild besänftigt mich ein wenig.

Vor meinem Wagen warten zwölf andere, darunter auch zwei Elefanten der Landstraße, übergroße Trucks, in einer Schlange, die sich mit Zwischenstopps zentimeterweise vorschiebt. Schildkrötentempo.

Um 12 Uhr 30 werde ich der russischen Grenze in Form eines doppelflügeligen Metalltores ansichtig. Wenn ein Wagen durchgelassen worden ist, wird es sogleich wieder von einem Soldaten geschlossen.

Hier, noch auf polnischem Boden, werden sorgfältig neue Steinplatten gelegt. Links, über die Straße hinweg, stehen zwei grüne Häuschen, sehr improvisiert – Klos, Plumpsklos, wie eine Besichtigung ergibt. Wer da einbräche, wäre rettungslos verloren. Um 13 Uhr 15 wird der letzte Lastwagen vor mir durchgelassen – und die beiden Torflügel hinter ihm sofort geschlossen. Eine halbe Stunde später sind es nur noch drei Grenzfahrer. Und dann, wie von Geisterhand geleitet, rutschen wir alle vier auf einmal durch, bis zu einer neuen Schranke. Ich bin im russischen Machtbereich.

Zwei Uniformierte, ein Mann und eine Frau – Koffer auf und Motorhaube hoch. Sie weisen Barbara Barlog und mich in eine Baracke.

»Wieviel Geld haben Sie mit?« Da ich nicht wußte, wie lange der Aufenthalt dauern würde, hatte ich vorgesorgt. Als ich die Summe nenne, zieht die Uniformierte die Luft durch die Zähne, während der Soldat erbleicht. Aber ich war gewarnt worden: Bei der Rückfahrt könnte es wieder eine Prüfung geben, bei der einem alle Moneten abgenommen würden, die über die bei der Ankunft genannte Geldmenge hinausgingen. Was nun? Hat die Ehrlichkeit Folgen? Warten.

Ich fühle mich an die deutsch-deutsche Grenze von einst erinnert, an den Willkürspielraum, der innerhalb der Sperrforts immer spürbar war, an das lauernd Undurchsichtige, Anonyme, Ungewisse, nachdem die Papiere in den Händen eines Volkspolizisten verschwunden waren.

Hier werden meine monetären Angaben umständlich und sorgfältig aufgeschrieben, aber nicht nachgeprüft. Erst jetzt stellt sich heraus, daß der Soldat, vor kurzem noch in der DDR postiert, ein bißchen Deutsch spricht – die Atmosphäre entspannt sich etwas. Geschafft haben wir es aber noch nicht. Denn Barbara parliert mit etwas verdüsterter Miene eindringlich auf russisch, geht dann ein wenig abseits mit dem jungen Mann und kehrt offensichtlich erleichtert zurück. Was immer da gestockt hatte, wir können passieren mit Hilfe von zwanzig Deutschen Mark aus Barbaras Hand, die der Soldat mit dem Kommentar: »Diese Sünde nehme ich auf meine Seele« bekümmert eingesteckt hatte.

An einer endlosen Autokolonne vorbei – wie wird das bei der Rückfahrt? – geht es hinein nach Bagrationowsk (Preußisch Eylau), eine Stadt, über die nichts zu sagen ist. Tristesse. Es hat geregnet.

Auf dem Wege nach Kaliningrad, dem einstigen Königsberg. Russische Ortsnamen in kyrillischer Schrift. An den Straßenseiten verrostete Maschinen, verrottete Eisengerüste, kleine Hütten aus Holz, die Straße gut. In Ortschaften erschrockenes Staunen der Fußgänger, wenn ich anhalte und ihnen den Vortritt lasse.

Dann schnappt die große Stadt zu wie eine Falle, die sich hinter einem schließt. Über die große Trasse, den Leninprospekt, hinein ins Innere, noch orientierungslos, fremd, nur kurze Lichtblicke des Erkennens: die Alte Börse, die Domruine. Aber dann ist es auch schon da, das Hotel ›Kaliningrad‹, nein, die Wohnhöhle mit dem schlimmen Eingang aus Holztüren, ein Touristenschuppen schon auf den ersten Blick – wie gut, daß wir hier storniert haben.

Aber um den Mann zu finden, der die neue Adresse kennt und uns dorthin bringen soll, geht es über Hintertreppen hoch in Zimmer und Nebenzimmer, die meinen Eindruck einer zum Schneiden dicken Trostlosigkeit nur noch vertiefen können. Aus einem der Fenster kann ich die Domruine sehen, verloren in der verwüsteten Stadtlandschaft und doch erhaben vor einer Front öder Plattenbauhäuser.

Dann mit dem Ortskundigen zurück über den Pregel, vorbei an Schlaglöchern und randvollen Bussen hin nach Rónowo, ins alte Rosenau. Kopfsteinpflaster, lichtere Bebauung, freie, schrebergartenartige Flächen und mitten darin: das Hotel.

Schon von außen ein Anblick zum Erstarren – Türmchen, Erker, neckische Simse –, verschlägt einem erst das Innere wirklich den Atem: Auch die wüsteste Phantasie könnte auf diese Begegnung nicht vorbereitet sein. Kitsch, wohin das Auge fallt, und zwar vornehmlich in Pink – die Bestuhlung, die Sessel, Sofas und Tischchen ; desgleichen die Vorhänge, Gardinen und Vasen. Im Zimmer ein Volant in Pink über dem Bett, Decken und Bettzeug schwer geblümt, ein Korb mit künstlichen Blumen, an den Wänden Pseudostuck, dazu Lämpchen, Kerzenständer und der Papierkorb bombastisch koloriert. Wie, um Himmels willen, soll man sie aushalten, diese Verunglimpfung jeglichen guten Geschmacks, wie längere Zeit hier leben?

Dann Ernüchterung, Selbstvorwürfe wegen der gerümpften Nase, Beschämung. Hat dieser ästhetische Fehltritt doch auch etwas Rührendes an sich, etwas von der Unschuld des Anfangs, einer eingestandenen Identifikation der Besitzerin mit ihren Vorstellungen von der großen, der westlichen, der kapitalistischen Welt da draußen. Nun um so vieles nähergekommen, sollen ihre Vertreter hier Vertrautes vorfinden, sollen sie sich wohl fühlen (auch wenn die Zimmer kein eigenes Bad haben) – ach ja.

Die Herrscherin über den Kitsch, die Dame des Hauses, entpuppt sich als resolute Person. Klein ist sie, zäh, mit wieselflinken Augen und aufgehaltener Hand, auf den Pfennig bedacht, voller Verachtung für Rubel und Zlotys und sehr stolz darauf, daß die Telefonverbindung nach Deutschland über Satellit direkt hergestellt werden kann. »Isn't it?« fragt sie, begleitet von meinem unausgesprochenen Argwohn, daß damit schon ihre Englischkenntnisse erschöpft seien. Aber wie auch immer, besonders nach der Beschnupperung des Hotels »Kaliningrad« – it is! Der Wagen steht im Stall, weg von der Straße, wo jedes ausländische Auto, auch Veteranen, wie es heißt, diebstahlgefährdet sei; die Matratze erweist sich, gegen alle Erwartung pfühliger Kuschelweichheit, als halbharte Liegewiese, wie ich es gern habe, und die Glühbirne reicht zum Lesen. Nur ein Hund bellt unheilvoll anhaltend und aus ziemlicher Nähe. Aber, würden meine Freunde sagen, die mich besser kennen als ich mich selbst, irgend etwas gebe es ja immer, wodurch ich mich gestört fühle.

Vor dem Einschlafen Heimsuchung durch seltsame Gefühle, wie immer, wenn Ankunft eingetreten ist, sich lang Ersehntes verwirklicht sieht. Sind es doch, wenn auch mit Logis eher an ihrem Rande, der erste Tag und die erste Nacht meines Lebens auf dem Territorium der einstigen Metropole Ostpreußens – Königsberg.

Wie können sich diese Stahlsärge nur über Wasser halten? Von allen deutschen Städten ist diese mir immer als die deutscheste erschienen.

Ich habe sie vorher nie gesehen, aber was mir an Bildern, Fotos, Stichen und Gemälden in die Hände oder vor die Augen kam, habe ich förmlich in mich hineingesogen. Dabei könnte ich die magische Anziehungskraft, die Königsberg seit je auf mich ausgeübt hat, nicht erklären. Kein Zweifel, ich habe es lange idealisiert, romantisiert, poetisiert, weil es für mich so etwas war wie die Krone der Städte (ausgenommen natürlich meine geliebte Vaterstadt Hamburg), eine Art Gral weit im Osten, eine fiktive Geographie, aber dann doch auch wieder sehr irdisch bei genauerem Hinschauen. Da hatte sich im Verlauf der Jahre und Jahrzehnte eine innere Optik angespeichert, hatten sich mir die kartographischen Umrisse der Stadt am Alten und am Neuen Pregel, ihr Atlasgesicht, tief eingeprägt.

Urzelle, Gründung der Deutschritter im Jahr 1255, war die Burg, in deren Schutz sich die Altstadt ausdehnte, bald gekrönt vom Anblick des Schloßdiadems und im Lauf der Zeit urban erweitert bis zu den Wallringen, mächtigen Festungsanlagen, Anfang des 17. Jahrhunderts errichtet und im 19. dann durch Gräben und Forts verstärkt – Konturen, die bis zur endgültigen Zerstörung der Stadt im April 1945 immer als das Herzstück Königsbergs zu erkennen waren.

Der lange, nasse Finger des Schloßteiches mit dem baumumstandenen Konzertbau, die Stadthalle, die eine der größten Orgeln barg; der schlauchartig geformte Oberteich mit seinen strotzenden Grünanlagen und den steinernen Seehunden auf Podesten am Ufer; die vornehme Front der Albertus-Universität mit ihren Säulen und Rundbögen, Stätte erst des Kummers, dann des Glanzes ihres berühmtesten Lehrers, Immanuel Kant; die monumentale Architektur der Stadtmitte, die Kneiphöfische Langgasse, Hauptverkehrsstraße, die in die Kantstraße mündete, Gebäude wie für die Ewigkeit errichtet.

Der Wasserbogen des Hundegatt, die Piers an der Bohlwerksgasse; die Speicher dort mit ihren Fachwerkfronten und die Fähre hinüber zur Junkersgasse auf der Kneiphöferschen Insel (die durch fünf Straßenverbindungen längst keine mehr war).

Die tempelartig anmutende Börse, ein Trumm von einem Bauwerk, das sich im Wasser zwischen der Grünen und der Köttelbrükke spiegelte; die Rotpracht des Brandenburger Tors mit seinen zwei Durchlässen.

Dann die Becken am Pregel, Freihafen, Industriehafen, Holzhafen – nicht zu vergleichen mit den Hamburger Dimensionen, aber ein Areal, dem ich, Kind der Elbestadt, mit besonderer Neugierde nachforschte, entzückt, daß Königsberg auch einen Floßhafen und eine Hamburger Straße hatte und es außerdem in der Nähe so lautmalerische Namen gab wie Nasser Garten und Vorstädtische Wiesen.

Und schließlich, über allem, die Wucht zweier Monumente: das Schloß mit dem stachelspitzigen Turm und den gewaltigen Rundsöllern seines Westflügels, und der Dom, eine Backsteinkathedrale mit gigantischen Pfeilern, Gewölben und Torbögen, von den einen heiß geliebt, von anderen als ungelungen geschmäht, aber angesichts einer Existenz von mehr als einem halben Jahrtausend und zweieinhalb Jahrhunderten Bauzeit (1325 –1572) architektonisch längst jenseits von Gut und Böse. Selbstverständlich stieß ich bei meinen fotografischen, malerischen und filmischen Erforschungen Königsbergs vom Knabenstadium an bis hinein in die Jünglingsära auch auf die Zeichen der ›neuen Zeit‹. Auf den Adolf-Hitler-Platz, eine protzige Fläche, gesäumt von dem Gerichtsgebäude, dem Polizeipräsidium (das auch die Geheime Staatspolizei beherbergte) und dem Nordbahnhof. Ebenso auf den Erich-Koch-Platz, beannt nach dem Gauleiter Ostpreußens, ein Aufmarschterrain mit Stufen, Tribüne und Hochturm, wie ein Provinzverschnitt des Reichsparteitagsgeländes in Nürnberg anmutend.

Die langwallenden Hakenkreuzfahnen im Stadtbild, auch vom Schloßturm herab, sind mir so wenig verborgen geblieben wie Bilder von SA-Aufmärschen und frenetisch jubelnden Massen mit ausgestrecktem Arm – eine dem Nationalsozialismus weitgehend ergebene Stadt.

Ich lasse mir nicht ausreden, daß das, von Ausnahmen abgesehen, die politische Wirklichkeit war und daß Königsberg damals jenem Bilde glich, das ganz Deutschland bot, nicht mehr, aber auch nicht weniger. Und daß das die Haupterklärung – nicht die ganze – dafür ist, wie ›meine‹ Stadt aller Städte, ihre Krone, diese sehnsüchtige Phantasmagorie eines frühen Lebensabschnitts, sich dem Zeitgenossen heute darbietet. Eine fundamentalere Ernüchterung als bei diesem Sightseeing kann es nicht geben.

Erste Station: der alte Hansaplatz, später Adolf-Hitler-Platz, jetzt Platz des Sieges. Sie stehen kaum verändert da – das alte Polizeipräsidium, die glatte Fassade des Gerichtsgebäudes und die Mammutsäulen des Nordbahnhofs. Nur wird die Fläche nun beherrscht von einer mächtigen Leninstatue. Auf festen Metallbeinen steht er da, der Schöpfer der ganzen Sowjetmisere, im Mantel und die geballte rechte Faust entschlossen vor den Nabel gehalten. Musik dröhnt über den weiten Platz, den ein ununterbrochener Strom von Passanten und Autos umfließt.

Vor der Kolossalstatue rote Fahnen mit Hammer und Sichel, ein Podium mit Lautsprecher, ein Redner, vor ihm eine Schar meist älterer und alter Männern und Frauen, etwa hundert bis hundertzwanzig an der Zahl. » Unser Land ist aufgeteilt, es wird belagert«, ruft der Redner ins Mikrofon, und fährt fort: »Es wird behauptet, wir lebten in Freiheit, aber das stimmt nicht, es stimmt ganz und gar nicht.«

Ich bleibe stehen. Ein Mann aus der hinteren Reihe löst sich von der Menge, geht ein paar Schritte in meine Richtung, tapsig, wie Greise gehen, seine Brust ist übersät mit Orden aus dem Großen Vaterländischen Krieg gegen die deutschen Eindringlinge. Er kommt ganz nahe an mich heran, als wollte er prüfen, welchen Eindruck die Veranstaltung auf mich macht, zieht sich dann aber wieder zurück, als er begreift, daß mir die Rede übersetzt wird und ich also kein Russe bin.

Vorn hat ein anderer Mann das Wort ergriffen und appelliert an Studenten und Ingenieure, an die Gebildeten und die Arbeiter, kurz

»an alle«, zu protestieren gegen den »Ausverkauf der Heimat, für die unsere Soldaten gefallen sind«.

Niemand von den Passanten kümmert sich um die Schar Unentwegter, und auch der Verkehr geht unbeeindruckt weiter. Die Szene da vorn unter der Leninstatue hat etwas Lächerliches, ja Groteskes an sich. Dennoch spüre ich beim Anblick der Kriegsveteranen einen Stich in der Milzgegend.

Über den Pregel ans Nordufer und von dort nach links über den alten Holsteiner Damm und seine beachtlichen Schlaglöcher in die Hafengegend.

Drüben die Piers, Kräne, ein Wald von Kränen, Helligen, Seeschiffe, auch auf dieser Seite, angetäut, ein von Kindheit an gewohnter Anblick für mich, wenn da nicht Hammer und Sichel an die Schornsteine gemalt wären und – ja, und wenn da nicht ein Grad von Verrottung wäre, auf den ich nicht vorbereitet war und den ich mir nicht hätte vorstellen können.

Ich traue meinen Augen nicht. Die langhalsigen Kräne, die Montur der Helligen, vor allem die wrackähnlichen Ungetüme hier vorn mit ihren zerfressenen Ankern und Ketten – das alles wirkt wie verreckt, ein schwimmender Schrottberg, ein vor sich hin modernder Schiffsfriedhof. Wie können sich diese Stahlsärge nur über Wasser halten?

Erst allmählich picke ich drüben, am Südufer und seinen Kais, Heiles heraus, intaktes, arbeitendes Gerät, dazu weit hinten, fast herausgehoben wie eine Erscheinung, ein Passagierdampfer, offensichtlich auf Kreuzfahrt.

Ich gehe in Richtung Priegolskij, des alten Groß-Holsteins, komme jedoch nach einer Weile nicht weiter – Sperre neben einem riesigen Gebäude, das völlig zerfallen ist, ein graues Ungetüm, ehemals vielleicht ein Lagerhaus, aber seit einem halben Jahrhundert sich selbst überlassen.

Zurück in die Stadt, geht es vorbei an der Hinterfront von Plattenbauten – elf Stockwerke hoch, alle Metallverkleidungen rostbeschädigt, jeder Balkon wäscheumflattert. Ich kenne den Anblick von Hongkong, eine Assoziation, die mir angesichts dieser Behausungsplantage unvermeidlich kommt, die aber ohne jenen Trost bleibt, den der Hinterhof der Merkantilmetropole des Fernen Osten bietet: Grünes vor den

Fenstern, Grünes vor den Türen und auf den Balkons; Grünes an jeder Stelle, wo es nur möglich ist, gepflanzt, eingetopft, hängend – Hauptsache grün, grün, grün.

Vorn, am Moskovskijprospekt, ankern Hotelschiffe, die ›Baltic‹ und die ›Georgi Dimitroff‹, davor Fahnen und ein Wagenpark mit vielen deutschen Nummern.

Ich trete noch einmal an den Rand des Hafenbeckens, schaue nach rechts, auf die Skelette der dümpelnden Seelenverkäufer, und fasse nicht, daß sie sich oberhalb der Wasserlinie befinden. Auch die strahlende Sonne kann hier nichts mildern, nichts schönen, im Gegenteil, ihr Schein macht das Elend nur noch eindringlicher sichtbar.

Weit hinten, in der Stadt, oder schon jenseits ihrer Grenzen, qualmt, nein, pufft es schwarz aus einem Schornstein in die Höhe, stoßhaft, giftig, eine dicke Materie, in einer langen, seewärts gesogenen Wolke immer fülliger, immer voluminöser gegen den Horizont treibend.

Es heißt, hier lägen immer Blumen, meist Rosen. Aber der Alptraum der Kaliningradskaja Oblast läßt, kaum glaublich, noch weitere Steigerungsmöglichkeiten zu. Ich spreche von jenem Gebäude, das an die Stelle des zerstörten Schlosses gesetzt worden ist, ein architektonisches Monstrum von unüberbietbarer Scheußlichkeit, das aussieht wie eine mißratene Tempelpyramide der Azteken und als das getreueste Abbild stalinistischer Unästhetik gelten kann – das Haus der Räte.

Das Monstrum steht da, wo sich früher der Friedrichsbau, der Nordflügel des Schlosses, erhoben hatte, ist unbewohnt, starrt mit unzähligen toten Fensteraugen in alle vier Himmelsrichtungen und sackt, von tiefen Rissen durchzogen, langsam, aber sicher in die Erde. Die Statiker haben gepfuscht, was jedoch zu spät erkannt wurde. Immerhin besteht dadurch die Hoffnung auf Abriß, denn einziehen wird dort niemand mehr. Da jedoch bis dahin, wenn es überhaupt so weit kommt, noch viel Zeit vergehen wird, macht die exponierte Lage der Sowjetruine ihren Anblick leider auf künftig unvermeidlich, ganz egal, ob man sich auf dem Moskauer oder dem Leninprospekt befindet, ob man die Stadt zu Fuß, im Bus oder mit der Straßenbahn durchquert – das Haus der Räte ist immer dabei! Die einzige Möglichkeit, seiner Optik zu entkommen, wäre, die Augen zu schließen (wozu jedoch angesichts der

Verkehrssitten der Kaliningrader Kraftfahrzeughalter guten Gewissens nicht aufgefordert werden könnte).

Mit der Verdammung des Neuen allein ist zwar die Frage, warum es nur allzu häufig so überaus häßlich ist, während das Alte einem fühlbar guttut, nicht beantwortet. Nur bestätigt der Vergleich mit dem in der Nähe gelegenen Domtorso wortlos, daß selbst zerstörte Schönheit noch mühelos über die betongegossene Perversität entseelter Architektur triumphiert.

Und das, obwohl hier die beiden schweren Angriffe britischer Bomber vom 26. auf den 27. und vom 29 auf den 30. August 1944 zusammen mit der fünfzigjährigen Restaurationslücke ganze Arbeit geleistet haben. Alle Waagerechten des Doms sind gefallen, am Boden zerschellt, im Lauf der Jahrzehnte atomisiert oder abgeräumt – was da hochsteilt in immer noch stolzer Gotik, sind allein die Senkrechten. Vor der sonnenbestrahlten Ruine liegen Massen von Ziegeln, wie auch drinnen. Holzgerüste deuten schüchterne Reparaturen an, können aber das Bild des Jammers nur vertiefen. Wie funktionslos ragen die Pfeiler in die Höhe, ohne zu tragen, wozu sie errichtet worden sind – Gewölbe, Decken, Dächer. Vom Turm der einstigen Königsberger Hauptkirche ist nur ein Stumpf geblieben.

An der Nordostecke des Doms: das Grabmal von Immanuel Kant, die Stoa Kantiana, mit dem Namensschild an der Wand und dem Geburts- und Todesjahr 1724–1804. Auf dem Sarkophag liegen Blumen. Es heißt, hier lägen immer Blumen, meist Rosen.

Wie unvergessen Kant ist, spürt man an der Albertus-Universität. Es war Marion Gräfin Dönhoff, die für den Neuguß einer alten Kantstatue gesorgt und die schwere Figur eigens hierhertransportiert hat, wo sie am 27. Juni 1992 feierlich eingeweiht worden ist. Nun steht der körperlich eher zierlich geratene große Philosoph wieder unter freiem Himmel vor der Stätte, der ›Albertina‹, die 1751 seine Bewerbung um eine außerordentliche Professur abgelehnt hatte, ein Wunsch, der erst 1770, also nach fast zwei Jahrzehnten Verspätung, mit den Fächern Logik und Metaphysik in Erfüllung ging. Wären sonst, bei abermaliger Ablehnung, die ›Kritik der reinen Vernunft‹ (1781) und ›Zum ewigen Frieden‹ (1795) ungeschrieben geblieben? Fürchterliche Vorstellung!

Als Kant am 12. Februar 1804 starb, sollen, zeitgenössischen Berichten nach, die Straßen Königsbergs voll gewesen sein von trauernden Menschen.

Auch in der Universität steht seine Büste auf einem Sockel mit kyrillischer Schrift, davor ein Kranz von der Einweihung des Kantmuseums 1992. Das war zwar 1974 eröffnet worden, aber bis Russen und Deutsche aufeinander zugegangen sind, mußten fast zwanzig Jahre vergehen.

Nüchtern ist sie heute, die neue Universität, dort errichtet, wo sich einst der herrliche Renaissancebau des Liebenthalflügels (1844 bis 1861) von August Schüler erhoben hatte. Aber drinnen ist viel Zuneigung zu den Traditionen des deutschen Humanismus zu spüren, und das, scheint's, ohne Berührungsängste gegenüber lang Verfemtem aus deutscher Zeit. Da hängen Bilder vom alten Königsberg, Schiffe, Panoramen, und auf einem großen Sockel reckt sich Preußenkönig Friedrich Wilhelm III. Erleichtert nach dem Horror draußen, streife ich durch die Gänge und Zimmer und stoße dabei auf ein Relief von Simon Dach, 1639 bis 1659 Professor für Poesie und – Verfasser von ›Ännchen von Tharau‹, nicht der Komponist.

Wieder draußen, fragt man sich unwillkürlich, was denn eigentlich der Kaliningrader Alltag sagt zu Humanismus, Tradition, Pflege von durch eine mörderische Geschichte zerstörten Beziehungen, wo seine Kontakte sind zu Philosophie und Literatur in einer Gesellschaft, deren Mehrheit so offensichtlich ums Überleben kämpft wie diese?

Schon der Zustand der Straßen enthüllt einen unverbergbaren Bankrott, ihre aufgerissene Haut und die bodenlosen Schlaglöcher allein schon künden wortlos, aber überzeugend vom Grundgesetz des real existierenden Sozialismus, nämlich zugunsten der Machtverhältnisse einer verschwindend kleinen Nomenklatura mehr Energien gebunden als zum Wohle der Bürgerinnen und Bürger mobilisiert zu haben, ausgenommen den Militärsektor – und das auch hier insgesamt fast ein halbes Jahrhundert lang.

Binnen kurzem hatte sich in mir ein Gefühl grenzenloser Bewunderung für die Kaliningrader eingestellt, die erstaunte Erkenntnis, mit welcher äußeren Würde und Disziplin sie diesen Alltag hinnehmen und ihm begegnen. Erfüllen die übervollen Straßenbahnen, die von innen her platzenden Busse nicht alle Voraussetzungen für eine kollektive, sich ständig selbst regenerierende Hysterie? Schließlich sind sie mir in bester Erinnerung geblieben, die notorischen Streitereien, die Anschreiereien, ja tätlichen Auseinandersetzungen in den stets überfüllten öffentlichen Verkehrsmitteln der autolosen deutschen Nachkriegsära. Die ging bekanntlich bei uns nur allzu bald vorüber – aber hier? Es ist mir der Bravheit fast zuviel. Denn daß, immer noch, der Mangel verteilt wird und daß das ein nerven- und gemütstötender Zustand sein muß, das geht aus vielem hervor, was hier zu beobachten ist.

In der Nähe des alten Dohnaturms, dieser gewaltigen Rundfestung im Herzen der Stadt, hocke ich mich auf einen steinernen Sims. Gegenüber hat ein Markt aufgemacht, oder genauer: das, was sich hier so nennt und an allen Ecken und Enden zu finden ist, improvisiert und rasch aufhebbar. Denn die Straße selbst ist der Tisch, auf dem das Angebot ausgebreitet wird: Zündkerzen, Metallringe, Flanschen, Nägel, Röhren, Bürsten, Heftzwecken, leere Bierdosen, alte Taschen, Fahrradpumpen, einzelne Zahnstocher, Legosteine, um nur eine winzige Auswahl der ausgebreiteten Sachen zu nennen.

Da sitzen oder stehen sie, die Anbieter, eine langgezogene Reihe, und bieten das Strandgut einer Armut in Notwehr an. Unter der großen Esche eine alte Frau. Angetan mit einem roten Kopftuch und trotz der Spätsommerhitze in einen Mantel gehüllt, hat sie vor sich einen Pappkarton postiert. Darauf legt sie nun, Stück um Stück, irgendwelche Medikamente, lose Wattebäusche, ein paar Äpfel, einen Seifenriegel – und wartet.

Bilder, die man vor diesem Hintergrund nie vergessen wird: eine junge Frau mit zwei Rosen in der Hand, unberührt von ihrer Umgebung, eine einzige wandelnde Verliebtheit. Eine Babuschka mit schaukelndem Gang, bei jedem Schritt von einer auf die andere Seite schwankend, bleibt alle paar Meter stehen und beschaut interessiert die ausgebreitete Armseligkeit. Angehörige der russischen Marine, junge Kerle, schwarze Hose, weißes Hemd, die Mütze verwegen im Nacken, pfeifen Mädchen in atemberaubenden Miniröcken nach. Und der Mann dort am Rande des Markts, der aus einem winzigen, aber unergründlichen Auto Elektrogeräte hervorholt, ein Paket nach dem anderen, gut zwanzig davon, sie über eine Mauer hinweg irgendeinem Unsichtbaren reicht, von dem er dann seinerseits Pakete entgegennimmt, eines nach dem anderen, immer mehr, immer noch eines, ehe er dann das Schwarzmarkt oder Mafiagut, niemand weiß wie, in seinem Kleinwagen unterbringt (übrigens ohne damit irgend jemandes Aufmerksamkeit erregt zu haben).

Unterdessen zieht ein nicht abreißender Strom von Passanten vorbei, rattert die Straßenbahn klirrend über die ausgeleierten Schienen, rüstet sich drüben der Ausverkauf an Selbsthilfe, dieser letzte Rettungsversuch vor dem sozialen Untergang, an einen nächsten Platz. Kaliningrader Studien an einem heißen Spätsommertag.

Wieder in dem Altrosenauer Plüschhotel angekommen, ist dort ein neuer Gast aufgetaucht, ein dicker Deutscher aus Buxtehude. Ich beschaue ihn – und habe kein gutes Gefühl. Der Mann gefällt mir nicht. Schließlich hatte ich Zeit genug, meinem diesbezüglichen Instinkt trauen zu lernen.

Aber jetzt sind wir hier

Daß ich neben der Erforschung der Gegenwart immer darauf aus bin, nach Zeugnissen aus der deutschen Zeit, ihrer Kultur und Hinterlassenschaft, zu fahnden, sowohl im polnischen als auch im russischen Teil Ostpreußens, ist mir nirgends so bewußt geworden wie in Kaliningrad. Und gerade hier wird man am schwersten fündig.

Reste am Oberteich, der einstigen, heute völlig verwahrlosten Promenade – die vier steinernen Robben sind noch da, stumpfer geworden, sozusagen etwas verlebt, aber die runden Köpfe genau so hochgereckt, die Flossen so unternehmungslustig herunterhängend wie auf den alten Fotos. Auf der beschädigten Steinbrüstung sitzen zwei junge Männer, Arbeitslose, wie sich herausstellt, links von ihnen ein Angler, neben den sich ungeniert und vertrauensvoll eine Möwe niederläßt.

Teils noch im Wasser, teils auf dem Ufer, ragen gewaltige Klötze auf, sogenannte Tetrapoden, Vierfüßler aus Beton, die den Panzern der Roten Armee den Weg verlegen sollten. An dieser Stelle allerdings hätten die T-34-Ungetüme schon unmittelbar vor dem Dohnatturm gestanden, der letzten Kommandozentrale der ›Festung Königsberg‹, in der unverantwortlicherweise die Kapitulation der Stadt bis zum 9. April 1945 hinausgeschobenen wurde.

Mir ist, als hätte sich hier am Oberteich in dem halben Jahrhundert seither nichts verändert, außer daß sich Pulverdampf und Gefechtslärm verzogen haben. Der Eindruck des Stillstandes wird noch dadurch vertieft, daß ich nahe der Brüstung plötzlich vor einem gähnenden Abgrund stehe, einer Öffnung, die nur teilweise abgedeckt ist. Durch sie kann man weit unten in die hörbar rauschenden Eingeweide des Kaliningrader Röhren- und Abwässersystems schauen, aber gegebenenfalls, vor allem in der Dunkelheit, auch hinabstürzen. Kein Warnschild, keine Sperre, die das verhindern könnten. Symptome wie diese geben mehr Aufschluß über die Verhältnisse, als es gelehrte Abhandlungen je vermöchten.

Die Luisenkirche sehe ich zum erstenmal in der Abendsonne, ihre filigranen Bögen und Säulen, den kupferoxidierten Turm, daneben helle Flächen, Grünes, ein Park.

Die von Fritz Heitmann erbaute und 1901 eingeweihte Kirche zu Ehren der vor Napoleon geflohenen und früh verstorbenen Königin ist heute ein Puppentheater – Puppen hinter Glas, Puppen auf Konsolen, Puppen auf Stühlen, Puppen in jeglicher Phantasiefigur.

Eine Treppe hoch, im ersten Stock, ein roter Saal mit roten Stühlen, ein Jugendlicher, der auf einem Klavier übt – hier wird Puppentheater gespielt.

Als ich das Theater verlassen will, intoniert eine Studentengruppe das ›Deutschlandlied‹, mir zu Ehren, scheint es, aber ganz gewiß auch gespielt in der Erwartung einer Geldgabe. Einzubilden brauche ich mir nichts, denn so wird hier offenbar mit jedem Besucher aus Deutschland verfahren. Nicht deshalb jedoch muß ich mir einen Stoß geben, der unausgesprochenen Bitte einer sympathischen und ahnungslosen Jugend nachzukommen, sondern weil ich, unweigerlich und immer noch, nach dem letzten Ton der Nationalhymne das sich seinerzeit unter Hitler notorisch daran anschließende ›Die Fahne hoch, die Reihen fest geschlossen‹ des SA-Barden Horst Wessel fest im Ohr habe.

Rechts neben der Luisenkirche lehnen Frauen an einem niedrigen Stakett, junge und alte, mit und ohne Kopftuch, und verkaufen Blumen. Einige Sträuße sind auf Tischen in Folie gewickelt, andere in große Eimer auf der Erde gesteckt. Der Absatz ist reißend, dauernd kommen junge Männer vorbei, verharren einen Augenblick, überlegen und kaufen. Einer von ihnen hat es ganz besonders eilig – er schnurrt auf einem Motorrad heran, stellt das Fahrzeug in gefährlicher Schräglage ab und stürzt sich auf das größte Bukett. Ohne in der Bewegung innezuhalten, wirft er einen Schein hin, fegt zu seinem Zweirad zurück und prescht, eine Hand am Steuer, in der hocherhobenen anderen die Blumen, wie auf einem Wildpferd davon.

Während der ganzen Zeit reden die Frauen aufeinander ein, lachen, rufen, prusten, am allerwenigsten beschäftigt mit dem, was sie hierhergetrieben hat, kaum, daß sie das Geld prüfen, das ihnen für die Ware hingelegt wird. Kraft will ich darin entdecken, Unverwüstliches, und Gleichgültigkeit und Ratlosigkeit gleich daneben. In mir kommt ein schreckliches, aber doch präzises Wort hoch: Schicksalshinnahme.

Ob sie je einen Blick auf die Schillerstatue von Stanislaus Cauer geworfen haben, wie er da so steht – in der Rechten eine Schriftrolle, die Linke vor der Brust? Vielleicht nicht die ganze Zeit seit 1912 an derselben Stelle, denn die Figur wurde bei den Kämpfen um Königsberg beschädigt und ist später restauriert worden. Erhalten geblieben, ja wahrscheinlich überhaupt gerettet worden ist sie der Überlieferung nach dadurch, daß Rotarmisten mitten im Schlachtgetümmel an ihr ein Schild mit den Worten ›Ein Monument für die Welt‹ befestigt hatten.

Gibt es aus den Jahren 1941 bis 1944 zwischen Leningrad und Odessa, Minsk und den Vororten von Moskau, denn so weit ist die Hitlerwehrmacht gekommen, ein einziges deutsches Pendant zu solcher Haltung?

Schiller gegenüber erhebt sich Königsbergs altes Neues Schauspielhaus, heute Kaliningrader Dramentheater. Die sechs imperialen Säulen an der Vorderfront sind hinzugefügt worden wie auch die Reliefs von Maxim Gorki, Wladimir Majakowski, Alexander Puschkin und Alexander Ostrowski. Nostalgisches kann hier nicht aufkommen.

Und das ebensowenig bei den ›Kämpfenden Wisenten‹ des Tierplastikers August Gaul vor dem Hauptportal des alten Gerichtsgebäudes, dessen Front von Bäumen verdeckt ist – Fotos von früher ließen die Sicht auf die wilhelminische Architektur frei. Energieprotze sind die beiden Bullen auf dem steinernen Sockel, mit schweren Hoden, die mächtigen Köpfe ineinander verkeilt, die ganze Kraft nach vorn gestülpt und die steil abstehenden Schwänze an der Spitze rot gefärbt wie auch die blutunterlaufenen Augen. Die Farbpunkte auf der dunklen Bronze irritieren. Gibt es Leserinnen oder Leser, die dem Autor mitteilen könnten, ob die exponierten Stellen schon zu Zeiten des deutschen Ostpreußens koloriert waren?

Auf dem Areal des alten Volksparks bin ich auf einen Hügel geklettert. Hier in der Nähe hatte Königsbergs berühmtes – und beim Luftangriff vom August 1944 zerstörtes – Observatorium gestanden. Seinem Gründer, Friedrich Wilhelm Bessel (1784–1846), ist ein heute noch existierender Gedenkstein errichtet worden. Die nach ihm benannte Straße, die da unten verläuft, hatte zeitweilig anders geheißen, trägt aber heute wieder Bessels Namen.

Das Denkmal, das hier oben zur Erinnerung an den deutsch-französischen Krieg von 1870/71 errichtet worden war, ist bis aufs Fundament abgetragen worden.

Aber jetzt zeigt sich weiter unten ein erstaunliches Bild. Zwischen Hügelkuppe und Straße, auf dem Gelände des alten deutschen Friedhofs, gräbt eine Schar russischer Studenten nach Grabsteinen aus der deutschen Zeit. Nicht nach irgendwelchen, sondern nach solchen berühmter Leute, die hier über Jahrhunderte gelegen hatten, deren Gräber aber nach dem Krieg das Opfer völliger Zweckentfremdung, ja Zerstörung des Geländes wurden.

Da stehen die jungen Männer mit Schaufeln und spitzen Stangen, haben damit die Erde aufgewühlt, sind tief nach unten gedrungen, schütteln jedoch vor dem Freigelegten die Köpfe. Kein Wunder, denn was ich sehe, nachdem ich hinuntergestiegen und auf gleicher Höhe bin, erklärt die Ratlosigkeit: Ein gewaltiger Stein ragt aus dem Boden, kein Grabmal, wie erklärt wird, sondern ein anderes Friedhofsmonument, und so schwer, daß der Transport zu einem Problem wird. Die Steine sollen nämlich an einer bestimmten Stelle der Universität gelagert werden.

Dennoch wird weiter geschaufelt mit der Fröhlichkeit der Jugend, während der erfindungsreiche Leiter der Studenten für die Frage, wie der Koloß von hier weggeschafft werden könnte, bereits eine Lösung zu finden scheint. Die Arbeiter, die weiter unten dabei sind, mit schwerem Gerät eine Brücke zu reparieren, haben sich nach zunächst strikter

Weigerung und darauffolgenden gutmütigen Scheingefechten bereit erklärt, »die Toten zu stören«.

Und dann Amalienau. Das einstige Viertel bürgerlichen Wohlstandes und gediegener Kultur, Königsbergs vornehmes und den Bombennächten so gut wie entkommenes Villenkarree – längst ist es runzlig geworden, faltig, verfallen. Was sich schon auf den ersten Blick zeigt. Die Steinpfosten der Gitter vor den Häusern sind bis auf den Metallkern entblößt, quasi als sei die harte Materie dem organisierten Verfall der letzten fünfzig Jahre nicht gewachsen gewesen und abgefault bis auf das eiserne Skelett. Atembeklemmende Metamorphosen der Hausfassaden – aus Weiß wurde Gelb, aus Gelb Grau, aus Grau ein Ton, für den die Farbskala keinen Namen hat.

Die Straße im Herzen des einstigen Amalienau, in der ich bin, ist aufgerissen, Wäsche hängt an Leinen in den Vorgärten. Um mich herum ein karikaturistisches Abbild, eine letzte verschwimmende Ahnung, wie es einst hier ausgesehen hat. Eine Vegetationsoase aber, immerhin, ist Amalienau geblieben. Sie sind weitergewachsen, die alten Bäume, ein dichtes, herrliches Dach aus Chlorophyll, als könnte das Blattgrün allen Gewalten trotzen und sie wuchernd überdauern. Die Sonne flirrt durch eine Baumwand hinter mir, beleuchtet die Szene, schönt sie natürlich auch – ein wenig.

Auf der Straße Kinder, viele Kinder, Söhne und Töchter von Offizieren, doch auch aus Soldatenfamilien – das alte Amalienau ist ein Quartier der Militärs.

Zwischen den spielenden Jungen und Mädchen hier gibt es allerdings keine Rangunterschiede. Die Halbwüchsigen beiderlei Geschlechts zeigen reges Interesse an gegenseitiger körperlicher Berührung, die anderen, Kleineren, tollen auf einem offenen Lastwagen herum, springen, die Arme verschränkt und trotzdem geradezu künstlerisch behende, mit dem Tau, sie balgen, verrenken und freuen sich.

Die Kleinsten sind die gelenkigsten, mit Gummigliedern machen sie geradezu equilibristische Bewegungen, während zwei Mädchen, noch nicht schulpflichtig, eine Art Rokokotanz aufführen. Sie kommen von beiden Straßenseiten im Ballettschritt aufeinander zu, verneigen sich, die Hände wie Flügel aufwärts werfend, weichen mit ernsten Mienen zurück, fliegen wieder aufeinander zu und – fallen sich lachend in die Arme. Barbara fragt die größeren Kinder etwas, auf russisch und nicht abgesprochen zwischen ihr und mir. Die Antwort: »Ja, die Häuser sind alt, darin wohnten einmal Deutsche. Aber jetzt sind wir hier.«

Auf dem Rückweg vorbei an einem Podest, das zu einem denkwürdigen Symbol, aber auch einem beängstigenden Orakel weit über Kaliningrads Grenzen hinaus geworden ist. Darauf hatte einmal, sehr lange, eine Stalinstatue gestanden. Dann, nachdem sie entfernt worden war, blieb die Stätte, vom Volksmund ›Denkmal des unbekannten Führers‹ getauft, zwölf Jahre lang leer. Seit Anfang der neunziger Jahre posiert nun eine neue Figur darauf, betitelt ›Mutter Rußland‹. Skeptische Leute aber, so ist mir inzwischen zu Ohren gekommen, fragen sich, wann die Babuschka von dort oben entfernt und die Öffentlichkeit erschreckt werden wird durch den Abguß von – Wladimir Schirinowski, dem russischen Faschisten. Einen Bundesgenossen hätte er schon – den dicken Deutschen in der Rosenauer Kitschherberge.

Der hatte sich mittlerweile entpuppt, erstens, als Fachmann für Schlachtstraßen (die er in der Kaliningradskaja Oblast nicht zufälligerweise gerade für hier ansässige Wolgadeutsche einrichten will) und, zweitens, als das, wofür ich ihn von vornherein gehalten habe: für einen waschechten Nazi.

Das Dilemma zwischen uns nahm seinen Anfang, nachdem der Mann, Jahrgang 1935, mir morgens beim Frühstück unaufgefordert, aber brühwarm erzählt hatte, daß sein Vater gleich nach der ›Machtergreifung‹ der Polizeihöchste von Buxtehude geworden sei und auf diesem Posten mit Begeisterung seine »Pflicht« getan habe. Daran schloß sich, ungewarnt durch meine versteifte Haltung, eine Haßkanonade gegen Ausländer, Asylanten und die deutschen »Regierungsdurchstecher« an, die den »Bimbos« noch Gold in den Hintern steckten und alles schleifen ließen, statt nun endlich »die Sau rauszulassen«, und das im übrigen auch gegen die »offenbar trotz allem unsterblichen Hebräer im Lande«.

Damit war der Punkt erreicht, den Redestrom des Dicken mit der lapidaren Feststellung zu stoppen: »Ich bin Jude.«

Dieser Einwurf hatte auf den Schlachtstraßenfachmann aus Buxtehude die gewohnte und deshalb erwartete Wirkung: Er habe nichts gegen Juden, absolut nichts, zähle »mehrere von ihnen« sogar zu seinen

Freunden, aber – Israel und die Israelis! Die hätten in ihrem Umgang mit den Palästinensern ja bekanntlich »tüchtig von Adolf gelernt«. Darauf ich, wie aus der Pistole geschossen: »Das kann nicht sein!«
Der Dicke: »Warum nicht?«
Ich: »Weil Sie sonst ein Freund der Israelis wären.«
Sein verblüfftes Gesicht wird mir noch lange in Erinnerung bleiben. Das ist das Herzige an den Nazis von heute – man kann sie mit ihrer ›Logik‹ schlagen.
Ich habe den Buxtehuder danach nicht mehr gesehen, entweder weil er ausgezogen oder weil er abgereist war. Es wäre mir auch schwergefallen, mit diesem Zeitgenossen weiter unter einem Dach zu leben.
Aber interessant, wer alles in die Kaliningradskaja Oblast reist.

In dem Alter!
Höchste Zeit für die Abfahrt.

Die Nachrichten von stunden-, möglicherweise sogar tagelangem Warten an der Grenze zu Polen hatten sich gehäuft, hatten alarmierenden Charakter angenommen und scheinen sich nun voll zu bestätigen, je näher der Übertritt bei Bagrationowsk, dem alten Preußisch Eylau, rückt.

Schon die genüßlich wiederkäuende Kuhherde etwa auf der Hälfte der Strecke und mitten auf der Straße war kein gutes Omen, ebensowenig, wie der Polizist, der die Kelle schwenkte, um mir streng – und erinnerlicherweise zum zweitenmal – zu verkünden, ich sei zu schnell gefahren, und der mich dann wieder, wenn auch nach längerem martialischen Gehabe, laufenließ. Mit derlei Rücksicht soll es nun jedoch hier an der Grenze offenbar endgültig vorbei sein. Denn lange, bevor ich ihrer ansichtig werde, ja Kilometer davor, wartet eine unübersehbare Schlange von Lastwagen und Pkw, deren Insassen hier ganz am Ende den Eindruck erwecken, als hätten sie die letzte Nacht bereits an Ort und Stelle zugebracht. Daran anzuschließen, zu warten, das, weiß ich, hielte ich nicht aus.

Also gegen alle Regeln der Höflichkeit und der Disziplin, ja selbst auf die Gefahr hin, als Ausländerfeind verdächtigt oder, schlimmer noch, des hochmütigen Deutschtums bezichtigt zu werden, presche ich links auf der schmalen Straße an der wartenden Schlange entlang.

Tatsächlich komme ich auch widerstandslos ein gutes Stück voran, sehe mich dann aber auf derselben Seite einem unüberwindbaren Hindernis gegenüber – einem entgegenkommenden Bus aus Deutschland, dessen Rückspiegel an dem Rückspiegel eines wartenden Lasters nicht vorbeikommt, weil beide die gleiche Höhe haben und die Straße für ein Ausweichmanöver zu eng ist.

Der Busfahrer – seine stoische Miene, beredter als tausend Worte, kündet davon, daß ihm solche Situationen nicht unbekannt sind und er sie zu meistern weiß. Und in der Tat, er meistert sie, wenngleich es seine Zeit dauert – vor und zurück, zurück und vor, Millimeterarbeit. Dann aber, als es endlich geschafft ist, muß der Bus an mir vorbei, was nur dadurch geht, daß ich bis zum Abkippen an den abschüssigen linken Straßenrand gefahren bin und nun nicht nur die Riesenkutsche, sondern auch alle Wagen, die sich hinter dem Bus gestaut hatten, an mir vorbeiziehen lassen muß. Aber jetzt durch, am liebsten mit geschlossenen Augen, denn was alles kann bis zur Grenze auf dieser Straße noch geschehen!

Seltsamerweise geschieht nichts, außer dem Wunder, daß sie bis zum Posten frei bleibt und kein anderes Gefahrt entgegenkommt. Nur – dort vorn regiert ein Soldat, vor einem großen Gitter, das in seiner Hand ist, wie alles und alle, die davor auf Durchlaß warten. Die Haltung des jungen Russen läßt nicht den geringsten Zweifel daran, wer hier der Herr ist, und sein Ausweis dafür ist die souveräne Ignorierung seiner Umgebung. Mich kann das nicht darüber hinwegtäuschen, daß der Grenzhüter sehr wohl mitbekommen hat: Hier hat sich jemand massiv und gegen die guten Sitten einen unzulässigen Vorteil ergaunert, was nicht ohne Ahndung bleiben kann. Also Buße, geldlich oder schlimmer? Oder gar Verbannung an den Schluß der Wagenkolonne, die mittlerweile wohl bis an den Rand von Bagrationowsk reichen dürfte?

Angesichts so abschreckender Visionen ergreift Barbara Barlog die Initiative, steigt aus, geht, des Russischen mächtig, auf den dieser befremdlichen Initiative wegen noch unnahbarer dreinschauenden Russen zu und erklärt – dazu von mir, wenn auch schlechten Gewissens, autorisiert: Im Wagen sitze ein schwer magenkranker Deutscher, der sich unbedingt in ärztliche Behandlung begeben müsse, da sonst ein

Durchbruch oder ähnlich Tödliches zu befürchten sei – und eben sein Zustand sei der Grund für das unbotmäßige Verhalten gewesen.

Tatsächlich sind mir alle Höllen der Magenkranken bekannt, mit Rollkuren, Krankenhausaufenthalten, mit 300 von den 365 Nächten des Jahres, die ich knieend vor dem Bett verbrachte, statt darin zu schlafen, und all das jahrzehntelang. Wer in jenen Dezennien nach mir forschte, der brauchte nur der Spur der Quarktöpfe zu folgen, die ich hinterließ, um beim letzten mit Gewißheit auf den Gesuchten zu stoßen. Aber dann, nach 21 Jahren, waren mir zwei Drittel des Magens operativ entfernt worden, und von Stund an konnte ich futtern, was ich wollte, und fühlte mich wie zum zweitenmal geboren. Was mir hier an der Grenze nun ein schlechtes Gewissen suggerierte, war nicht allein meine totale Schmerzfreiheit, sondern mehr noch der Zeitpunkt, an dem ich sie durch die Operation erlangt hatte – nämlich im September 1980, also schon vor einer ganzen Weile.

Was hier geschah, das war einfach unethisch, das tat man nicht, auch um den Preis stunden- oder gar tagelangen Wartens nicht. Dennoch gab ich mir nun die größte Mühe, meine zerfurchtetste Leidensmiene aufzusetzen, um dem peinlichen Betrug wenigstens die erforderliche Glaubwürdigkeit zu geben – allerdings völlig umsonst. Denn ohne daß der junge Russe mich auch nur eines Blickes gewürdigt hätte, kam Barbara zurück und erklärte, wenngleich mit seltsam amüsiertem Blick, daß wir ohne Behinderung passieren könnten.

Ihre Aufgeräumtheit erläuterte sie mir auf meine neugierige Frage aber erst, als wir uns bereits auf polnischem Boden befanden. Danach hatte sich zwischen ihr und dem jungen Russen, dem sie meinen angeblich prekären Zustand dramatisch geschildert hatte, ein Dialog entwickelt, in dessen Kürze die Würze (wenn auch auf meine Kosten) lag und der im folgenden seiner Denkwürdigkeit wegen wortwörtlich wiedergegeben werden soll.

Der Russe, tonlos: »Wie alt ist der Kranke?«

Barbara, anerkennungsheischend: »Er ist über Siebzig!«

Darauf der Russe, nun aber mit den Anzeichen deutlich klinischen Interesses: »Und was macht er dann ausgerechnet hier? In dem Alter!«

Verdammt gut, mal wieder zu lachen.

Die Stadt

NATALIA GORBATSCHOWA

In Traubenstränen – Hauseingänge
(– Genie, das mit sich selber trinkt –),
Des Nebels Schmeicheln. Riesenlänge
Der Himmel. Wieder Regen klingt –
Oboenqual. Tscherwonjez-Sonne,
Für die Natur kein Groschen wert.
Dem Bahnhof grade erst entronnen,
Die Feuchte in die Knochen fährt.
Das Herz, das die Verzweiflung schmeckte,
Muß fliehen der Verluste Bau!
Die Stadt das Herz doch niederstreckte,
Die Stadt dem Herz doch Obdach schenkte,
Ob sie's jetzt freizulassen traut?
Sie war im grauen Stein, im Garten,
Mir Bollwerk für des Reiches Land,
Bis die teutonischen Standarten
Riß der April mit grimmer Hand
Von Forts, die rings die Stadt umgaben,
Von alten Mauern und von Türmen –
Zum Lärm der finstren Rachetaten –
Zu Füßen derer, die sie stürmten.
Den ewgen Schlaf dem Herrgott oben
Nahm nicht des Mordsturms brüllend Streich,
Der ließ der Stadt das Grab ausloben
Und schuf die Wiege ihr zugleich.
Noch rauchten Wälle und Vitrinen,
Des Kriegs Vulkane, wie verreckt,
Noch flogen Kugeln aus Ruinen,
Im Herz der Stille eine steckt,
Da wurde Ziehkind diese Siedlung
Des Lands, das niemand je versteht.
Sie scharte unter ihren Flügeln,
Verkohlt im eignen Wind, das Volk,

Nach vorne wankend, leidverfolgt
Und abenteuerlustig siegend.
Als triftig Anlaß mochte gelten,
Daß Angeworbne strömten her.
Nackt stand noch der Ruinen Wehr,
Doch wuchs die Stadt aus Trümmerfeldern.
In die Aorta Deutschlands flossen
Der Russen toller Schmerz, ihr Tod.
Auf keinen Gott und Teufel hoffend,
Entblößt sie, meine Stadt, die Not
In windzerzausten Häuserreihn,
Weitläufig-düster, zugig, kalt:
Des Gestern Bruder. – Abel? Kain? –
Ich weiß es nicht. Der meine halt.
Sie wächst wie rasend, höher immer.
Wird Frau. Seit sie mein Leben streift,
Musik des Regens mich ergreift,
Gefalln aus blaugekrümmtem Himmel.

Kein Grund besteht zum Pessimismus:
Sie weist kaum ab des Gestern Werk,
Die Nonne, krank vom Atheismus,
Kaliningrad von Königsberg!

Ankunft

ANDREAS METZ

Im Zug, 6. September

Ankunft

Die Sonne steht schräg über der Weichselniederung, stanzt Schattenrisse aus Weidenbaumreihen. Vogelscheuchen sind zu sehen, Amsel, Katz und Maus. Und eine alte Bockwindmühle, wie die von Nickelswalde. Danzig ist nicht weit. Grass-Land. Bis hierhin kenne ich mich noch aus, zumindest literarisch. Jetzt geht es über die Weichsel ins große Unbekannte hinein. Tau steigt auf von den platten, abgeernteten Feldern. Das Licht ist milchig trüb, die Weichsel breit und sandig. Eine Kuhherde grast an ihren Ufern. Der Zug schnauft über die Eisenbahnbrücke bei Tczew. Nun liegen Malbork, Elbląg und Braniewo vor uns. Und dann irgendwann Kaliningrad.

Dirschau, Marienburg, Elbing, Braunsberg und Königsberg hätte früher an den Bahnhöfen gestanden. Die Lok folgt den alten Gleisen der Verbindung Berlin–Königsberg. Im Gepäck habe ich Pflaumenmus von Dankas Mutter, eingestaubte Russischkenntnisse, die Notfall-Nummer der deutschen Botschaft in Moskau und ein Handy ohne Empfang. In meinem Blut schwimmen Antiviren gegen Hepatitis A und B, Tuberkulose, Polio und Zecken und eine Überdosis Liebe. Ich fühle mich von einer großen, unvernünftigen Sehnsucht angetrieben, von dem Gefühl, dass alles gut gehen wird, dass alles so sein soll, dieser Umzug in die hinterste Ecke Europas. Zeitungsartikel prophezeien mir eine Begegnung mit der Apokalypse, Königsberg als schwarzes Loch voller Aids, Korruption und Armut. Die dunkle Seite des Mondes. Als ich in Wiesbaden kündigte, hatten sie mich ungläubig angesehen, wie einen Desperado, der bereit ist, sich den Weg durch die Hölle freizuschießen. Als es sich dann herumgesprochen hatte, nahmen mich Leute flüsternd beiseite, mit denen ich kaum je eine Silbe gewechselt hatte: »Meine Eltern stammen aus Königsberg.« »Meine Mutter ist Ostpreußin.«

»Ich selbst wurde da geboren.« Fast schamhaft kam das, als rühre man ein dunkles Geheimnis an, als bekenne man sich zu einer politisch nicht korrekten Sekte, zur verfolgten Minderheit der Heimatvertriebenen. Nicht weit von meiner Mainzer Wohnung steht an einem Eckgebäude das Schild ›Haus Königsberg‹. Warum? Wer weiß? Im Erdgeschoss befindet sich inzwischen eine Pizzeria. In Wiesbaden gab es in der Kantine regelmäßig diese graugesichtigen Königsberger Klopse und im Wiesbadener Westend hat ein Café als eines der letzten das Rezept für Königsberger Marzipan bewahrt und verschickt die weiße Masse an Königsberger in der ganzen Welt. Auf einmal überall Zeichen: War da was vorherbestimmt?

In Braniewo muss ich umsteigen. Es ist gleichzeitig der polnische Grenzbahnhof, erst seit ein paar Jahren und deshalb noch frisch herausgeputzt. Früher ging es hier nicht weiter. Das Kaliningrader

Gebiet war militärische Sperrzone ohne einen einzigen offiziellen Grenzübergang zu Polen. 45 Jahre lang. Der Zug ist an rostigen Metallschildern mit der Aufschrift ›Braniewo-Kaliningrad‹ zu erkennen. Er wartet schon gegenüber auf Peron 3, Tor 5; bei ihm stehen Grenzer in Tarnuniformen, die uns, bewaffnet mit Schirmmütze, Funkgerät, Pistole und Passlesegerät kontrollieren, noch ehe sich der Zug einen Zentimeter bewegt hat. Es gibt zwei Waggons, die kaum besetzt sind. Es sind polnische Wagen, wohl wegen der europäischen Spurweite. Wir werden die einzige Strecke in ganz Russland befahren, auf der keine Breitspur liegt. Sonst müssen europäische Waggons an den Grenzen der ehemaligen Sowjetunion auf ein breiteres Fahrwerk umgehoben werden. Für die 70 Kilometer nach Kaliningrad spart man sich diesen Aufwand.

Die Großraumwaggons der polnischen Staatsbahn PKP haben schon bessere Tage gesehen. Der Staub hat sich in die roten Plastikbezüge eingegraben, verschleiert auch das Holzimitat an den Wänden. Im Gang lehnt eine gebrauchte Neonröhre, der Halter für den Feuerlöscher greift ins Leere. Drei polnische Hostessen, alle drei wasserstoffblond, steigen kurz zu, erklären etwas, das ich nicht verstehe. Dann steigen sie schon wieder aus. Zurück lassen sie den untersetzten polnischen Schaffner und ein müdes Dutzend Passagiere. Eine Frau trägt ein Sommerkleid, darüber eine weiße Adidas-Jacke und eine riesige Nike-Tasche. Ein russischer Geschäftsreisender auf der Sitzreihe gegenüber schnauft schwer. Außer diesen wenigen Regungen menschlichen Lebens liegt Stille wie Zuckerguss über dem Provinzbahnhof. Niemand hastet nach dem Zug, diesem einzigen, der täglich nach Kaliningrad fährt. Abfahrt 19.59 Uhr. Eine Minute zu früh. Abgeerntete Felder, Birken, Eichen, Pappeln, Wacholder, Holunder, Hagebutten, Vogelbeeren – eine Landschaft, die sich gerade zwischen Sommer und Herbst entscheidet. Der Zug beschreibt eine weite Kurve, bevor er in einem kleinen Wäldchen verschwindet. Am Wegesrand grüßt noch eine Imkerei mit ihren bunt bemalten Bienenstöcken. Dann tauchen nach wenigen Kilometern an einer Lichtung zwei Grenzpfosten auf. Der polnische und der russische Adler stehen sich mit hölzernem Rückgrat stramm gegenüber.

Kurz hinter der Demarkationslinie hält die Lok auf offener Strecke. Wie ein Trupp Partisanen entern russische Grenzschützer den Zug.

Angeführt werden sie von zwei Frauen, die eine rot, die andere blond gefärbt. Ihre Begleiter, Männer in Tarnanzügen, verteilen sich über die drei Waggons. Auf jeden Passagier kommen etwa zwei gelangweilte Bewacher. Die beiden Frauen beginnen ihren Kontrollgang und sammeln die Pässe ein.

Danach darf der Zug im Schritttempo bis zu einer Lichtung weiterfahren. Dort schneiden zwei mit Stacheldraht besetzte Zäune die Gleise. Zwischen beiden Zäunen befindet sich ein kahler, baumloser Streifen, der von einem grünen, hölzernen Wachhäuschen und von einem etwa 20 Meter hohen eisernen Wachturm aus beobachtet wird. Das Ganze wirkt aber nicht bedrohlich. Es wirkt lächerlich, wie ein fehlgeschlagener Versuch, die Kulisse des Eisernen Vorhangs für einen Hollywood-Streifen nachzubauen.

Der Zug muss kurz stoppen. Dann öffnet sich ein Tor und es geht hinein ins Kaliningrader Gebiet. Am ersten Halt auf russischer Seite ist die Welt schon kyrillisch. Mamonowo steht überm Bahnhofsgebäude. Dessen Fassade wird durch sechs griechische Säulen zu monumentaler Wirkung aufgeblasen. Im Fries kleben Hammer und Sichel im Ährenkranz, frisch renoviert, so als hätten wir eine Zeitschleuse passiert, hinter der der Kommunismus noch lebendig ist. Back in the U.S.S.R.

Tatsächlich gehen die Uhren in Russland anders. Wir müssen sie eine Stunde vorstellen, als bräuchte das Leben hier diesen Vorsprung, um nicht irgendwann völlig aus jeder Vorstellung von Zeit und Raum zu kippen. Mamonowo hieß früher Heiligenbeil, ein Name, der nach Kreuzzug klingt, nach Deutschem Orden, nach Missionierung, ein Name, an dem Blut klebt, das Blut der heidnischen Pruzzen, auch das Blut einer Schlacht im Zweiten Weltkrieg.

Wir stehen hier lange. Die Frauen mit den gefärbten Haaren verschwinden mit unseren Pässen im Bahnhofsgebäude. Auf dem Bahnsteig lungern ein paar gelangweilte Deutsche Schäferhunde mit ihren gelangweilten russischen Haltern herum. Nach 30 Minuten ist endlich die für irgendwelche geheimnisvollen Kontrollzwecke nötige Kopie des Visums eingesammelt und mein Pass, die Eintrittskarte ins Reservat, abgestempelt. Eine Gepäckkontrolle gibt es überraschenderweise nicht. Die Beamtinnen liefern die Pässe freundlich wieder ab. Endlich heulen die Diesel auf, die glupschäugige Lok setzt sich in Bewegung.

Dicke, schwarze Schwaden ziehen an Hammer und Sichel vorbei die Fassade entlang. Tapfer hält die Stationsvorsteherin ihr Fähnchen in den rußigen Himmel und gibt die Fahrt frei.

Der Unterschied zu Polen ist jetzt dramatisch: Verwilderte, zugewucherte Felder, Weiden und Linden und Holunder, der sich unter der Last seiner überreifen, schwarzen Früchte biegt. Brandspuren von wilden Strohfeuern. Gärten, die sich kaum aus der sie umgebenden Wildnis abheben, windschiefe Wartehäuschen, bröckelnde Betonruinen, dazwischen üppiger Urwald. Es ist, als wäre die Zivilisation ihrer selbst überdrüssig geworden. Der Zug muss eine verirrte Kuh mit einem Pfiff von der Strecke scheuchen. Sie ist schwarz-weiß, wie die Begrenzungspfosten an den sandigen Bahnübergängen, kilometerlang der einzige Nachweis menschlicher Zivilisation. Mein Urteil schwankt zwischen ›romantisch‹ und ›trostlos‹. Ich bin neugierig wie Jurij Gagarin. Gibt es menschliches Leben da draußen und wie wird es mich empfangen?

Eine lang gezogene Ebene kündigt die Einfahrt nach Kaliningrad an. In der Ferne ist das Blau des Haffs zu sehen. Datschen wie Hexenhäuschen über ein verwildertes Feld verstreut. Räder ächzen über Weichen, bahnen sich im Wust der Gleise einen Weg. Die Zahl der Bahnübergänge steigt. Und an jedem steht ein Häuschen und vor jedem Häuschen steht eine Schrankenwärterin und jede Schrankenwärterin hält eine gelbe Fahne stolz in den Wind und freut sich, dass endlich mal etwas auf den Schienen passiert, die vor ihrer Haustür liegen.

Die letzten Meter sind eine Triumphfahrt, eigens für mich inszeniert. Die Sonne scheint, es weht ein warmer Wind. Im Schritttempo fahren wir in die Stadt ein, bis sich der passende Triumphbogen mit der riesigen Begrüßungsformel ›Dobro Poschalowat‹ ins Bild schiebt, ›Herzlich Willkommen‹. Ein riesenhafter Bahnhof verschluckt den Zug. Die Digitaluhr zeigt 13.25 Uhr an, als ich mein Gepäck den viel zu langen Bahnsteig entlangwuchte. Zwei Stunden und 25 Minuten dauerte die Überwindung der 65 Kilometer langen Strecke von Braniewo. Auch wenn ›Kaliningrad‹ in blau-weißen Großbuchstaben über der Einfahrt steht, es ist noch der alte Königsberger Hauptbahnhof. Er ist groß wie ein dreischiffige Kathedrale und seine vielen Bänke sind leer wie bei einem Gottesdienst im Hochsommer. Fast will ich auf dem Bahnsteig niederknien.

EINE JANUSKÖPFIGE STADT – KALININGRAD AN DER JAHRTAUSENDWENDE

Am Gartenzaun

EVA REIMANN

Oktobergold des Ahorns und dunstige Herbstluft legen über die so veränderte Stadt unserer Vergangenheit eine eigenartige Stimmung. Sie ist wie leise Trauer, die zu den Empfindungen unseres Wiedersehens passt, und sie ist zugleich von einer beschenkenden stillen Freude, die der Anblick der flammenden Schönheit der alten Bäume verbreitet, die oftmals noch aus der Zeit herstammen, da wir in dieser Stadt unserer Kindheit und Jugend lebten.

Der Ruch nach Erde und Laub, Herbstgeruch, strömt von dem verwilderten Gartengrundstück zu uns her, das einst zum Besitz von Agnes Miegels Großeltern gehörte und auf das sie einst von ihrem Fenster in der Hornstraße sehen konnte.

Und wir stehen mit dem Rücken zu diesem Grundstück und schauen auf das Haus, in dem sie wohnte und von dem aus sie als alter Mensch den Weg in die Fremde antreten musste. Noch einmal hatte sie, ehe sie fortging, Abschied von der so schwer verwundeten Stadt genommen, von der Kneiphofinsel mit dem zerstörten Dom, den sie in ihren Werken als zutiefst mit ihrem Leben verbunden beschrieben hatte, den sie »Mein Dom« nannte.

Wie vielen Menschen, die wie sie in der Fremde das Gefühl hatten, aus ihrer Verwurzelung herausgerissen zu sein, konnte sie mit ihrem Werk erinnernde Geborgenheit schenken. Stammt doch von ihr das schöne Wort vom »Schutzengel Erinnerung«.

Und wundersam berührt erleben wir in diesen Tagen, dass ihr Werk und ihre tiefe Menschlichkeit, die alles Leben achtete, allem Leben gut war und sich immer für das Leben entschied, auch zu den heute in Königsberg lebenden Menschen spricht.

O Agnes Miegel, erfährt die Seele in den Weiten des ewigen Raumes eine Ahnung, dass deine Worte hier wieder eine Heimstatt finden? Dass wir hier, nach jahrzehntelanger Abwesenheit, in deiner Vaterstadt, mit vielen russischen Menschen deiner gedenken und eine Gedenktafel für dein Leben und Werk an deinem Haus enthüllen? –

Ein besonderes Aufhorchen ist spürbar, als nach den Reden verschiedener Vertreter der Stadt und der Kulturgemeinschaften nun die Vorsitzende der Agnes-Miegel-Gesellschaft Worte aus dem Gedicht von Agnes Miegel ›Am Gartenzaun‹ spricht und ihrer Ansprache zugrunde legt:

»Nahwersche, Nahwersche
Komm an den Zaun!
Wo bleibst du? …
Meine Jungchen und deine
Nahwersch Kinder
Haben sich geschlagen.
Meine schönen Jungchen
Deine jungen Söhne,
Schlafen im Acker.
Pflug geht darüber,
Saat tropft und Regen,
Neigen sich die Ähren
Flüsternd in ihren Schlummer!
In der grünen Ebene
Zwischen Weichsel und Wolga …
Komm an den Zaun!«

»Und heute stehen wir an dem von Agnes Miegel beschworenen Zaun!«, wird die Ansprache weiter ausgeführt. Agnes Miegels Stimme sei nicht ungehört verhallt. Nach den furchtbaren Geschehnissen und schrecklichen Irrtümern, durch die unsere Völker gegangen sind, stehen wir miteinander am Gartenzaun.

Und ein Dank wird an die vielen Bürger dieser Stadt ausgesprochen, die die Dichterin an diesem Gartenzaun willkommen heißen.

Eine junge Frau ist vor die nun enthüllte Bronzetafel mit dem Bildnis Agnes Miegels getreten. Ihre Worte trägt der Herbstwind zu uns her. Es sind russische Worte, doch wir können Rhythmus und Klang aufnehmen, spüren Verinnerlichung von Dichterworten. Die russische Lyrikerin Apollinaria Sujewa hat ihr Gedicht ›Rückkehr‹ genannt und es der geistigen Rückkehr Agnes Miegels gewidmet. Wie die goldenen Herbstblätter sich beim leisen Niedersinken als Bild in unsere Seele legen, so nehmen wir diese Worte, die nun in der Übersetzung in unserer Muttersprache zu uns herüberklingen, in uns auf.

»[…] Die Hörner erklingen in unsichtbarer Himmelshöhe.
Der Kreis schließt sich. Die Rückkehr ist beendet,

die vor vielen Jahren begann.
Lautlos wird das Siegel von der Tür fallen […]
Ich komme hierher, um zu schweigen.
Oktoberseufzer, Ahornruf: »Agnes ... «
Der bittere und traurige Engel deiner Poesie
wird leicht meine Schulter berühren. […]
Die Nachricht ist abgeschickt […]
Und der Empfänger öffnet das Buch.«

Wir lauschen den letzten Worten nach. Sind nicht wir hier zum Empfänger einer Botschaft geworden? Der Botschaft, dass da, wo Menschen sich gegenseitig achtend bereit sind, offen füreinander zu sein, echte Begegnung geschehen kann.

Es war Agnes Miegel, die hier mit ihrem Werk eine Brücke baute, über die wir, Menschen beider Völker, aufeinander zugegangen sind.

Wiedersehen mit Königsberg

EVA REIMANN

Über den Gräbern
ein Spielplatz.
Über dem Haus
grünt der Rasen.
Nicht finden konnt' ich
die Straße der Kindheit.

Aber da war eine Spur
eine schmale
die bin ich gegangen.
Eine Türe war offen.

Und wir lernten die Namen.
Wir legten die Hand
auf die Narben.
Leise sag ich »Nadeshda
dein Leben, dein schweres …«

Brücke der Begegnung

EVA REIMANN

Das ist das Erlebnis dieser Tage. Wir haben Begegnungen mit Menschen dieser Stadt gehabt, die offen und ohne Vorbehalte auf uns zukamen. Es entstehen Verbindungen und Freundschaften. Die Stadt fängt an, auf eine neue Weise für uns zu leben.

Begegnungen sind Geschenke des Lebens. Das empfanden wir einst ähnlich stark, als wir nach dem Inferno des Krieges, dankbar dafür, am Leben geblieben zu sein, doch abgeschnitten von den alten Fäden des vertrauten Lebenskreises, uns tastend und suchend auf neuen Wegen bewegten. Und da gab es unvorhergesehene Begegnungen, Sternstunden zwischen den Menschen.

Wer bist du? Was denkst du? Offen und staunend gingen wir aufeinander zu, auf dem neuen Weg.

Und ähnlich ist es mit den Begegnungen im heutigen Königsberg. Es ist ein besonderes Aufeinanderzugehen, auf einem neuen Weg. Es gibt nur den neuen Weg. Es gibt nur das Suchen nach einem neuen Weg.

Wir möchten uns näher kennenlernen, voneinander mehr erfahren. Mehrfach werden wir eingeladen. Von Frau Ludmilla zu einem Abendessen und Hauskonzert. Wir erleben die russische Gastfreundschaft und die große Liebe zur Musik und die zu bewundernde Lebensfreude, trotz der heute so schweren Situation in Königsberg. Und wir sind Gast im Haus der russischen Lyrikerin und lernen ihre Familie und die lieben Kinder kennen.

Sie spielt und singt uns ein Gedicht von Hermann Hesse vor, das sie übersetzt und vertont hat.

Ich halte das Buch mit Erzählungen und Gedichten ›So war der Frühling in meiner Stadt‹ von Tamara Ehlert in der Hand. Apollinaria Sujewa hat es ins Russische übersetzt und einen Begleittext dazu geschrieben. Wie ist sie dem Dichterwort in seiner tieferen Bedeutung nachgegangen. Ein seltenes Geschenk für einen Schriftsteller, wenn so die Tiefe der Sprache heraufgeholt wird, durch den Echoklang einer verwandten Seele.

Und was jeden Menschen, der das alte Ostpreußen liebt, besonders berührt, ist ebenso der Echoklang der Empfindung dieser Landschaft, in die wir und sie hineingeboren wurden.

»Nur ein Mensch, der sich von Kindheit an in die raschelnden Märchen Rauschens hineingehört hat – von Kindheit an verzaubert durch die sonnige Melodie von Swetlogorsk (Rauschen) – kann das Leuchten der Lupinenfelder im goldig grünen Widerschein des Bernstein erblicken«, schreibt Apollinaria Sujewa zu der Erzählung ›Das Stück Bernstein‹.

Und weil sie dieses Land liebt, versteht sie auch unseren Schmerz um das Land unserer Väter, das wir verlassen mussten. Ja, mehr, als wir es oftmals bei uns im Westen erfahren.

»Ich verstehe es wohl besonders«, sagt sie uns, »weil es in unserer Familie ein ähnliches Schicksal gab.« Wir erfahren, dass ihre Großeltern aus wohlhabender adliger Familie sich aus Idealismus für die Revolution einsetzten und ihren Besitz freiwillig übereigneten. Doch in den Wirren der Geschehnisse musste der Mann sein Leben lassen. Die Frau wurde gezwungen, innerhalb weniger Stunden, ohne Gepäck, mit ihren beiden Kindern ihren Heimatort zu verlassen.

Und weil Apollinaria das Schicksal und das Leid dieses von ihr geliebten Menschen, ihrer Großmutter, in sich aufgenommen hat, der Großmutter, der sie viele bedeutsame und prägende Kindheitserlebnisse verdankt, kann sie auch die Menschen mit ähnlichem Schicksal besonders gut verstehen.

Ich las mein Gedicht ›Wiedersehen mit Königsberg‹. »Über den Gräbern ein Spielplatz / Über dem Haus grünt der Rasen / Nicht finden konnt ich die Straße der Kindheit / Aber da war eine Spur / eine schmale ... «, und werde aus dem Kreis der Anwesenden gefragt: »Und doch zieht es Sie immer wieder nach Königsberg?«

Und Apollinaria ist es, die die Antwort weiß: »Es ist die Seele der Stadt!«

Mit ihrem großen Einfühlungsvermögen in die Sprache und die dichterische Aussage übersetzte sie einige meiner Gedichte. Zum Abschied überreicht sie mir eine große weiße Vogelfeder mit eingefügter Schreibmine. Sie fand die Feder an der Küste der Kurischen Nehrung. Ein wilder Schwan, der, aus den Weiten des Himmels kommend, sich am Strand niedergelassen hatte, verlor sie. Mit dieser Feder schreibe ich:

Über die »Brücke Verstehen«
können Vertrauen und Hoffnung gehen
auf Frieden und eine bessere Welt.

In Königsberg am Schloßteich – heute

EVA REIMANN

Die Frau mit dem roten Tuch
hat die Stille gesucht
und den Ruch von Herbstlaub
und dunstigem Teich.

Sie ist der Enge entflohn
und dem Druck und der Last
der heutigen Stadt.

Auf altem Baumstumpf
der erdtief verwurzelt
wie alte Geschichte der Stadt –
nahe am Wasser sitzt sie
und sinnt.

Unter dem Herbstgold
des Ahorns
atmet ins Heute
vergangene Zeit.

Tanzende Sterne

ANDREAS METZ

Oh Kaliningrad, du hast mir gefehlt und du wirst mir fehlen. Du bringst mich zum Lachen und Weinen, zum Staunen und Rätseln, wie kein anderer Ort der Welt. Mit Wonnen steige ich hinab in die Absurditäten des russischen Alltags, durchmesse den großen Resonanzboden des Wahnsinns, reise durch Absurdistan. Storchennester auf Kirchenruinen, spielende Kinder auf einem Panzerdenkmal, ein Busreifen, der genau im richtigen Augenblick, nämlich kurz vor dem Ziel, platzt, ein Autowrack, das einfach mit einem Abschleppseil zum verlängerten Kofferraum umgewidmet wird und von Markt zu Markt gezogen wird, Ortsnamen, über die die Geschichte hinweggegangen ist, Büroklammern als Vorhanghaken, ein Getränk aus vergorenen Schwarzbrotresten – entwaffnend köstlich, entwaffnend komisch, entwaffnend absurd. Immer wieder Bilder und Situationen, die ich frisch entdecke, die mich nicht mehr loslassen. Oft winzige Details. Aber sie sind der Einlass zu ganzen Sonnensystemen, der Anstoß zu Frageketten und Kettenreaktionen. Warum ist das so und nicht anders?

Das Klo ist fensterlos und hat keinen Abzug: Ein Streichholz reicht völlig aus, vertreibt üble Gerüche und Gedanken in Sekunden und kostet fast nichts. Raisa schwört darauf. Die Schlafzimmerfenster sind so zugig wie ein offenes Scheunentor: Mit alten Socken und Klebeband kommt man über jeden Winter. Baugerüste sind zu teuer: Dann seilen sich die Maler eben auf einer Schaukel ab. Die Farbeimer baumeln an ihrem Sitz, darunter gähnt der Abgrund. Geht das? Ja es geht!

In der Uliza Kosmonawt Leonowa steht der gelbe Firmenname Nowinka in Plastiklettern an einer grauen Hauswand. Alle Buchstaben exakt auf gleicher Höhe. Nur der allerletzte hängt schief. Vielleicht war Feierabend? Vielleicht fiel der Handwerker genau in diesem Moment von der Leiter oder von der Schaukel? Egal, der Name ist lesbar. Nur ein Deutscher würde sich darüber noch Gedanken machen. So, wie über den kleinen Bach, der sich seit einigen Monaten im Rinnstein vor unserer Haustüre entlangschlängelt, um schließlich nach knapp 150 Metern in einem Gully zu versickern. Der Fluss ist nicht natürlich, die Quelle ein anderer Kanaldeckel mitten auf der Straße. Schon im Mai hat es dort einen Rohrbruch gegeben. Anfangs quoll das Wasser sturzbachartig, im August ist ein langer ruhiger Fluss daraus geworden. In Deutschland hätte man das Wasser nach spätestens drei Stunden gestoppt, der Notdienst wäre gekommen. Die Lokalpresse hätte Bilder geschossen, das Thema breit diskutiert. In Kaliningrad fließt es bis heute und so beständig, dass das Wasser mittlerweile den Straßenbelag unterspült hat. Fahrende Autos haben dazu beigetragen, dass die Teerdecke eingebrochen ist. Grund zur Aufregung sieht immer noch niemand und die Kinder freuen sich: Sie bauen kleine Staudämme oder plantschen vergnügt im Rinnstein.

Das sind Momentaufnahmen. Vielleicht gibt es sie auch im Westen. Doch dort bin ich betriebsblind, hier nur kann ich sehen. Manchmal verzweifle ich über dem Anblick, manchmal freue ich mich diebisch über ihn. »Man muss noch Chaos in sich haben, um einen tanzenden Stern gebären zu können«, schreibt Nietzsche. Das sind die Russen: Geburtshelfer von tanzenden Sternen.

Natürlich bemerke ich, wie das, was wir im Westen als ›Normalität‹ wahrnehmen, sich immer weiter ausbreitet, wie große Einkaufscenter hochgezogen, Wohnungen saniert, Straßen geteert und Plätze neu angelegt werden. Kaliningrad ist nach Westen aufgebrochen, mit großer Verspätung zwar, aber nicht weniger rasant als die DDR Anfang der 90er Jahre. Dort hat man nach der Sanierung erstaunt festgestellt, dass vieles von dem verschwunden ist, was Heimat ausmacht, die Kleinigkeiten, das Anarchisch-Komische, die Reibungspunkte, die Unzulänglichkeiten, und dass mit ihnen auch ein Stück Seele verschwunden ist. Werden auch in Kaliningrad eines Tages die kleinen Details verschwinden? Aber dazu bedürfte es schon Gründlichkeit, und die ist eine deutsche Erfindung.

In Kaliningrad kann es immer noch passieren, dass am hellichten Tag eine Kuhherde hüterlos durch die Straßen trottet und sich einen Platz zum Grasen sucht. Auch streunende Hunde verbünden sich gelegentlich zu kleinen Gruppen, wechseln routiniert die Straßenseite, lassen sich von der Umgebung nicht stören und die Umgebung stört sich nicht an ihnen. Nur der Deutsche wundert sich, so wie er sich über den Müll mokiert.

Für viele Russen ist Abfall nicht existent, sobald sie ihn hinter sich geworfen haben. In Deutschland würde man mahnen: »Verlasse diesen Ort stets so, wie du ihn selbst antreffen willst.« Hier verfängt das nicht, viele Russen picknicken ungerührt in dem Müllhaufen ihrer Vorgänger. Wie oft konnte ich das beobachten.

In der Nähe des Deutsch-Russischen Hauses gab es einmal eine Holzbank, die zerbrochen war. Oft bin ich an ihr vorbei durch den kleinen Park gelaufen. Eines Tages war die Bank repariert und ich freute mich darüber wie ein Kind. Unnötigerweise. Seit die Bank wieder steht, wird sie benutzt, und hinter ihr schwillt der Müllberg ins Gigantische an. Ich überlege schon, nachts dorthin zu schleichen und die Bank wieder zu zerstören.

Der Wahnsinn und sein großer Resonanzboden. Fasziniert schaue ich den Russen zu bei ihrer Lebenskunst, wie sie den Irrsinn besiegen und zugleich neuen produzieren: Sie baden in verseuchten Flüssen, grillen Schaschlik in verrosteten Metallkisten, nehmen auf langen Zugreisen ihre Hausschuhe mit, kreuzen schwere, schwarze Lederjacken mit metallicblauen Trainingshosen, schmuggeln Zigaretten in Büstenhaltern, lassen sich ihre Gebisse mit Gold füllen und legen Blumen vor Panzern ab. Sie balancieren mit Pfennigabsätzen über grobes Kopfsteinpflaster oder tanzen spontan auf den Straßen, trinken Wodka auf Friedhöfen und frühstücken auf öligen Fernheizungsrohren. Einfach ein bisschen Zeitungspapier untergelegt, Gurken, gebratener Fisch, Piroggen, ein Kanten Brot, Schnapsgläser. Schto jeschtschjo? Es ist Chuzpe, es ist Lebenskunst, es sind tägliche, kleine Wunder, tanzende Sterne.

Dem Botanischen Garten von Kaliningrad müssen vor Jahren die Gelder gestrichen worden sein. Die Gewächshäuser verfallen, Beete verwildern. Vermutlich bekommen die Mitarbeiter schon jahrelang kein menschenwürdiges Gehalt mehr. Dennoch öffnet der Botanische Garten im Sommer seine Pforten. Die Angestellten haben ihre eigene Überlebensstrategie entwickelt: Sie züchten Tomatensetzlinge – in den ehemaligen, tropischen Gewächshäusern – und verkaufen sie an die Besucher.

Weiter geht es immer irgendwie. Manchmal weine ich, manchmal lache ich, immer staune ich. Noch immer hat das Gültigkeit, was Fjodor Tjutschew im Jahr 1866 formulierte: »Russland ist mit dem Verstand nicht zu begreifen, mit dem normalen Maßstab nicht zu messen. Es ist aus einem besonderen Stoff. An Russland kann man nur glauben.«

Kaliningrader Bilder eines Jahres. Auf Bürgersteigen tun sich plötzliche Abgründe auf, Gullydeckel fehlen, die Baustellen sind kaum gesichert, doch die Betrunkenen schwanken zielsicher um den Gefahrenherd herum. Autos mit abgefahrenen Stoßdämpfern brettern über raues Pflaster, Verkehrsregeln sind Auslegungssache, aber der Griff zum Sicherheitsgurt ein Sündenfall. Durch nichts fühlen sich Taxifahrer mehr entehrt.

Oh Russland. Der Wahnsinn klopft an die Tür und drinnen ist die Tafel schon reich gedeckt. Gastfreundschaft als höchstes Gut. Dass das Licht im Gang kaputt ist und die Klospülung klemmt, dass der Teller einen Sprung hat und die Gabel viel zu groß ist – wsjo rawno! Zusammensein, Essen und Trinken ist das wahre Glück auf Erden. Vergessen wir, dass wir keine Zukunft haben, sondern stoßen wir auf sie an. Vergessen wir den Wahnsinn der Welt, vergessen wir, was außen ist, so lange nur der Mensch von innen leuchtet.

Kaliningrad is alive

KARSTEN LASKE

Es ist abends halb zehn, auf dem Bahnhof Berlin-Lichtenberg ist es still und die Rolltreppen fahren leer vor sich hin, es herrscht kaum Verkehr. Wie an jedem Abend geht auch heute von hier ein Zug nach Minsk. Zeitig wird er bereitgestellt, noch zeitiger finden sich die Fahrgäste mit Sack und Pack auf dem Bahnsteig ein. Der Zug rollt herein und mit ihm, auf den Trittbrettern bei offenen Türen, die Schaffner. Ein jeder von ihnen begibt sich vor seinem Waggon in Stellung, um die Fahrgäste in Empfang zu nehmen und gründlich ihre Tickets zu prüfen. Der Schlafwagen am Ende des Zugs ist ein Kurswagen nach Kaliningrad. Die Fenster sind mit Gardinen behangen und von Stoff umrahmt: golden auf Blau ein geflügeltes Rad, Symbol der Russischen Eisenbahn.

Eine Reise nach Kaliningrad ist eine Reise nach Russland. Abgeschnitten vom riesigen Mutterland liegt das Kaliningrader Gebiet, das insgesamt so groß ist wie Schleswig-Holstein, mit seinem Kurischem Haff und der Kurischen Nehrung, als Exklave zwischen Litauen und Polen. Bis 1991 war die Kaliningradskaja Oblast, wie die Region auf Russisch heißt, für ausländische Besucher gesperrt. Heute ist es einfacher für uns Deutsche, in das Gebiet hinein- als für die Kaliningrader hinauszukommen. Das angrenzende Litauen zum Beispiel erteilt den Russen kein Transitvisum. Wir Deutschen brauchen, wie für jede andere Russlandreise, ein Visum, eine Auslandskrankenversicherung und unseren Pass natürlich. Später werden wir erfahren, dass auch noch innerhalb von drei Tagen ein Stempel auf ein Papier muss, eine amtliche Registrierung, die natürlich mit einer Bearbeitungsgebühr verbunden sein wird. Ohne diesen Stempel gibt es Ärger bei der Ausreise. Es herrscht also eine Art Meldepflicht für Touristen.

Für 10 Euro ist Königsberg/Kaliningrad bereits in Deutschland von der Firma Rautenberg zu haben, und ein flüchtiger Blick auf diesen Stadtplan erteilt schon zu Hause eine erste Lektion in Sachen Kaliningrader Gegenwart und Königsberger Geschichte. Die Russen, sieht man, halten auch 20 Jahre nach der Perestrojka und 15 Jahre nach dem Zusammenbruch der Sowjetunion tapfer an ihren alten Straßennamen fest. Ein Wohngebiet im Osten Kaliningrads heißt weiterhin Leningradskij Rayon, obwohl es längst keine Stadt Leningrad mehr gibt, es ist eine Proletarskaja ulitza verzeichnet, eine ulitza Tschekistov und ein Stadtpark zu Ehren des 40. Jahrestages des Komsomol.

Doch auch das deutsche Gedächtnis scheint in Tradition verfangen, zeigt die Karte. Eine Legende ist ihr beigefügt, die die heutigen und einstige Straßennamen aufführt und sie einander zuordnet. Da finden sich all die schönen deutschen Straßennamen einer Stadt, die 750 Jahre preußischer – oder waren es doch nur zwölf Jahre nationalsozialistischer? – Geschichte auf dem Buckel hat. Besagte ulitza Tschekistov hieß Gustloffstraße, die Horst-Wessel-Straße ist heute ein prospekt Kalinina, die Hermann-Göring-Straße ist nach dem Kosmonauten Gagarin benannt und der Adolf-Hitler-, vormals Hansaplatz musste einem Platz des Sieges weichen. (Wir werden noch auf ihn zu sprechen kommen, auf diesen Platz.) Das alles weist die Karte aus. Sie will suchen helfen. Das Zerstörte. Das Verlassene. Das Verlorene. Die alte Heimat.

Wer sich als Deutscher für Kaliningrad interessiert, meint die Firma Rautenberg, muss ein Vertriebener sein.

In Vorbereitung auf die Fahrt habe ich mir einen Film angesehen: ›Königsberg is dead‹. Er zeichnet das Sterben jenes in Trümmer und Tod gesunkenen Ortes nach, an dessen Stelle heute eine andere Stadt steht. In den Mauem von Königsberg, das 1945 zur Festung erklärt und dadurch der Schlachtung preisgegeben wurde, fanden mehr als 80% der Bevölkerung den Tod. Die überlebten, wurden in den folgenden Jahren ausgesiedelt. Russen kamen, bauten sich ein anderes Leben, eine neue Stadt.

Pommerland ist abgebrannt, Ostpreußen auch. Die Maikäfer fliegen.

In dem Zweierabteil, das wir gebucht haben, gibt es für jeden eine kleine Verpflegungsration, Bettwäsche und ein Handtuch liegen bereit. Es gibt Tee, Kaffee oder Bier beim Schaffner. Es ist ein bisschen, als würde man nach Australien fliegen: Die Fahrt dauert 14 Stunden, und wir reisen ähnlich ausgerüstet – dicke Socken, um unterwegs die Füße hochlegen zu können, einige Flaschen Mineralwasser im Gepäck. In Sachen Geschwindigkeit verläuft die Fahrt allerdings alles andere als im Flug. Zwischenzeitlich hat man den Eindruck, dass der Zug nicht über 40 km/h hinauskommt. Es gibt viele Aufenthalte, unser Wagen wird mehrfach ab- und wieder angekoppelt, es wird rangiert, die Fahrtrichtung ändert sich. Im Bett des Abteils liegend fühlt es sich an, als würde man in einem Kinderwagen seinem Ziel sanft entgegen schaukeln.

Am nächsten Vormittag passieren wir die polnisch-russische Grenze. Eine Staatsgrenze, wie ich sie lange nicht mehr gesehen habe: ein doppelter, streng bewachter Zaun, dazwischen schmales Niemandsland, ein hoher Grenzturm. Der Zug hält, ein Tor wird geöffnet. Der Zug fährt ein paar Meter. Ein zweites Tor wird geöffnet. Der Zug passiert die Grenze, hält wieder. Ich sehe, da wir uns im letzten Wagen befinden, nach hinten auf das Gleis hinaus. Warum stehen wir, worauf warten wir hier? Ein Soldat glättet mit einem Spaten den Sand zwischen den Grenzzäunen, und er bedeckt sogar die Schienen, die wir eben befahren haben, mit einer Sandschicht. Mir will das zunächst nicht einleuchten. Ein Zug, der die Grenzanlagen durchbräche, würde wohl ein zerstörtes Tor hinterlassen und man brauchte nicht den zerfahrenen Sand auf dem Gleis zum Beweis. Dann dämmert mir, dass der Sand auf den Schienen wohl eher Fußspuren sichtbar machen und verhindern soll, dass todesmutige Schmuggler hinüber oder herüber balancieren. Dass es Todesmut bräuchte, diese Grenze unerlaubt zu queren, zeigt sich, als der Soldat das Tor schließt. Behutsam drückt er es mit seinem Spaten zu, bedacht, dabei nur den Holzstiel in Händen zu halten: Der Zaun steht unter Strom.

Da sind wir nun also auf russischem Gebiet. Und schnell in Kaliningrad. Die Stadt hat etwa 400 000 Einwohner, das ganze Kaliningrader Gebiet eine Million. Der Gouverneur, hört man, möchte die Bevölkerung gern aufstocken auf vier Millionen. Die von EU-Ländern eingeschlossene Insel soll ein prosperierendes Stück Land werden. So der Plan. Russland will seine Exklave nicht im Stich lassen, zumal die Ehefrau Putins aus Kaliningrad stammt – vielleicht die beste Versicherung gegen das Vergessenwerden.

Wir haben uns mit Jürgen Leiste im Foyer des ›Hotel Kaliningrad‹ verabredet. Jürgen ist ein Mann Mitte 50, seine Frau stammt von hier. Er ist Koordinator des deutsch-russischen Kinderhilfswerks ›Anthropos e.V.‹, einer NGO, die sich in Sachen Umweltschutz und für die Rechte von Kindern stark macht. Schon kurz nachdem das Gebiet zugänglich geworden war, kam Jürgen Leiste zum ersten Mal nach Kaliningrad, damals noch als Firmenvertreter in Sachen Fußbodenbeläge. Als sein Arbeitgeber pleite ging, entschloss sich der Berliner, den Umweltschutz und die Hilfe zur Selbsthilfe zu seinem Lebensmittelpunkt zu machen – hier, am Rande der Oblast. Er kennt das Kaliningrader Gebiet aus dem Effeff und ist vor Ort, wie wir noch sehen werden, eine große Nummer. Mancher erkennt ihn unterwegs und grüßt, wenn er durch die Dörfer fährt. Wo er anklopft, öffnen sich ihm und uns die Türen. Alle zwei Wochen fährt er die 650 km von Berlin hierher. Die Gegend ist seine zweite Heimat geworden. Über den Verein kann er, was ihm sonst als Ausländer unmöglich wäre, Grundstücke erwerben, umbauen, renovieren, sich hier engagieren.

Diesmal sitzen in seinem VW-Bus mit der Berliner Nummer – es wird übrigens das einzige ausländische Nummernschild bleiben, das ich während einer Woche Aufenthalt hier sehe – noch drei weitere Männer. Sie sind allesamt Jahrgang 1945, Westberliner, kennen sich seit langem, wohl bereits aus Schultagen. Nennen wir sie Wim, Wum und Wendelin. Sie blicken mit einer Mischung aus Interesse und Entsetzen hinaus auf das Land. Sie unternehmen eine Herrenpartie. Eine Plastikflasche mit irgendeinem Rotweingemisch geht von Mann zu Mann. Dazwischen wird dann auch noch der ukrainische Wodka verkostet, der hier so wunderbar billig ist. Im Auto ist die Luft zum Schneiden und man muss fürchten, dass der Fahrer allein vom Atmen besoffen wird.

So gelangen wir gemeinsam von Kaliningrad Richtung Nordosten, Richtung Tilsit, das heute Sowjetsk heißt, fast bis zur litauischen Grenze. Unser Ziel ist das Jagdhaus Pait im Slavskij Rayon. Seinen Namen hat das Jagdhaus nach dem Flüsschen, das in seiner Nähe fließt.

Wim, ein ›Feingeist‹, wie er selber glaubt, der gerne jagen geht und die Gegend daraufhin in Augenschein nimmt, stellt fest, dass die früheren Kolchosen verwaist sind. Tatsächlich stehen die meisten großen Ställe, die wir vom Auto aus sehen, leer und die Felder sind unbestellt. Sie werden nicht gepflügt, nicht beackert, stattdessen brennt man sie ab. Wir sehen allenthalben Rauchfahnen übers Land ziehen, flache Flammen fressen züngelnd das trockene Gras, oder es breitet sich schwarzer, bereits verbrannter Boden neben der Straße aus. Es ist die bequemste und billigste Art der Rodung. Dennoch bleibt unklar, was sie bringen soll – außer Umweltdreck und der Zerstörung der oberen Erdkrume und der Lebewesen, die darin ihr Biotop haben – denn der Boden wird anschließend nicht bewirtschaftet. Eine absurde Assoziation an deutsche Wehrmachts-Gepflogenheiten kommt auf, Russland als verbrannte Erde zurückzulassen. Freund Wim bringt der Anblick des unbestellten Lands dazu, alle fünf Minuten vorwurfsvoll auszurufen: »Alles verkarstet hier! Alles verkarstet!«

Dann ist da Wum, ein kleiner Mann mit gefärbtem Haar und Schnauzer, der wohl gern ein General wäre, stattdessen aber als Beamter seine letzten Dienstjahre ableistet. Er hat sich, obwohl noch nie auf einer Jagd, in grünes Zeug gekleidet und einen alten NVA-Tarnrucksack dabei. Niemals wird man von ihm einen russischen Ortsnamen hören, er bleibt bei den guten alten deutschen Bezeichnungen.

Außerdem vertritt er die Meinung, der russische Mensch sei für körperliche Arbeit zu schwach gebaut. Diese originelle These erwähnt er mehrfach, und zwar immer, wenn Wim wieder neues verkarstetes Land entdeckt hat.

Wendelin schließlich, um das Trio voll zu machen, ist ein schon etwas seniler aber ansonsten gemütlicher Großvater, der sich das Wort Buschwindröschen zum Beispiel nicht merken kann. Er liebt diese Pflanze und will ständig, dass wir unterwegs anhalten, damit er ein paar pflücken kann. Nur mit der Benennung der geliebten Pflanze, wie gesagt, damit hapert es.

»Alles verkarstet!«, ruft Wim. »Der russische Mensch ist für körperliche Arbeit einfach zu schwach gebaut!«, kräht Wendelin. »Halt mal, da stehen Wuschbind … – wie heißen die?«

Was unsere Landwirtschaftsexperten nicht wissen oder wissen wollen: Das Land gehörte den Kolchosbauern nicht. Anders als zum Beispiel in den LPGs der DDR war es nicht ihr in eine Genossenschaft eingebrachtes, sondern Staats-Eigentum. Jetzt, nach der Auflösung und Zerschlagung der Kolchosen, müssten sie die Felder vom Staat erst einmal kaufen oder pachten, um sie zu bestellen. Aber von welchem Geld? Die Arbeitslosigkeit auf dem Lande liegt offiziell bei 18 Prozent. In Wahrheit dürften es eher 80 sein.

Jetzt haben die Männer in unserem Wagen entdeckt, dass »der Russe« gern Audi fährt, und jedes Mal, wenn uns ein solcher überholt oder begegnet, rufen sie: »Audi!« Es ist, als wenn man mit kleinen Kindern eine lange Strecke fährt und sie sich langweilen.

Also kein Elch. Aber ein paar Spuren, auch von Wilhelm II.

Wir passieren den Ort Jasnoje. Ehemals hieß die kleinstädtische Gemeinde Kaukehmen, bis die Nazis 1939 diesen und viele Orte im Umkreis ›eindeutschten‹ und zu Kuckerneese machten. Heute ist von der alten Bausubstanz noch etwa 20 Prozent vorhanden, der Rest steht leer, verfällt oder ist bereits abgetragen. Am Rande des Marktplatzes protzt ein überdimensionales Siegerdenkmal, in einem kleinen verwilderten Park ist eine Leninbüste vergessen worden. Die Kirche ist Lagerhalle. An einem Haus kann man noch deutsche Schrift lesen. Kurz-, Weiß- und Wollwaren gab es hier, Porzellan.

Niemand von den Einheimischen, werde ich in den nächsten Tagen erfahren, ist gut auf Gorbatschow zu sprechen. Mit ihm kam, wenn nicht der Untergang, so doch eine rasante Talfahrt. In der Nachfolge von Glasnost und Perestroika wurden die Menschen in eine Freiheit ohne Geld und Sicherheiten entlassen. Anstelle staatlicher Strukturen, die sich auflösten, wuchsen keine neuen. Löhne wurden nicht gezahlt. Die Armee, die hier stark war, entließ ältere Offiziere. Die alten Parolen hatten ausgedient, die neue hieß: Seht selbst, wo ihr bleibt! Aber jeder schien vor der Verantwortung zu fliehen. Die 1990er Jahre brachten dem plötzlich nach allen Seiten offenen, quasi befreiten Kaliningrader Gebiet Armut und Verfall.

Wir durchqueren stille Dörfer, sehen eine aufgegeben Käserei; es ist die Gegend des Tilsiter Käses, früher jedenfalls.

Allmählich umgeben uns immer mehr und schließlich nur noch Erlenbruchwälder. Die Bäume stehen dicht an dicht im Wasser, und nur im Winter, wenn Frost herrscht, kann man die Wälder überhaupt betreten. Es ist die Gegend, in der sich Elche aufhalten.

Je näher wir dem Jagdhaus Pait kommen, desto öfter höre ich die Männer von ›SM‹ sprechen. Auf meine Frage hin werde ich aufgeklärt, dass es sich hierbei um keine Sexualpraktik, sondern den letzten – Gott hab ihn selig – deutschen Kaiser handelt, ›Seine Majestät‹. Dieser nämlich requirierte einst das Jagdhaus Pait. Später wurde es von Hermann Göring heimgesucht. Dann verarbeitete man in den Zimmern die Felle aus einer nahe gelegenen Zobelfarm. Das stattliche Gebäude verfiel. Nun wird es gerettet.

Noch steht es jedoch nach allen Seiten offen und wir übernachten nebenan in einem bereits renovierten Haus, in dem vormals der Förster lebte. Das nächste Dorf ist sechs Kilometer entfernt, der nächste Bäcker 40. Das Wasser ist hier überall moorig schwarz. Auch im Jagdhaus kommt es, trotz eingebauter Filteranlage, immer noch gelbbraun aus dem Hahn.

Der Abend kehrt ein. In den Erlenwäldern, die – von flachen Fließen durchzogen – das Grundstück umgeben, hört man die Bekassine meckern, eine Sumpfschnepfe, deren Flug einen merkwürdig flatternden, aufsteigenden Laut schlägt. Über ihr und um sie her in den Ästen zwitschert und tschilpt eine Vogelvielzahl, die dem Städter, der die

Stimmen nicht kennt, sagt: Du bist angekommen, mitten in der Natur! Wir setzen uns zum Abendessen, das uns Sergej und seine Frau, die das Haus hüten und bewirtschaften, bereitet haben.

Anderntags machen wir uns auf die Pirsch. Vielleicht werden wir einen Elch sehen? Um es vorweg zu nehmen: Wenn sechs Mann raschelnd und knisternd durch den Erlenwald stapfen, hat der Elch wenig Lust, sich zu zeigen. Also kein Elch. Aber ein paar Fährten von ihm, tiefe Tritte im feuchten Boden, daneben frische Losung. Im Fließ taucht ein Biber ab, als er uns bemerkt. Die Bäume zeigen seine Nagespuren. Im Wasser hat er sich aus Ästen eine Burg aufgetürmt. Eine Wildsau hat mitten im Weg eine Suhle gewühlt, eine Dreckbadewanne, eingelassen im Waldboden. Dann stoßen wir auf Spuren eines Wolfs – in Jägersprache: ›wir spüren ihn‹. Und plötzlich, fernab jedes Dorfs, ein alter, verlassener Friedhof. Die einzige kleine trockene Anhöhe weit und breit, die Grabschriften deutsch. Hierher hat man auf Kähnen, die die Fließe entlang gestakt wurden, die Särge gebracht. Jürgen Leiste entdeckte vor ein paar Jahren den Platz und beseitigte mit Freunden das Gestrüpp, das die Grabmale überwuchert hatte.

Soll man der Region wünschen, fragen wir uns, dass in Zukunft mehr Touristen kommen? Oder soll man ihr weiterhin jene Ruhe und Abgeschiedenheit gönnen, die wir hier gerade genießen? Den Menschen sicher das eine, der Natur das andere. Oder könnte es gelingen, einen Öko-Tourismus aufzubauen? Jürgen Leiste arbeitet daran.

New Wave Bordell. Tag des Sieges.

Zurück in Kaliningrad. Wir sind jetzt allein unterwegs, ohne Jürgen und endlich auch ohne Wim, Wum und Wendelin.

Kaliningrad ist hässlich. Königsberg soll schön gewesen sein, heißt es, aber das ist Geschwätz von gestern. Königsberg ist tot. Kaliningrad lebt. Es herrscht Betriebsamkeit an allen Ecken, der Verkehr auf den Straßen ist dicht, Busse, Straßenbahnen, O-Busse, Taxis drängeln sich. Es gibt Biergärten und Restaurants, es gibt westliche Markenartikel zu kaufen. Internet-Cafés gibt es nicht, aber die Postämter haben Räume bereitgestellt, in denen man für wenige Rubel ins Netz kann. An einer Straßenecke stehen Geldhändler mit dicken Euro-Bündeln. Es gibt Diskos, es gibt Spielcasinos, Drogen, es gibt AIDS.

Wir essen am Abend im noblen Restaurant ›Valencia‹ am Platz des Sieges. Auf der Karte steht nicht eine russische Speise, aber man kann hervorragend mediterran essen. Im Nebenraum ist eine Bar, und obwohl dort um diese Zeit – es ist neun Uhr abends – noch keine Gäste sitzen, singt eine blonde Schöne live ein paar Evergreens. Außer uns tafelt nur noch ein betrunkener, dicker Russe mit zwei Frauen im Lokal. Als er die Kellnerin zu sich zieht und sie zu küssen versucht, lässt sie die Gläser fallen – wohl die einfachste Art, seiner Anmache zu entkommen.

Auf der gegenüberliegenden Seite des Platzes prangt ein riesiges Plakat. Ein Rotarmist mit wehender Fahne verkündet in Breitwand: Wir siegten! Der 9. Mai, Tag des Sieges und hier noch immer Feiertag, steht unmittelbar bevor. Der Platz ist bereits beflaggt und wird tagsüber mit Musik beschallt, es wird eine Tribüne gezimmert. Für welche Parade? Wer wird da an wem vorbei marschieren? Vor dem Fenster des Restaurants eilen Passanten vorüber, auf dem Platz treffen sich Jugendliche, die noch gemeinsam ausgehen wollen. Kaum einer da draußen könnte sich ein Essen hier drin leisten. Die Mindestrente liegt bei 80 Euro im Monat, fast so viel kostet das Essen für zwei hier im Restaurant. ›Wir siegten!‹ – Ist das so?

Später gehen wir in den Club ›Amsterdam‹. Zunächst waren die Partys dort schwul, dann entdeckten die Heteros den Laden, jetzt geht es gemischt zu. Das Thema heute Abend: New Wave Bordell. Mir ist nicht ganz klar, was ich mir darunter vorstellen soll. An der Garderobe werden wir von zwei ›leichten Mädchen‹ empfangen, die uns vorspielen, sie seien scharf auf uns und uns in den Club hinein begleiten. Dort werden wir von einem ›Zuhälter‹ mit kumpelhaftem Handschlag begrüßt. Wenn wir Wünsche hätten, kein Problem, sagt er, er könne alles besorgen. Fühlt euch wie zu Hause ...

Der Laden hat etwas von einem Studentenclub. Vergleichsweise teuer kostet ein kleines Bier an der Bar 1,50 Euro, ein Wodka-Redbull 14 Euro. Auf den Tischen liegen schon die Flyer fürs nächste Mal. Am 20. Mai ist ›Tag der Pioniere‹. Sowjetskoje Retro. Dresscode: weißes Hemd, schwarze Hose, Pionierhalstuch. Auch heute laufen einige verkleidet herum, und ein Fotograf ist die ganze Zeit hinter ihnen her. Eine im weißen Kleid hat eine Babypuppe auf dem

Arm. Soll es Rosemary's Baby sein? Einer trägt eine Pelzmütze, ein anderer hat eine Billy-Idol-Perücke auf. Später spielt eine Live-Band, wohl die Hausband hier, ziemlich gekonnt einige 80er-Titel, ›I wear my sunglasses at night‹ von Corey Hart zum Beispiel. Der Gitarrist spielt schwitzend mit freiem Oberkörper, der Sänger röhrt ins Mikro, er trägt ein blau-weiß gestreiftes Shirt. Auf der Tanzfläche springen alle herum, als sei es ein Pogo-Titel, und setzen ihre dunklen Gläser auf. ›I wear my sunglasses at night / So I can so I can / See the light that's right before my eyes ...‹

Auf der Toilette geht es sehr metrosexuell zu. Zwischen den Pinkelbecken stehen die Frauen und rucken sich gegenseitig ihre Kleider zurecht, am Spiegel zieht ein junger Typ seinen Lidstrich mit einem Kajalstift nach.

Später kriegt die Party den Charakter einer durchgeknallten Kindergeburtstagsfeier. Erst wird das beste Kostüm prämiert, dann gibt es auf der Bühne ein Wettessen. Vier Kandidaten knien sich hin, die Hände auf dem Rücken, vor ihnen stehen Metallschälchen mit Katzenfutter drin. Sie schlecken die Schalen aus. Siegerin ist eine junge Frau. Als ihr der Moderator gratuliert, kaut und schluckt sie noch und hält sich eine Serviette vor den Mund. Dann werden braune Bohnen verstreut und in Unterhosen nehmen die nächsten Kandidaten Platz. Allein mit ihren Pobacken sollen sie ergründen, auf wie vielen Bohnen sie sitzen …

Ich unterhalte mich mit Maxim, der gut Englisch spricht und mir erklärt, er sei bisexuell. Er mag seine Stadt Kaliningrad überhaupt nicht, er will weg hier. London ist cool, St. Petersburg ist auch okay. Aber selbst Moskau ist Mist, zu dreckig, zu voll. Ich frage ihn, ob es schwierig sei, seine Bisexualität hier auszuleben. Nein, meint er, kein Problem. Die Musik ist ohrenbetäubend laut. Plötzlich wird sie abgestellt, es herrscht Stille, nur das Wort, das eben gesagt wird, schreit man noch in den Raum.

Buchstabe für Buchstabe. Der Klang der Stille

Letzter Tag unseres Aufenthalts. Tatjana und ihre Kollegin Ludmila holen uns in Kaliningrad ab. Wir fahren knapp 30 Kilometer nach Norden. Dort, in der Nähe von Zelenogradsk (dem früheren Seebad

Cranz am Beginn der Kurischen Nehrung), liegt das Dorf Sosnowka, und dort gibt es eine Gehörlosenschule. Tatjana leitet diese Internatsschule. Sie spricht perfekt Deutsch, denn sie lebte mit ihrem Mann, der Offizier war, viele Jahre in der DDR und unterrichtete an der Garnison die sowjetischen Kinder. Später machte sie eine Ausbildung zur Gehörlosenpädagogin.

Auch hier in Sosnowka hilft ein deutscher Verein, der evangelische ›Brückenschlag e. V.‹ Auch hier heißt die Devise: Hilfe zur Selbsthilfe. Die Niendorfer Kirchengemeinde in Hamburg suchte bereits 1991 den Kontakt, jährlich fahren Hilfstransporte hinüber, bringen Lebensmittel, Kleidung, Sport- und Spielsachen, Farbe, Waschmittel, Wandtafeln, Unterrichtsmaterial. Im Keller hängt ein Sandsack zum Boxen. Zuletzt wurden neue Fenster in Polen in Auftrag gegeben. Seit zehn Jahren beteiligt sich auch die staatliche Internatsschule für Hörgeschädigte in Schleswig an dem Projekt, es gibt Schülerfahrten in beide Richtungen.

Wir werden mit großer Herzlichkeit empfangen. Das Haus ist ein kleines Schloss, von einem Park umgeben. Im Krieg war es Lazarett, seit 1950 ist es Gehörlosenschule. Auf dem Dach nistet ein Storch. Es klingelt zum Unterricht – was mich wundert, denn die Kinder können es nicht hören. Tatjana zeigt ihnen mit der Hand: ein Glöckchen läutet.

Bereits in der zweiten Klasse können alle lesen und schreiben. Es wird Chemie, Biologie, Mathematik, Sport, Hauswirtschaft unterrichtet. Keins der Kinder ist vollkommen taub, jedes verfügt über mehr oder weniger geringe Hörreste, trägt deshalb ein Hörgerät. Viele kommen aus sozial schwachen Familien, deshalb bleiben manche auch übers Wochenende hier im Internat, zwei von ihnen sogar in den Sommerferien. Wenn die Kinder von Geburt an gehörlos und vielleicht auch ihre Eltern taub sind, muss die Schule das Verstehen und Sprechen von Grund auf lehren. Zu ihrem Sprechen gebärden die Schüler jedes Wort, das sie sagen, Buchstabe für Buchstabe, damit die Lehrer sie kontrollieren können. Ein Schüler singt die Vokale fast und vergisst dabei gelegentlich die Konsonanten. Ein Mädchen dagegen stößt die Konsonanten überscharf hervor, mit starkem Glottisschlag, und man muss die Vokale erraten. Untereinander verständigen sich die Kinder und Jugendlichen in Gebärdensprache. Da werden nur ganze Worte und

Sinnzusammenhänge gezeigt. Tatjana berichtet, dass sich deutsche und russische Kinder schneller als die Erwachsenen verstehen, denn die Gebärdensprachen sind zwar nicht gleich, aber doch so ähnlich, dass eine Verständigung keines Dolmetschers bedarf. Wir benötigen allerdings Tatjanas Hilfe, denn weder ist unser Russisch gut, noch können wir ›gebärden‹. Deshalb bleiben die Gespräche mit den Schülern immer diszipliniert und etwas ›offiziell‹ – denn welches Kind würde in Anwesenheit seiner Direktorin, die alles übersetzt, frei heraus sagen, was ihm hier vielleicht nicht gefällt?

Die Lehrerinnen scheinen angehalten, sich für den heutigen Tag etwas Besonderes einfallen zu lassen. Wir sehen Mädchen mit weißen Kochhauben in der Hauswirtschaftlehre Teig kneten und Kekse backen, von denen wir später gemeinsam essen. Der Sportlehrer lässt die Schüler Fahrrad fahren. Es gibt tatsächlich Mountainbikes und Fahrradhelme für die Hälfte der Schüler. Sie drehen zwei, drei Runden durch den Schlosspark, der Lehrer nimmt die Zeiten; gelegentlich werden wohl auch Ausflüge mit den Rädern gemacht. Dann werden Fahrräder und Helme getauscht. Es wird Tischtennis gespielt, im Chemieunterricht ein Experiment gezeigt. In Biologie sind die einen das rote, sauerstoffreiche Blut, die anderen spielen das sauerstoffarme, venöse Blut und alle gemeinsam den Blutkreislauf des Menschen. Später wird mit farbiger Kreide vor dem Haus gezeichnet. Das heutige Thema ist das politische Plakat, die Vorlagen, die die Kinder zum Nachzeichnen benutzen sind allerdings eher aufdringlich ideologische Sowjetposter. Ich erkenne das Ehrenmal aus dem Berliner Treptower Park. Allerdings fehlt das Hakenkreuz, das der Soldat zertritt, dafür zeigt er auf der Zeichnung eine verwegene Comicfrisur.

Wowa Milusch geht in die dritte Klasse, er ist 11, trägt heute einen dunklen Anzug. Wir sehen ihn zunächst in seiner Klasse und später beim Einzelunterricht. Hier widmet sich die Lehrerin eine ganze Unterrichtsstunde lang einem einzigen Kind; jedes erhält drei solcher Stunden pro Woche. Das ist natürlich teuer. Aber wie uns Tatjana versichert, klappt es seit zwei, drei Jahren wieder mit den Gehältern für die Lehrer, und auch die Schulverpflegung ist gesichert.

Im Einzelunterricht übt Wowa Hören, Lippenlesen und Artikulieren. Er trägt Kopfhörer, die Lehrerin spricht in ein Mikrofon. Nach einer Weile verstehe ich ihn recht gut und höre auch, dass er das S noch nicht sprechen kann, stattdessen spricht er immer einen verschwommenen, stimmhaften Zischlaut. Die Lehrerin nimmt seine Hand, spricht gegen seinen Handrücken, dass er den scharfen Luftzug spürt. Sie zeigt ihm die Position der Zunge im Mund, so gut man das eben zeigen kann, spricht ihm vor, wieder und wieder: ›Ssssss.‹ ›Shhhh.‹ Und wieder. ›Ssssss.‹ ›Shhhh.‹ Nein, noch hat er's nicht. – Lehrerin und Schüler sind gleichermaßen erschöpft nach der Stunde. Sie lobt ihn, streicht ihm über den Kopf. Man sieht, wie gut es ihm tut. Es gibt, so weit von Eltern fort, nicht viel Gelegenheit zum Kuscheln und Liebhaben.

Auf unserer Rückfahrt passieren wir die Grenze, als eben hinter dem Wachturm die Sonne untergeht. Wir haben nicht alles geschafft, was wir uns vorgenommen hatten. Wir waren nicht mit Jürgen Leiste im ›Großen Moosbruch‹, einem einzigartigen Hochmoor. Wir haben der AIDS-Hilfe keinen Besuch abgestattet.

Der Schaffner bringt Tee. Wir könnten auf Gehörlosen-Russisch ›Danke‹ sagen, das haben wir gelernt. Und ›Auf Wiedersehen‹ auch. Wir werden wohl wiederkommen.

Abschied von Königsberg

ANDREJ BOLOTOV

Lebwohl geliebte und teure Stadt, lebwohl für immer. Ich werde dich vermutlich nie wiedersehn! Möge der Himmel Dich vor allem Übel bewahren, möge er seine Güter freigiebig über Dir ausschütten! Du warst mir nützlich in meinem Leben, Du hast mich mit den wertvollsten Schätzen beschenkt, in Deinen Mauern wurde ich zum Menschen und erkannte mich selbst; vor allem aber erkannte ich meinen Schöpfer und sein heiliges Gesetz … Wieviele an Freuden überreiche Tage waren mir in Dir vergönnt. Niemals werde ich Dich und die in Deinen Mauern verlebte Zeit vergessen! Bis ans Ende meiner Tage will ich Deiner gedenken …

ANHANG

Überblick über die Stadtgeschichte

1255 Gründung der Stadt durch König Ottokar von Böhmen; in einer Urkunde vom 29. Juni wird ›Castrum de Coningsbergk in Zambia‹ (gemeint ist Samland) erwähnt, Königsberg wird im Staat des deutschen Ritterordens (1225–1525) als ein wichtiger Handelsort genannt.

1263 Die Pruzzen zerstören Burg und Siedlung.

1286, 1300 und 1327 Den drei Teilstädten Altstadt, Löbenicht und Kneiphof wird das kulmische Stadtrecht verliehen. Beginn des Dombaus, der um 1380 abgeschlossen wird.

1370 Am 17. Februar besiegt das Ordensheer in der Schlacht von Rudau die Litauer und verhindert deren weiteren Vorstoß nach Königsberg.

1454 Belagerung der Burg während des Dreizehnjährigen Kriegs durch die Stände. Dies bleibt die einzige Kampfhandlung in der Stadt zwischen 1263 und 1945.

Der Hochmeistersitz muß von der Marienburg nach Königsberg verlegt werden, nachdem die Marienburg in polnische Hände gefallen ist.

Der letzte Hochmeister Albrecht von Brandenburg-Hohenzollern zieht als Herzog Albrecht von Preußen nach dem Krakauer Frieden, durch den der alte Ordensstaat aufgelöst wurde, am 8. April in seine Hauptstadt ein.

Eröffnung der Universität, der späteren ›Albertina‹, am 17. August.

1618 Das Herzogtum Preußen wird mit dem Kurfürstentum Brandenburg vereinigt. Ende Königsbergs als herzogliche Residenzstadt.

1663 Die Ratsherren der drei Teilstädte huldigen am 18. Oktober dem Großen Kurfürsten im Schloßhof.

1701 Krönung von Kurfürst Friedrich III. zum König Friedrich I. in Preußen am 18. Januar. Königsberg ist Residenzstadt und nomineller Krönungsort der preußischen Könige.

1708–1711 Die Pest entvölkert weite Teile Ostpreußens.

1724 Vereinigung der drei Teilstädte zur Stadtgemeinde Königsberg am 13. Juni.

1732 40000 protestantische Kolonisten aus Salzburg, die aus Glaubensgründen ihre Heimat verlassen müssen, ziehen im Mai durch die Stadt; etwa 1000 bleiben.

1758–1762 Königsberg ist vier Jahre unter russischer Besatzung – ›Erste russische Zeit‹.

1764 Bei einem Großfeuer brennt die mittelalterliche Stadt vollständig nieder.

1806 König Friedrich Wilhelm III. und seine Frau Luise fliehen aus Berlin nach Königsberg, um der Gefangennahme durch Napoleon zu entgehen.

1807 Am 10. Juli erscheint Napoleon vor der Stadt. Die Übergabe wird verweigert, doch das Militär muß die Stadt räumen, die dadurch der Beschießung entgeht.

1808/09 Königsberg ist Sitz des preußischen Hofes und der preußischen Regierung.

1813 Die Landstände kommen auf Initiative des Freiherrn vom Stein am 5. Mai zusammen und beschließen die Errichtung einer Landwehr von 30 000 Mann.

1843 – 1863 Neubau der Stadtbefestigung.

1853 Die Stadt erhält Anschluß an die ›Ostbahn‹.

1861 18. Oktober: Zweite Königskrönung in der Stadt. König Wilhelm I. wird Nachfolger von König Friedrich Wilhelm IV.

1914 Die Siege Hindenburgs bei Tannenberg und in Masuren verhindern die Einnahme der Stadt durch die russische Armee.

1919 Ostpreußen und seine Hauptstadt werden durch die Bestimmungen des Versailler Vertrages vom Deutschen Reich abgetrennt.

1919 Eröffnung des ersten Zivilflughafens Deutschlands in Königsberg.

1920 Bei der Explosion einer Munitionsfabrik im Stadtteil Rothenstein am 10. April sterben 250 Menschen.

1920 Eröffnung der ›Deutschen Ostmesse‹ am 26. September.

1944 Zwischen 26. und 30. August zerstören britische Bomber Königsberg weitgehend.

1945 Am 28. Januar schließen sowjetische Truppen die Stadt ein. Die ›Festung Königsberg‹ kapituliert am 9. April.

1946 Am 4. Juli wird die Stadt offiziell in Kaliningrad umbenannt.

1948 Ausweisung und Abtransport der letzten verbliebenen Deutschen.

1968 Sprengung der Schloßruine.

1991 Am 1. Februar wird die Kaliningradskaja Oblast für Besucher geöffnet.

2005 In der Stadt begeht man im Juli offizielle Feiern zum 60. Jahrestag der Entstehung der Kaliningradskaja Oblast und zum 750. Gründungstag Königsbergs.

Quellennachweis

Anonym: Von dem Dr. Osiander, in: Ostpreußisches Sagenbuch, Insel Verlag, Leipzig 1915, S. 75.

Besser, Johann von: Krönung in Königsberg, in: Preußische Krönungsgeschichte, Berlin 1901.

Bogdanov, Grigorij K.: Bericht über einen Besuch in Königsberg, in: Hörst du mich? Königsberg in den Erinnerungen. Herausgegeben von Wladimir Gilmanov, Verlag Jantarnyi Skaz, Kaliningrad 2007, S. 42–43.

Bolotov, Andrej T.: Aus meinen Lebenserinnerungen, in: Hörst du mich? Königsberg in den Erinnerungen, hg. v. Wladimir Gilmanov, Verlag Jantarnyi Skaz, Kaliningrad 2007, S. 58–61.

Bolotov, Andrej T.: Abschied von Königsberg, in: ebd., S. 29.

Budzinski, Robert: Die Hauptstadt des Landes, in: Die wichtigsten Ortschaften des Landes, in: Entdeckung Ostpreußens. Gräfe und Unzer Verlag, München 1958, S 35–36.

Dikreiter, Otto: Die Welt des Buches im Haus der Bücher, in: Leben in Ostpreußen. Gräfe und Unzer Verlag, München o. J., S. 285–291.

Fonvisin, Denis I.: Brief an die Mutter, in: Hörst du mich? Königsberg in den Erinnerungen, hg. v. Wladimir Gilmanov, Verlag Jantarnyi Skaz, Kaliningrad 2007, S. 72.

Fürst, Max: Gefilte Fisch, in: Meiner Heimat Gesicht. Ostpreußen im Spiegel der Menschen und Landschaft, hg. v. Winfried Lipser und Kazimierz Brakoniecki, Bechtermünz Verlag 1996, S. 353–376.

Gause, Fritz: Die Gründung der Stadt, in: Fritz Gause: Die Geschichte der Stadt Königsberg in Preußen, Band 1, Böhlau Verlag, Köln u.a.O., S. 13–16.

Gedima, Alla Nikolajewna: Ankunft, in: Als Russe in Ostpreußen. Sowjetische Umsiedler über ihren Neubeginn in Königsberg/Kaliningrad 1945, hg. v. Eckhard Matthes, Edition Tertium, Ostfildern 1999, S. 61–75.

Gilmanov, Wladimir: Hörst du mich?, in: Hörst du mich? Königsberg in den Erinnerungen, hg. v. Wladimir Gilmanov, Verlag Jantarnyi Skaz, Kaliningrad 2007, S. 7–27.

Giordano, Ralph: Kaliningradskaja Oblast – der doppelte Alptraum, in: **Ralph Giordano:** Ostpreußen adé. Reise durch ein melancholisches Land, © 1994, 2002, 2007 by Kiepenheuer & Witsch, Köln.

Goltz, Bogumil: Das Unterwegs nach Königsberg, in: Bogumil Goltz: Buch der Kindheit, 1847.

Gorbatschowa, Natalia: Die Stadt, in: Meiner Heimat Gesicht. Ostpreußen im Spiegel der Menschen und Landschaft, hg. v. Winfried Lipser und Kazimierz Brakoniecki, Bechtermünz Verlag, 1996, S. 146/47.

Grosse, Walter: Das Königsberger Schloß, in: Töhus ös tohus. Ostdeutsche Heimat. Jahrbuch der Ostvertriebenen, Ausgabe C für Ostpreußen, Westpreußen und Danziger Zeit-Verlag, Hamburg 1951, S. 41–46.

Hauser, Heinrich: Königsberg, in: Heinrich Hauser: Wetter im Osten, S. 21–29. © 1932, Diderichs Verlag in der Verlagsgruppe Random House GmbH.

Kakies, Peter: Pregelbrücken und höhere Mathematik, in: Königsberg. MERIAN-Heft Nr. 12, Jg. 8, Hoffmann & Campe Verlag, Hamburg 1955, S. 100–103.

Kant, Immanuel: Königsberg am Pregelflusse, in: Immanuel Kant: Anthropologie in pragmatischer Hinsicht, in: sämmtliche Werke, Leipzig 1838–1842.

Kibelka, Ruth: Kant oder Lenin, in: Ruth Kibelka: Ostpreußens Schicksalsjahre 1944–1948. © Aufbau Verlag GmbH & Co. KG, Berlin 2000, S. 276–288 (die deutsche Erstausgabe erschien 2000 im Aufbau Verlag; Aufbau ist eine Marke der Aufbau Verlag GmbH & Co. KG.

Kiechel, Samuel: Ein Reisebericht aus dem 16. Jahrhundert, in: Altpreußische Monatsschrift 9 (1872).

Kirst, Hans Hellmut: Könige aus Preußen und Der Sohn eines Sattlermeisters, in: Hans Hellmut Kirst: Deutschland deine Ostpreußen, Rowohlt Taschenbuch Verlag, Reinbek 1981, S. 23–30.

Klemeschowa, Marina Alexandrowa: Der Alltag der Neusiedler, in: Als Russe in Ostpreußen. Sowjetische Umsiedler über ihren Neubeginn in Königsberg/Kaliningrad 1945, hg. v. von Eckhard Matthes, Edition Tertium, Ostfildern 1999, S. 76–87.

Kollwitz, Käthe: Kindheit in Königsberg, in: Käthe Kollwitz: Ich sah die Welt mit liebevollen Blicken. Ein Leben in Selbstzeugnissen, Hannover 1968.

Kostjaschow, Juri W.: Die Deportation der Deutschen, in: Als Russe in Ostpreußen. Sowjetische Umsiedler über ihren Neubeginn in Königsberg/Kaliningrad 1945, hg. v. Eckhard Matthes, Edition Tertium,

Ostfildern, 1999, S. 306-332.

Kroll, Erwin: Königsberg im Leben Richard Wagners, in: Erwin Kroll: Musikstadt Königsberg, Atlantis Verlag, Freiburg i. Br. und Zürich 1966, S. 140-148.

Kuhnke, Margret: Ostpreußische Passion, in: So gingen wir fort, hg. von Rudolf Naujok, J. F. Lehmanns Verlag, München 1970, S. 67-72.

Laske, Karsten: Kaliningrad is alive. Mit freundlicher Genehmigung des Autors.

Lasch, Otto: Endkampf und Kapitulation, in: General Lasch: So fiel Königsberg, Gräfe und Unzer Verlag, München 1961, S. 101-119.

Lehndorff, Hans Graf von: Ostpreußisches Tagebuch. dtv dokumente 416. Deutscher Taschenbuch Verlag, München 1967, S. 9-11, 50-53, 64-79, 119-127.

Lohmeyer, Hans: Ein Oberbürgermeister berichtet, in: Geliebtes Königsberg, hg. v Martin A. Borrmann, Gräfe und Unzer Verlag, München 1967, S. 199-205.

Manhold, Lothar P.: Kostprobe der Ewigkeit, in: Königsberg. MERIAN-Heft Nr. 12, Jg. 8, Hoffmann & Campe Verlag, Hamburg 1955, S. 36-38.

Matull, Wilhelm: Stille Winkel und Plätze, in: Wilhelm Matull: Liebes altes Königsberg, Verlag Gerhard Rautenberg, Leer in Ostfriesland 1957, S. 75-91.

Matull, Wilhelm: Von der großen Wurst, in: Wilhelm Matull: Von Grafen, Pastoren und Marjellchen, Rowohlt Taschenbuch Verlag, Reinbek 1976, S. 41-42.

Matzkowski, Hermann: Ein Augenzeugenbericht. Mit freundlicher Genehmigung von Herrn Heidulf Perplies, Berlin.

Metz, Andreas: Ankunft und Tanzende Sterne, in: Andreas Metz: Kosmonaut in Kaliningrad. Entdeckungsreisen durch das Universum Ost, Westkreuz Verlag, Berlin/Bonn 2005, S. 27-31 und 329-333.

Miegel, Agnes: Königsberg (Dom), in: Agnes Miegel: Kirchen im Ordensland. Gräfe und Unzer Verlag, Königsberg/Pr. 1933, S. 5-6.

Dies.: Sturmnacht und Zur Neujahrsnacht 1960/61, in: Agnes Miegel: Gedichte aus dem Nachlaß, Eugen Diederichs Verlag, 1979, S. 44 und 49-51.

Dies.: Kindheitserinnerungen, in: Leben in Ostpreußen, Gräfe und Unzer

Verlag, München o. J., S. 181–190.

Dies.: Mein Dom, in: Königsberg. MERIAN-Heft Nr. 12, Jg. 8, Hoffmann & Campe Verlag, Hamburg 1955, S. 11–15.

Neegeln, Walter: Königsberg 1955, in: MERIAN-Heft Nr. 12, Jg. 8, Hoffmann & Campe Verlag, Hamburg 1955, S. 88–94.

Papendick, Gertrud: Die Krähen schreien, in: So gingen wir fort, hg. v. Rudolf Naujok, J. F. Lehmanns Verlag, München 1970, S. 50–56.

Dies.: Gespensterzug, in: Geliebtes Königsberg, hg. v. Martin A. Borrmann, Gräfe und Unzer Verlag, München 1967, S. 216–222.

Peter der Große: Aus der Berichterstattung der Großen Gesandtschaft 1697, in: Hörst du mich? Königsberg in den Erinnerungen, hg. v. von Wladimir Gilmanov, Vlg. Jantarnyi Skaz, Kaliningrad 2007, S. 44–46.
Die Pest in Königsberg, in: Geliebtes Königsberg, hg. v. Martin A. Borrmann, Gräfe und Unzer Verlag, München 1967, S. 25–27.

Reimann, Eva: In Königsberg; Am Gartenzaun; Wiedersehen mit Königsberg, Brücke der Begegnung; In Königsberg am Schloßteich – heute, in: Eva Reimann, Zu Hause im weiten Land Ostpreußen. Erzählungen von gestern und heute, S. 406–413. © 1996 by Husum Druck- und Verlagsgesellschaft mbH u. Co KG, Husum.

Rosenkranz, Karl: Königsberger Provinzialismen, in: Königsberger Gästebuch, hg. v. Philipp Hofstötter, Gräfe und Unzer Verlag, Königsberg 1943, S. 105–114.
Schlittenfahrt auf dem Pregel, in: MERIAN-Heft Nr. 12, Jg. 8, Hoffmann & Campe Verlag, Hamburg 1955, S. 86.

Rostoptschin, Fjodor V.: Aus den Reiseskizzen, in: Hörst du mich? Königsberg in den Erinnerungen, hg. v. Wladimir Gilmanov, Verlag Jantarnyi Skaz, Kaliningrad 2007, S. 112–113.

Scheffler, Walter: Ausflüge, in: Leben in Ostpreußen, Gräfe und Unzer Verlag, München o. J., S. 251–256.

Scheffler, Walter: An Königsberg; Blutgericht, in: Walter Scheffler: Mein Königsberg, Gräfe und Unzer Verlag, München 1955.

Schlögel, Karl: Hannah Arendts Stadt, in: Karl Schlögel: Promenade in Jalta und andere Städtebilder, S. 219–229, © 2001 Carl Hanser Verlag München.

Schulz-Semrau, Elisabeth: Suche nach Karalautschi, in: Meiner Heimat Gesicht. Ostpreußen im Spiegel der Menschen und Landschaft, hg.

v. Winfried Lipser und Kazimierz Brakoniecki, Bechtermünz Verlag 1996, S. 623–628.

Simkin, Sem: Ziele, in: Meiner Heimat Gesicht. Ostpreußen im Spiegel der Menschen und Landschaft, hg. v. Winfried Lipser und Kazimierz Brakoniecki, Bechtermünz Verlag 1996, S. 142–145.

Sommerfeld, Max; Matull, Wilhelm: Der Widerstand, in: Geliebtes Königsberg, hg. v. Martin A. Borrmann, Gräfe und Unzer Verlag, München 1967, S. 210–216.

Sorin, Valentin Nikolajewitsch: Zehn Träume von Königsberg, in: Meiner Heimat Gesicht. Ostpreußen im Spiegel der Menschen und Landschaft, hg. v. Winfried Lipser und Kazimierz Brakoniecki, Bechtermünz Verlag 1996, S. 493–512.

Steiner, Paula: Königsberg, in: Königsberg. Das Gesicht der östlichsten Großstadt Deutschlands, hg. v. Paula Steiner, Gräfe und Unzer Verlag, Königsberg/Pr. 1929, S. 7–21.

Sudermann, Hermann: Als Student in Königsberg; Todgeweihtes Lieben, in: Hermann Sudermann: Das Bilderbuch meiner Jugend, Cotta´sche Buchhandlung, Stuttgart und Berlin 1922, S. 217–226.

Wieck, Michael: Zeugnis vom Untergang Königsbergs, in: Michael Wieck: Zeugnis vom Untergang Königsbergs, Verlag C. H. Beck, München 2005, S. 90–165.

Über die Autoren

Nicht zu allen Autoren waren ausführliche biographische Angaben zu ermitteln; mitunter liegen nicht einmal die genauen Lebensdaten vor.

Besser, Johann von: Von Besser war Hofzeremonienmeister König Friedrichs I.; keine Lebensdaten bekannt.

Bogdanov, Grigorij K.: Um 1620 – um 1680. Russischer Gesandter am Hof des deutschen Kaisers Ferdinand III., besuchte während dieser Zeit auch Königsberg und das Herzogtum Preußen.

Bolotov, Andrej T.: 1738–1833. Russischer Schriftsteller und Naturwissenschaftler, während der russischen Besetzung Königsbergs im Siebenjährigen Krieg als Offizier in der Stadt. In seinen Erinnerungen ›Selbstdargestelltes ereignisreiches Leben‹ findet sich eine höchst präzise

Beschreibung der Stadt um die Mitte des 18. Jahrhunderts.

Budzinski, Robert: Geb. 1876 in Klein Schläfken bei Neidenburg, gest. 1955 in Warburg. Ostpreußischer Graphiker und Porträtmaler. Daneben verfaßte er die auch von ihm illustrierte ›Entdeckung Ostpreußens‹ (1929), in der er auf geistreiche und humoristische Weise Ostpreußen als Reiseland einem interessierten Publikum nahebrachte.

Fonvisin, Denis I.: 1744–1792. Russischer Schriftsteller, u. a. Verfasser zahlreicher Lustspiele. Er besuchte Königsberg mehrmals und schildert in seinem Tagebuch, dem er die Form von Briefen an seine Mutter gibt, seine Reiseeindrücke.

Fürst, Max: Geb. 1905 in Königsberg, gest. 1978 in Stuttgart. Tischler und Schriftsteller. Der bedeutendste jüdische Autor aus Ostpreußen konnte 1935 nach Palästina fliehen und kehrte 1950 nach Deutschland zurück, wo er überwiegend seinen ursprünglichen Beruf als Tischler ausübte. Seine Jugenderinnerungen ›Gefilte Fisch – Eine Jugend in Ostpreußen‹ zählen zu den eindrucksvollsten Schilderungen des gesellschaftlichen Lebens in Königsberg nach dem Ersten Weltkrieg und in den zwanziger Jahren und befanden sich nach ihrem Erscheinen monatelang auf der SPIEGEL-Bestsellerliste.

Gause, Fritz: Geb. 1893 in Königsberg, gest. 1973 in Essen. Der letzte Leiter des Königsberger Stadtarchivs und des Stadtgeschichtlichen Museums war nach dem Krieg Lehrer in Essen. Von ganz besonderer Bedeutung ist sein dreibändiges Werk ›Geschichte der Stadt Königsberg in Preußen‹, das seit der völligen Zerstörung des Stadtarchivs 1944/45 das wichtigste Quellenwerk zur Stadtgeschichte ist.

Gilmanov, Wladimir: Geb. 1955 in Kaliningrad. Durch zahlreiche Forschungsarbeiten und Vorträge über Kant, Hamann, Herder, Goethe und E.T.A. Hoffmann sowie über die Königsberger Geschichte ausgewiesener Kunst- und Literaturhistoriker der Kaliningrader Universität.

Giordano, Ralph: Geb. 1923 in Hamburg. Entstammt einer jüdischen Familie, die während der NS-Zeit versteckt in Deutschland lebte, um der drohenden Deportation zu entgehen. Giordano ist Fernsehdokumentarist und Autor. ›Die Bertinis‹, sein einziger Roman, in dem er die Geschichte einer deutschen jüdischen Familie nachzeichnet, wurde nach seinem Erscheinen 1982 zum Bestseller. In zahllosen Aufsätzen und Büchern wird er nicht müde, vor den Gefahren eines neu entstehenden

Antisemitismus und Nationalismus zu warnen.

Goltz, Bogumil: Geb.1801 in Warschau, gest. 1870 in Thorn. Reiseschriftsteller.

Gorbatschowa, Natalia: Geb. 1959. Bibliothekarin, Journalistin der Kaliningradskaja Prawda und Autorin. Sie versucht, in ihrer Lyrik das eigentümliche Wesen der Doppelstadt Königsberg-Kaliningrad greifbar werden zu lassen. Natalia Gorbatschowa lebt und arbeitet in Kaliningrad.

Hauser, Heinrich: Geb. 1901 in Berlin, gest. 1955 in Dießen/Ammersee. Schriftsteller, Seemann, Abenteurer, Farmer und Fotograf, emigrierte 1939 und kehrte 1948 zurück. Er schrieb Romane, Essays und besonders Reisereportagen, denen philosophische Betrachtungen über das Verhältnis von Mensch, Natur und Technik innewohnen. Sein bedeutendstes Werk ist der postum erschienene Science-Fiction-Roman ›Hirn‹, in dem eine Maschine alles zivile und militärische Leben steuert und letztendlich die Weltherrschaft an sich reißen will.

Iwanow, Juri Nikolajewitsch: Geb. 1928 in Leningrad, gest. 1994 in Kaliningrad. Machte sich als einer der ersten nach der Öffnung des Kaliningrader Gebiets 1991 um die Aussöhnung zwischen ehemaligen und neuen Bewohnern verdient. Für ihn war es nicht möglich, in Kaliningrad zu leben, ohnen die Geschichte Königsbergs zu kennen.

Kant, Immanuel: Geb. 1724 Königsberg, gest. 1804 ebd. Der zweifellos bedeutendste Sohn der Stadt und einer der herausragenden neuzeitlichen Philosopen. Seit 1770 Professor für Logik und Metaphysik an der Königsberger Universität; wichtigste Werke: ›Kritik der reinen Vernunft‹ (1781), ›Kritik der praktischen Vernunft‹ (1788); ›Kritik der Urtheilskraft‹ (1790).

Kiechel, Samuel: Geb. um 1560, Sterbedatum unbekannt. Sohn eines Ulmer Kaufmanns, unternahm zwischen 1585 und 1589 Reisen, die ihn durch Europa und bis nach Ägypten führten.

Kibelka, Ruth: Geb. 1958. Studierte osteuropäische Geschichte in Berlin, war Lehrbeauftragte an der Universität Klaipeda (Memel) sowie wissenschaftliche Mitarbeiterin am Thomas-Mann-Kulturzentrum in Nida (Nidden) und lebt heute als freie Autorin in Berlin. Bekannt wurde sie durch ihr Buch ›Wolfskinder. Grenzgänger an der Memel‹, das die Schicksale deutscher Waisenkinder in Ostpreußen in den Nachkriegsjahren beschreibt.

Kirst, Hans Hellmut: Geb. 1914 in Osterode/Ostpr., gest. 1989 in Ostfriesland. Autor der bekannten und auch verfilmten Romantrilogie ›08/15‹ (1955), die im Ausland höchste literarische Anerkennung erzielte. Ebenso erfolgreich war der Roman ›Fabrik der Offiziere‹ (1960). In beiden Büchern setzte sich Kirst kritisch mit der Frage von Befehl und Gehorsam in der deutschen Wehrmacht auseinander. Daneben verfaßte er zahlreiche humoristische Prosaarbeiten, in denen seine Heimat Ostpreußen im Mittelpunkt steht.

Kollwitz, Käthe: Geb. 1867 in Königsberg, gest. 1945 in Moritzburg bei Dresden. Bedeutendste deutsche Bildhauerin und Graphikerin im 20. Jahrhundert mit sozialer Tendenz, 1933 aus der Preußischen Akademie der Künste ausgeschlossen.

Kroll, Erwin: Geb. 1886 in Preußisch Eylau, gest. 1976 in Berlin. Musikkritiker und Musikreferent in Königsberg und Berlin. Nach 1945 wirkte er in gleichen Funktionen beim NWDR in Köln. Sein kompositorisches Schaffen schöpft aus der ostpreußischen Volksmusik.

Laske, Karsten: Geb. 1965. Regisseur und Dokumentarfilmer. Sein Fernseh-Vierteiler ›Damals nach dem Krieg‹ erregte 2008 großes Aufsehen.

Lehndorff, Hans Graf von: Geb. 1910 in Steinort. Entstammte einem der ältesten ostpreußischen Adelsgeschlechter. Als Arzt leitete er 1945/46 ein Königsberger Krankenhaus. Heinrich Graf Lehndorff, der als Widerstandskämpfer des 20. Juli gehenkt wurde, war sein Vetter.

Metz, Andreas: Geb. 1970 in Frankfurt a. M. Journalist, war bis 2002 Wirtschaftsredakteur des ›Wiesbadener Kurier‹ und danach zwei Jahre lang Lektor an der Kaliningrader Universität. Seit 2004 koordiniert er das Korrespondenten-Netzwerk Osteuropa ›n-Ost‹.

Matull, Wilhelm: Keine Lebensdaten bekannt. Vor 1933 in Königsberg als Musikkritiker tätig, danach in verschiedenen Industrieberufen. Nach dem Kriege war er Volkshochschuldirektor in Hannover und Direktor der Niedersächsischen Landeszentrale für politische Bildungen. Sein Erinnerungsbuch ›Liebes altes Königsberg‹ zählte Thomas Mann zum schönsten dieser Art.

Miegel, Agnes: Geb. 1879 in Königsberg, gest. 1964 in Bad Salzuflen. Größte deutsche Balladendichterin neben Annette von Droste-Hülshoff.

Auch ihre Prosaschöpfungen sind bedeutend. In ihnen nimmt die Geschichte Ostpreußens und seiner Hauptstadt Königsberg breiten Raum ein. Flucht und Vertreibung aus der von ihr über alles geliebten Heimat sind zentrale Themenkomplexe in ihrem Nachkriegsschaffen.

Papendick, Gertrud: Geb. 1890 in Königsberg, gest. 1982 in Hamburg. Hauptberuflich bis 1945 im Königsberger Schulwesen als Konrektorin tätig, daneben schrieb sie zahllose Feuilletons für die ›Königsberger Allgemeine Zeitung‹ und einige unterhaltende, doch sehr poetische Romane über Ostpreußen. ›Wo der Birnbaum stand‹ (1969), eine Idylle von der Kurischen Nehrung, bezeichnete sie selbst als ihr liebstes Werk.

Peter I. (›Der Große‹): 1672–1725. Russischer Zar, 1697 anonym mit der sogenannten Großen Gesandtschaft in Königsberg. Die Adeligen und Offiziere in dieser Gesandtschaft wollten die Beziehungen Rußlands mit seinen westlichen Nachbarn verbessern und dabei auch das Leben in diesen Ländern besser kennenlernen.

Reimann, Eva: Geb. 1924 in Königsberg. Arbeitete nach der Flucht aus ihrer Heimatstadt als Holzbildhauerin und Lehrerin. Sie verstand sich als Chronistin Königsbergs, das sie in zahllosen Gedichten und Prosaarbeiten dichterisch verklärte. Es geht ihr nach eigenen Worten um die ›Bewahrung erlebter Geborgenheiten‹.

Ringelnatz, Joachim: (Eigentlich Hans Bötticher): Geb. 1883 in Wurzen, gest. 1934 in Berlin. Humoristischer Dichter, Kabarettist und Maler.

Rosenkranz, Karl: Geb. 1805 in Magdeburg, gest. 1879 in Königsberg. Philosoph, 1833 auf den Lehrstuhl Kants berufen. Er schrieb neben philosophischen auch literarische und literaturhistorische Werke höchst geistvollen und geistreichen Charakters. In Königsberg zählte er um die Mitte des 19. Jahrhunderts zu den populärsten und geachtetsten Hochschullehrern.

Rostoptschin, Fjodor V.: 1763–1826. Während der napoleonischen Belagerung Generalgouverneur Moskaus. Auf verschiedenen Reisen besuchte er mehrmals Königsberg.

Scheffler, Walter: Geb. 1880 in Königsberg, gest. 1964 in Hamburg. Eine plötzliche Ertaubung mit 16 Jahren zwang ihn, Trost in der Dichtkunst zu suchen. Seine schlichten, aber tief innerlichen Verse sowie seine stillen, poetischen Prosa-Arbeiten (u.a. ›Die Lehrjahre des Walter von der Laak‹), die er unter dem gleichen Pseudonym (Laak hieß die Königsberger Straße seiner Kindheit) veröffentlichte, ließen ihn zu einer der liebenswürdigsten Erscheinungen unter den ostpreußischen Dichtern werden.

Schlögel, Karl: Geb. 1948 in Memmingen. Historiker, Professor für osteuropäische Geschichte an der Viadrina in Frankfurt/Oder. In Schlögels Historiographie ereignet sich Geschichte immer in einem spezifischen Raum, wobei dessen jeweilige Kontur an ihr mitschreibt. Zahlreiche Preise für seine Buchveröffentlichungen.

Schulz-Semrau, Elisabeth: Geb. 1931 in Königsberg. Ihr Roman ›Auf der Suche nach Karalautschi – Report einer Kindheit‹, der 1984 in Leipzig erschien, war die einzige Publikation zum Thema Ostpreußen in der DDR. Die Autorin unternimmt hier einen fiktiven Spaziergang durch ihre Geburtsstadt, der sie wegen der Zensur ihren litauischen Namen Karaliauci-Karalautschi gibt und die sie erst nach 1990 besuchen durfte. Dennoch gelingt ihr eine höchst realistische Schilderung Kaliningrads in den letzten Jahren der Sowjetära.

Simkin, Sem: Geb. 1937 in Orenburg. Kam nach dem Krieg nach Kaliningrad, zunächst als Matrose tätig, später jedoch ausschließlich schriftstellerisch. Er ist heute einer der bedeutendsten in Kaliningrad lebenden Autoren. Er übersetzt deutsche Dichter wie E.T.A. Hoffmann, Johannes Bobrowski und insbesondere Agnes Miegel ins Russische.

Sorin, Valentin Nikolajewitsch: Geb. 1930 in Leningrad. Fuhr nach dem Krieg zur See und diente danach in der sowjetischen Luftwaffe. Später arbeitete er bei Presse und Rundfunk in Sotschi am Schwarzen Meer. Seit 1952 veröffentlichte er insgesamt 17 Bücher mit Prosawerken, in denen er oft Erinnerung und Gegenwart auf der Suche nach der eigenen Identität verbindet.

Sudermann, Hermann: Geb. 1857 in Matzicken, heute Macikiai/Litauen, gest. 1928 in Berlin. Neben Gerhart Hauptmann der bedeutendste Vertreter des literarischen Naturalismus um die Wende zum 20. Jahrhundert, oft ›Balzac des deutschen Ostens‹ genannt. Sudermann-Theaterpremieren waren bis zum ersten Weltkrieg gesellschaftliche Großereignisse. In seinem umfangreichen Prosawerk, in dem die ›Litauischen Geschichten‹ (1917) am bedeutendsten sind, setzte er unter anderem seiner Heimatregion am Unterlauf der Memel ein unvergängliches literarisches Denkmal.

Wieck, Michael: Geb. 1928 in Königsberg. Nachkomme von Clara Wieck-Schumann, als Violinist beim RSO Stuttgart tätig. Sein Erinnerungsbuch über seine Jugend in Königsberg ›Zeugnis vom Untergang Königsbergs‹ ist das vielleicht faszinierendste zeitgeschichtliche Dokument über Königsberg im Dritten Reich.

Die Herausgeber

Alla Strunz: Jahrgang 1966, ist gebürtige Kaliningraderin, studierte dort Pädagogik und leitete über zehn Jahre die Städtische Tschechow-Bibliothek in Kaliningrad. Heute leitet und koordiniert sie internationale Jugendprojekte.

Gunnar Strunz: Geboren 1961 in Feilitzsch/Oberfranken, ist promovierter Geologe, Lehrbeauftragter an der FU Berlin und seit vielen Jahren journalistisch tätig, arbeitet in der Erwachsenenfortbildung und leitet Studienreisen insbesondere nach Polen, Rußland, ins Baltikum und in die alten Habsburgerlande. Zahlreiche Veröffentlichungen, unter anderem im Trescher-Verlag die Reiseführer ›Königsberg entdecken‹ und ›Bratislava entdecken‹, sowie zusammen mit dem Fotografen Wolfgang Korall der Bildband ›Reise durch Ostpreußen‹ (Verlagshaus Würzburg).

Beide leben in Berlin, Kaliningrad und Feilitzsch (Oberfranken).